KB081683

눈으로 보고 바로 이해하는

비주얼 코딩

스크래치 & 파이썬

눈으로 보고 바로 이해하는

비주얼 코딩

캐롤 보더먼 외 지음 **전이주** 옮김

10살부터 시작하는 컴퓨터 프로그래밍

청어람아이

눈으로 보고 바로 이해하는

비주얼 **코딩**

1판 1쇄 찍은날 2016년 12월 1일
1판 2쇄 펴낸날 2017년 12월 29일

지은이 캐롤 보더먼 외
옮긴이 전이주
펴낸이 정종호
펴낸곳 (주)청어람미디어

책임편집 윤정원
디자인 이원우
마케팅 김상기
제작·관리 정수진

등록 1998년 12월 8일 제22-1469호
주소 03908 서울 마포구 월드컵북로 375(상암동 DMC 이안상암 1단지) 402호
전화 02-3143-4006~8
팩스 02-3143-4003
이메일 chungaram@naver.com
블로그 www.chungarammedia.com

ISBN 979-11-5871-033-0 04000
979-11-5871-032-3 (세트)

잘못된 책은 구입하신 서점에서 바꾸어 드립니다.
값은 뒤표지에 있습니다.

이 도서의 국립중앙도서관 출판시도서목록(CIP)은 e-CIP 홈페이지(http://www.nl.go.kr/ecip)와
국가자료공동목록시스템(http://www.nl.go.kr/kolisnet)에서 이용하실 수 있습니다.
(CIP제어번호 : CIP2016021113)

Original Title: Computer Coding for Kids

A WORLD OF IDEAS:
SEE ALL THERE IS TO KNOW

캐롤 보더먼(Carol Vorderman)

영국인에게 가장 사랑받는 방송인 중 한 명으로, 과학 기술 관련 텔레비전 프로그램을 다수 진행했습니다. 수학, 과학, 기술에 관해 재미있고 알기 쉽게 설명하는 능력이 뛰어나기로 유명한 그는 컴퓨터 프로그래밍에 깊은 관심을 갖고 있으며 많은 아이들이 어렸을 때부터 프로그래밍 기술을 배울 기회를 접해야 한다고 굳게 믿고 있습니다. 영국의 총리 데이비드 캐머런에게 교육의 미래에 대한 자문을 하기도 했습니다. 케임브리지 대학에서 공학사, 문학 석사를 받았으며 영국 여성 논픽션 베스트셀러 작가 2위(2000년~2009년 집계)에 오른 유명한 작가이기도 합니다.

존 우드콕(Jon Woodcock)

옥스퍼드 대학에서 물리학 학사, 런던대학교에서 컴퓨터 천체물리학 박사 학위를 받았습니다. 여덟 살에 코딩을 시작했으며, 단일 칩 마이크로컨트롤러에서 세계적 수준의 슈퍼컴퓨터까지 온갖 종류의 컴퓨터 프로그램을 경험했습니다. 첨단기술 회사에서 연구원으로 있었으며 거대우주 시뮬레이션, 쓰레기로 만든 지능 로봇 등의 프로젝트를 진행하기도 했습니다. 그는 과학기술 교육에 열정을 갖고 있어, 우주에 대한 강연을 하거나 학교에서 컴퓨터 프로그래밍 클럽을 운영하고 있습니다.

션 맥매너스(Sean McManus)

아홉 살에 컴퓨터 프로그래밍을 시작했습니다. 현재는 IT 관련 전문 저자, 저널리스트로 활약하고 있습니다. 쓴 책으로는 『Scratch Programming in Easy Steps(쉽게 배우는 스크래치 프로그래밍)』과 『Raspberry Pi For Dummies(왕초보를 위한 라즈베리 파이)』가 있습니다. 그의 웹사이트(www.sean.co.uk)에서 스크래치 게임과 참고 자료를 확인해 볼 수 있습니다.

크레이그 스틸(Craig Steele)

컴퓨터 과학 교육 전문가입니다. 스코틀랜드의 어린이를 위한 무료 코딩 클럽 코더도조(Coder-Dojo)에서 프로젝트 매니저로 일하고 있습니다. 스코틀랜드 자격평가기관, 글래스고 과학센터, 글래스고 대학교에서 일하기도 했습니다.

클레어 퀴글리(Claire Quigley)

글래스고 대학에서 컴퓨터 과학을 공부하고 이학사와 박사 학위를 받았습니다. 케임브리지 대학의 컴퓨터연구소에서 근무하며 초등학교 학생들을 위한 컴퓨팅 사고력 증진에 관한 프로젝트를 진행하고 있습니다. 어린이를 위한 코딩 클럽 코더도조에서 상담원으로도 활동 중입니다.

다니엘 매카퍼티(Daniel McCafferty)

스트래스클라이드 대학교에서 컴퓨터 과학을 전공했습니다. 이후 세계 최대 투자은행의 소프트웨어를 개발하고 있으며 어린이를 위한 코딩 클럽 코더도조에서 상담원으로 활동하고 있습니다.

차례

4 컴퓨터 탐색하기

5 실제 세계에서의 프로그래밍

더 알아보시려면:
www.dk.com/computercoding

들어가며

얼마 전까지만 해도 컴퓨터 프로그래밍은 전문가들만이 할 수 있는 비밀스러운 기술처럼 여겨졌습니다. 프로그래밍이 재미있을 수 있다고 말하면 많은 사람들이 의아하게 생각하곤 했지요. 하지만 이제 시대가 바뀌었습니다. 인터넷, 이메일, 소셜네트워크서비스(SNS), 스마트폰, 앱 등이 우리 삶의 방식을 완전히 바꿔 놓은 것입니다.

이제는 컴퓨터가 우리 생활에 차지하는 부분이 매우 커져서 너무나 당연한 것이 되어버렸습니다. 전화를 거는 대신 문자 메시지를 보내거나 SNS를 이용하여 사람들과 소통하고 인터넷으로 장을 보거나 쇼핑을 합니다. 온라인으로 게임을 하고 영화나 뉴스를 보는 등 우리는 컴퓨터 프로그램으로 만들어진 시스템을 누리고 있습니다. 하지만 프로그램을 이용하는 것에 그치는 것이 아니라 스스로 만들 수도 있습니다. 코딩을 배우면 나만의 프로그램을 만들 수 있는 것이지요.

컴퓨터가 하는 모든 일은 누군가가 키보드로 입력한 몇 줄의 코드로 지시를 받습니다. 언뜻 보면 외계어처럼 보이겠지만 실은 누구나 어렵지 않게 배울 수 있고 이해할 수 있는 언어입니다. 코딩이, 21세기를 살아가는 사람들이 배우는 기술 중 가장 중요한 것이라고 말하는 사람도 많습니다.

프로그래밍을 배우면 바로바로 결과를 얻을 수 있습니다. 따라서 앞으로 배워야 할 것들이 넘쳐난다 해도 지치지 않고 재미있게 배울 수 있습니다. 사실 게임이나 프로그램을 만드는 것은 너무 재미있어서 일단 빠져들면 아주 쉽게 느껴집니다. 또한 프로그래밍은 창의적이기도 합니다. 어쩌면 예술과 논리, 스토리텔링, 비즈니스를 결합한 최초의 과학일지도 모릅니다.

프로그래밍은 삶에 꼭 필요한 기술이기도 합니다. 과학과 공학에서부터 의학과 법학에 이르기까지 다양한 삶의 영역에서 꼭 필요한 논리적 사고와 문제 해결력을 키워주기 때문입니다. 코딩을 필요로 하는 직업들은 앞으로 점점 더 많이 생겨날 것이고 프로그래머는 어느 현장에서도 능숙하게 일을 해낼 수 있게 될 것입니다. 여러분, 코드를 배워 보세요. 그러면 디지털 세상은 이제 여러분의 것이 될 것입니다!

Carol Vorderman

– 캐롤 보더먼

이 책의 구성

이 책은 컴퓨터 코딩을 이해하기 위해 꼭 알아야 할 것들을 모두 소개합니다. 다양하고 재미있는 프로젝트를 많이 담았습니다. 짧고 이해하기 쉽도록 설명해 놓았으니 차근히 따라해보면 금방 이해할 수 있을 거예요.

우리들이 힌트를 줄게요.

각 주제를 예제와 실습을 통해 자세하게 설명합니다.

이 페이지 내용과 관련이 있는 다른 주제들을 보여줍니다.

알록달록한 그림들은 프로그래밍을 더 쉽게 이해할 수 있도록 도와줄 거예요.

프로그래밍 스크립트와 코드를 한 줄씩 설명합니다.

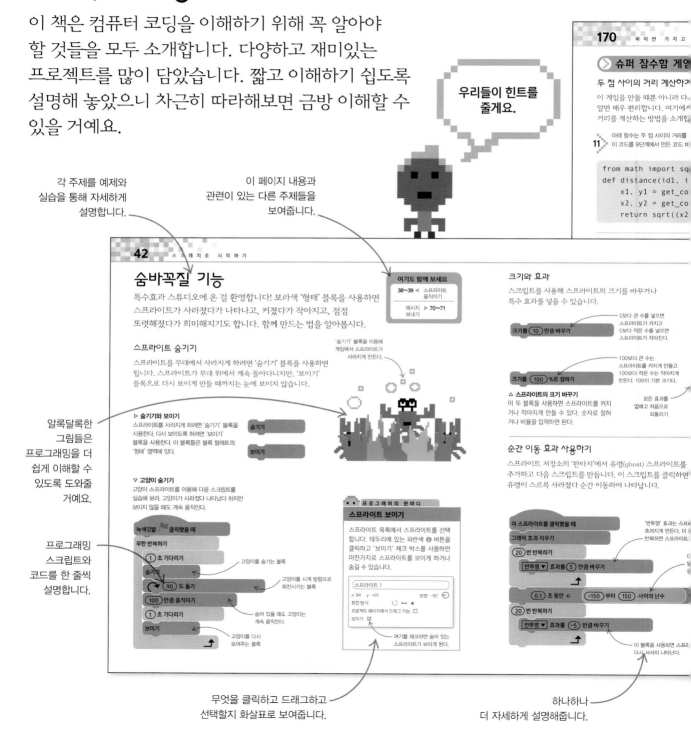

무엇을 클릭하고 드래그하고 선택할지 화살표로 보여줍니다.

하나하나 더 자세하게 설명해줍니다.

7개의 프로젝트를 통해 코딩 실력을 키워 봅니다. 프로젝트 페이지는 파란색 띠로 표시해 놓았어요.

간단한 따라 하기로 프로젝트를 만들어 봅니다.

코드마다 확실하게 설명하여 실수하는 일이 없도록 했습니다.

13 이제 게임의 주반복문에 조금 전 만든 함수를 넣는다. 명령문을 넣는 위치가 틀리지 않도록 주의하며 모든 것을 제자리에 넣도록 한다. 그런 다음 코드를 실행해 보자. 물방울이 잠수함과 부딪치면 터질 것이다. 점수를 보려면 셸 창을 확인하면 된다.

```
score = 0
#MAIN GAME LOOP
while True:
    if randint(1, BUB_CHANCE) == 1:
        create_bubble()
    move_bubbles()
    clean_up_bubs()
    score += collision()
    print(score)
    window.update()
    sleep(0.01)
```

- score = 0: 게임을 시작할 때 점수를 0으로 설정한다.
- if randint: 새 물방울을 만든다.
- score += collision(): 물방울을 터트린 점수를 총점에 더한다.
- print(score): 셸 창에 점수를 보여준다. 점수는 나중에 표시될 것이다.
- sleep(0.01): 이것은 아주 잠깐 게임을 멈추게 한다. 이 코드를 지우면 무슨 일이 일어나는지 확인해 보라.

작업 내용을 잊지 말고 저장하세요.

프로그래머의 한마디

코드 줄여쓰기

'score+=collision( )'은 'score=score+collision( )'을 줄여 쓴 것입니다. 이 코드는 충돌 점수를 총점에 더하고 나서 총점을 바꿔줍니다. 이렇게 자주 쓰는 코드는 줄여 쓰는 것이 편리합니다. '-' 부호도 같은 방식으로 사용할 수 있습니다. 예를 들어 'score-=10'은 'score=score-10'과 같습니다.

이 아이콘은 프로젝트가 다음 쪽에서 이어진다는 뜻입니다.

알아두면 좋은 것들이나 기억해야 할 것들을 이 박스에 담아놓았어요.

자, 이제 코딩을 시작해볼까요!

프로그래머의 한마디

저장하세요

이 저장 아이콘이 등장하면 그때마다 작업한 내용을 저장하세요. 컴퓨터가 멈추거나 고장 나도 이전에 한 작업들을 잃지 않을 수 있어요. 잊지 말고 작업 내용을 수시로 저장하세요.

작업 내용을 잊지 말고 저장하세요.

컴퓨터 코딩이란?

컴퓨터 프로그램이란?

컴퓨터 프로그램은 컴퓨터에게 작업을 하도록 하는 명령문을 모아놓은 것입니다. '코딩' 또는 '프로그래밍'이란 명령문을 하나씩 써서 컴퓨터에게 무엇을 해야 할지 알려주는 것을 말합니다.

여기도 함께 보세요
컴퓨터처럼 생각하라 ▷ 16~17
프로그래머 되기 ▷ 18~19

어디에나 있는 컴퓨터 프로그램

우리는 컴퓨터 프로그램에 둘러싸여 있습니다. 우리가 매일 사용하는 많은 기기와 장치들이 컴퓨터 프로그램의 명령에 따라 움직입니다. 이 기계들 모두 컴퓨터 프로그래머가 쓴 단계별 명령문을 따릅니다.

◁ 스마트폰
전화를 걸거나 문자 메시지를 보낼 수 있는 것도 프로그램 덕분. 연락처를 검색할 때도 프로그램이 원하는 전화번호를 찾아준다.

△ 컴퓨터 소프트웨어
웹사이트를 보거나 문서를 쓰는 것, 음악을 재생하는 것 등 컴퓨터가 하는 모든 일은 컴퓨터 프로그래머가 쓴 코드 덕분이다.

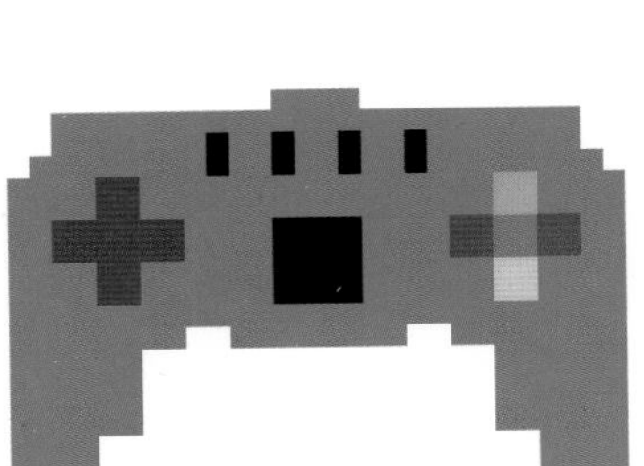

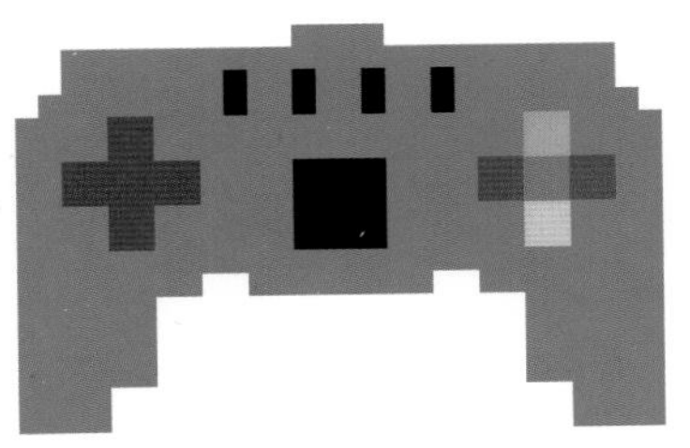

◁ 게임
게임기도 컴퓨터의 일종. 게임기로 할 수 있는 게임들이 모두 프로그램이다. 그래픽과 소리, 캐릭터의 움직임 모두 컴퓨터 코드로 되어 있다.

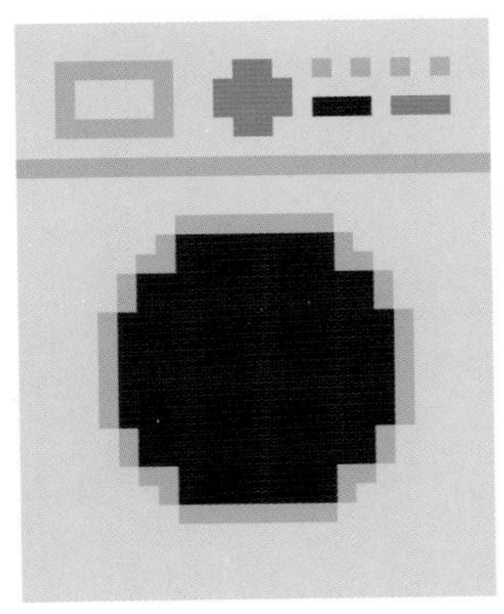

△ 세탁기
세탁기는 프로그램에 따라 움직임을 바꾼다. 컴퓨터 코드로 물의 온도와 세탁시간 등을 조절한다.

▷ 자동차
컴퓨터 프로그램으로 속도와 온도, 남은 연료량을 체크하는 자동차도 있다. 컴퓨터 프로그램으로 브레이크를 제어해 사람들의 안전을 지켜주기도 한다.

컴퓨터 프로그램은 어떻게 작동할까?

컴퓨터가 엄청 똑똑해 보일지 모르지만, 사실은 아주 빠르고 정확하게 명령을 따르는 상자일 뿐입니다. 사람이 프로그램이나 명령문을 써서, 컴퓨터로 하여금 여러 가지 작업을 하게 만드는 것이죠.

1 컴퓨터는 생각을 못해

컴퓨터는 스스로 아무것도 할 수 없다. 컴퓨터에 명령을 내리는 것은 컴퓨터 프로그래머의 몫이다.

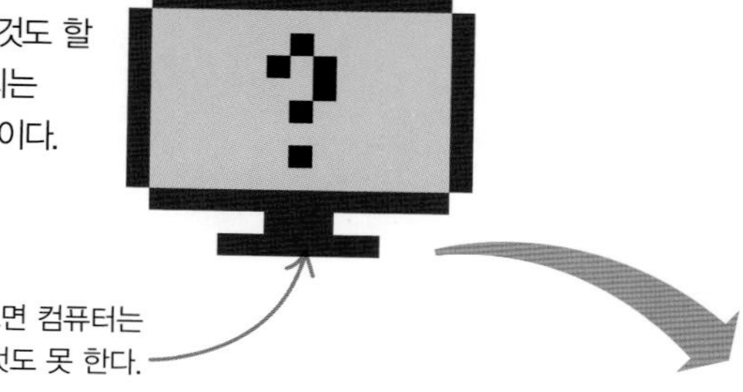

명령문이 없으면 컴퓨터는 아무것도 못 한다.

2 프로그램 작성

프로그램이라고 하는 매우 자세한 명령문을 써서 컴퓨터에게 할 일을 알려준다. 각 명령문의 길이는 컴퓨터가 이해할 수 있는 정도여야 한다. 명령문이 잘못되면 컴퓨터가 원하는 대로 동작하지 않는다.

숫자를 거꾸로 세는 컴퓨터 프로그램

```
for count in range(10, 0, -1):
    print('Counting down', count)
```

3 프로그래밍 언어

컴퓨터는 컴퓨터가 이해할 수 있는 언어로 된 명령문만 읽을 수 있다. 컴퓨터에게 무엇을 시킬지에 따라 프로그래머가 언어를 선택한다.

```
for count in range(10, 0, -1):
    print('Counting down', count)
```

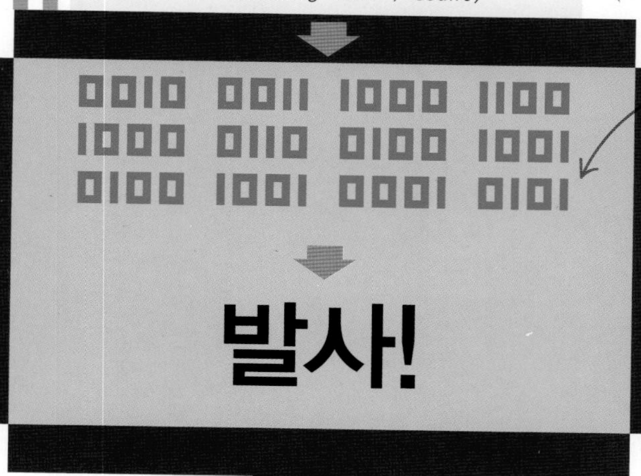

모든 프로그램은 이진부호로 바꿔 쓰인다. 이진부호란 0과 1만 사용하는 컴퓨터 기본 언어다.

용 어

하드웨어와 소프트웨어

'하드웨어'는 컴퓨터에서 보고 만질 수 있는 부분을 말합니다(전선, 회로, 키보드, 모니터 등). '소프트웨어'는 컴퓨터를 움직이는 프로그램을 말합니다. 소프트웨어와 하드웨어가 함께 있어야 컴퓨터가 쓸모 있는 일을 할 수 있답니다.

컴퓨터처럼 생각하라

프로그래머는 컴퓨터처럼 생각하는 법을 배워야 합니다. 컴퓨터가 오류를 일으키지 않도록 모든 작업을 작은 덩어리로 쪼개 명령을 이해하기 쉽게 만들어야 합니다.

여기도 함께 보세요
14~15 ◁ 컴퓨터 프로그램이란?
프로그래머 되기 ▷ 18~19

로봇처럼 생각해보기

로봇 웨이터가 있는 식당을 상상해보세요. 로봇의 뇌는 단순한 컴퓨터여서, 식당 주방에서 손님이 앉아 있는 식탁까지 어떻게 음식을 가져다줄지 여러분이 알려줘야 합니다. 그러기 위해서는 우선 명령을 컴퓨터가 이해할 수 있도록 간단한 작업으로 쪼개야 합니다.

용 어

알고리즘

알고리즘은 어떤 작업을 수행하기 위한 간단한 명령문들의 집합입니다. 프로그램은 컴퓨터가 이해할 수 있는 언어로 바꿔 쓴 알고리즘입니다.

1 웨이터 로봇 프로그램 1

이 프로그램을 사용하면 로봇이 접시에 담긴 음식을 집어 들고 그대로 주방 벽을 뚫고 손님 식탁 쪽으로 가서 바닥에 내려놓는다. 따라서 이 알고리즘보다 더 자세하게 만들어야 한다.

1. 음식을 집어 든다.
2. 주방에서 손님 식탁으로 간다.
3. 음식을 내려놓는다.

◁ **완전 실패!**
명령이 자세하고 분명하지 않았다. 로봇에게 문을 이용하라고 말하는 것을 빠트렸기 때문이다. 인간에게는 굳이 말하지 않아도 되겠지만, 컴퓨터는 스스로 문을 열고 나갈 생각을 하지 못 한다.

2 웨이터 로봇 프로그램 2

이번에는 로봇 웨이터에게 주방 문을 이용하라고 알려줬다. 로봇이 문을 이용했지만, 식당에서 키우는 고양이와 부딪쳐 발을 헛디디고 접시를 바닥에 떨어뜨려 박살 냈다.

1. 음식이 담긴 접시를 집어 든다.
2. 주방에서 손님 식탁으로 간다:
   - 2-1. 주방과 식당 사이에 있는 문으로 이동한다.
   - 2-2. 문으로 나가 손님 식탁으로 간다.
3. 손님이 앉아 있는 식탁에 접시를 내려놓는다.

◁ **아쉬워!**
로봇은 고양이 같은 장애물을 어떻게 피해가야 할지 모른다. 로봇이 안전하게 피해갈 수 있도록 프로그램을 더 자세하게 써야 한다.

3 웨이터 로봇 프로그램 3

이번에는 로봇이 장애물을 피해 손님에게 음식을 가져다주는 데 성공한다. 하지만 접시를 내려놓은 뒤 식탁 옆에 그대로 서 있는 바람에 주방에는 내가야 할 음식이 점점 쌓여간다.

1. 음식이 담긴 접시를 쏟아지지 않게 들어 올린다.
2. 주방에서 손님 식탁으로 간다:
    - 2-1. 주방과 식당 사이에 있는 문으로 이동한다.
        - 2-1-1. 장애물이 있는지 확인한 뒤 있으면 돌아갈 것
    - 2-2. 문으로 나가 손님 식탁으로 간다.
        - 2-2-1. 장애물이 있는지 확인 후 돌아갈 것
3. 손님이 앉아 있는 식탁에 접시를 내려놓는다.

△ 드디어 성공?
마침내 로봇이 안전하게 음식을 나를 수 있다. 하지만 주방으로 돌아가 다음 접시를 나르라는 명령을 빠트렸다.

현실에서의 예

웨이터 로봇은 상상으로 만들어본 것이지만, 이런 알고리즘은 우리 주변에서 많이 찾아볼 수 있습니다. 예를 들어 컴퓨터로 제어하는 엘리베이터도 이런 명령을 만들어주어야만 합니다. 올라갈까, 내려갈까? 다음에 몇 층으로 갈까? 같은 것들 말이지요.

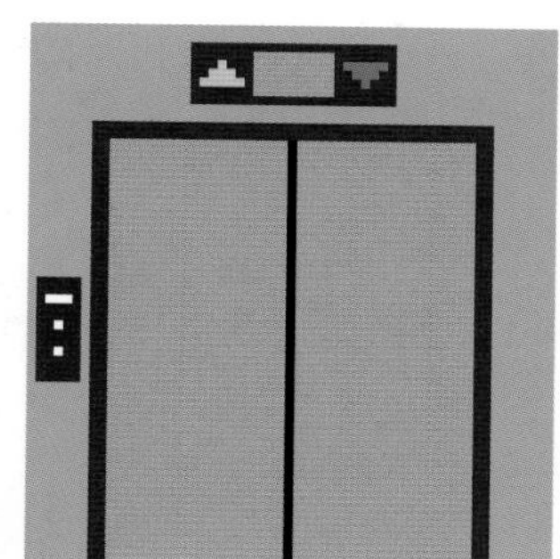

1. 문이 닫힐 때까지 기다린다.
2. 버튼이 눌릴 때까지 기다린다.
    - 2-1. 지금 있는 곳보다 높은 층의 버튼이 눌렸을 때:
        - 2-1-1. 엘리베이터는 올라간다.
    - 2-2. 지금 있는 곳보다 낮은 층의 버튼이 눌렸을 때:
        - 2-2-1. 엘리베이터는 내려간다.
3. 버튼이 눌린 층에 도착할 때까지 기다린다.
4. 문을 연다.

◁ 엘리베이터 프로그램
엘리베이터가 안전하게 잘 작동하려면 명령은 정확하고 분명해야 하며, 일어날 수 있는 모든 일에 대해 미리 생각하여 처리할 수 있어야 한다. 프로그래머는 책임지고 필요한 알고리즘을 만들어내야 한다.

프로그래머 되기

여기도 함께 보세요
스크래치란? ▷ 22~23
파이썬이란? ▷ 86~87

컴퓨터는 프로그램에 따라 움직입니다. 프로그래머는 이러한 프로그램을 만드는 사람을 말합니다. 여러분도 프로그래밍 언어를 배우면 나만의 프로그램을 만들 수 있습니다.

프로그래밍 언어

프로그래밍 언어는 매우 다양합니다. 작업에 따라 어떤 언어를 사용할지 선택할 수 있습니다. 다음은 가장 많이 사용되는 언어와 그 언어들의 주요 용도를 정리한 것입니다.

언어	용도
C	컴퓨터 운영체제(OS)를 만드는 데 가장 효과적인 언어
Ada **에이다**	우주선, 인공위성, 비행기 제어용으로 사용
Java **자바**	컴퓨터와 스마트폰, 태블릿에서 쓰이는 언어
MATLAB **매트랩**	계산을 많이 해야 할 때 사용하면 좋은 언어
Ruby **루비**	많은 정보를 웹페이지로 자동으로 바꾸는 데 사용
Javascript **자바스크립트**	대화형 웹사이트를 만드는 데 사용하는 언어
Scratch **스크래치**	그림을 사용하여 프로그래밍 배우기에 좋은 시각적 언어. 이 책에서 첫 번째로 다룰 언어다.
Python **파이썬**	문자로 쓰는 프로그래밍 언어로, 어떤 종류의 프로그램이든 만들 수 있다. 이 책에서 두 번째로 다룰 언어다.

스크래치란?

스크래치는 코딩을 시작하기에 가장 좋은 언어입니다. 코드를 문자로 쓰는 것이 아니라 코드 블록들을 연결하여 프로그램을 만듭니다. 쉽고 빠르게 사용할 수 있고, 다른 프로그래밍 언어를 사용할 때 꼭 알아둬야 할 기본개념도 배울 수 있습니다.

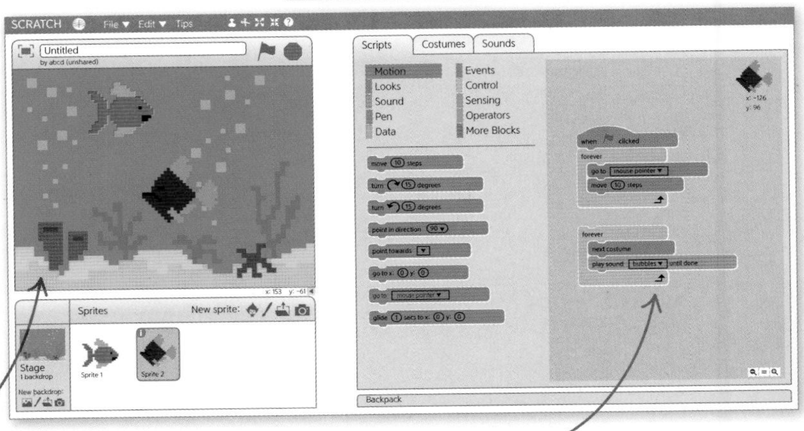

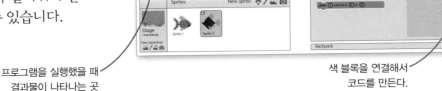

프로그램을 실행했을 때 결과물이 나타나는 곳

색 블록을 연결해서 코드를 만든다.

파이썬이란?

전 세계 사람들이 파이썬을 사용해 게임이나 툴, 웹사이트를 만듭니다. 여러 종류의 프로그램을 만들 수 있기 때문에 제대로 알아두면 아주 좋은 언어입니다. 파이썬은 영어를 쓰지만 쉽고 자주 쓰는 단어로 되어 있어서 어렵지 않답니다.

IDLE File Edit Shell Debug Window Help

ghost game

```
# Ghost Game
from random import randint
print('Ghost Game')
feeling_brave = True
score = 0
while feeling_brave:
        ghost_door = randint(1, 3)
        print('Three doors ahead...')
```

파이썬으로 만든 프로그램

시작하기

이제 프로그래밍을 시작할 시간입니다. 여러분은 인터넷이 연결된 컴퓨터 한 대만 있으면 됩니다. 먼저 여러분을 프로그래머로 만들어주기에 최적의 언어인 스크래치부터 시작합니다. 신나는 컴퓨터 코딩의 세계로 떠나는 여행, 준비됐나요?

프로그래머의 한마디

실험을 즐겨요!

프로그래머라면 자신이 만든 코드와 프로그램을 가지고 실험을 해야 합니다. 프로그래밍을 배우는 최고의 방법 중 하나는 코드를 여기저기 바꿨을 때 어떤 일이 일어나는지 보면서 가지고 노는 것입니다. 조작하고 만지작거리면서 새로운 방법을 발견하게 될 것입니다. 배우면 배울수록 컴퓨터 프로그래밍이 더 재미있어질 거예요.

스크래치로 시작하기

스크래치란?

스크래치는 코딩을 간단하게 만들어주는 비주얼 프로그래밍 언어입니다. 이 언어를 사용해 갖가지 재미있고 흥미로운 프로그램을 만들 수 있습니다.

여기도 함께 보세요

스크래치 설치 및 시작 ▷ 24~25

스크래치 인터페이스 ▷ 26~27

색 블록과 스크립트 ▷ 30~31

스크래치 이해하기

스크래치는 게임이나 애니메이션을 만들기에 가장 좋은 언어입니다. 멋진 그래픽과 소리 모음('라이브러리'라고도 함)도 가득하니 꼭 활용해보세요.

1 프로그래밍 시작하기
스크래치는 프로그래밍 언어 중 하나다. 글자로 된 코드를 직접 쓸 일이 별로 없어 쉽게 시작할 수 있다.

2 블록 연결하기
스크래치는 색색의 코드 블록으로 되어 있다. 블록을 선택하여 연결하면 스크립트가 된다. 스크립트는 이렇듯 명령문이 모인 것이다.

블록들이 직소퍼즐 조각처럼 맞물린다.

3 스프라이트 움직이고 말하도록 만들기
사람이나 자동차, 동물들이 들어간 프로그램을 만들 수 있는데, 이러한 것들을 스프라이트라고 한다. 스크립트는 스프라이트가 움직이고 말하게 만든다.

용어

왜 스크래치라고 부를까?

'스크래칭(Scratching)'이란 다양한 소리를 섞어 새로운 음악을 만드는 것을 말합니다. 프로그래밍 언어인 스크래치도 그림이나 소리, 스크립트를 조합해 새로운 컴퓨터 프로그램을 만들 수 있기 때문에 이런 이름이 붙었다고 하네요.

스크래치 프로그램의 예

스크래치 프로그램의 예를 하나 들어보겠습니다. 프로그램의 결과는 화면의 '무대'라고 불리는 곳에 나타납니다. 무대에 배경 이미지와 스프라이트를 넣고 스크립트를 만들면 그것들을 움직이게 할 수 있습니다.

▷ 프로그램 실행하기

프로그램을 시작하는 것을 '실행한다'고 한다. 스크래치에서 프로그램을 실행하려면 무대 위쪽 녹색 깃발을 클릭하면 된다.

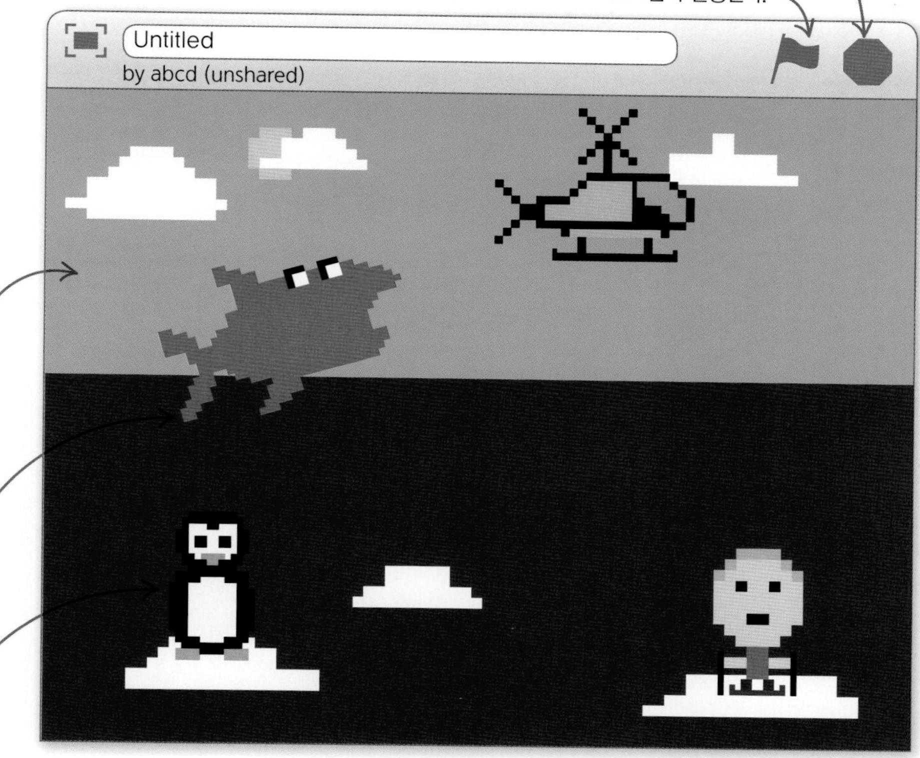
빨간색 버튼을 누르면
프로그램이 멈춘다.
녹색 깃발을 누르면
프로그램이 실행된다.
Untitled
by abcd (unshared)
배경 이미지
스크립트를 넣으면
상어 스프라이트가
움직인다.
여러 개의 스프라이트를
무대에 넣을 수 있다.

▷ 스크립트로 스프라이트 움직이기

스크래치는 블록을 사용해 스크립트를 만든다. 오른쪽 스크립트는 상어를 무대에서 튀어 오르게 만든다. '다음 모양으로 바꾸기' 블록은 상어가 움직일 때마다 입을 벌렸다 오므렸다 하게 만든다.

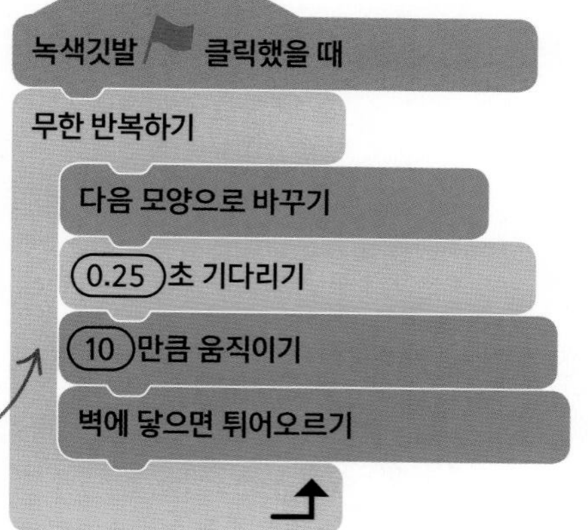
녹색깃발 클릭했을 때
무한 반복하기
다음 모양으로 바꾸기
0.25 초 기다리기
10 만큼 움직이기
벽에 닿으면 튀어오르기
'무한 반복하기' 블록이
스프라이트를 계속
움직이게 만든다.

잊지 마세요!

스크래치 프로그램

스크래치에서는 저장한 작품을 '프로젝트'라고 부릅니다. 프로젝트에는 여러분이 작업한 모든 스프라이트와 배경, 소리, 스크립트가 들어 있습니다. 나중에 프로젝트를 다시 불러오면 모든 것이 저장했을 때와 똑같은 위치에 있을 것입니다. 스크래치의 프로젝트는 컴퓨터 프로그램의 하나입니다.

스크래치 설치 및 시작

스크래치 프로그래밍을 시작하려면 스크래치 소프트웨어가 있어야 합니다.
컴퓨터에 다운로드하여 설치해도 되고 온라인으로 이용해도 됩니다.

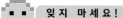

잊지 마세요!

스크래치 웹사이트

스크래치 웹사이트에 들어가 봅시다.
http://scratch.mit.edu/

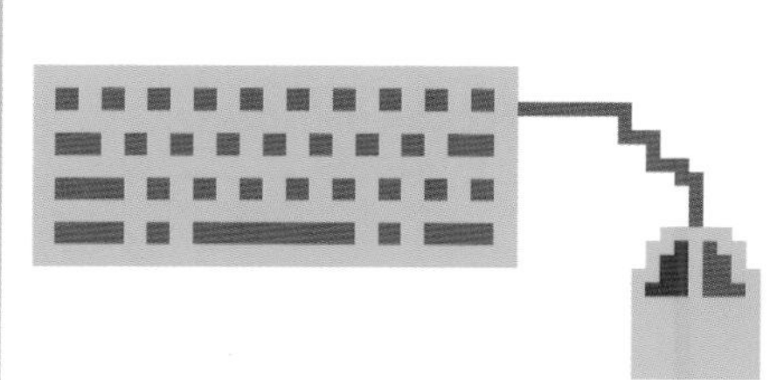

스크래치 계정 만들기

스크래치 계정을 만들면 여러분이 만든 프로그램을 스크래치 웹사이트에 공유할 수 있을 뿐만 아니라, 작업 내용을 온라인으로 저장할 수도 있습니다. 스크래치 웹사이트를 방문하여 '스크래치 가입'을 클릭해 나의 계정을 만들어보세요.

▷ 시작하기
스크래치 설치 방식은 인터넷을 통해 이용하거나 소프트웨어를 다운로드해서 사용하는 두 가지 방법이 있다.

	1 설치	2 스크래치 실행
 온라인	http://scratch.mit.edu를 방문하여 '스크래치 가입'을 클릭한다. 사용자 이름과 비밀번호를 만들어 입력한다. 계정을 만들기 전 부모님이나 보호자에게 웹사이트에 가입해도 좋은지 허락 받기!	스크래치 웹사이트에 가입했으면 '로그인'을 클릭하여 사용자 이름과 비밀번호를 입력한다. 새 프로그램을 시작하려면 화면 위쪽의 '만들기'를 클릭하면 된다.
 오프라인	http://scratch.mit.edu/scratch2download/에서 소프트웨어를 다운로드한다. 설치 프로그램을 실행하면 스크래치 아이콘이 바탕화면에 생긴다.	바탕화면의 아이콘을 더블클릭하면 스크래치가 실행되고 프로그래밍을 시작할 수 있다.

프로그래머의 한마디

마우스 사용하기

'클릭'은 마우스의 왼쪽 버튼을 한 번 누르는 것입니다. '오른쪽 클릭'은 마우스의 오른쪽 버튼을 누르라는 뜻입니다. 마우스에 버튼이 하나밖에 없으면 키보드의 컨트롤(Ctrl) 키를 누른 상태로 마우스 버튼을 눌러 보세요. '오른쪽 클릭'을 할 수 있게 됩니다.

스크래치의 여러 가지 버전

이 책에서는 최신 버전인 스크래치 2.0을 사용합니다. 가능하면 이 버전을 사용하세요. 이전 버전은 약간 다릅니다.

△ **스크래치 1.4**
스크래치의 이전 버전은 무대가 화면 오른쪽에 있다.

△ **스크래치 2.0**
스크래치 최신 버전에는 새로운 명령문이 추가되었고 무대가 화면 왼쪽에 있다.

3 작업내용 저장

로그인을 하면 스크래치가 자동으로 작업 내용을 저장한다. 작업한 내용을 찾으려면 화면 오른쪽 위 사용자 이름을 클릭한 뒤 '내 작업실'을 클릭한다.

화면 위쪽 '파일' 메뉴를 클릭하고 '다른 이름으로 저장하기'를 선택한다. 작업 내용을 어디에 저장할지 선택한다.

4 운영체제

스크래치 온라인 버전은 윈도우와 우분투, 맥 컴퓨터에서 잘 작동한다. 하지만 어도비 플래시 소프트웨어가 필요해서 몇몇 태블릿 기기에서는 작동하지 않는다.

스크래치 오프라인 버전은 윈도우와 맥 컴퓨터에서 잘 작동한다. 우분투를 사용하는 컴퓨터에서는 잘 작동하지 않는다. 우분투를 사용하는 컴퓨터라면 온라인 버전을 대신 이용해야 한다.

스크래치 인터페이스

스크래치의 화면에 대해 설명해드릴게요. 이런 화면을 '인터페이스'라고 합니다. 무대가 화면 왼쪽에 있고 오른쪽에서 프로그램을 만듭니다.

▽ 실험
버튼과 탭을 클릭해 보면서 스크래치 인터페이스를 탐험하고 실험해 보라. 앞으로 소개할 여러 프로젝트에서 어떻게 사용할지 자세히 다룰 것이다.

프로그래머의 한마디

메뉴와 도구 모음

메뉴 옵션
화면 위쪽에 있는 메뉴의 기능에 대해 알려줄게요.

파일 ▼	**작업 내용을 저장**하거나 새 프로젝트를 시작한다.
편집 ▼	**실수한 것을 취소**하거나 무대 크기를 바꾼다.
도움말	**작업하다 막혔을 때** 여기에 도움을 요청한다.

도구 모음
쓰고 싶은 도구를 클릭하고 나서 스프라이트나 스크립트를 클릭합니다.

- 스프라이트나 스크립트 **복사**
- 스프라이트나 스크립트 **삭제**
- 스프라이트 **확대**
- 스프라이트 **축소**
- 블록에 관한 **도움말**

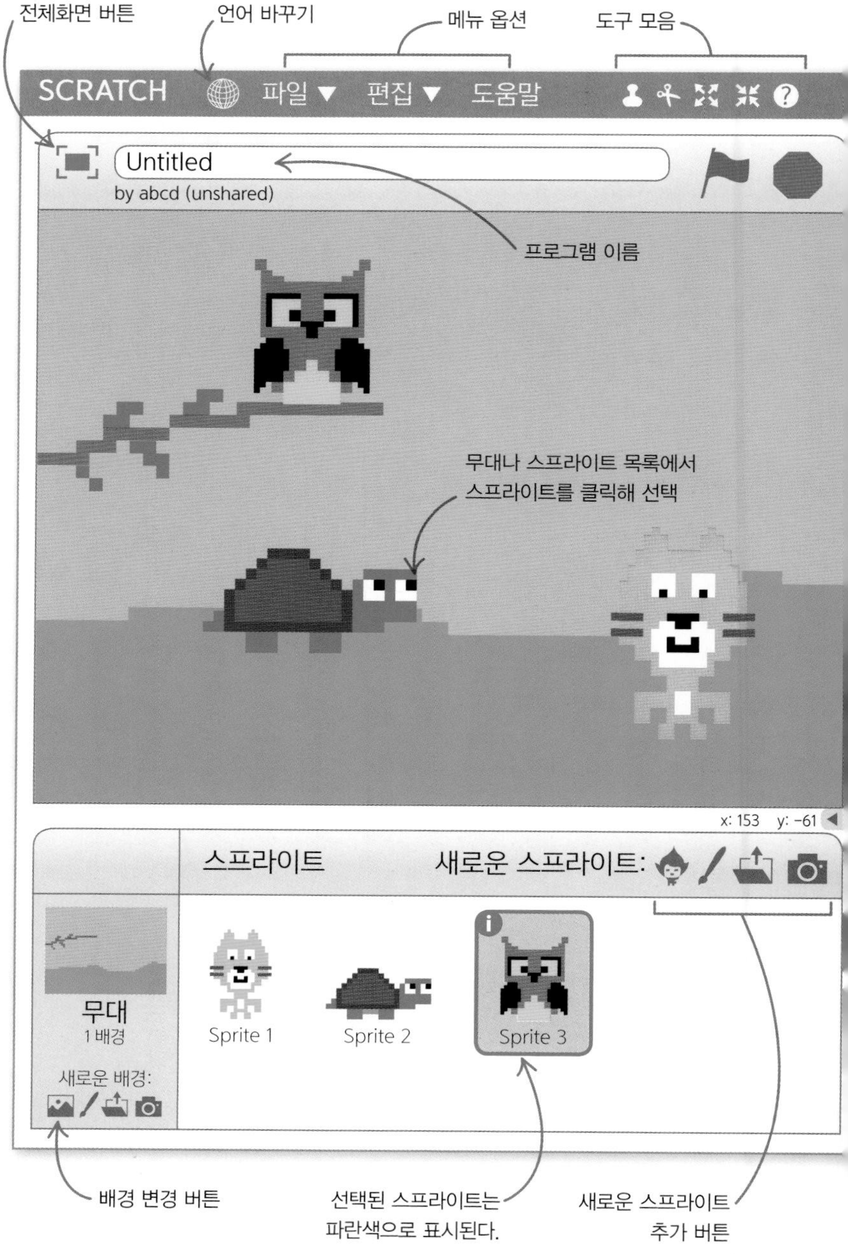

전체화면 버튼

언어 바꾸기

메뉴 옵션

도구 모음

SCRATCH 파일 ▼ 편집 ▼ 도움말

Untitled

by abcd (unshared)

프로그램 이름

무대나 스프라이트 목록에서 스프라이트를 클릭해 선택

x: 153 y: -61

스프라이트 새로운 스프라이트:

무대

1 배경

새로운 배경:

Sprite 1 Sprite 2 Sprite 3

배경 변경 버튼

선택된 스프라이트는 파란색으로 표시된다.

새로운 스프라이트 추가 버튼

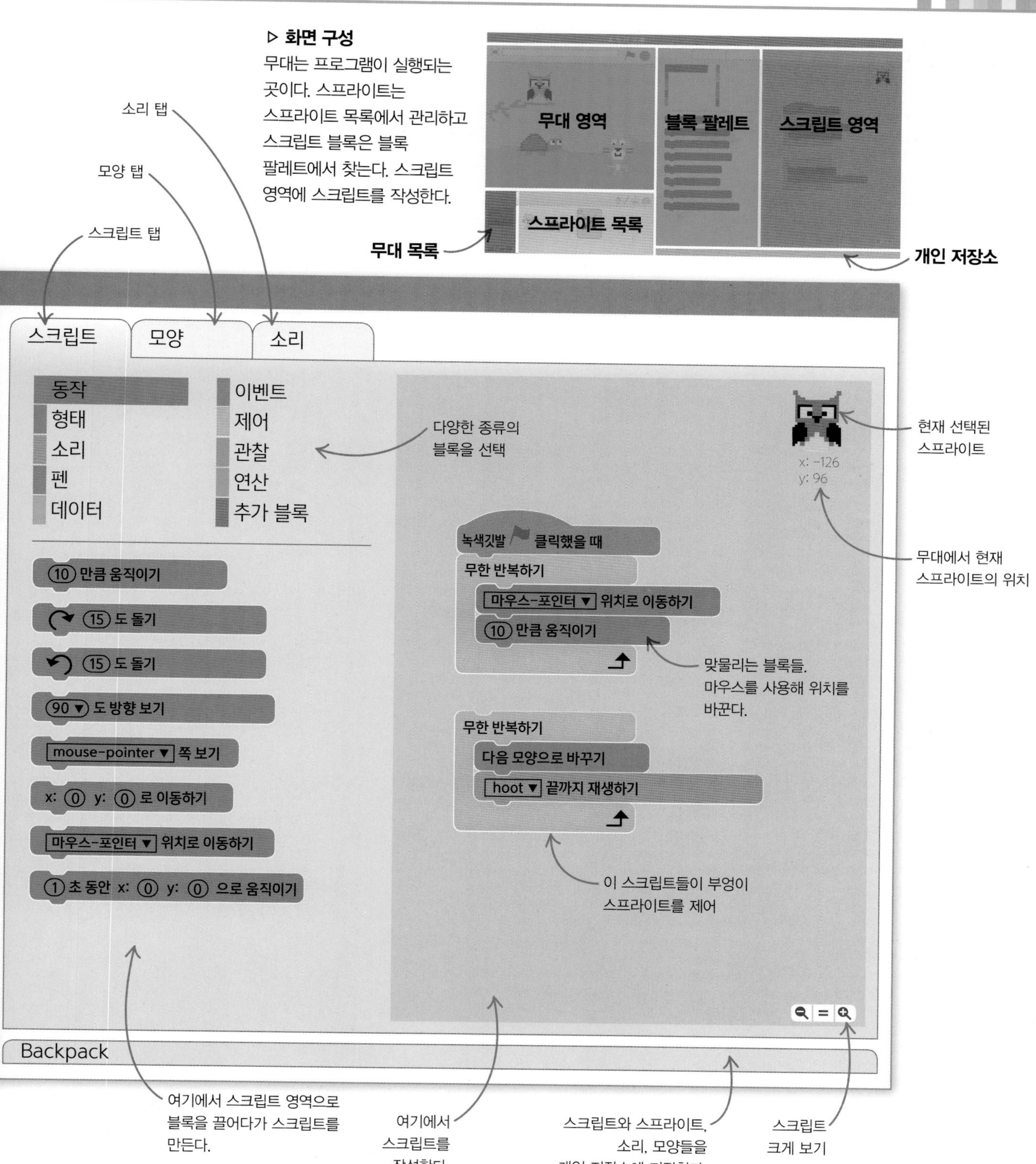
▷ 화면 구성
무대는 프로그램이 실행되는 곳이다. 스프라이트는 스프라이트 목록에서 관리하고 스크립트 블록은 블록 팔레트에서 찾는다. 스크립트 영역에 스크립트를 작성한다.
무대 영역
블록 팔레트
스크립트 영역
스프라이트 목록
무대 목록
개인 저장소
소리 탭
모양 탭
스크립트 탭
스크립트
모양
소리
동작
형태
소리
펜
데이터
이벤트
제어
관찰
연산
추가 블록
다양한 종류의 블록을 선택
10 만큼 움직이기
15 도 돌기
15 도 돌기
90 ▼ 도 방향 보기
mouse-pointer ▼ 쪽 보기
x: 0 y: 0 로 이동하기
마우스-포인터 ▼ 위치로 이동하기
1 초 동안 x: 0 y: 0 으로 움직이기
현재 선택된 스프라이트
x: -126
y: 96
무대에서 현재 스프라이트의 위치
녹색깃발 클릭했을 때
무한 반복하기
마우스-포인터 ▼ 위치로 이동하기
10 만큼 움직이기
맞물리는 블록들. 마우스를 사용해 위치를 바꾼다.
무한 반복하기
다음 모양으로 바꾸기
hoot ▼ 끝까지 재생하기
이 스크립트들이 부엉이 스프라이트를 제어
Backpack
여기에서 스크립트 영역으로 블록을 끌어다가 스크립트를 만든다.
여기에서 스크립트를 작성한다.
스크립트와 스프라이트, 소리, 모양들을 개인 저장소에 저장한다.
스크립트 크게 보기

스프라이트

스크래치의 기본 요소는 스프라이트입니다. 모든 스크래치 프로그램은 스프라이트와 그것들을 움직이는 스크립트로 이루어집니다. 32~37쪽에 있는 '용에게서 달아나기!' 프로그램은 고양이와 용, 도넛 스프라이트를 사용한 것입니다.

여기도 함께 보세요

26~27 ◁ 스크래치 인터페이스

모양 ▷ 40~41

숨바꼭질 기능 ▷ 42~43

스프라이트는 무엇을 할 수 있을까?

무대 위에 있는 그림들이 스프라이트입니다. 스크립트로 프로그램을 만들어 스프라이트가 움직이게 만듭니다. 다른 스프라이트나 프로그램 사용자가 명령하면 스프라이트가 반응합니다. 스프라이트는 다음과 같은 것들을 할 수 있습니다.

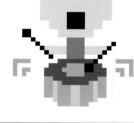

- 무대 위에서 움직이기
- 다른 것에 닿았을 때 반응하기
- 겉모습 바꾸기
- 사용자 명령에 따르기
- 소리와 음악 재생하기
- 말풍선으로 말하기

우리는 다양한 소리를 낼 수 있어요!

스프라이트 목록

프로젝트에는 스프라이트가 여러 개 쓰일 수 있습니다. 그리고 스프라이트마다 각각의 스크립트를 가지고 있습니다. 스크립트에 원하는 스프라이트를 넣는 방법과 스프라이트 바꾸는 방법을 알고 있어야 합니다.

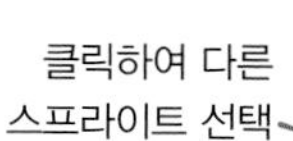

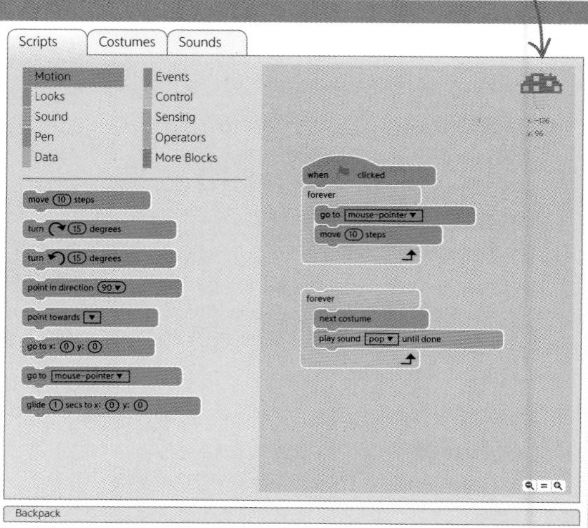

지금 만들고 있는 스크립트가 어떤 스프라이트의 스크립트인지 표시

▷ **스프라이트와 스크립트**

하나의 프로젝트에 여러 개의 스프라이트를 넣을 수 있으며, 각각의 스프라이트에 여러 스크립트를 짜넣을 수 있다.

스프라이트를 만들어보자

게임은 무대 위에서 서로 부딪치고 피하고 쫓는 스프라이트가 많으면 많을수록 더 재미있어집니다. 스프라이트를 만들거나 복사하고 삭제하는 것은 매우 간단하답니다.

▷ 스프라이트 생성

스프라이트 목록 위에 있는 버튼을 사용해서 프로그램에 스프라이트를 만들거나 추가한다.

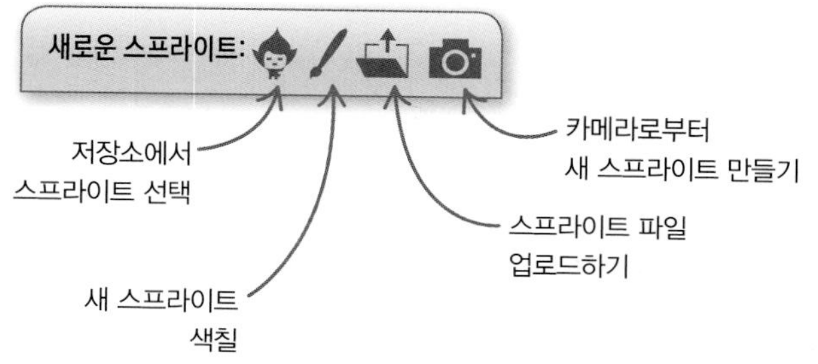

▷ 스프라이트 복사와 삭제

스프라이트와 스크립트를 복사하려면 스프라이트 목록에서 마우스 오른쪽 버튼을 클릭해 '복사'를 선택합니다.

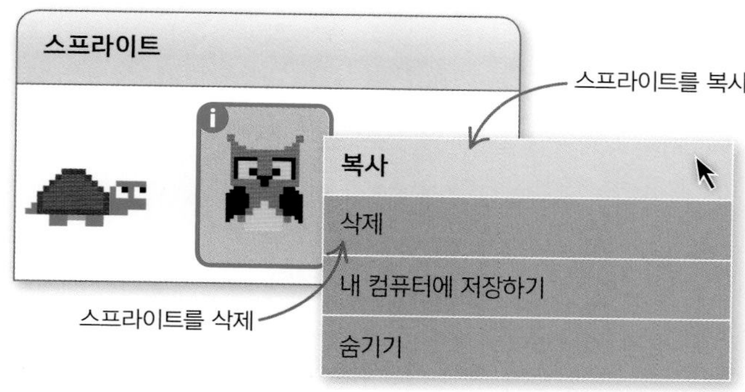

스프라이트 이름 짓기

스크래치에서 새 프로그램을 시작할 때 나오는 고양이 스프라이트를 'Sprite 1'이라고 합니다. 알아보기 쉽도록 스프라이트에 이름을 지어주면 프로그램을 더 쉽게 작성할 수 있습니다. 또한 스크립트를 이해하고 관리하는 데 도움이 됩니다.

1 스프라이트 선택하기

스프라이트 목록에서 스프라이트 하나를 선택하고, 위쪽 모서리에 있는 파란색 ⓘ 버튼을 클릭한다.

2 이름 바꾸기

아래와 같은 정보창이 열리면 텍스트 상자를 클릭한 후 키보드로 스프라이트 이름을 바꾼다.

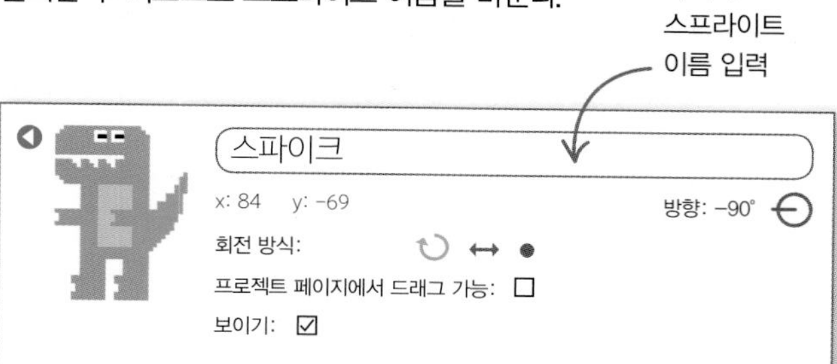

3 이름이 바뀐 스프라이트

정보창 맨 왼쪽에 있는 파란색 화살표 ◀를 클릭하면 정보창이 닫힌다.

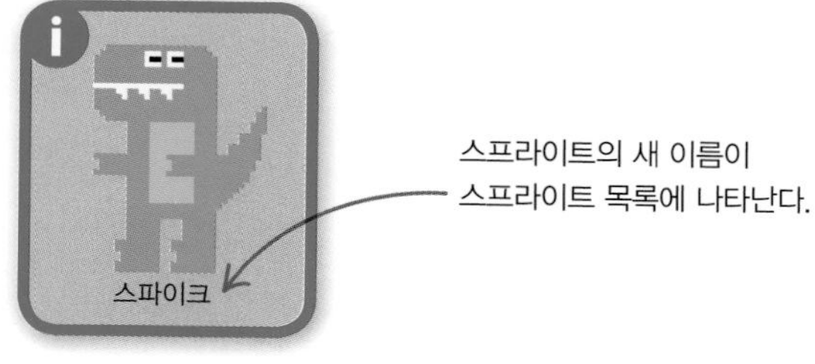

색 블록과 스크립트

블록은 그 기능에 따라 색깔이 다릅니다. 블록들을 연결해 스크립트를 만들면 위에서부터 놓인 순서대로 실행됩니다.

여기도 함께 보세요
26~27 ◁ 스크래치 인터페이스
용에게서 달아나기! ▷ 32~37

색 블록

스크래치에는 열 가지 종류의 블록이 있습니다. 블록 팔레트에 있는 버튼을 클릭하여 선택된 블록의 내용을 바꿀 수 있습니다. 버튼을 클릭하면 같은 종류의 블록을 모두 볼 수 있습니다.

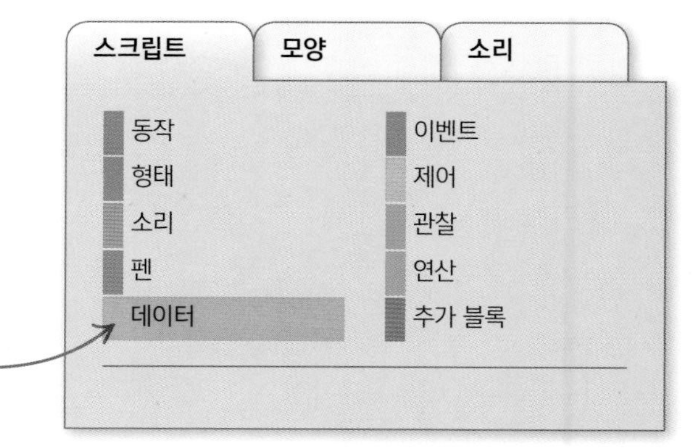

주황색 '데이터' 블록들을 보여주는 버튼

블록의 기능

블록들은 프로그램에서 저마다 다른 기능을 합니다. 스프라이트를 움직이게 하는 블록, 소리를 내게 하는 블록, 동작이 일어나는 타이밍을 결정하는 블록 등이 있습니다.

▽ 이벤트와 관찰

갈색 '이벤트' 블록은 어떤 일이 일어나게 한다. 하늘색 '관찰' 블록은 키보드나 마우스에 관한 정보, 스프라이트에 무엇이 닿는지 등을 감지한다.

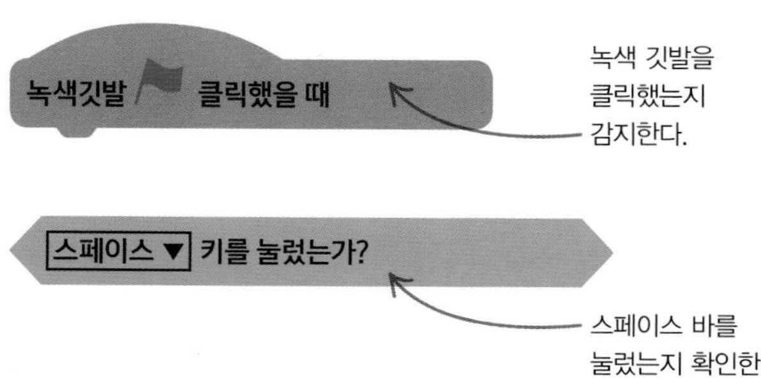

녹색 깃발을 클릭했는지 감지한다.

스페이스 바를 눌렀는지 확인한다.

▽ 동작, 형태, 소리, 펜

이 블록들은 화면에서 스프라이트가 무엇을 할지 정하는데, 이것을 프로그램의 '출력'이라고 한다. 블록을 눌렀을 때 스프라이트가 어떻게 움직이는지 확인해보자.

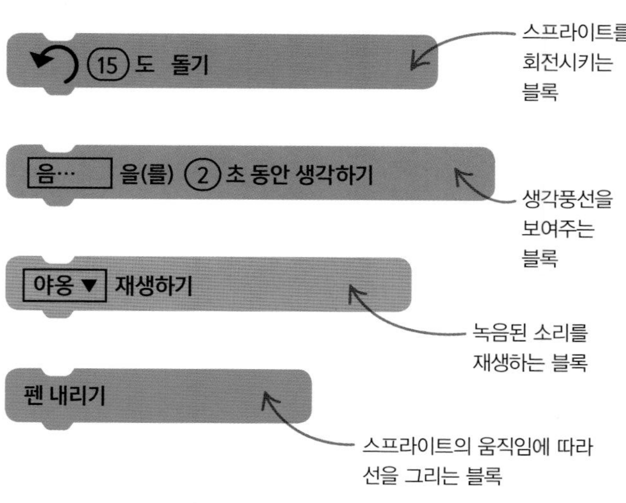

스프라이트를 회전시키는 블록

생각풍선을 보여주는 블록

녹음된 소리를 재생하는 블록

스프라이트의 움직임에 따라 선을 그리는 블록

▽ **데이터와 연산**

주황색 '데이터' 블록과 연두색 '연산' 블록은 숫자와 단어를 저장해두었다가 사용한다.

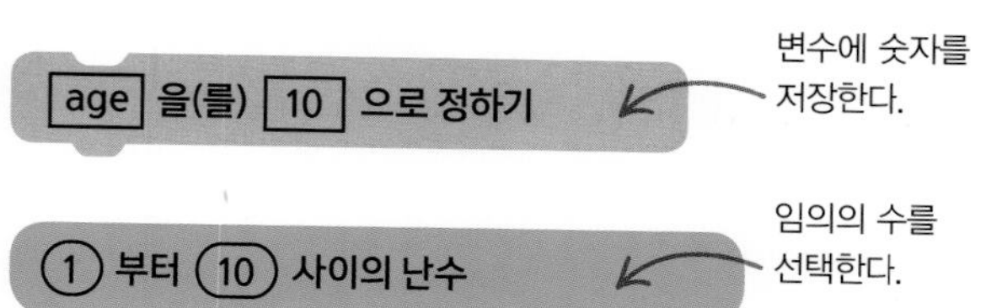
age 을(를) 10 으로 정하기
변수에 숫자를 저장한다.
1 부터 10 사이의 난수
임의의 수를 선택한다.

▽ **제어**

'제어' 블록은 블록을 언제 실행할지 타이밍을 결정한다. 명령문을 반복해서 실행하도록 만들 수도 있다.

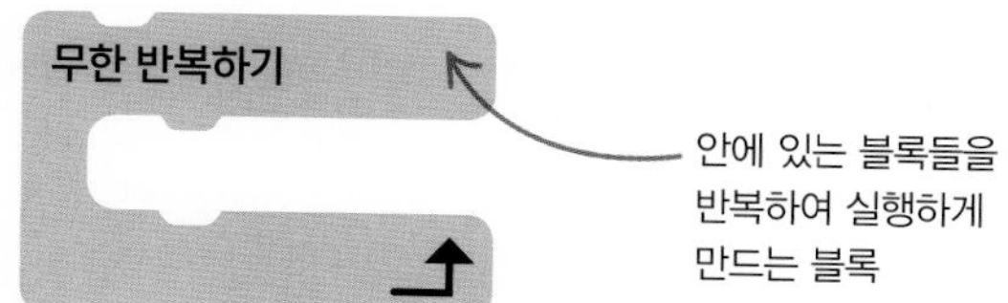
무한 반복하기
안에 있는 블록들을 반복하여 실행하게 만드는 블록

스크립트의 흐름

프로그램을 실행하면 스크래치는 블록에 있는 명령문을 따라 움직입니다. 맨 위의 스크립트에서 시작해 아래쪽으로 이동하며 실행합니다.

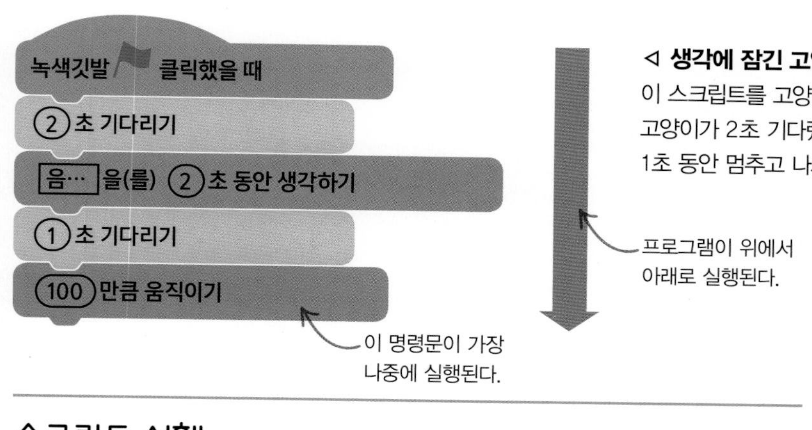
녹색깃발 클릭했을 때
2 초 기다리기
음… 을(를) 2 초 동안 생각하기
1 초 기다리기
100 만큼 움직이기
프로그램이 위에서 아래로 실행된다.
이 명령문이 가장 나중에 실행된다.

◁ **생각에 잠긴 고양이**

이 스크립트를 고양이 스프라이트에 사용하면, 고양이가 2초 기다렸다가 잠시 생각한 뒤 1초 동안 멈추고 나서 움직일 것이다.

스크립트 실행

스크립트가 실행되면 스크립트 블록에 빛이 납니다. 스크립트를 실행하려면 무대 위 녹색 깃발 버튼을 클릭합니다. 스크립트나 블록을 클릭해도 실행됩니다.

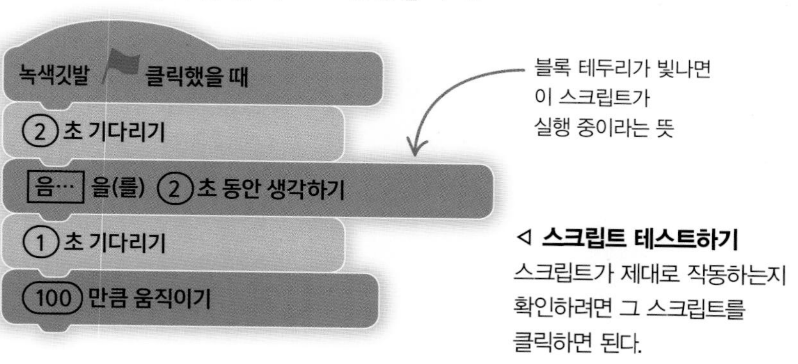
녹색깃발 클릭했을 때
2 초 기다리기
음… 을(를) 2 초 동안 생각하기
1 초 기다리기
100 만큼 움직이기
블록 테두리가 빛나면 이 스크립트가 실행 중이라는 뜻

◁ **스크립트 테스트하기**

스크립트가 제대로 작동하는지 확인하려면 그 스크립트를 클릭하면 된다.

잊지 마세요!

스크립트 멈추기

프로그램에서 실행 중인 모든 스크립트를 멈추게 하려면 무대 위쪽에 있는 빨간 정지 버튼을 클릭하면 됩니다. 프로그램을 시작할 때 사용하는 녹색 깃발 버튼 옆에 있습니다.

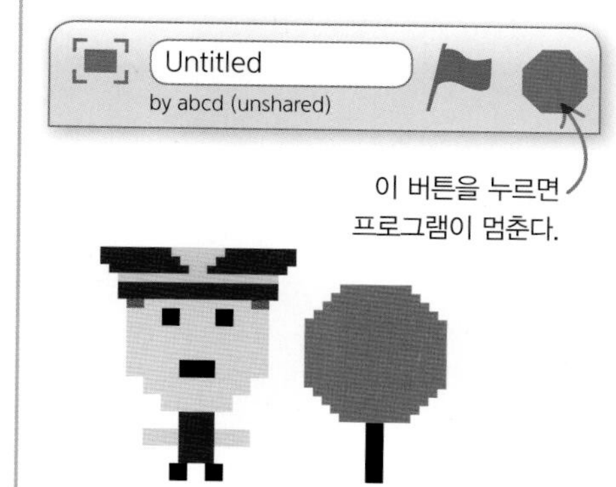
Untitled
by abcd (unshared)
이 버튼을 누르면 프로그램이 멈춘다.

프로젝트 1

용에게서 달아나기!

이 프로젝트는 스크래치의 기본 코딩 몇 가지를 소개합니다. 먼저 불 뿜는 용에게서 고양이를 구출하는 게임을 만들어봅시다.

여기도 함께 보세요

24~25 ◁ 스크래치 설치 및 시작

26~27 ◁ 스크래치 인터페이스

고양이 움직이게 만들기

우선 고양이 스프라이트가 이리저리 움직이며 마우스 포인터를 쫓아갈 수 있게 만들어 보겠습니다. 설명대로 잘 따라하지 않으면 게임이 작동하지 않을 수도 있습니다.

1. 스크래치를 연다. 메뉴에서 '파일'을 클릭하고 '새로 만들기'를 선택해 새 프로젝트를 시작한다. 고양이 스프라이트가 나타날 것이다.

스크래치에서 새 프로젝트를 열 때마다 내가 나타나요.

2. 블록 팔레트에서 노란색 '제어' 버튼을 클릭. '무한 반복하기' 블록을 클릭하고 마우스 버튼을 계속 누른 채 오른쪽 스크립트 영역으로 드래그한다. 버튼에서 손을 떼어 블록을 내려놓는다.

블록 팔레트

'제어' 버튼

블록 모양 소리

동작 형태 소리 펜 데이터

이벤트 제어 관찰 연산 추가 블록

10 초 기다리기

10 번 반복하기

무한 반복하기

이 블록을 클릭

이 블록을 스크립트 영역으로 드래그

무한 반복하기

3. 블록 팔레트에서 파란색 '동작' 버튼을 클릭하면 파란색 '동작' 블록들이 나타난다. '~쪽 보기' 블록을 스크립트 영역의 '무한 반복하기' 블록 안에 끌어넣는다. 블록 안의 검은색 화살표를 클릭해 '마우스 포인터'를 선택.

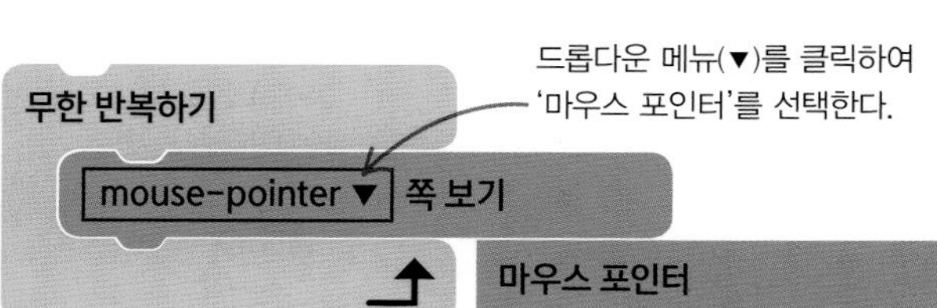
무한 반복하기
mouse-pointer ▼ 쪽 보기
마우스 포인터
드롭다운 메뉴(▼)를 클릭하여 '마우스 포인터'를 선택한다.

4. 블록 팔레트에서 '이벤트' 버튼을 클릭. '녹색 깃발을 클릭했을 때' 블록을 스크립트 영역의 스크립트 맨 위에 끌어놓는다.

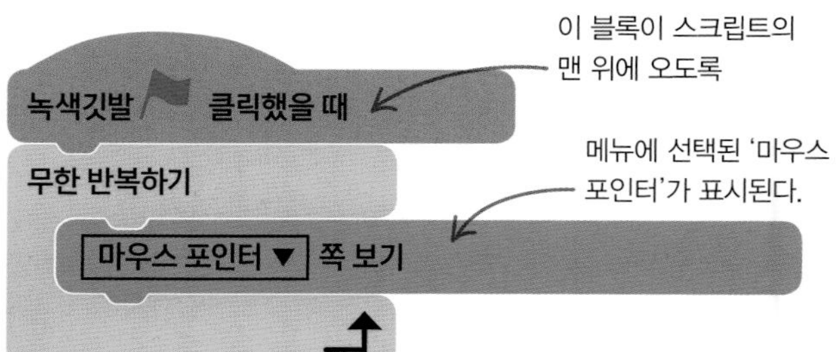
녹색깃발 클릭했을 때
무한 반복하기
마우스 포인터 ▼ 쪽 보기
이 블록이 스크립트의 맨 위에 오도록
메뉴에 선택된 '마우스 포인터'가 표시된다.

5 무대 위쪽의 녹색 깃발을 클릭하여 프로그램을 실행해 보라. 마우스를 움직이면 무대 위에 있는 고양이가 마우스 포인터 쪽으로 얼굴을 돌릴 것이다.

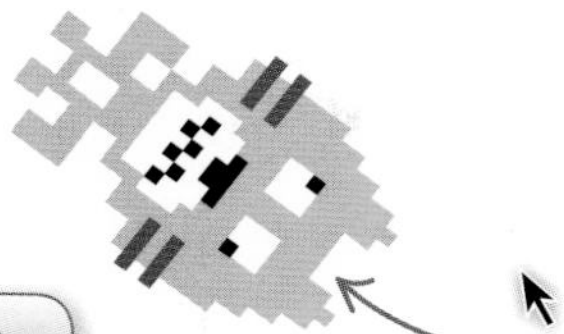

Untitled
by abcd (unshared)

전체 화면 보기
프로그램 실행
프로그램 정지

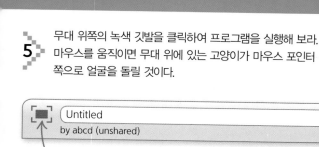

마우스를 움직이면
고양이가 마우스를
따라 돈다.

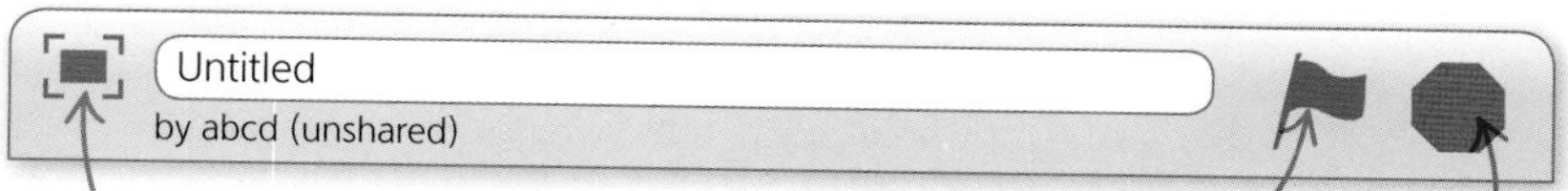

6 '동작' 버튼을 다시 클릭하여 '10만큼 움직이기' 블록을 스크립트 영역의 '무한 반복하기' 블록 안에 끌어놓는다. 녹색 깃발 버튼을 클릭하면 고양이가 마우스 포인터를 쫓아다닐 것이다!

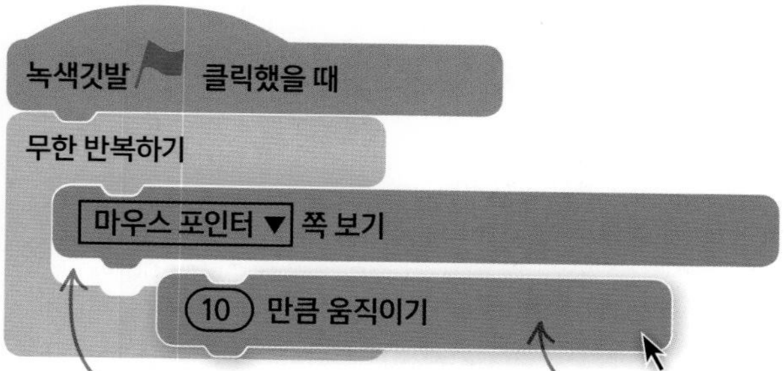

녹색깃발 클릭했을 때
무한 반복하기
마우스 포인터 ▼ 쪽 보기
10 만큼 움직이기

'무한 반복하기' 블록이 자동으로
커지면서 공간이 생긴다.

이 블록을 '무한 반복하기' 블록
안으로 드래그

7 무대 전체에 깔리는 그림을 배경이라고 한다. 스프라이트 목록 왼쪽에 새로운 배경을 선택할 수 있는 버튼이 있다. 그 버튼을 클릭한 뒤 목록에서 '우주'를 선택, '별(stars)' 그림을 클릭한 뒤 오른쪽 아래 '확인'을 누른다.

무대
1 배경
새로운 배경:
저장소에서 배경 선택

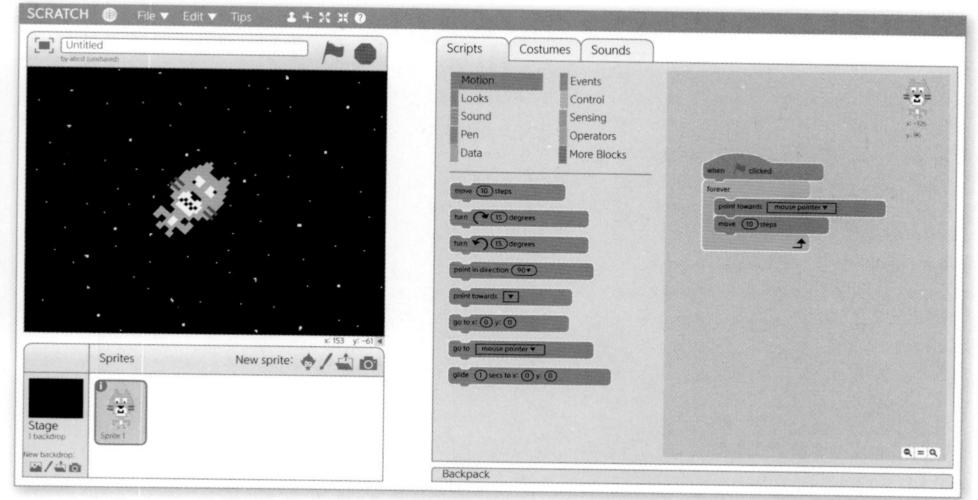

★ 이 화면은 영어판 화면입니다.

◁ **우주의 고양이**
이제 스크래치 화면이 이렇게 보일 것이다. 프로그램을 실행하면 고양이가 우주에서 마우스 포인터를 쫓아다닌다!

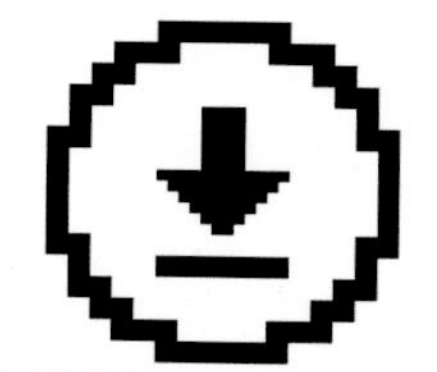

온라인에서 작업하면 스크래치가 자동으로 작업내용을 저장합니다. 오프라인에서 작업 내용을 저장하려면 '파일'을 클릭한 뒤 '다른 이름으로 저장하기'를 선택하세요.

용에게서 달아나기!

불 내뿜는 용 추가하기

고양이가 마우스를 쫓아다닐 수 있게 만들었으니, 이제 용이 고양이를 쫓아다니게 해보겠습니다. 고양이가 용에게 절대 붙잡히지 않게 하세요. 그렇지 않으면 고양이가 불에 타버릴 거예요.

8 스프라이트 목록 위쪽에 '저장소에서 스프라이트 선택'을 클릭한 뒤 왼쪽 메뉴에서 '판타지'를 누르고 '용(Dragon)'을 선택한다. 그리고 화면 오른쪽 아래 '확인' 버튼 클릭.

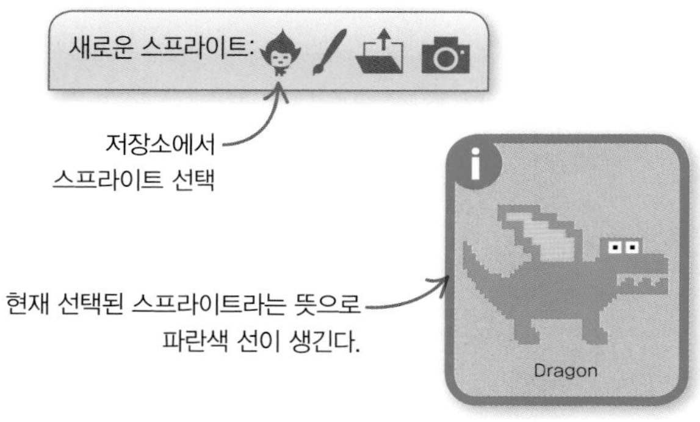
새로운 스프라이트:
저장소에서
스프라이트 선택
현재 선택된 스프라이트라는 뜻으로
파란색 선이 생긴다.
Dragon

9 용 스크립트를 만들어보자. 블록 팔레트에서 아래 블록들을 선택한 후 스크립트 영역에 끌어놓는다. 이제 용이 고양이를 쫓아다닐 것이다.

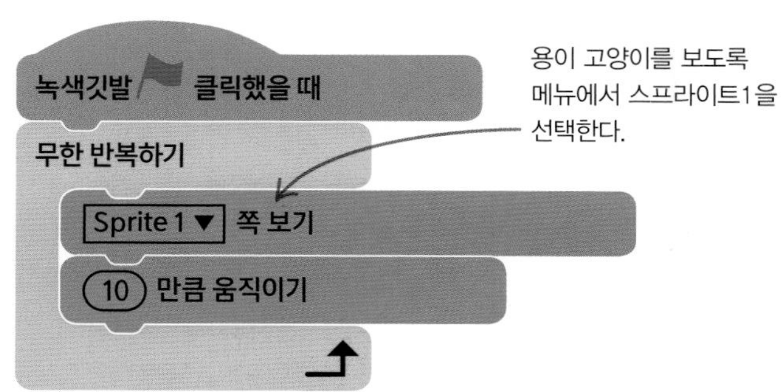
녹색깃발 클릭했을 때
무한 반복하기
Sprite 1 ▼ 쪽 보기
10 만큼 움직이기
용이 고양이를 보도록
메뉴에서 스프라이트1을
선택한다.

10 파란색 '동작' 버튼을 클릭하여 'x:0 y:0으로 이동하기' 블록을 스크립트에 끌어 놓는다. 블록의 숫자 칸을 클릭하여 값을 각각 –200과 –150으로 바꾼다. 보라색 '형태' 버튼을 클릭하여 '모양을 ~(으)로 바꾸기' 블록을 스크립트에 추가한다.

11 용 스프라이트를 선택한 상태에서 아래 스크립트를 스크립트 영역에 새로 추가한다. '~까지 기다리기' 블록은 '제어' 영역에 있고 '~에 닿았는가?' 블록은 '관찰' 영역에 있다. 이제 용이 고양이와 닿으면 불을 내뿜을 것이다.

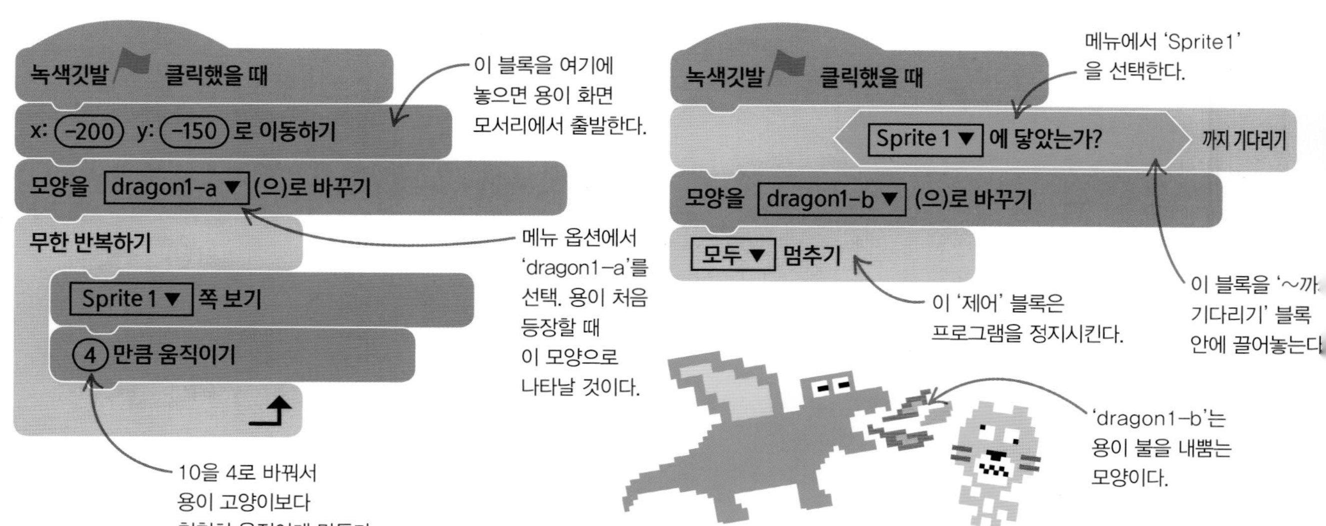
녹색깃발 클릭했을 때
x: –200 y: –150 로 이동하기
모양을 dragon1–a ▼ (으)로 바꾸기
무한 반복하기
Sprite 1 ▼ 쪽 보기
4 만큼 움직이기
이 블록을 여기에
놓으면 용이 화면
모서리에서 출발한다.
메뉴 옵션에서
'dragon1–a'를
선택. 용이 처음
등장할 때
이 모양으로
나타날 것이다.
10을 4로 바꿔서
용이 고양이보다
천천히 움직이게 만든다.
녹색깃발 클릭했을 때
Sprite 1 ▼ 에 닿았는가? 까지 기다리기
모양을 dragon1–b ▼ (으)로 바꾸기
모두 ▼ 멈추기
메뉴에서 'Sprite1'
을 선택한다.
이 '제어' 블록은
프로그램을 정지시킨다.
'dragon1–b'는
용이 불을 내뿜는
모양이다.

12 이번에는 '변수'를 사용해 타이머를 만든다. 고양이가 용이 내뿜는 불에 닿지 않고 얼마나 오래 버티는지 측정하는 타이머를 만드는 것이다. '데이터' 버튼을 클릭하고 '변수 만들기'를 클릭한다.

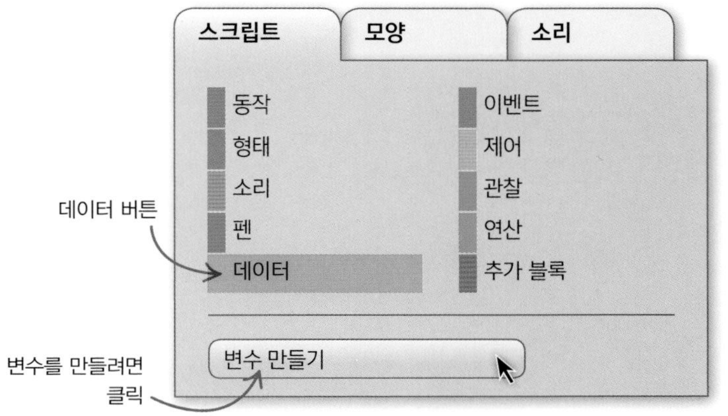

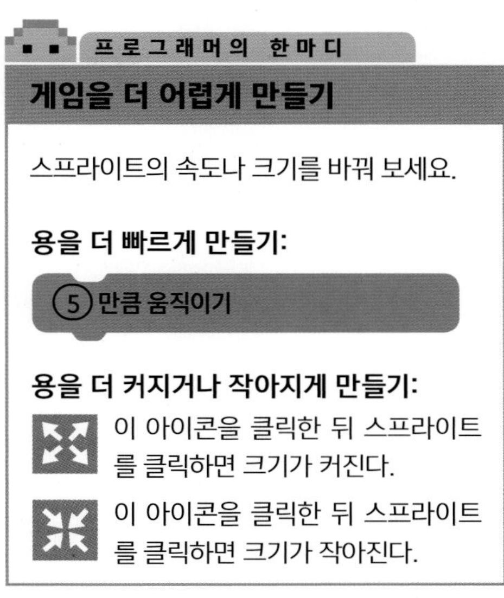

프로그래머의 한마디
게임을 더 어렵게 만들기
스프라이트의 속도나 크기를 바꿔 보세요.
용을 더 빠르게 만들기:
5 만큼 움직이기
용을 더 커지거나 작아지게 만들기:
이 아이콘을 클릭한 뒤 스프라이트를 클릭하면 크기가 커진다.
이 아이콘을 클릭한 뒤 스프라이트를 클릭하면 크기가 작아진다.

13 변수 이름을 Time이라고 입력하고 아래쪽의 '모든 스프라이트에서 사용' 버튼을 선택한 뒤 '확인'을 누른다. 이렇게 하면 고양이와 용, 그리고 다른 스프라이트가 모두 이 변수를 사용할 수 있다.

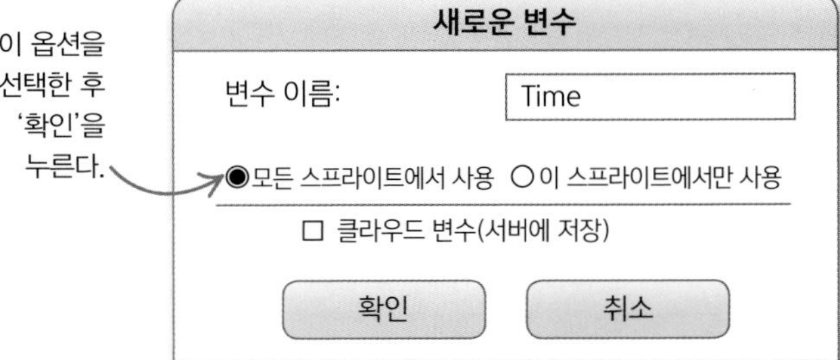

14 변수 이름과 그 안의 숫자가 무대 왼쪽에 표시된다. 그 위에서 마우스 오른쪽 버튼을 클릭하고 '변수값 크게 보기'를 선택한다. 이렇게 하면 네모 안의 숫자만 표시된다.

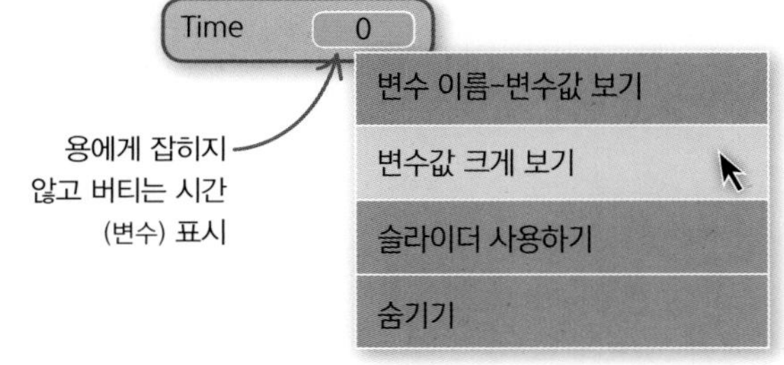

15 변수를 만들면 블록 팔레트의 '데이터' 영역에 새 블록들이 생긴다. 데이터 영역에서 'Time을(를) 0으로 정하기'와 'Time을(를) 1만큼 바꾸기' 블록을 스크립트 영역으로 끌어와 오른쪽과 같이 새 스크립트를 만든다. 이 스크립트는 어느 스프라이트에나 적용할 수 있다.

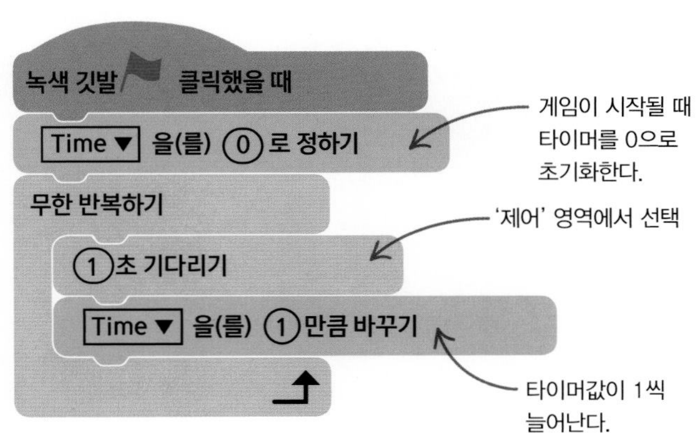

작업 내용을 잊지 말고 저장하세요.

용에게서 달아나기!

맛있는 도넛 추가하기

스크래치 저장소에는 스프라이트가 많이 들어 있습니다. 프로그램에 고양이가 쫓아다닐 도넛 스프라이트를 추가해 게임을 더 재미있게 만들어 보겠습니다

16 저장소에서 새로운 스프라이트를 추가한다. 목록에서 '물건', '도넛(Donut)'을 선택한 뒤 '확인'을 클릭한다.

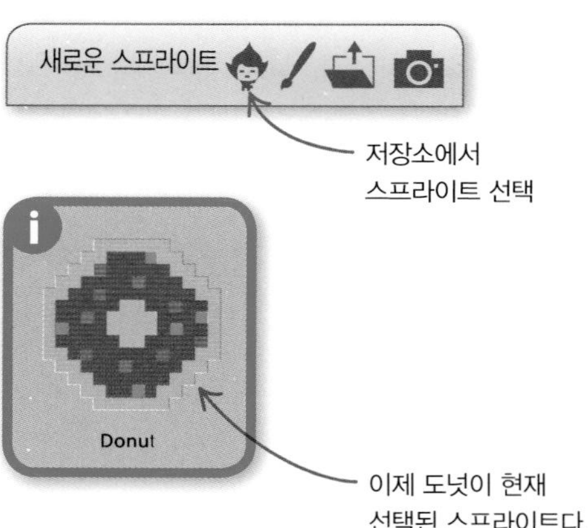

17 도넛 스크립트를 만든다. '마우스를 클릭했는가?' 블록은 '관찰'에 있고, '마우스 포인터로 이동하기' 블록은 '동작'에 있다. 이 스크립트는 마우스 버튼이 클릭될 때마다 도넛이 마우스 포인터를 따라다니게 만든다.

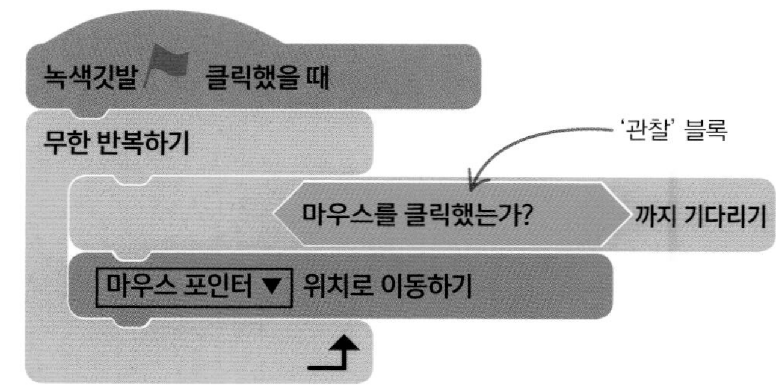

18 스프라이트 목록에서 고양이를 선택하면 고양이에 해당하는 스크립트가 나타난다. '마우스 포인터 쪽 보기' 블록의 드롭다운 버튼(▼)을 클릭한다. 옵션을 바꿔 고양이가 마우스 포인터 대신 도넛을 따라가게 만든다.

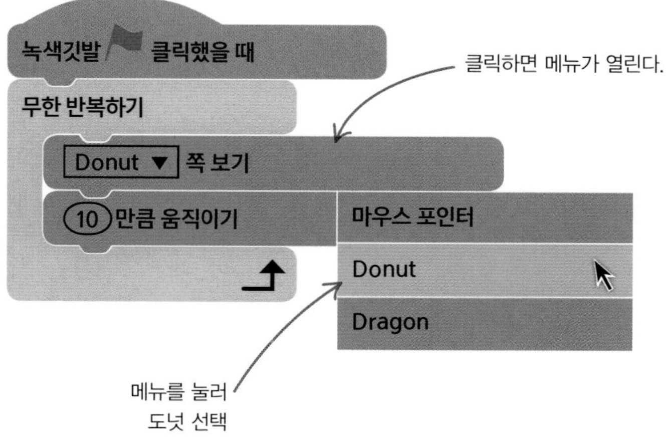

19 녹색 깃발 버튼을 클릭해 프로그램을 실행한다. 마우스를 클릭하면 그 자리에 도넛이 따라온다. 고양이는 도넛을 따라가고 용은 고양이를 쫓아간다.

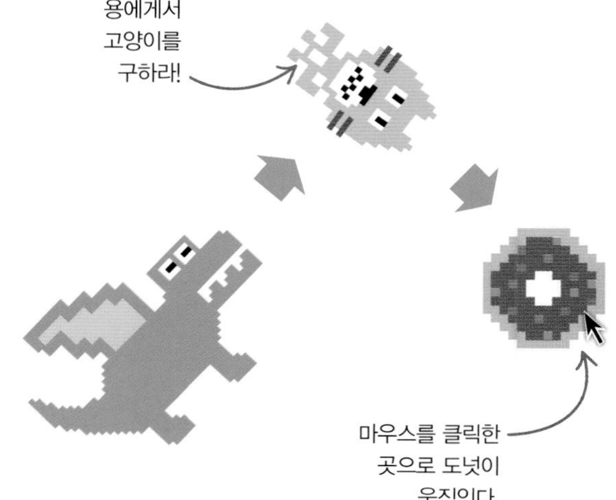

용에게서 고양이를 구하라!
마우스를 클릭한 곳으로 도넛이 움직인다.

20 이제 음악을 넣어보자. 고양이 스프라이트를 선택하고 블록 팔레트에서 '소리' 탭을 클릭한다. 스프라이트는 각자 나름의 소리를 갖고 있는데, 여기서 그 소리를 관리한다. '저장소에서 소리 선택'을 클릭하여 소리를 추가한다.

21 '물방울(drip drop)' 소리를 선택하고 오른쪽 아래 '확인' 버튼을 클릭한다. 이 소리는 고양이 스프라이트에 추가되고 '소리' 영역에 나타난다.

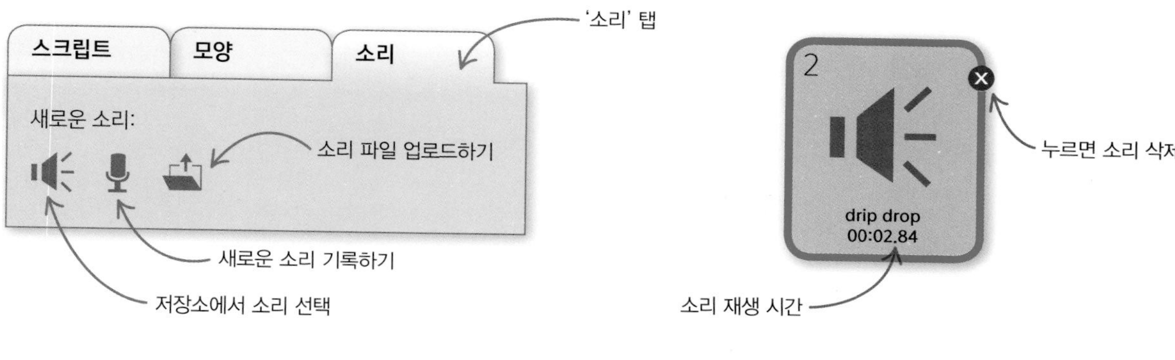

22 '스크립트' 탭을 클릭해 아래 스크립트를 고양이 스프라이트에 새로 추가한다. 음악이 항상 재생될 것이다. 프로그램을 실행하고 재미있게 즐겨보자!

```
녹색깃발 클릭했을 때
무한 반복하기
    drip drop ▼ 끝까지 재생하기
```

이 블록은 '소리' 영역에서 찾을 수 있다.

처음으로 게임을 만들었군요. 축하합니다!

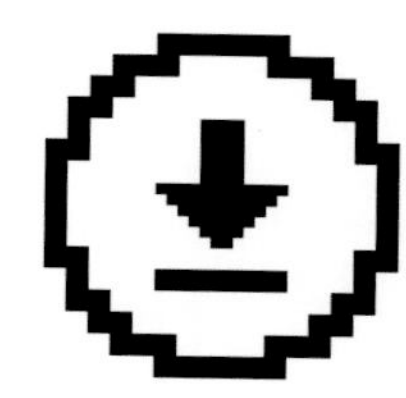

작업 내용을 잊지 말고 저장하세요.

잊 지 마 세 요 !

여러분이 해낸 것

스크래치로 무엇을 할 수 있는지 조금 알게 되었나요? 여기서 여러분이 무엇을 해냈는지 정리해 보겠습니다.

프로그램을 만들었다: 코드 블록들을 붙여 스크립트를 만들고 게임 하나를 만들었다.

그림을 추가했다: 배경과 스프라이트를 사용했다.

스프라이트를 움직이게 만들었다: 스프라이트가 서로 쫓아다니게 만들었다.

변수를 사용했다: 게임에 타이머를 만들어 넣었다.

모양을 사용했다: 여러 가지 모양을 이용해 용의 모습을 바꿨다.

음악을 추가했다: 소리를 추가하고 프로그램을 실행할 때 소리가 나도록 만들었다.

스프라이트 움직이기

여기도 함께 보세요
28~29 ◁ 스프라이트
좌표 ▷ 56~57

컴퓨터 게임에는 불을 내뿜거나 피하고, 잡고, 탈출하는 등의 움직임이 있습니다. 캐릭터가 달릴 수도 있고 우주선을 조종하거나 전속력으로 자동차를 운전할 수도 있지요. 스크래치에서 멋진 게임을 만들려면 먼저 스프라이트를 움직이게 만드는 법을 알아야 합니다.

스크래치에서 스프라이트는 무대 밖으로 나가지 못해요. 여러분이 우리를 잃어버리는 일은 절대 없을 거예요.

동작 블록

파란색 '동작' 블록들이 스프라이트를 움직이게 만듭니다. '파일' 메뉴에서 '새로 만들기'를 선택해 새 프로젝트를 시작해봅시다. 새 프로젝트를 열면 무대 가운데 고양이가 여러분의 명령을 기다리고 있습니다.

1 첫 단계
블록 팔레트의 '동작'에서 '10만큼 움직이기'를 오른쪽의 스크립트 영역에 끌어놓는다. 블록을 클릭할 때마다 고양이가 움직인다.

2 계속 움직이기
블록 팔레트 '제어'에서 '무한 반복하기' 블록을 '10만큼 움직이기' 블록에 끌어 놓는다. 무대의 녹색 깃발을 클릭하면 프로그램이 실행된다. 고양이가 무대의 가장자리에 닿을 때까지 계속 움직일 것이다.

3 튕기기
'벽에 닿으면 튕기기' 블록을 '무한 반복하기' 블록 안에 끌어놓는다. 이제 고양이가 무대 가장자리에 닿으면 무대 안으로 튕겨 들어올 것이다. 왼쪽으로 걸을 때는 고양이가 거꾸로 나타난다.

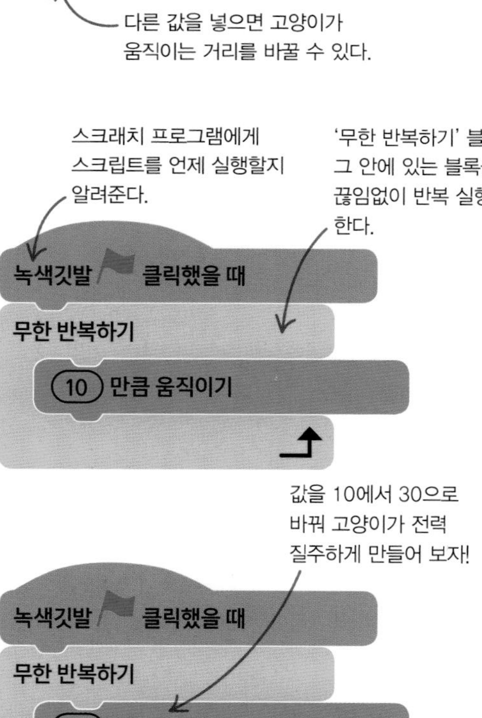
10 만큼 움직이기
다른 값을 넣으면 고양이가 움직이는 거리를 바꿀 수 있다.
스크래치 프로그램에게 스크립트를 언제 실행할지 알려준다.
'무한 반복하기' 블록은 그 안에 있는 블록을 끊임없이 반복 실행하게 한다.
녹색깃발 클릭했을 때
무한 반복하기
10 만큼 움직이기
값을 10에서 30으로 바꿔 고양이가 전력 질주하게 만들어 보자!
녹색깃발 클릭했을 때
무한 반복하기
10 만큼 움직이기
벽에 닿으면 튕기기
이 블록은 고양이가 무대 끝에 부딪히면 돌아가게 만든다.

프로그래머의 한마디

회전 스타일

고양이 스프라이트 테두리 왼쪽 위에 있는 파란색 ⓘ 버튼을 클릭하면 고양이가 걸어가는 방향을 바꿨을 때 거꾸로 걸어 다니는 일이 없도록 고양이의 회전 스타일을 바꿀 수 있는 버튼이 나타납니다.

- ↻ 고양이가 걷는 방향을 바라보고 있고 거꾸로 서서 걸을 때도 있다.
- ⟷ 고양이가 왼쪽이나 오른쪽을 바라보고 항상 올바른 방향으로 나타난다.
- • 고양이가 전혀 회전하지 않는다.

어느 방향?

이제 고양이가 화면 좌우를 행진하고 다닙니다. 고양이의 진행 방향을 바꿀 수 있어서 위아래는 물론 대각선 방향으로도 걸을 수 있습니다. '동작' 블록들을 사용하면 고양이와 쥐 게임을 만들 수 있습니다.

−90도는 '왼쪽'을 뜻한다.

0°

−90°

90°

180°

△ 방향 보기

방향은 위쪽을 0도로 하는 각도로 나타낸다. −179도에서 +180도 사이의 모든 수를 사용할 수 있다.

4 올바른 방향 향하게 만들기

'~도 방향 보기' 블록을 스크립트 영역에 끌어놓고 드롭다운 메뉴를 연다. 네 가지 방향을 선택할 수 있다. 원하는 방향이 없으면 칸에 직접 원하는 숫자를 입력한다.

블록을 클릭해 고양이의 방향을 바꾼다.

고양이의 방향을 바꾸려면 새 값을 선택하거나 입력한다.

45 ▼ 도 방향 보기

(90) 오른쪽

(−90) 왼쪽

(0) 위

(180) 아래

드롭다운 메뉴에서 네 가지 방향을 선택할 수 있다.

고양이가 마우스 포인터를 따라 움직인다.

5 고양이와 쥐

'10만큼 움직이기'와 '벽에 닿으면 튕기기' 블록을 스크립트에서 삭제하고 '~쪽 보기' 블록을 '무한 반복하기' 블록 안에 끌어놓는다. 드롭다운 메뉴를 열고 '마우스 포인터'를 선택한다.

녹색 깃발을 클릭하면 프로그램 시작

녹색깃발 클릭했을 때

무한 반복하기

마우스 포인터 ▼ 쪽 보기

마우스 포인터를 따라 고양이가 회전한다.

6 쥐 쫓기

고양이가 쥐를 잡을 수 있을까? '10만큼 움직이기'를 '무한 반복하기' 블록에 끌어놓는다. 이렇게 하면 고양이가 마우스 포인터를 따라 움직일 것이다.

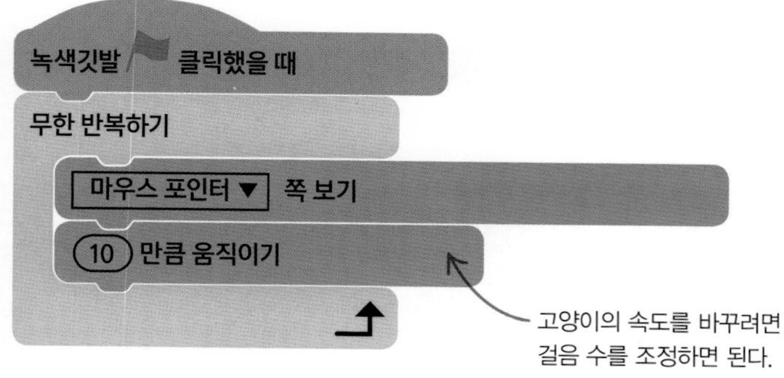

고양이의 속도를 바꾸려면 걸음 수를 조정하면 된다.

잊지 마세요!

스프라이트

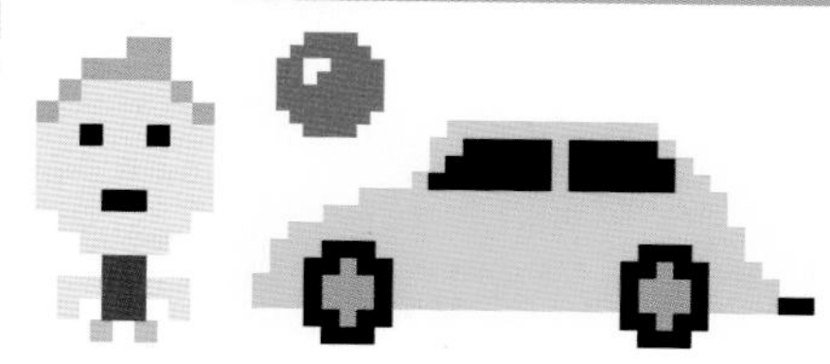

스프라이트는 스크래치 프로그램에 있는 그림들로, 움직일 수 있는 것들입니다(28~29쪽 참고). 새로운 프로젝트는 항상 고양이 스프라이트로 시작하지만, 저장소에서 자동차나 공룡, 댄서를 비롯해 다른 종류의 스프라이트를 추가할 수 있습니다. 여러분이 스프라이트를 직접 그릴 수도 있습니다!

모양

스프라이트의 생김새나 표정, 위치를 바꾸려면 스프라이트의 '모양'을 바꿔야 합니다. '모양'은 다양한 모습의 스프라이트 그림들입니다.

여기도 함께 보세요
38~39 ◁ 스프라이트 움직이기
메시지 보내기 ▷ 70~71

모양 바꾸기

조금씩 다른 모양을 사용하면 스프라이트가 팔과 다리를 움직이는 것처럼 보이게 만들 수 있습니다. 고양이 모양 두 개를 번갈아 사용하면 고양이가 걷고 있는 것처럼 보입니다. 새 프로젝트를 시작해 다음 스크립트를 만들어 보세요.

모양 탭

스크립트 | 모양 | 소리

새로운 모양:

모양 2

1 모양 1 93x101

2 모양 2 89x110

고양이 모양 중 하나

1 여러 가지 모양
'모양' 탭을 클릭하여 고양이 모양을 살펴보자. 고양이의 팔, 다리 위치가 다른 두 가지 모양을 볼 수 있다.

2 고양이 걷게 만들기
다음 스크립트를 추가해 고양이를 걷게 해보자. 같은 모양의 스프라이트이기 때문에 다리를 움직이지 않고 화면 위를 미끄러져 갈 것이다.

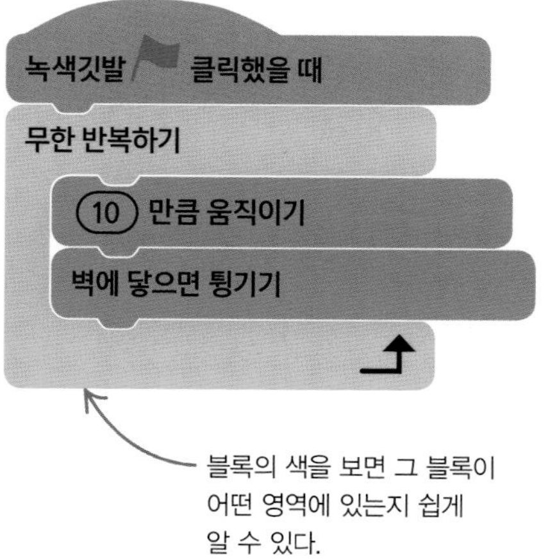
녹색깃발 클릭했을 때
무한 반복하기
10 만큼 움직이기
벽에 닿으면 튕기기
블록의 색을 보면 그 블록이 어떤 영역에 있는지 쉽게 알 수 있다.

3 고양이 모양 바꾸기
블록 팔레트의 '형태'에 있는 '다음 모양으로 바꾸기' 블록을 추가하면 고양이가 걸음을 걸을 때마다 모양이 바뀐다. 이렇게 하면 고양이의 팔과 다리를 움직이게 할 수 있다.

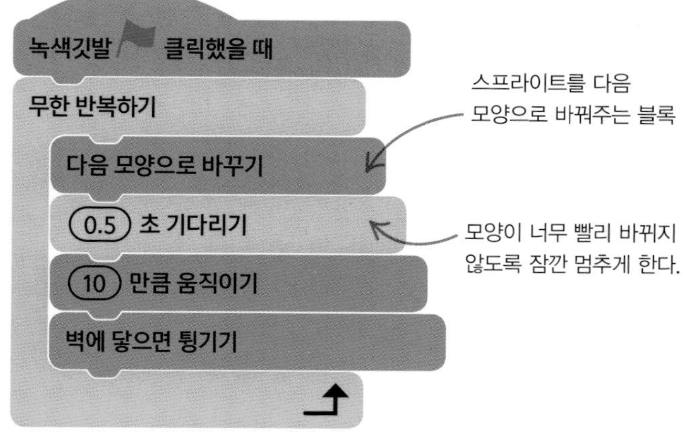
녹색깃발 클릭했을 때
무한 반복하기
다음 모양으로 바꾸기
0.5 초 기다리기
10 만큼 움직이기
벽에 닿으면 튕기기
스프라이트를 다음 모양으로 바꿔주는 블록
모양이 너무 빨리 바뀌지 않도록 잠깐 멈추게 한다.

춤추는 발레리나

자, 이번에는 발레리나가 춤을 추게 해봅시다. 저장소에서 발레리나 스프라이트를 가져옵니다. 스프라이트 목록에서 고양이 스프라이트를 선택하고 고양이 스크립트를 발레리나 위로 끌어다 놓습니다. 이렇게 하면 고양이의 스크립트가 발레리나에게 복사됩니다.

Ballerina

발레리나 위에 스크립트를 드래그

녹색 깃발을 누르면 발레리나가 춤을 추기 시작한다.

```
녹색깃발 클릭했을 때
무한 반복하기
    다음 모양으로 바꾸기
    (0.5) 초 기다리기
    (10) 만큼 움직이기
    벽에 닿으면 튕기기
```

△ 발레리나의 스크립트

고양이도 발레리나도 같은 스크립트로 움직인다. 발레리나는 모양이 네 가지이고, 무대에서 춤을 출 때 모양 네 개를 모두 사용한다.

프로그래머의 한마디

번갈아가며 바꾸기

'모양을 ~(으)로 바꾸기' 블록을 사용하면 정해진 모양의 스프라이트로 보이도록 선택할 수 있습니다. 이 블록으로 스프라이트의 모양을 정해 보세요.

```
모양을 [ballerina-a ▼] (으)로 바꾸기
```

모양 바꾸기: 메뉴 옵션에서 모양을 하나 선택한다.

```
배경을 [배경1 ▼] (으)로 바꾸기
```

배경 바꾸기: 무대의 배경을 바꿀 수 있다.

말풍선 추가하기

말풍선을 넣어 스프라이트가 모양을 바꿀 때 말을 하게 만들 수 있습니다. '형태'의 'Hello!을(를) 2초 동안 말하기' 블록을 이용하면 되는데, 글자를 바꿔 넣으면 다른 말을 하게 만들 수도 있습니다.

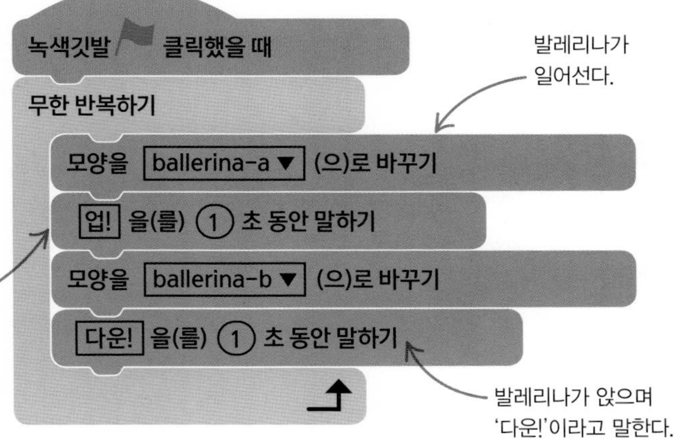

숨바꼭질 기능

특수효과 스튜디오에 온 걸 환영합니다! 보라색 '형태' 블록을 사용하면 스프라이트가 사라졌다가 나타나고, 커졌다가 작아지고, 점점 또렷해졌다가 희미해지기도 합니다. 함께 만드는 법을 알아봅시다.

여기도 함께 보세요
38~39 ◁ 스프라이트 움직이기
메시지 보내기 ▷ 70~71

스프라이트 숨기기

스프라이트를 무대에서 사라지게 하려면 '숨기기' 블록을 사용하면 됩니다. 스프라이트가 무대 위에서 계속 돌아다니지만, '보이기' 블록으로 다시 보이게 만들 때까지는 눈에 보이지 않습니다.

'숨기기' 블록을 이용해 게임에서 스프라이트가 사라지게 만든다.

▷ 숨기기와 보이기
스프라이트를 사라지게 하려면 '숨기기' 블록을 사용한다. 다시 보이도록 하려면 '보이기' 블록을 사용한다. 이 블록들은 블록 팔레트의 '형태' 영역에 있다.

숨기기
보이기

▽ 고양이 숨기기
고양이 스프라이트를 이용해 다음 스크립트를 실습해 보라. 고양이가 사라졌다 나타났다 하지만 보이지 않을 때도 계속 움직인다.

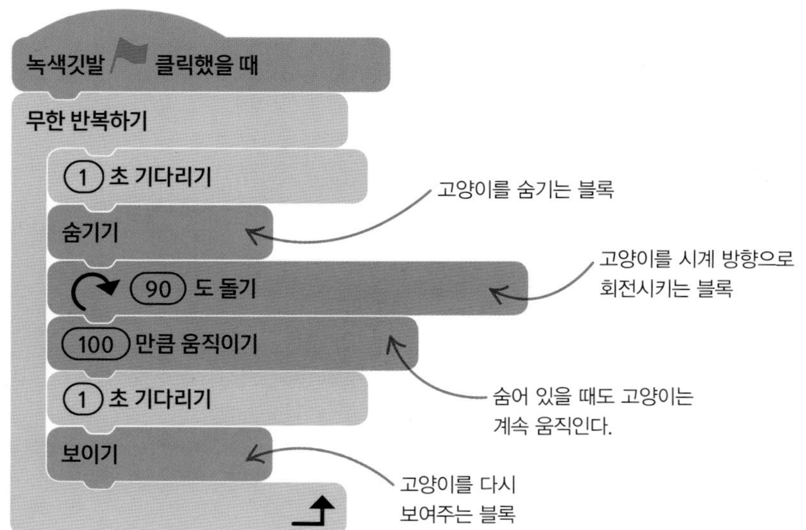
녹색깃발 클릭했을 때
무한 반복하기
1 초 기다리기
숨기기
90 도 돌기
100 만큼 움직이기
1 초 기다리기
보이기
고양이를 숨기는 블록
고양이를 시계 방향으로 회전시키는 블록
숨어 있을 때도 고양이는 계속 움직인다.
고양이를 다시 보여주는 블록

프로그래머의 한마디

스프라이트 보이기

스프라이트 목록에서 스프라이트를 선택합니다. 테두리에 있는 파란색 ⓘ 버튼을 클릭하고 '보이기' 체크 박스를 사용하면 마찬가지로 스프라이트를 보이게 하거나 숨길 수 있습니다.

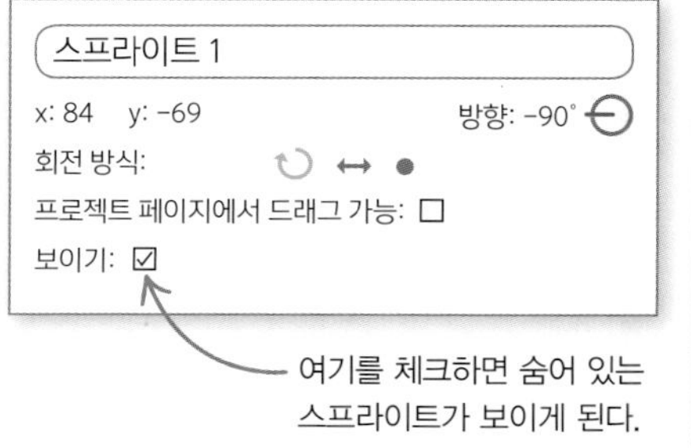
스프라이트 1
x: 84 y: -69
방향: -90°
회전 방식:
프로젝트 페이지에서 드래그 가능:
보이기: ☑
여기를 체크하면 숨어 있는 스프라이트가 보이게 된다.

크기와 효과

스크립트를 사용해 스프라이트의 크기를 바꾸거나 특수 효과를 넣을 수 있습니다.

```
크기를 (10) 만큼 바꾸기
```

0보다 큰 수를 넣으면 스프라이트가 커지고 0보다 작은 수를 넣으면 스프라이트가 작아진다.

```
크기를 (100) %로 정하기
```

100보다 큰 수는 스프라이트를 커지게 만들고 100보다 작은 수는 작아지게 만든다. 100이 기본 크기다.

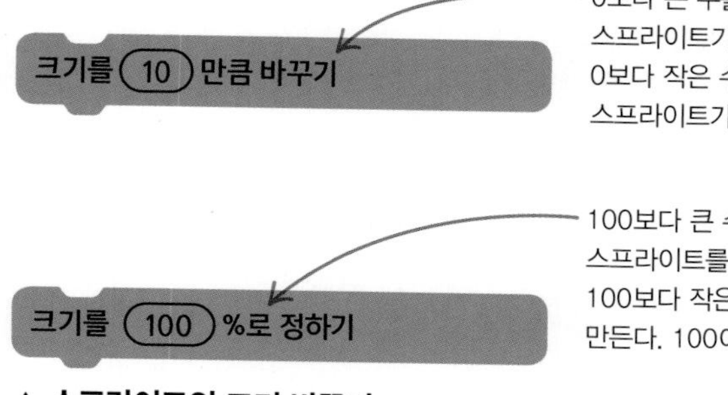

△ 스프라이트의 크기 바꾸기

이 두 블록을 사용하면 스프라이트를 커지거나 작아지게 만들 수 있다. 숫자로 정하거나 비율을 입력하면 된다.

메뉴에서 원하는 효과를 선택한다. '픽셀화' 효과는 스프라이트를 흐릿해지게 만든다.

어느 정도 효과를 줄 것인지 여기서 정한다.

```
[픽셀화 ▼] 효과를 (25) 만큼 바꾸기

[색깔 ▼] 효과를 (0) (으)로 정하기

그래픽 효과 지우기
```

숫자로 스프라이트의 색을 바꿀 수 있다.

모든 효과를 없애고 처음으로 되돌리기

△ 그래픽 효과 넣기

스크래치에서 그래픽 효과는 스프라이트의 겉모습을 바꾸거나 형태를 일그러뜨리는 데 사용한다. 한 번씩 실행해보면 재미있을 것이다.

순간 이동 효과 사용하기

스프라이트 저장소의 '판타지'에서 유령(ghost) 스프라이트를 추가하고 다음 스크립트를 만듭니다. 이 스크립트를 클릭하면 유령이 스르륵 사라졌다 순간 이동하여 나타납니다.

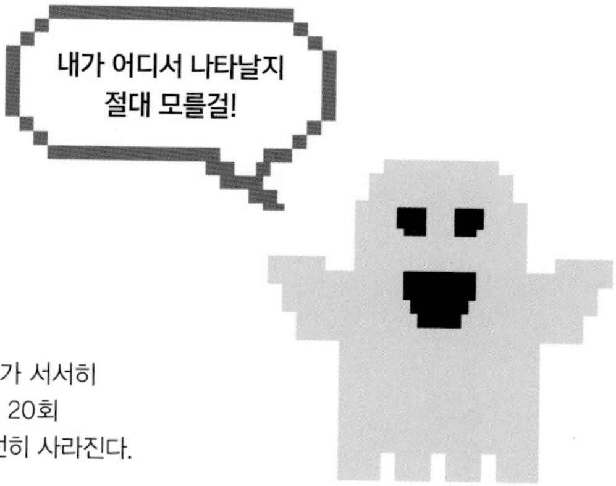

내가 어디서 나타날지
절대 모를걸!

```
이 스프라이트를 클릭했을 때
그래픽 효과 지우기
(20) 번 반복하기
    [반투명 ▼] 효과를 (5) 만큼 바꾸기
(0.1) 초 동안 x: ((-150) 부터 (150) 사이의 난수) y: ((-150) 부터 (150) 사이의 난수) 로 움직이기
(20) 번 반복하기
    [반투명 ▼] 효과를 (-5) 만큼 바꾸기
```

'반투명' 효과는 스프라이트가 서서히 흐려지게 만든다. 이 블록을 20회 반복하면 스프라이트가 완전히 사라진다.

이 '연산' 블록은 좌우로 얼마나 움직일지 무작위로 정한다.

이 블록은 위아래로 얼마나 움직일지 무작위로 정한다.

유령이 안 보이게 될 때 서서히 움직이게 만든다.

이 블록을 사용하면 스프라이트가 다시 서서히 나타난다.

이벤트

스크래치에서 갈색 '이벤트' 블록은 미리 정해두었던 사건이 발생했을 때 스크립트를 실행시킵니다. 예를 들면 사용자가 키보드의 키를 누르거나 스프라이트를 클릭하거나 웹캠이나 마이크를 사용할 때 스크립트를 실행시키지요.

여기도 함께 보세요

관찰과 감지 ▷ 66~67

메시지 보내기 ▷ 70~71

클릭하기

프로그램 실행 중에 스프라이트를 클릭했을 때 스프라이트가 어떤 동작을 하도록 스크립트를 만들 수도 있습니다. 스프라이트를 클릭했을 때 어떻게 움직이도록 할 수 있는지 여러 가지 블록을 이용해 알아봅시다.

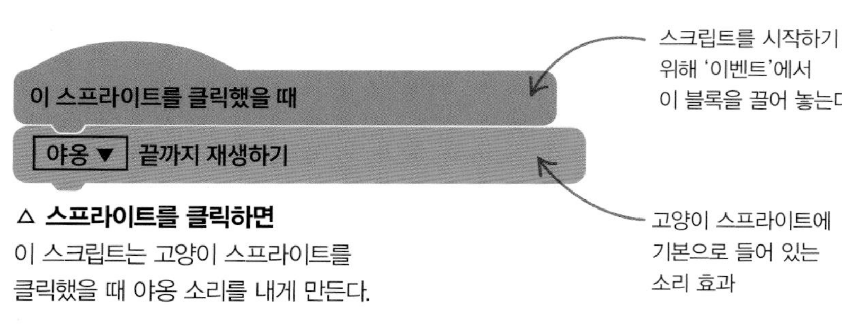
이 스프라이트를 클릭했을 때
야옹 ▼ 끝까지 재생하기
스크립트를 시작하기 위해 '이벤트'에서 이 블록을 끌어 놓는다.
고양이 스프라이트에 기본으로 들어 있는 소리 효과

△ **스프라이트를 클릭하면**
이 스크립트는 고양이 스프라이트를 클릭했을 때 야옹 소리를 내게 만든다.

용어

이벤트란?

이벤트는 키를 누르거나 녹색 깃발을 클릭하는 것처럼 어떤 일이 생기는 것을 말합니다. 이벤트와 관련된 블록은 스크립트의 맨 위에 놓습니다. 스크립트는 이벤트가 일어날 때까지 기다렸다가 실행합니다.

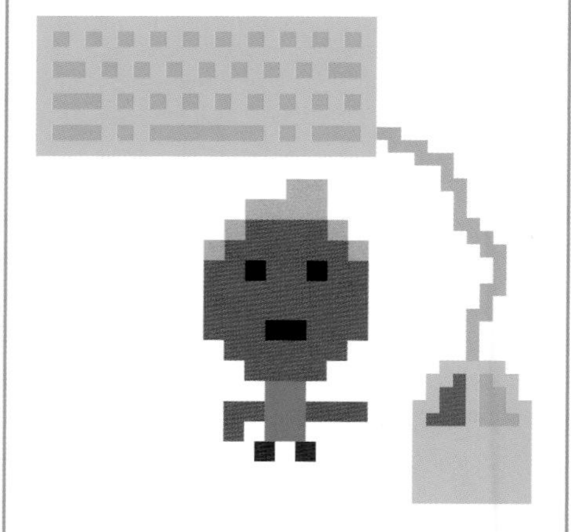

키보드 누르기

키보드에서 각각의 키를 누를 때마다 다르게 반응하도록 만들 수 있습니다. 여기에서 설명하는 것 말고도 게임을 만들 때 더욱 유용한 키보드 활용 방법을 알고 싶다면 66~67쪽을 참고하세요.

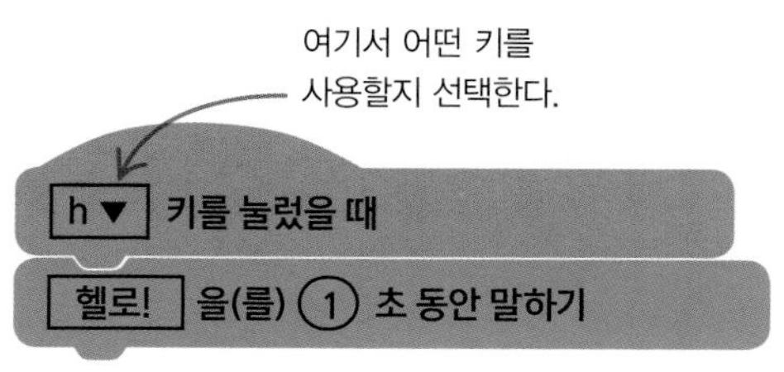
여기서 어떤 키를 사용할지 선택한다.
h ▼ 키를 눌렀을 때
헬로! 을(를) 1 초 동안 말하기

△ **'헬로'라고 인사하기**
이 스크립트를 스프라이트에 추가하면 키보드의 h키가 눌릴 때마다 스프라이트가 '헬로!'라고 인사한다.

어떤 키를 사용할지 선택한다.

문구는 여기서 바꾼다.

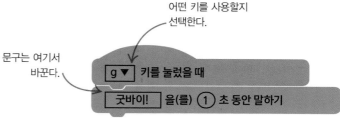

g ▼ 키를 눌렀을 때
굿바이! 을(를) 1 초 동안 말하기

△ **'굿바이'라고 인사하기**
이 스크립트는 키보드의 g키가 눌릴 때 스프라이트가 '굿바이!'라고 인사하게 만든다.

소리 사용하기

여러분 컴퓨터에 마이크가 있다면 스프라이트가 소리 크기를 감지합니다. 소리는 0(아주 조용)부터 100(아주 시끄러움)까지의 숫자로 표시됩니다. '음량 >10일 때' 블록을 사용해 소리가 나면 움직이는 스크립트를 만들어봅시다.

프로그래머의 한마디

사용하겠습니까?

스크래치는 웹캠이나 마이크를 사용해도 될지 여러분에게 물어봅니다. 대화상자가 뜨면 '허용(Allow)'을 클릭하세요.

1 소리에 반응하는 고양이 만들기
새 프로젝트를 열어 배경 저장소에서 '방3(room3)' 배경 이미지를 불러온다. 고양이 스프라이트를 배경 속 의자 위에 끌어놓고 다음 스크립트를 넣는다.

2 고양이를 큰소리로 부르기
마이크에 대고 큰소리로 고양이를 불러보자. 고양이가 깜짝 놀라 소리를 지르며 의자에서 뛰어오를 것이다. 음악이나 다른 소리라도 소리가 충분히 크다면 고양이가 반응할 것이다.

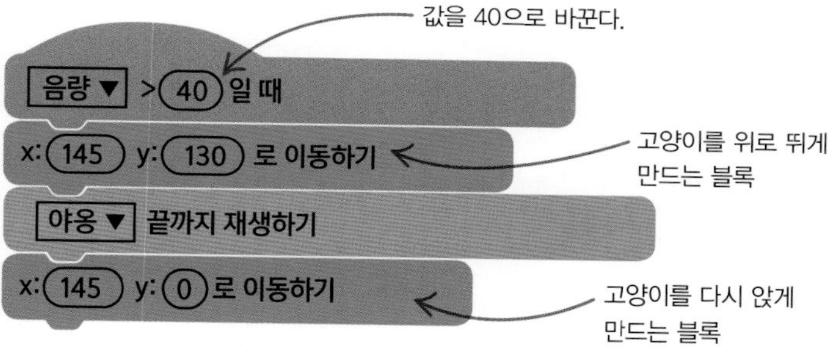

웹캠 앞에서 움직이기

웹캠이 있다면 이것도 스크래치에서 이용할 수 있습니다. 오른쪽 스크립트를 고양이 스프라이트에 추가하면, 여러분이 웹캠 앞에서 손을 흔들 때 고양이가 "야옹" 하고 소리를 낼 것입니다.

값을 40으로 바꾼다.

비디오 동작 ▼ > 40 일 때

야옹 ▼ 끝까지 재생하기

△ 움직임에 반응하기
'음량 〉 10일 때' 블록을 사용한다. 메뉴를 클릭해 '음량'을 '비디오 동작'으로 바꾼다. 움직임을 감지하면 스크립트가 실행될 것이다.

프로그래머의 한마디

배경 바꾸기

배경이 바뀔 때도 스프라이트가 반응할 수 있습니다. 예를 들어 어떤 배경을 쓰면 스프라이트가 사라지게 만들 수 있습니다. 화면 왼쪽 아래에 있는 무대 목록 저장소에서 새 배경을 선택한 뒤 '배경이 ~(으)로 바뀌었을 때' 블록을 추가하면 됩니다. 오른쪽 스크립트를 보세요.

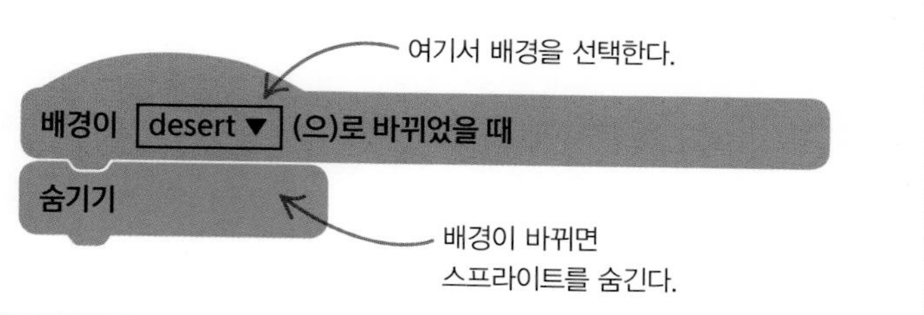

단순 반복문

여기도 함께 보세요
복합 반복문 ▷ 68~69
파이썬의 반복문 ▷ 122~123

'반복하기'는 같은 것을 몇 번이고 되풀이하는 프로그램입니다. '제어'에 있는 '반복하기' 블록은 스크래치에게 어떤 블록을 몇 번 반복할 것인지 알려 줍니다. 이 블록을 사용하면 같은 블록을 여러 번 만들지 않아도 된답니다.

무한 반복하기

'무한 반복하기' 블록에 들어가는 것은 뭐든지 계속 반복됩니다. '무한 반복하기' 블록은 절대 끝나지 않기 때문에 아래에 블록을 추가할 수 없습니다.

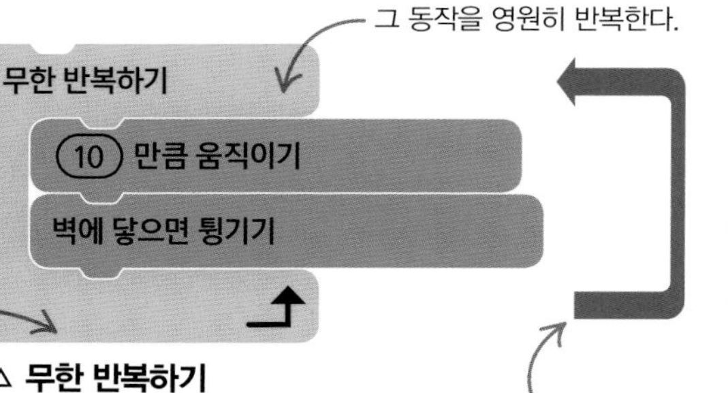
무한 반복하기 안에 블록을 놓으면 그 동작을 영원히 반복한다.
무한 반복하기
10 만큼 움직이기
벽에 닿으면 튕기기
이 아래에 다른 블록을 넣을 수 없다.
동작이 끝나면 앞으로 돌아가 다시 반복문을 실행한다.

△ 무한 반복하기
무한 반복하기 안의 마지막 블록이 끝나면 무한 반복하기 안의 처음 블록으로 돌아가 다시 실행된다.

정해진 횟수만큼 반복하기

어떤 동작을 정해진 횟수만큼 반복하려면 '10번 반복하기' 블록을 사용합니다. 그 안의 숫자를 바꾸면 반복 횟수를 정할 수 있습니다. '공룡1(Dinosaur1)' 스프라이트를 추가해 다음 스크립트를 만들어 봅시다.

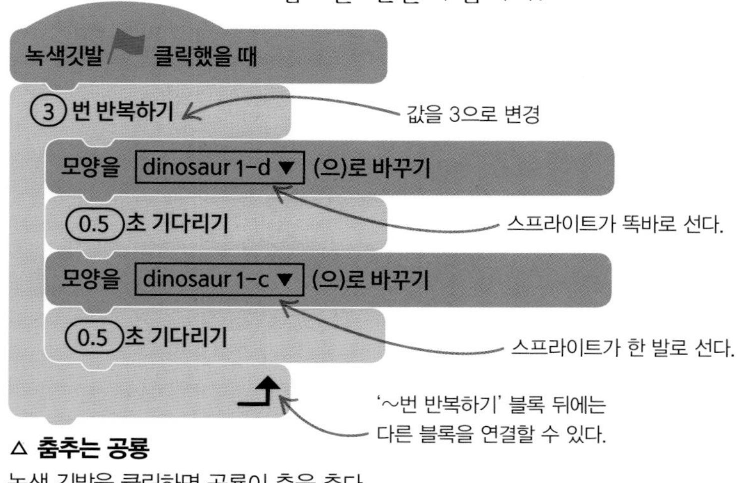
녹색깃발 클릭했을 때
3 번 반복하기
값을 3으로 변경
모양을 dinosaur 1-d ▼ (으)로 바꾸기
0.5 초 기다리기
스프라이트가 똑바로 선다.
모양을 dinosaur 1-c ▼ (으)로 바꾸기
0.5 초 기다리기
스프라이트가 한 발로 선다.
'~번 반복하기' 블록 뒤에는 다른 블록을 연결할 수 있다.

△ 춤추는 공룡
녹색 깃발을 클릭하면 공룡이 춤을 춘다. 춤은 세 번 반복된다.

잊지 마세요!

반복하기 블록의 모양

반복하기 블록은 벌어진 동물의 입처럼 생겼습니다. 반복하고자 하는 블록들을 입 안에 넣으면 입이 반복문 블록을 물고 있는 것처럼 되지요. 블록을 더 넣으면 입이 더 벌어지면서 들어갈 공간을 만듭니다.

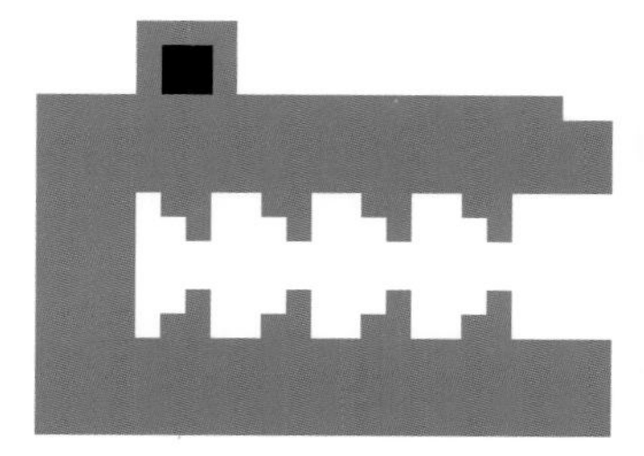

반복하기를 반복하기

반복하기를 반복할 수도 있습니다. 이를 '중첩'이라고도 합니다. 즉, 반복문 안에 반복문을 넣을 수 있다는 것이지요. 다음 스크립트에서는 공룡이 좌우로 걷다가 잠시 생각하면서 춤을 끝냅니다. 공룡은 잠시 숨을 고르고 다시 춤을 추는데, 이 춤은 빨간 정지 버튼을 눌렀을 때만 멈춥니다.

뮤직 큐!

▷ 반복문 안의 반복문
이 '무한 반복하기' 블록 안에는 다른 여러 개의 반복문이 들어 있다. 각각의 블록들을 제 위치에 넣어야지, 그렇지 않으면 프로그램이 제대로 작동하지 않는다.

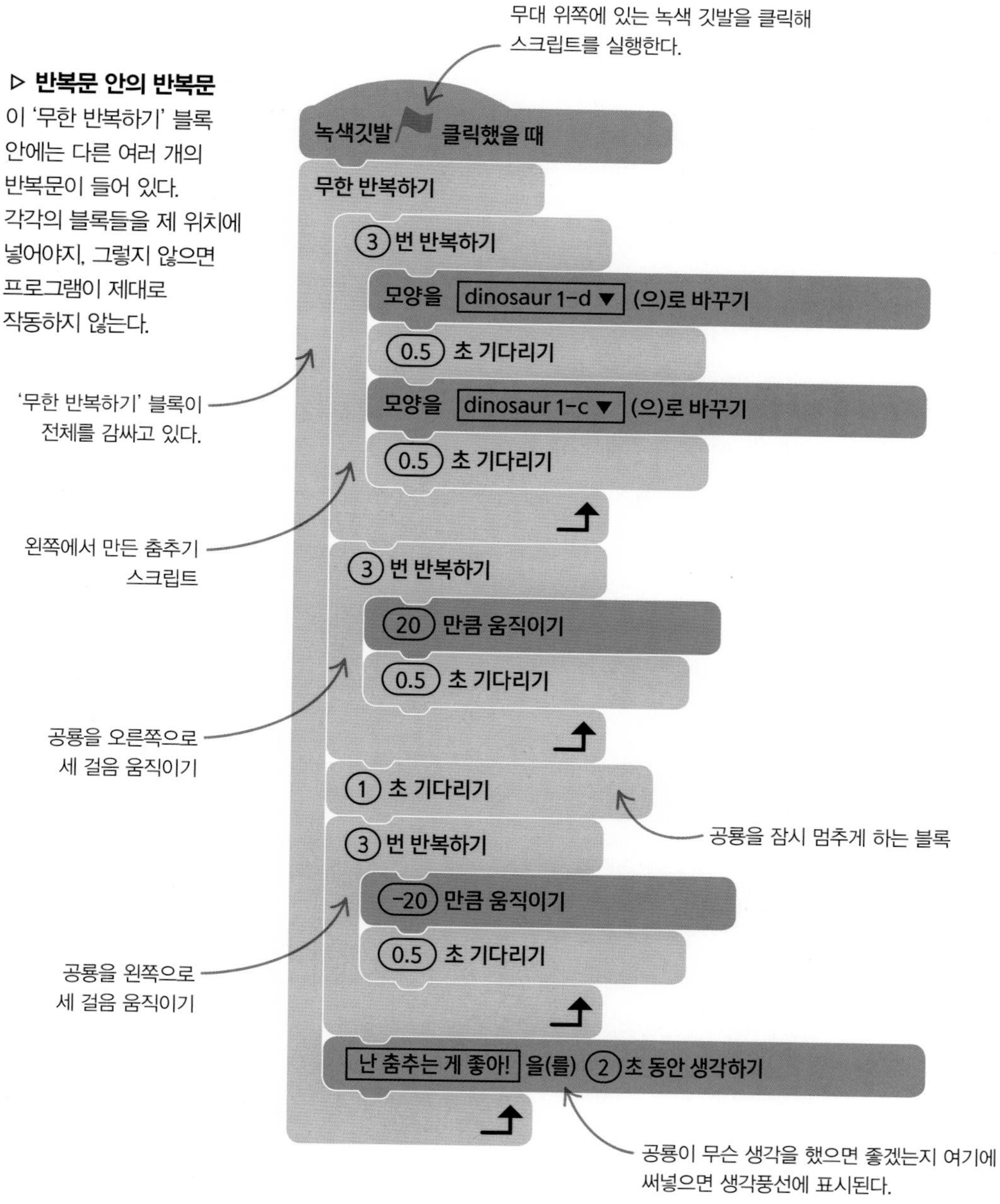

무대 위쪽에 있는 녹색 깃발을 클릭해 스크립트를 실행한다.

```
녹색깃발 클릭했을 때
무한 반복하기
    3 번 반복하기
        모양을 dinosaur 1-d ▼ (으)로 바꾸기
        0.5 초 기다리기
        모양을 dinosaur 1-c ▼ (으)로 바꾸기
        0.5 초 기다리기
    3 번 반복하기
        20 만큼 움직이기
        0.5 초 기다리기
    1 초 기다리기
    3 번 반복하기
        -20 만큼 움직이기
        0.5 초 기다리기
    난 춤추는 게 좋아! 을(를) 2 초 동안 생각하기
```

'무한 반복하기' 블록이 전체를 감싸고 있다.

왼쪽에서 만든 춤추기 스크립트

공룡을 오른쪽으로 세 걸음 움직이기

공룡을 잠시 멈추게 하는 블록

공룡을 왼쪽으로 세 걸음 움직이기

공룡이 무슨 생각을 했으면 좋겠는지 여기에 써넣으면 생각풍선에 표시된다.

펜과 거북이

여기도 함께 보세요
44~45 ◁ 이벤트
46~47 ◁ 단순 반복문

모든 스프라이트는 펜이라는 도구를 갖고 있습니다. 스프라이트를 따라 이 펜으로 선을 그을 수 있지요. 그림을 그릴 때 종이 위에 펜을 대고 그리듯이 펜 기능을 켜고 무대 위에서 스프라이트를 움직이면 됩니다.

펜 블록

펜 기능을 사용하려면 녹색 '펜' 블록을 사용합니다. 모든 스프라이트는 펜을 가지고 있어서 '펜 내리기' 블록을 만들면 펜을 사용할 수 있게 됩니다. 펜 기능을 끝내고 싶으면 '펜 올리기' 블록을 사용합니다. 펜의 굵기와 색깔도 조정할 수 있습니다.

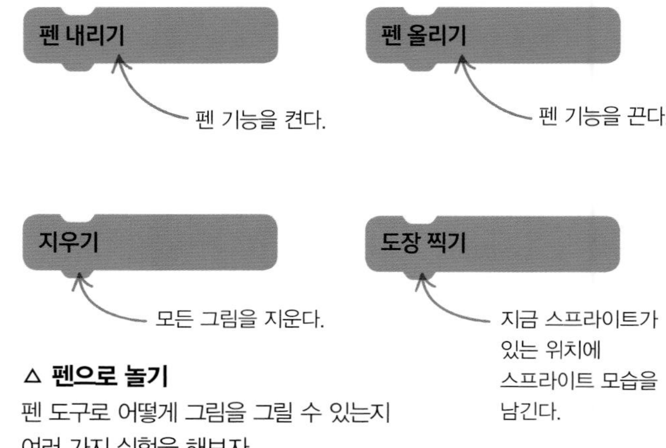

펜 내리기
펜 기능을 켠다.
펜 올리기
펜 기능을 끈다.
지우기
모든 그림을 지운다.
도장 찍기
지금 스프라이트가 있는 위치에 스프라이트 모습을 남긴다.

△ 펜으로 놀기
펜 도구로 어떻게 그림을 그릴 수 있는지 여러 가지 실험을 해보자.

정사각형 그리기

정사각형을 그리려면 무대 위에 펜을 내려놓고 스프라이트를 정사각형 모양으로 움직이면 됩니다. 반복하기 블록을 사용해 스프라이트로 사각형의 네 변을 그리고 모서리에서는 방향을 바꿉니다.

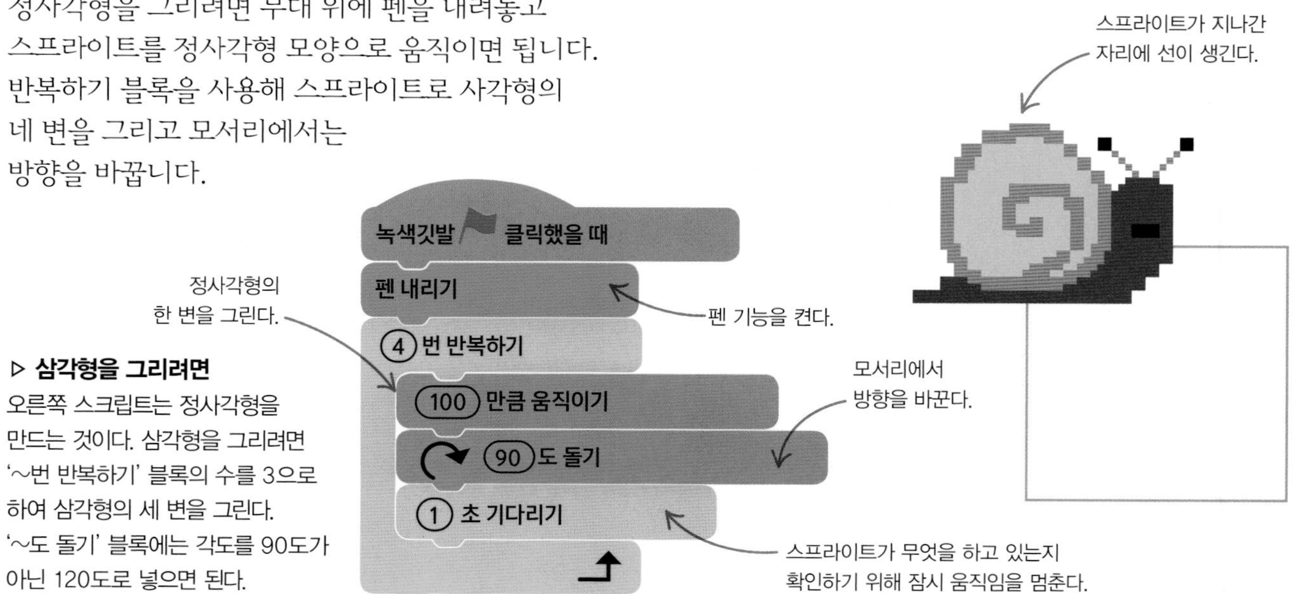

▷ 삼각형을 그리려면
오른쪽 스크립트는 정사각형을 만드는 것이다. 삼각형을 그리려면 '~번 반복하기' 블록의 수를 3으로 하여 삼각형의 세 변을 그린다. '~도 돌기' 블록에는 각도를 90도가 아닌 120도로 넣으면 된다.

공중문자 쓰기

이번 프로그램에서는 여러분이 비행기를 조종합니다. 이 비행기는 날면서 하늘에 선을 남깁니다. 이 선으로 하늘에 그림을 그릴 수 있지요. 새 프로젝트를 시작해 비행기 스프라이트를 넣고 다음 스크립트를 만들어 보세요.

▷ 하늘 높이 날아보자

좌우 방향키를 사용해 비행기의 방향을 바꾼다. 키보드의 'a' 키를 누르면 연기가 나오는 스위치가 켜지고, 'z' 키를 누르면 스위치가 꺼진다. 스페이스 바를 누르면 연기가 모두 지워진다.

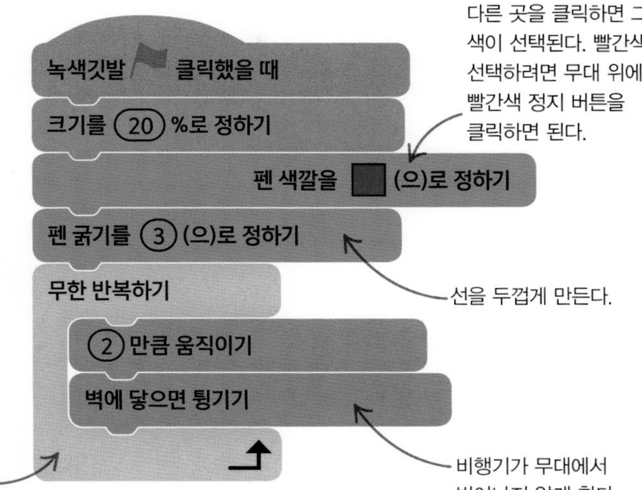

녹색깃발 클릭했을 때
크기를 20 %로 정하기
펜 색깔을 (으)로 정하기
펜 굵기를 3 (으)로 정하기
무한 반복하기
2 만큼 움직이기
벽에 닿으면 튕기기

스크래치 화면에서 보이는 색만 사용할 수 있다. 색깔 사각형을 클릭하고 화면의 다른 곳을 클릭하면 그곳의 색이 선택된다. 빨간색을 선택하려면 무대 위에 있는 빨간색 정지 버튼을 클릭하면 된다.

선을 두껍게 만든다.

비행기를 계속 날게 한다.

비행기가 무대에서 벗어나지 않게 한다.

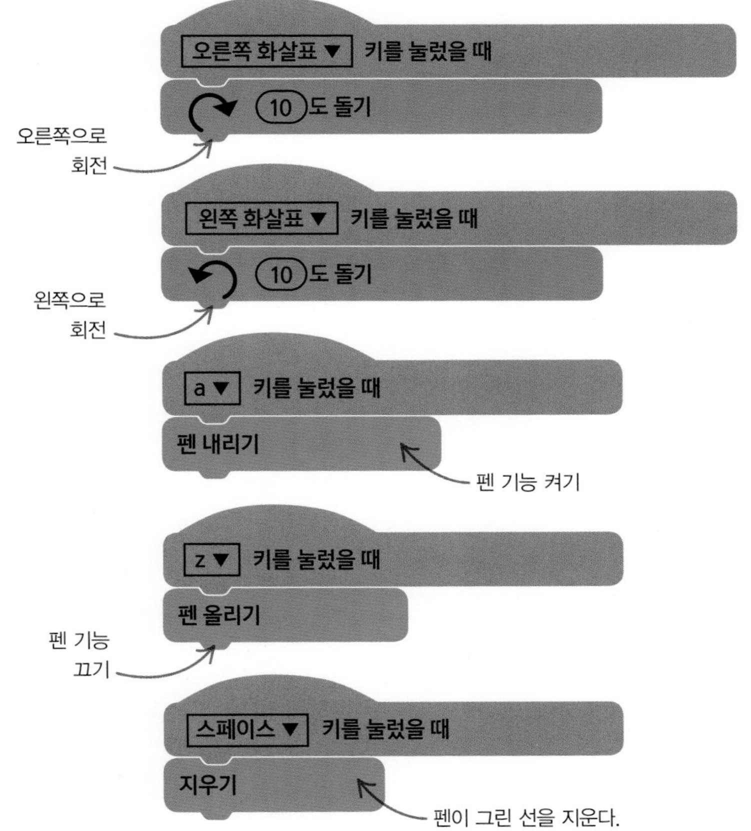

오른쪽 화살표 ▼ 키를 눌렀을 때
10 도 돌기
왼쪽 화살표 ▼ 키를 눌렀을 때
10 도 돌기
a ▼ 키를 눌렀을 때
펜 내리기
z ▼ 키를 눌렀을 때
펜 올리기
스페이스 ▼ 키를 눌렀을 때
지우기

오른쪽으로 회전

왼쪽으로 회전

펜 기능 켜기

펜 기능 끄기

펜이 그린 선을 지운다.

용어

터틀 그래픽

스프라이트를 사용해 그림을 그리는 것을 '터틀 그래픽'이라고 합니다. 터틀은 영어로 거북이를 뜻하는데 바닥을 기어다니며 그림을 그리는 '터틀'이라는 거북이 로봇의 이름에서 따온 것입니다. 터틀 그래픽을 맨처음 사용한 프로그래밍 언어는 로고(LOGO)입니다.

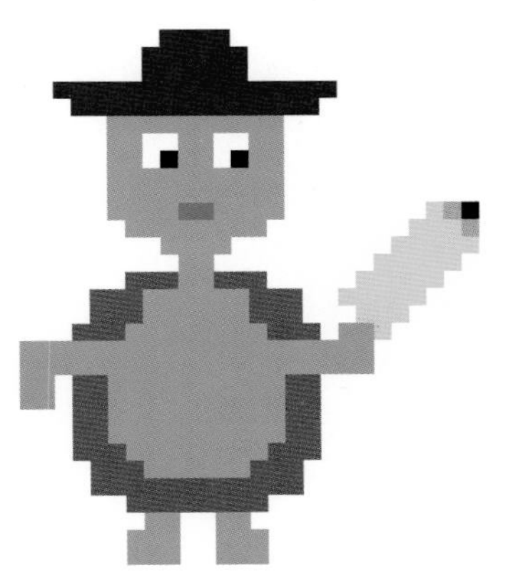

변수

코딩에서 '변수'는 정보를 저장할 수 있는 장소를 뜻합니다. 점수나 선수 이름, 캐릭터 속도 같은 것들을 기억하기 위해 변수를 사용합니다.

여기도 함께 보세요
계산 ▷ 52~53
파이썬의 변수 ▷ 108~109

변수 만들기

블록 팔레트의 '데이터'를 이용해 프로그램에서 사용할 변수를 만들 수 있습니다. 변수를 만들고 나면 블록 팔레트에 여러분이 사용할 수 있는 새로운 블록들이 나타납니다.

◁ **데이터 저장하기**
변수는, 프로그램에서 사용할 수 있는 다양한 정보를 저장하는 상자와 같다.

1 변수 만들기
우선 블록 팔레트에서 '데이터' 버튼을 클릭한다. 그다음 '변수 만들기' 버튼을 선택한다.

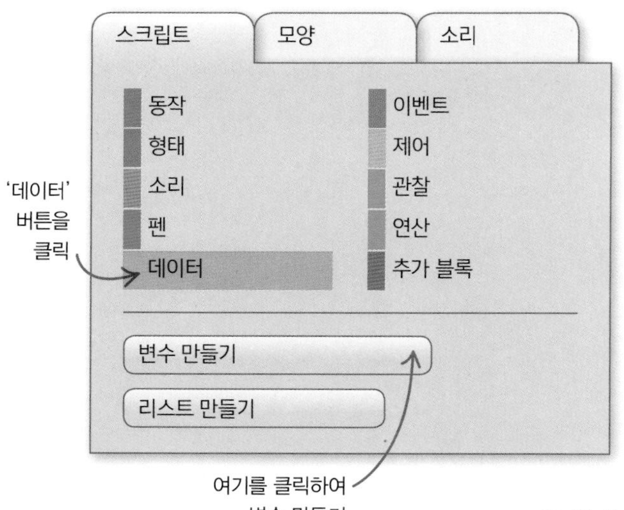
스크립트
모양
소리
동작
형태
소리
펜
데이터
이벤트
제어
관찰
연산
추가 블록
변수 만들기
리스트 만들기
'데이터' 버튼을 클릭
여기를 클릭하여 변수 만들기

2 새 변수 이름 짓기
변수에 이름을 지어두면 이 변수가 어떤 역할을 하는지 쉽게 알아볼 수 있다. 어느 스프라이트에 이 변수를 사용할지 선택한 뒤 '확인'을 클릭한다.

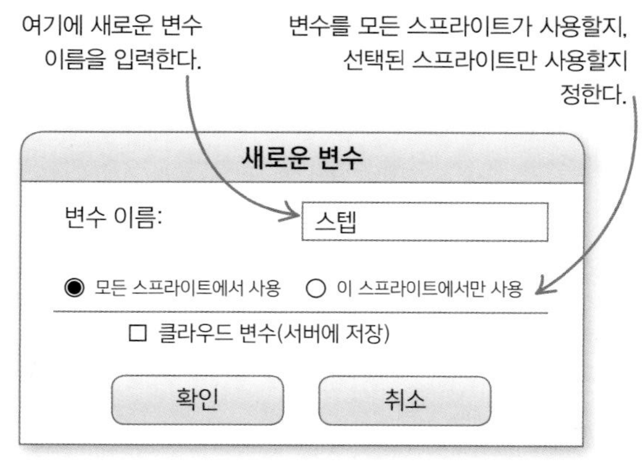
여기에 새로운 변수 이름을 입력한다.
변수를 모든 스프라이트가 사용할지, 선택된 스프라이트만 사용할지 정한다.
새로운 변수
변수 이름:
스텝
모든 스프라이트에서 사용
이 스프라이트에서만 사용
클라우드 변수(서버에 저장)
확인
취소

3 새 변수 만들기 성공
새 변수를 만들고 나면 블록 팔레트에 새 블록들이 나타난다. 변수가 한 개 이상일 때는 이 블록들 안에 있는 메뉴에서 어떤 변수를 사용할지 선택한다.

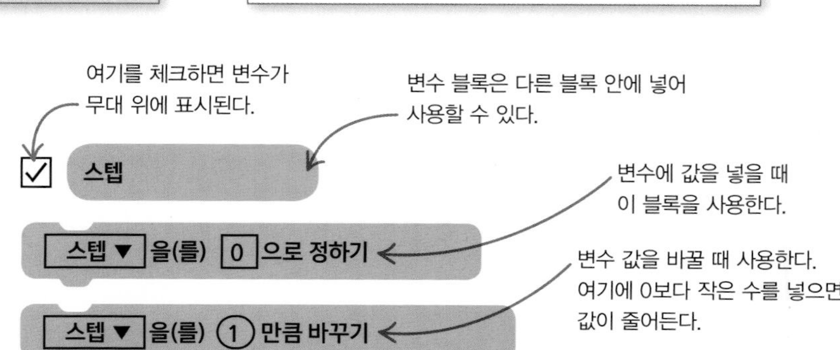
여기를 체크하면 변수가 무대 위에 표시된다.
변수 블록은 다른 블록 안에 넣어 사용할 수 있다.
스텝
스텝 ▼ 을(를) 0 으로 정하기
변수에 값을 넣을 때 이 블록을 사용한다.
스텝 ▼ 을(를) 1 만큼 바꾸기
변수 값을 바꿀 때 사용한다. 여기에 0보다 작은 수를 넣으면 값이 줄어든다.

변수 사용하기

변수를 사용해 스프라이트의 속도를 바꿀 수 있습니다. 다음의 간단한 스크립트는 그 방법을 보여줍니다.

1 변수 값 설정하기
'스텝을(를) 0으로 정하기' 블록에서 '0'을 '5'로 바꿔준다. '10만큼 움직이기' 블록을 추가하고 '10' 위에 '스텝' 변수 블록을 넣는다.

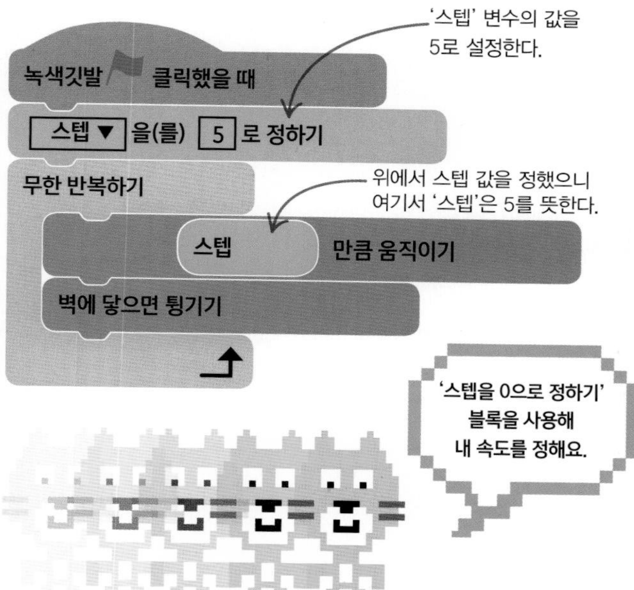

2 변수 값 바꾸기
'스텝을(를) 1만큼 바꾸기' 블록을 사용한다. 이 블록을 '무한 반복하기' 블록 안에 넣으면 고양이의 움직이는 속도가 점점 빨라진다.

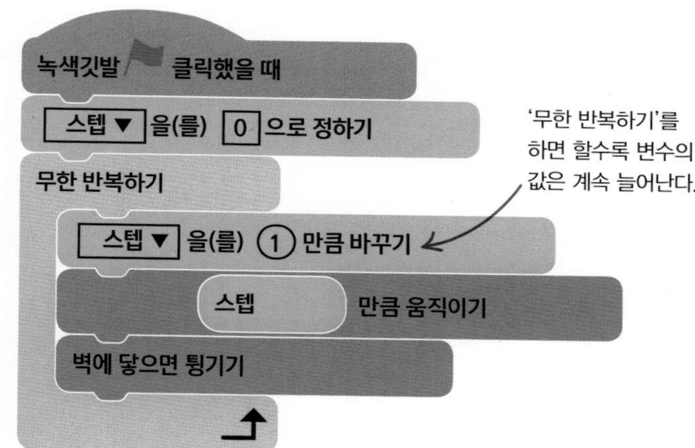

변수 삭제하기

변수가 더는 필요 없으면 블록 팔레트의 변수 블록 위에서 오른쪽 버튼을 클릭한 뒤 '변수 삭제'를 선택합니다. 그 안에 있던 모든 정보가 사라집니다.

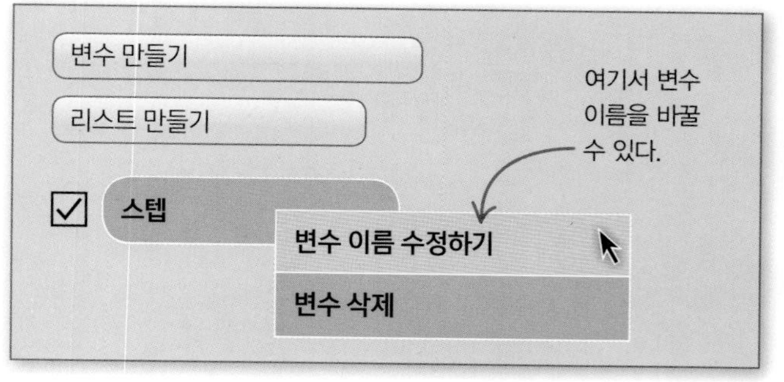

프로그래머의 한마디

내용을 바꿀 수 없는 변수

스크래치에서 쓸 수 있는 변수 중에는 그 값을 마음대로 바꿀 수 없는 변수도 있습니다. 중요한 내용이라 바꿀 수 없도록 해놓은 것이죠. 그런 블록을 '관찰' 블록이라고 합니다.

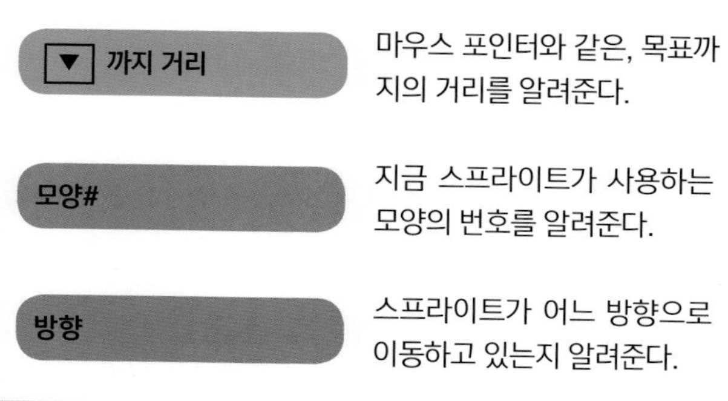

▼ 까지 거리
마우스 포인터와 같은, 목표까지의 거리를 알려준다.
모양#
지금 스프라이트가 사용하는 모양의 번호를 알려준다.
방향
스프라이트가 어느 방향으로 이동하고 있는지 알려준다.

계산

변수에 값을 저장하는 방법 말고도 스크래치에서 '연산' 블록을 사용하면 덧셈, 뺄셈, 곱셈, 나눗셈 등의 여러 가지 계산을 할 수 있습니다.

여기도 함께 보세요
50~51 ◁ 변수
파이썬의 계산 ▷ 112~113

계산을 해보자

간단한 계산에 사용할 수 있는 '연산' 블록은 네 가지가 있습니다. 더하기, 빼기, 곱하기, 나누기입니다.

(7) + (22)

더하기
'+' 블록은 두 수를 더한다.

(64) - (28)

빼기
'−' 블록은 앞에 있는 수에서 뒤에 있는 수를 뺀다.

(2) + (5) 생각하기

'생각하기' 블록을 사용해 결과를 출력한다.

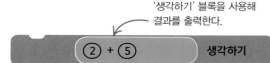

계산 표시
'생각하기' 블록을 스크립트 영역에 끌어놓고 그 안에 '+' 블록을 넣는다. 이제 두 수를 더한 뒤 스프라이트가 정답을 생각하는지 확인하라.

(11) * (10)

곱하기
곱셈 기호인 'X' 대신 '*'를 사용한다.

(120) / (4)

나누기
키보드에 나누기 기호가 없으므로 '/' 기호를 대신 사용한다.

변수로 답 구하기

예를 들어 물건의 세일 가격을 정할 때처럼 좀 더 복잡한 계산을 할 경우에는 숫자만 사용하는 것이 아니라 변수를 이용할 수 있습니다. 계산의 답도 변수 안에 넣을 수 있답니다.

같은 계산법에 다른 숫자를 넣어 반복할 때 변수를 사용하면 편리해요.

1 변수 만들기
블록 팔레트의 '데이터'로 가서 '세일 가격'과 '가격'이라는 변수를 만든다.

2 가격 정하기
'가격을(를) 정하기' 블록을 선택해 상품 가격을 50으로 정한다.

가격 ▼ 을(를) 50 로 정하기

드롭다운 메뉴에서 '가격' 선택

3 세일 가격 계산하기
이 스크립트를 이용해 상품 가격의 반이 얼마인지 계산한 뒤 그것을 세일 가격으로 정한다.

세일 가격 ▼ 을(를) (가격 / (2)) (으)로 정하기

변수(가격)를 2로 나누기 위해 '가격' 블록을 이 칸에 끌어 놓는다.

'/' 블록을 '세일 가격을(를) ~(으)로 정하기' 블록 안에 넣는다.

난수

'~부터 ~사이의 난수' 블록은 두 값의 범위 안에서 임의의 수를 선택하는 데 사용합니다. 어떤 수가 나올지는 알 수 없죠. 게임으로 주사위를 굴리거나 스프라이트의 모양을 다양하게 바꿀 때 사용하면 편리합니다.

1 부터 10 사이의 난수
숫자를 바꿀 수 있다.

◁ 난수 만들기
1년 중에 몇 월을 고를지 결정할 때는 '1부터 10 사이의 난수' 블록을 '1부터 12 사이의 난수'로 바꿔주면 된다.

> **프로그래머의 한마디**
>
> **난수를 게임에 사용해보자**
>
> 난수를 잘 활용하면 게임을 더욱 재미있게 만들 수 있습니다. 예를 들어 좀비가 나타나는 장소와 시간을 난수로 정해두면 언제 나타날지 모르기 때문에 긴장감을 높여줍니다. 숫자나 스프라이트의 모양을 정할 때도 주사위를 굴리는 것처럼 난수를 사용하면 됩니다.

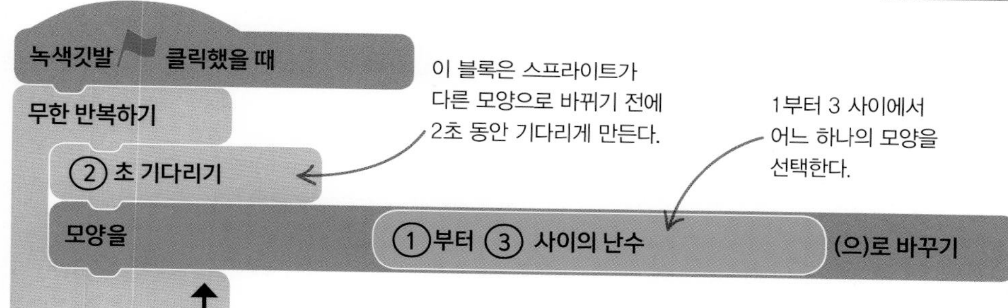
녹색깃발 클릭했을 때
무한 반복하기
2 초 기다리기
모양을 1 부터 3 사이의 난수 (으)로 바꾸기
이 블록은 스프라이트가 다른 모양으로 바뀌기 전에 2초 동안 기다리게 만든다.
1부터 3 사이에서 어느 하나의 모양을 선택한다.

◁ 모양 바꾸기
이 스크립트는 스프라이트의 모양을 2초마다 임의로 바꿔준다.

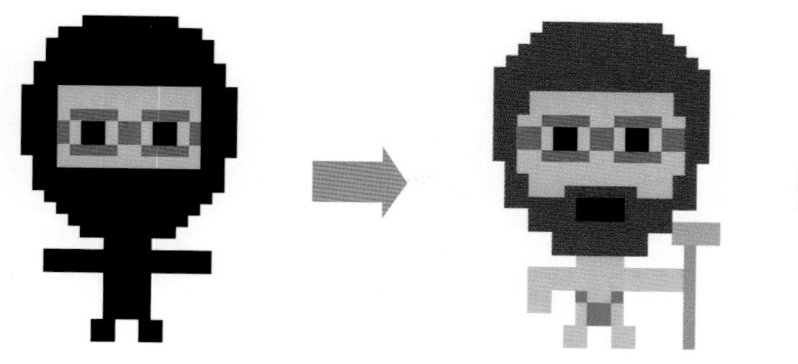

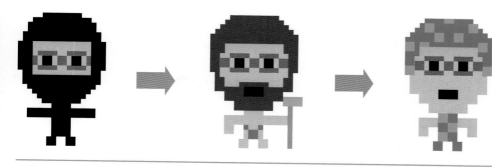

◁ 무엇으로 바뀔지 알 수 없음
'모양'을 바꾸면 스프라이트가 몸을 움직이거나 옷을 갈아입은 것처럼 보이게 만들 수 있다.

어려운 계산

'연산' 블록에는 복잡한 계산도 할 수 있는 블록들이 있습니다. '~나누기 ~의 나머지' 블록은 앞의 수를 뒤의 수로 나눴을 때의 나머지를 구합니다. '반올림' 블록은 소수점 이하의 수를 반올림해줍니다. '제곱근'을 구하는 블록도 있습니다.

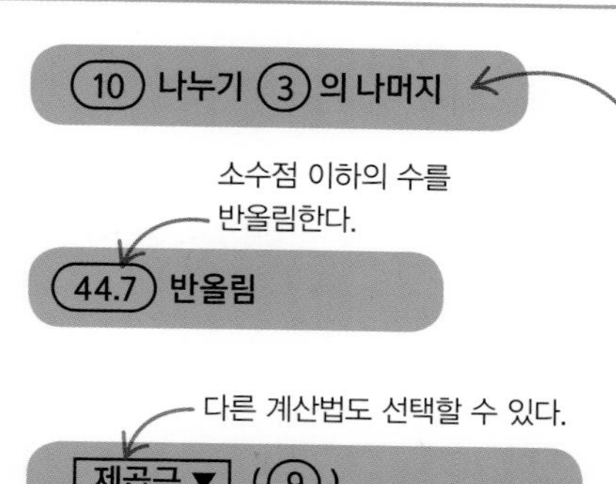
10 나누기 3 의 나머지
10을 3으로 나눈 나머지를 구한다.
소수점 이하의 수를 반올림한다.
44.7 반올림
다른 계산법도 선택할 수 있다.
제곱근 ▼ (9)
9의 제곱근을 구한다.

◁ 조금 더 복잡한 계산
'연산'에는 복잡한 계산을 하는 데 사용할 수 있는 블록들이 있다.

문자열과 리스트

여기도 함께 보세요

50~51 ◁ 변수

파이썬의 문자열 ▷ 114~115

프로그래밍에서 글자와 기호를 나열한 것을 '문자열'이라고 합니다. 문자열에는 키보드에 있는 문자나 기호는 무엇이든 들어갈 수 있고(빈칸 포함) 길이에 제한도 없습니다. 또 문자열은 리스트로 묶어놓을 수도 있습니다.

키보드의 문자들이 마치 빨랫줄에 걸려 있듯이 한 줄로 서 있다. 이렇게 문자가 나열된 것을 '문자열'이라고 한다.

A B C D E F G H I

문자 사용하기

프로그램은 플레이어의 이름과 같은 '단어'를 기억해야 할 때가 종종 있습니다. 그리고 단어는 변수를 만들 때 기억하기 쉽도록 도와주지요. 스크래치 프로그램은 사용자에게 질문을 하고 나서 텍스트 상자를 열고 답을 쓰게 할 때도 있습니다. 다음 스크립트는 사용자에게 이름을 물어보고 스프라이트가 '안녕?' 하고 인사를 하게 만듭니다.

1 새 변수 만들기
블록 팔레트에서 '데이터' 버튼을 클릭한 후 '변수 만들기' 버튼을 클릭한다. '인사'라는 변수를 만든다.

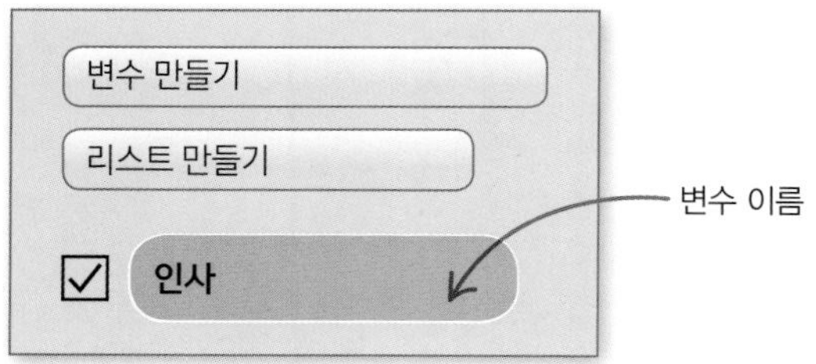

변수 이름

2 질문하기
이 스크립트는 스프라이트가 이름을 물어보게 한다. 사용자가 텍스트 상자에 입력한 문자는 '대답'이라는 변수에 기록된다. 그러면 스크립트가 '인사'와 '대답' 변수에 들어 있는 문자를 결합해 사용자에게 인사를 건넨다.

```
녹색깃발 클릭했을 때
greeting ▼ 을(를) 안녕? 로 정하기
이름이 뭐예요? 묻고 기다리기
말하기 결합하기 인사 대답
```

'인사' 변수에 '안녕?'을 넣는다. '안녕? '과 같이 뒤에 빈칸을 하나 넣으면 결과를 더 깔끔하게 볼 수 있다.

블록 팔레트의 '관찰' 영역에 있는 '묻고 기다리기' 블록은 사용자가 답을 입력할 수 있는 팝업 창을 나타나게 한다.

'말하기' 블록은 스프라이트에 말풍선을 만들어준다.

'인사' 변수에 '안녕?'이라는 문자열이 들어 있다.

'관찰'에 있는 '대답' 변수에는 사용자가 입력한 문자가 저장되어 있다.

* 위 블록 그림은 영문판이며 한글판으로는 [인사 와 대답 결합하기 말하기] 와 같이 보입니다.

리스트 만들기

한 가지만을 기억하고자 한다면 '변수'를 쓰면 됩니다. 하지만 비슷한 것들을 여러 개 기억해야 할 때는 변수 대신 '리스트'를 사용합니다. 리스트는 동시에 여러 개의 데이터(숫자와 문자열)를 저장합니다. 예를 들면 어떤 게임의 플레이어 이름과 최고 점수를 전부 입력해두는 것처럼 말입니다. 이제부터 리스트의 사용법을 보여 드리겠습니다.

1 리스트 만들기

새 프로젝트를 시작한다. 블록 팔레트의 '데이터'에서 '리스트 만들기' 버튼을 클릭한다. 리스트 이름을 '과일'로 짓는다.

2 리스트 사용하기

이 스크립트는 사용자에게 과일 이름을 리스트에 입력하라고 요청한다. 단어가 리스트에 추가되면 스프라이트의 말풍선에 나타난다.

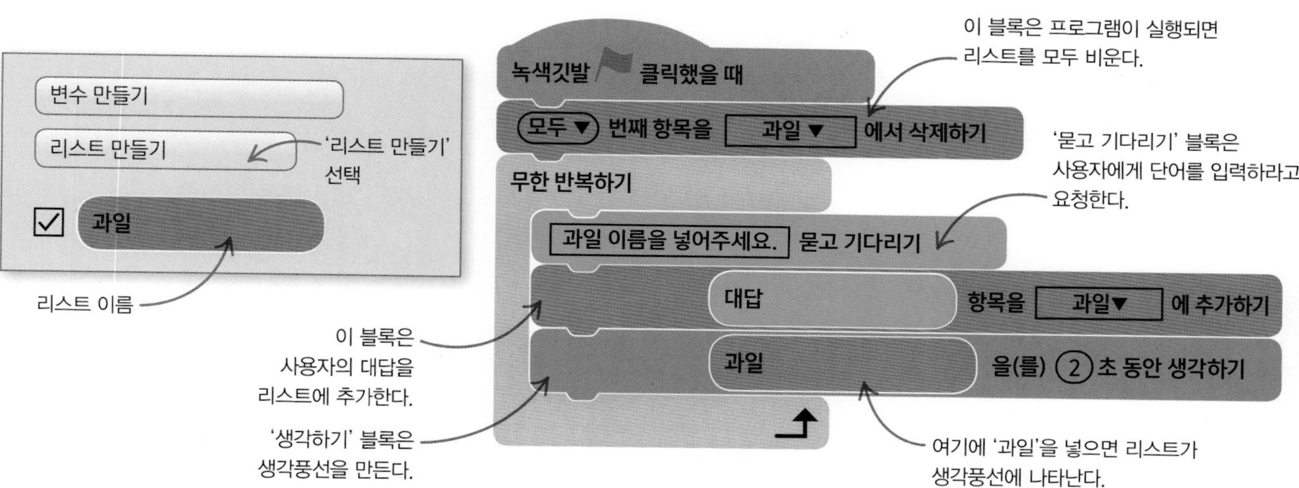
변수 만들기
리스트 만들기
'리스트 만들기' 선택
과일
리스트 이름
녹색깃발 클릭했을 때
모두 ▼ 번째 항목을 과일 ▼ 에서 삭제하기
무한 반복하기
과일 이름을 넣어주세요. 묻고 기다리기
대답 항목을 과일▼ 에 추가하기
과일 을(를) 2 초 동안 생각하기
이 블록은 프로그램이 실행되면 리스트를 모두 비운다.
'묻고 기다리기' 블록은 사용자에게 단어를 입력하라고 요청한다.
이 블록은 사용자의 대답을 리스트에 추가한다.
'생각하기' 블록은 생각풍선을 만든다.
여기에 '과일'을 넣으면 리스트가 생각풍선에 나타난다.

3 리스트 보기

블록 팔레트의 '과일' 블록 왼쪽에 있는 박스에 체크 표시를 하면 리스트가 무대 위에 표시된다. 리스트에 새 단어를 입력할 때마다 바로 확인할 수 있다.

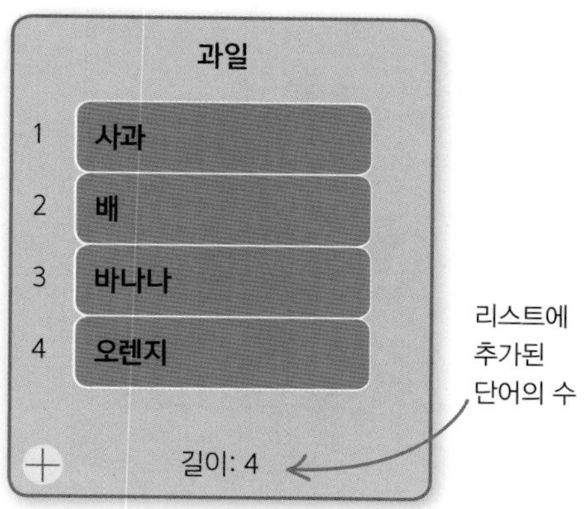
과일
1 사과
2 배
3 바나나
4 오렌지
길이: 4
리스트에 추가된 단어의 수

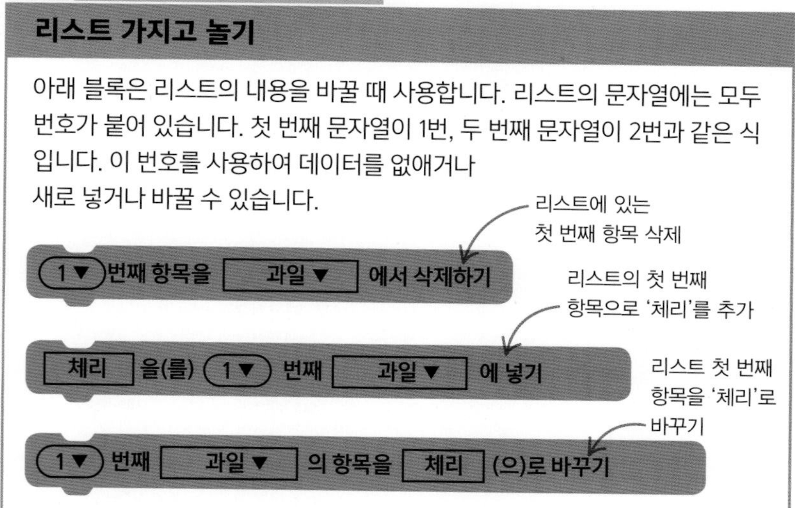

프로그래머의 한마디

리스트 가지고 놀기

아래 블록은 리스트의 내용을 바꿀 때 사용합니다. 리스트의 문자열에는 모두 번호가 붙어 있습니다. 첫 번째 문자열이 1번, 두 번째 문자열이 2번과 같은 식입니다. 이 번호를 사용하여 데이터를 없애거나 새로 넣거나 바꿀 수 있습니다.

1 ▼ 번째 항목을 과일 ▼ 에서 삭제하기
리스트에 있는 첫 번째 항목 삭제
체리 을(를) 1 ▼ 번째 과일 ▼ 에 넣기
리스트의 첫 번째 항목으로 '체리'를 추가
1 ▼ 번째 과일 ▼ 의 항목을 체리 (으)로 바꾸기
리스트 첫 번째 항목을 '체리'로 바꾸기

좌표

스프라이트를 원하는 위치에 놓고 싶을 때나 스프라이트가 어느 위치에 있는지 정확하게 알고 싶을 때는 좌표를 사용하면 됩니다. 좌표는 x와 y로 표시하며 이 두 가지 수로 스프라이트가 무대의 어느 위치에 있는지를 표시합니다.

여기도 함께 보세요
38~39 ◁ 스프라이트 움직이기
52~53 ◁ 계산

x좌표와 y좌표

스크래치에는 스프라이트의 x축과 y축 위치, 마우스 포인터의 위치가 표시됩니다. 스크립트를 작성할 때 스프라이트의 좌표를 알면 큰 도움이 됩니다.

x: 240 y: 180

△ 마우스 포인터의 위치
마우스 포인터의 좌표는 무대의 오른쪽 아래에 표시된다. 무대 위에서 마우스를 움직여 좌표 변화를 살펴보라.

◁ 스프라이트의 위치
스크립트 영역의 오른쪽 위에서 스프라이트의 현재 좌표를 확인할 수 있다.

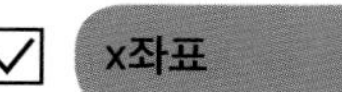

◁ 무대 위에 좌표 보여주기
블록 팔레트 '동작'에서 'x 좌표'와 'y 좌표' 왼쪽에 있는 상자에 체크 표시를 하면 무대에 스프라이트 위치가 표시된다.

x축과 y축

무대 위의 한 점의 위치를 정확히 알려면 무대 가운데에서 상하좌우로 몇 걸음인지 세어 보면 됩니다. 가운데에서 좌우로 얼마나 떨어져 있는지를 'x'로, 위아래로 얼마나 떨어져 있는지를 'y'로 표시합니다. 오른쪽 표에서 볼 때 가운데를 기준으로 스프라이트가 왼쪽과 아래쪽에 있다면 좌표는 0보다 작은 수, 마이너스로 표시됩니다.

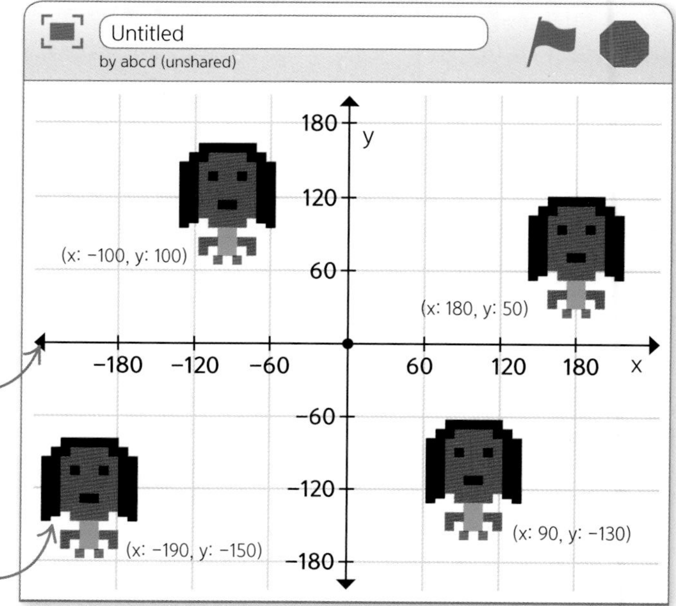

무대는 x축과 y축으로 이루어져 있다.

이 스프라이트는 무대 가운데에서 왼쪽으로 190걸음(−190), 아래로 150걸음(−150) 이동한 위치에 있다.

스프라이트 이동시키기

스프라이트를 무대의 정해진 위치로 옮기려면 좌표를 사용합니다. 얼마나 멀리 있든 가까이 있든 상관없답니다. 블록 팔레트의 '동작'에서 '1초 동안 x:0, y:0으로 움직이기' 블록을 사용하면 스프라이트를 원하는 곳으로 보낼 수 있습니다.

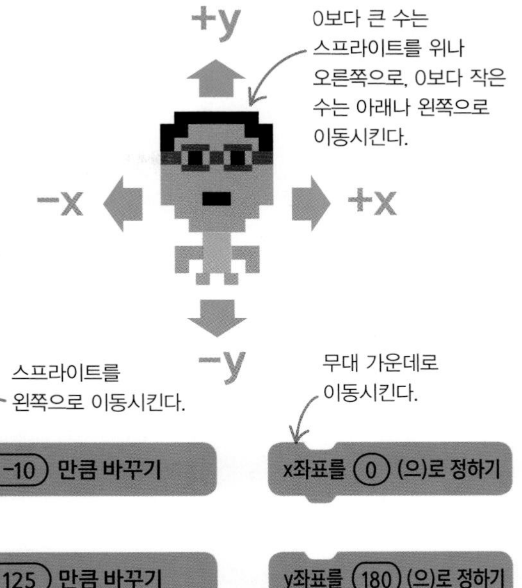
+y
0보다 큰 수는 스프라이트를 위나 오른쪽으로, 0보다 작은 수는 아래나 왼쪽으로 이동시킨다.
-x
+x
-y

```
녹색깃발 클릭했을 때
(1)초 동안 x:(150) y:(100) 으로 움직이기
(1)초 동안 x:(-150) y:(-100) 으로 움직이기
(1)초 동안 x:(-200) y:(100) 으로 움직이기
(1)초 동안 x:(0) y:(0) 으로 움직이기
```

좌표값을 바꿔 스프라이트를 다른 곳으로 보낸다.

△ 스프라이트 위치 바꾸기
이 스크립트를 실행했을 때 스프라이트의 위치가 어떻게 바뀔지 예상되는가? 직접 작성해서 확인해보라!

```
x좌표를 (-10) 만큼 바꾸기
y좌표를 (125) 만큼 바꾸기
x좌표를 (0) (으)로 정하기
y좌표를 (180) (으)로 정하기
```

스프라이트를 왼쪽으로 이동시킨다.

무대 가운데로 이동시킨다.

무대 맨 위로 이동시킨다.

△ x, y좌표 따로 바꾸기
이 네 가지 블록들은 x값만을 바꾸거나, y값만 바꿀 때 사용한다.

천방지축 말의 달리기

좌표를 이용해 재미있는 스크립트를 만들어봅시다. 스프라이트 목록에서 '말(Horse1)'을 선택한 뒤 'x:0, y:0으로 이동하기' 블록과 난수를 사용하여 스크립트를 만들면 말이 정신없이 왔다갔다 하며 달립니다. 더 재미있게 하려고 말이 달린 자리에 선이 남도록 했습니다.

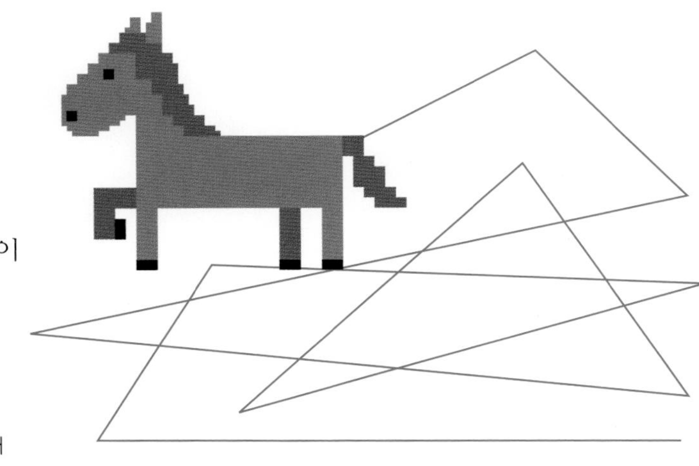

```
녹색깃발 클릭했을 때
펜 내리기
무한 반복하기
    x: (-240)부터(240) 사이의 난수  y: (-180)부터(180) 사이의 난수 로 이동하기
    (0.2)초 기다리기
```

이 블록은 말이 움직일 때 선을 남긴다.

'연산'에 있는 블록. 범위 안에서 임의의 좌우 위치를 선택한다.

범위 안에서 임의의 상하 위치를 선택한다.

소리를 넣자!

스크래치에서 분홍색 '소리' 블록을 사용해 효과음을 넣고 음악도 만들어 보세요. 이미 준비된 소리 파일을 사용해도 되고 새로 녹음하여 만들어도 됩니다.

여기도 함께 보세요
관찰과 감지 ▷ 66~67
원숭이 아수라장 ▷ 74~81

스프라이트에 소리 넣기

소리를 내게 하려면 그 소리를 반드시 스프라이트에 추가해야 합니다. 스프라이트마다 고유의 소리 모음을 갖고 있습니다. 블록 팔레트의 '소리' 탭을 이용해 소리를 선택해 보세요.

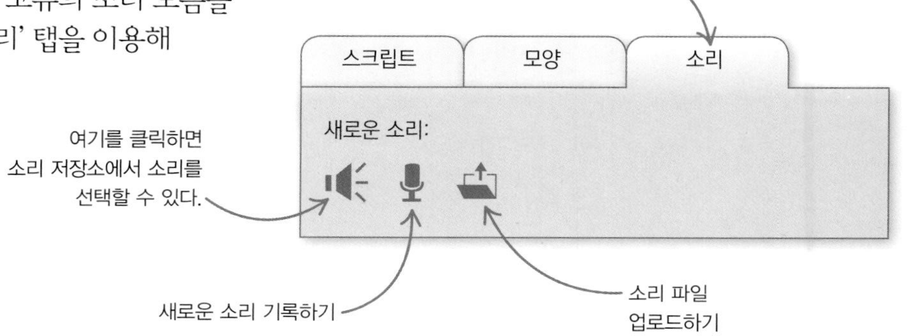
'소리' 탭을 클릭하면 소리 옵션 버튼들을 볼 수 있다.
스크립트
모양
소리
새로운 소리:
여기를 클릭하면 소리 저장소에서 소리를 선택할 수 있다.
새로운 소리 기록하기
소리 파일 업로드하기

소리 재생하기

소리를 재생하는 블록에는 '재생하기'와 '끝까지 재생하기' 두 가지가 있습니다. '끝까지 재생하기' 블록은 프로그램이 소리 재생이 끝날 때까지 기다렸다가 다음 스크립트를 실행하게 합니다.

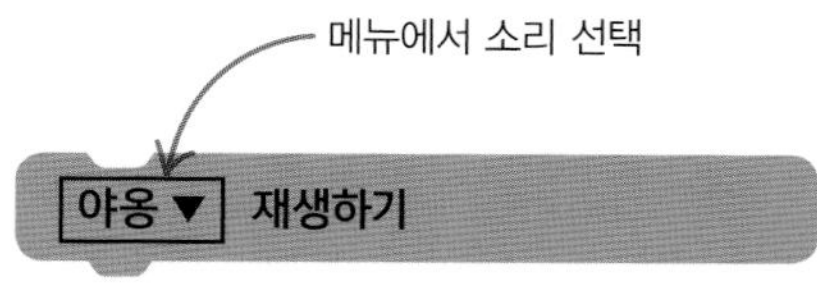
메뉴에서 소리 선택
야옹 ▼ 재생하기

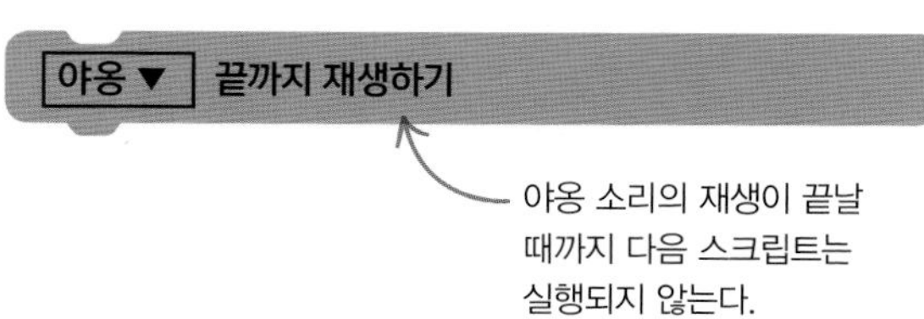
야옹 ▼ 끝까지 재생하기
야옹 소리의 재생이 끝날 때까지 다음 스크립트는 실행되지 않는다.

소리 키우기

스프라이트에 소리 크기를 조정하는 기능이 있습니다. 숫자로 소리 크기를 나타내기 때문에 0에서는 아무런 소리도 나지 않고 100일 때 가장 큰 소리가 납니다.

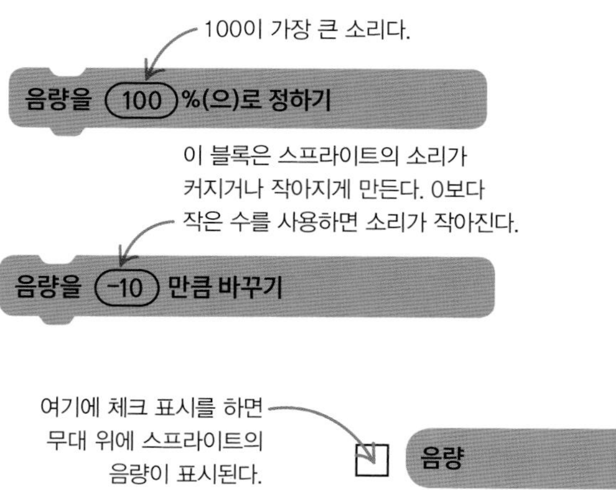
100이 가장 큰 소리다.
음량을 100 %(으)로 정하기
이 블록은 스프라이트의 소리가 커지거나 작아지게 만든다. 0보다 작은 수를 사용하면 소리가 작아진다.
음량을 -10 만큼 바꾸기
여기에 체크 표시를 하면 무대 위에 스프라이트의 음량이 표시된다.
음량

음악 만들기

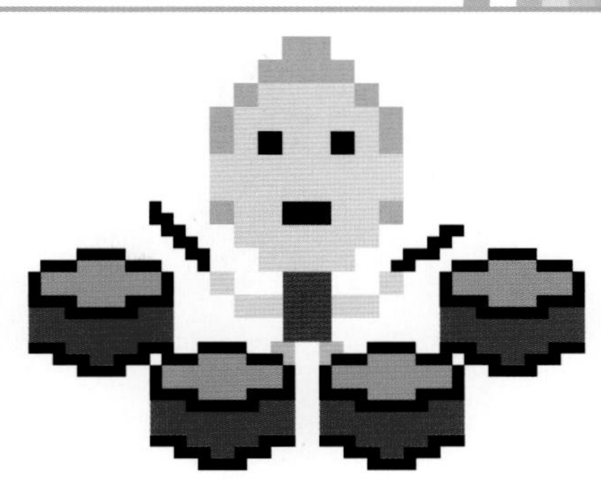

스크래치에는 음악을 만들 수 있는 블록들이 있습니다. 여러 가지 악기로 오케스트라를 만들 수도 있고 드럼을 연주할 수도 있습니다. 각 음의 길이는 박자로 나타냅니다.

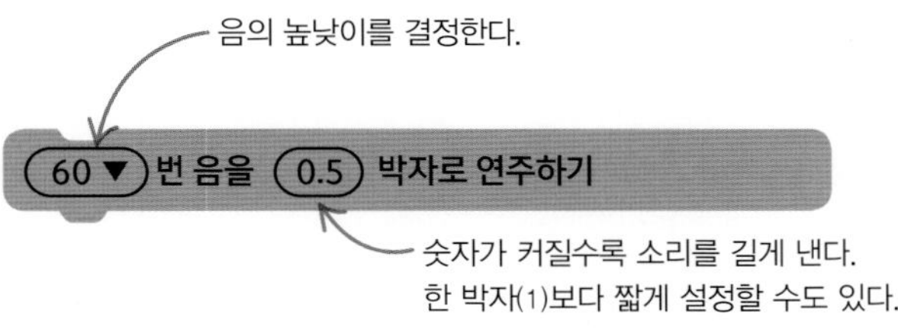

음의 높낮이를 결정한다.
60 ▼ 번 음을 0.5 박자로 연주하기
숫자가 커질수록 소리를 길게 낸다.
한 박자(1)보다 짧게 설정할 수도 있다.

1 ▼ 번 악기로 정하기

여기를 클릭해 메뉴에서 악기를 선택한다.

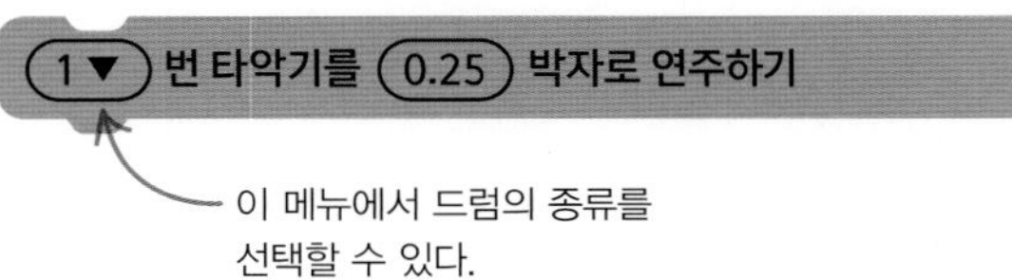

1 ▼ 번 타악기를 0.25 박자로 연주하기
이 메뉴에서 드럼의 종류를
선택할 수 있다.

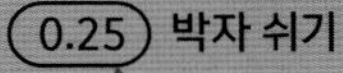

0.25 박자 쉬기

이 블록은 잠깐 음악을 멈춘다. 이 숫자가 클수록 쉼표가 길어진다.

음악 연주하기

음을 연결하여 곡을 만듭니다. '음표'라는 변수를 만든 뒤 (50~51쪽 참고) 다음 스크립트를 스프라이트에 추가합니다.

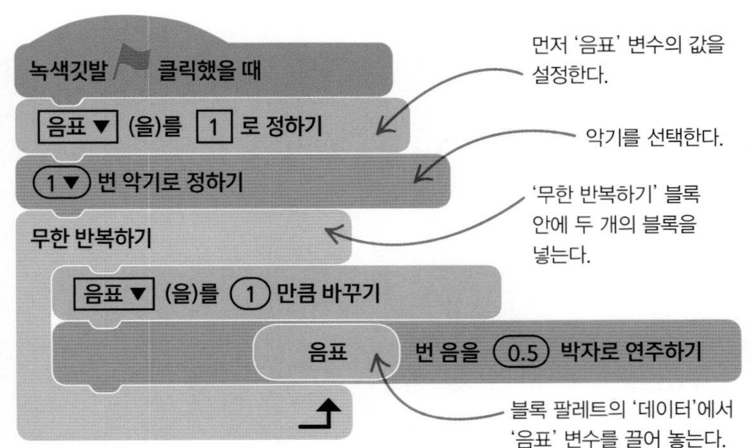

녹색깃발 클릭했을 때
음표 ▼ (을)를 1 로 정하기
1 ▼ 번 악기로 정하기
무한 반복하기
음표 ▼ (을)를 1 만큼 바꾸기
음표 번 음을 0.5 박자로 연주하기
먼저 '음표' 변수의 값을
설정한다.
악기를 선택한다.
'무한 반복하기' 블록
안에 두 개의 블록을
넣는다.
블록 팔레트의 '데이터'에서
'음표' 변수를 끌어 놓는다.

△ 음계 올리기

이 스크립트는 녹색 깃발을 클릭했을 때 음을 반복하여 재생한다. 음의 높이는 한 번에 한 단계씩 올라가며 각 음의 길이는 반 박자이다.

프 로 그 래 머 의 한 마 디

템포

음악의 빠르기를 템포라고 합니다. 템포는 곡에 쓰인 한 박자의 길이로 결정됩니다. 템포와 관련된 블록은 3개가 있습니다.

박자를 60 BPM으로 정하기

템포는 1분당 몇 개의 박자가 있는지를 나타내는 BPM으로 표시한다.

빠르기를 60 만큼 바꾸기

음악을 빠르게 만들려면 템포를 높이고 느리게 만들려면 0보다 작은 수를 사용한다.

☐ 박자

이 박스에 체크 표시를 하면 무대에 스프라이트의 템포를 보여준다.

프로젝트 2

주사위 굴리기

프로그램이 간단하더라도 유용하고 재미있을 수 있습니다. 이 프로그램은 주사위를 만들어 굴립니다. 누가 가장 큰 수를 던지는지 내기를 하거나 보드게임을 할 때 실제 주사위 대신 사용해 보세요.

여기도 함께 보세요
40~41 ◁ 모양
46~47 ◁ 단순 반복문
50~51 ◁ 변수
52~53 ◁ 계산

굴러가는 주사위 만드는 법

이 프로그램에서 주사위는 여섯 가지 모양을 사용합니다. 주사위는 1부터 6까지 숫자가 적힌 각 면을 보여줍니다.

1 무대 아래에 있는 붓 모양 버튼을 선택해 새 스프라이트를 그린다.

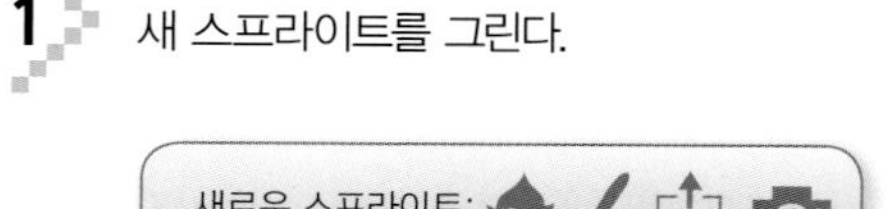

모양 새로 그리기

2 그리기 영역의 왼쪽에 있는 사각형 버튼을 클릭한다. 주사위 색을 다양하게 만들려면 색상 팔레트(아래 색상 표 참고)에서 색을 선택하면 된다. 그리기 영역으로 가서 시프트(shift) 키를 누른 채 마우스 왼쪽 버튼을 누르며 끌어당기면 정사각형이 그려진다.

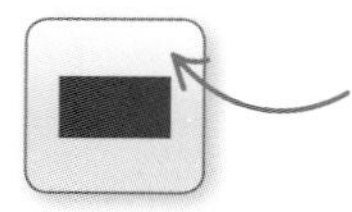

'시프트' 키를 누르며 그리면 네 변 길이가 같은 정사각형이 그려진다.

프로그래머의 한마디

색 바꾸기

그리기 영역 아래쪽에 있는 색상 제어판으로 색을 바꿀 수 있습니다. 색상 표 왼쪽 위에 있는 검정색과 흰색의 사각형을 클릭하면 두 개의 사각형이 나오는데 오른쪽은 색이 칠해진 사각형을 그리는 버튼이고 왼쪽은 사각형의 테두리를 그리는 버튼입니다. 테두리 굵기는 아래쪽 슬라이더를 이용하여 조절합니다. 색은 원하는 색을 클릭만 하면 됩니다.

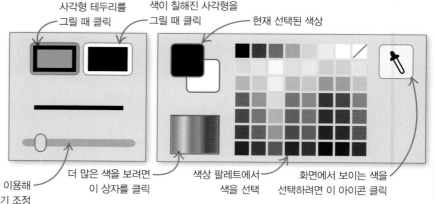

사각형 테두리를 그릴 때 클릭

색이 칠해진 사각형을 그릴 때 클릭

현재 선택된 색상

슬라이더를 이용해 테두리 굵기 조정

더 많은 색을 보려면 이 상자를 클릭

색상 팔레트에서 색을 선택

화면에서 보이는 색을 선택하려면 이 아이콘 클릭

3 그리기 영역 왼쪽에 있는 '모양'에 마우스 오른쪽 버튼을 클릭하고 '복사'를 선택한다. 이 단계를 반복해 6개의 모양을 만든다.

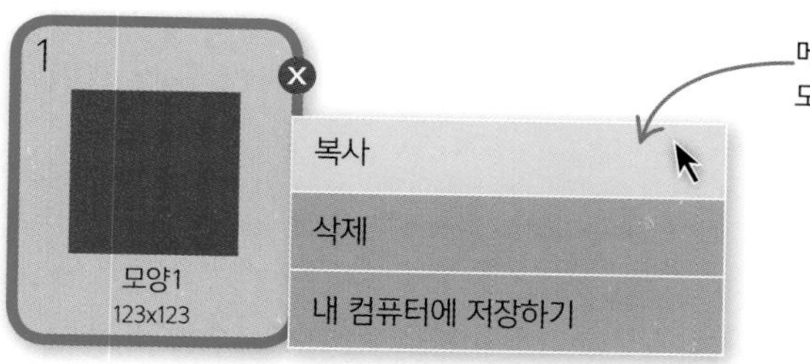

1
복사
삭제
내 컴퓨터에 저장하기
모양1
123x123

메뉴를 이용해 모양을 복사한다.

4 모양 하나를 선택한다. 그리기 영역에서 원 모양을 클릭한 후 팔레트에서 흰색을 선택. 모양 6개에 각각 흰 원을 추가해 주사위의 6면을 만든다.

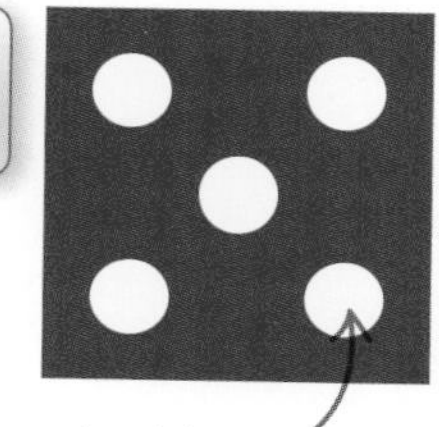

'시프트' 키를 누른 상태로 그리면 완벽한 원이 그려진다.

'모양5'에는 점이 5개 있다.

5 주사위 스프라이트에 아래 스크립트를 넣는다. 스페이스 바를 누르면 주사위 모양이 바뀐다. 몇 번 해보면서 주사위에 점 개수가 제대로 들어갔는지 확인한다.

```
[스페이스 ▼] 키를 눌렀을 때
모양을 ((1) 부터 (6) 사이의 난수) (으)로 바꾸기
```

스페이스 바를 누르면 주사위가 변한다.

이 블록이 임의의 모양을 선택한다.

6 같은 면이 연달아 나올 경우 주사위 모양이 바뀌지 않기 때문에 프로그램이 작동하지 않는 것처럼 보일 수도 있다. 아래 스크립트를 추가하면 주사위가 다섯 번 모양을 바꾼 뒤에 멈춘다. 스페이스 바를 누를 때마다 주사위가 또르르 굴러가는 것처럼 보일 것이다.

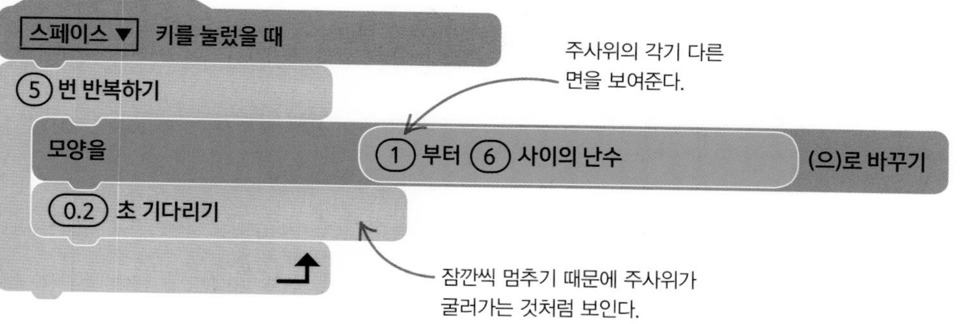

스페이스 ▼ 키를 눌렀을 때
5 번 반복하기
모양을 1 부터 6 사이의 난수 (으)로 바꾸기
0.2 초 기다리기

주사위의 각기 다른 면을 보여준다.

잠깐씩 멈추기 때문에 주사위가 굴러가는 것처럼 보인다.

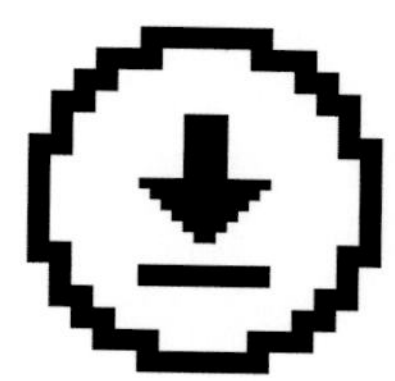

작업 내용을 잊지 말고 저장하세요.

프로그래머의 한마디

회전 툴

스크립트를 실행할 때 주사위가 굴러가는 것처럼 보이게 하려면 모양의 각도를 조금씩 다르게 하면 됩니다. 그리기 영역의 오른쪽 아래에 있는 '벡터로 변환하기' 버튼을 클릭하고, 그리기 영역의 주사위 그림을 클릭하면 회전 툴이 나타날 것입니다.

여기를 클릭한 후 끌어당겨 주사위를 회전시킨다.

참이냐, 거짓이냐?

컴퓨터는 질문을 하고 그 답이 참인지 거짓인지를 판단하여 무엇을 할지 결정합니다. 이처럼 답이 참 또는 거짓으로 두 가지밖에 나올 수 없는 질문을 '논리 연산식'이라고 합니다.

여기도 함께 보세요
결정과 분기 ▷ 64~65
결정 하기 ▷ 118~119

수 비교하기

블록 팔레트의 '연산'에 있는 '=' 블록을 이용해 수를 비교할 수 있습니다.

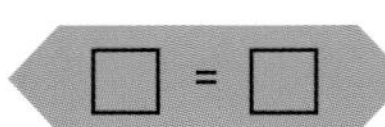

◁ **'=' 블록**
네모 안의 두 수가 같은 경우 '참(true)', 그렇지 않은 경우 '거짓(false)'으로 답해준다.

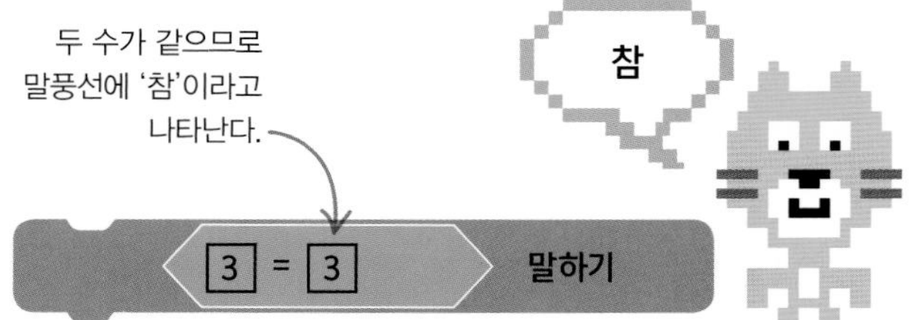

△ **답이 참**
말하기 블록에 '=' 블록을 사용하면 스프라이트의 말풍선에 '참'이나 '거짓'이라고 표시된다.

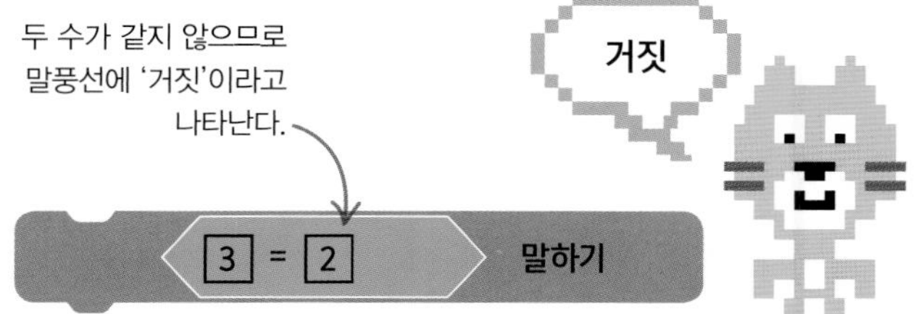

△ **답이 거짓**
블록에 있는 두 수가 다르면 스프라이트의 말풍선에 '거짓'이라고 나타난다.

변수 비교하기

두 가지를 비교하는 블록 안에 변수를 넣으면 숫자나 문자열을 비교할 수 있습니다. 정해진 값을 넣어 비교하면 항상 같은 대답이 나오겠지요? 하지만 변수를 넣으면 답은 매번 달라질 것입니다.

나이 ▼ 을(를) 10 (으)로 정하기

△ **변수 만들기**
블록 팔레트의 '데이터'에서 '나이'라는 새 변수를 만든다. 값을 10으로 설정해보자. 그리고 '나이' 변수를 비교 블록 안에 끌어 놓는다.

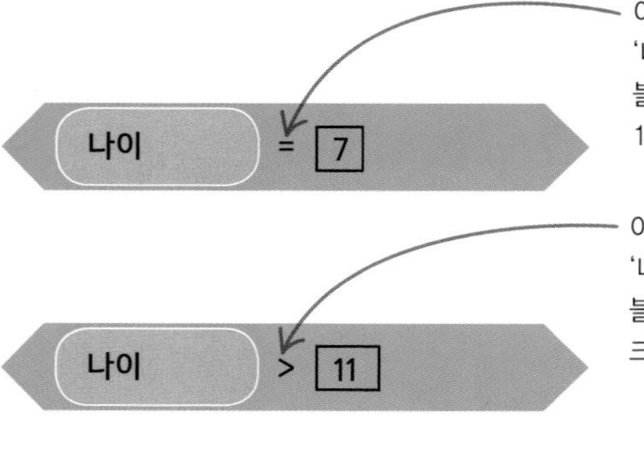

나이 = 7
이 기호는 '같다'는 뜻이므로, '나이'가 7과 같은지 물어보는 블록이다. 앞에서 '나이'를 10으로 정했으므로 '거짓'이다.
나이 > 11
이 기호는 '~보다 크다'는 뜻이므로, '나이'가 11보다 큰지 물어보는 블록이다. '나이' 값 10은 11보다 크지 않으므로 답은 '거짓'이다.

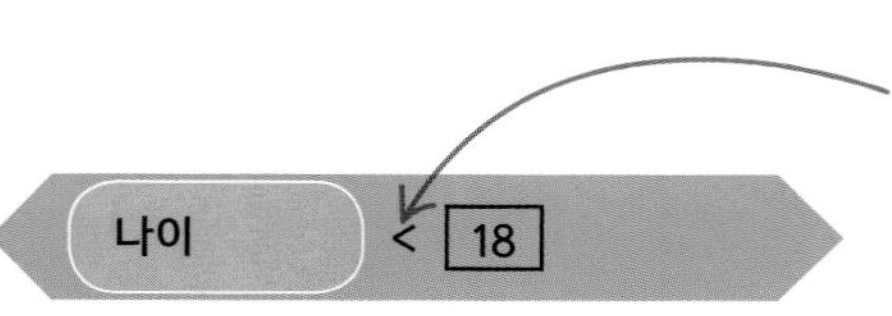

△ **값 비교하기**
위 세 블록은 '연산'의 비교 블록들이다. 두 값이 같은지 확인하는 것뿐 아니라 어느 쪽이 더 크고 작은지 비교하는 블록도 있다.

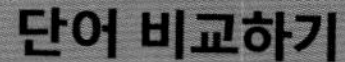

프로그래머의 한마디

단어 비교하기

'=' 블록은 숫자를 비교하는 것뿐 아니라 두 문자열이 같은지 비교하는 데도 사용할 수 있습니다. 문자열을 비교할 때 영어의 경우 알파벳의 대소문자를 구분하지 않습니다.

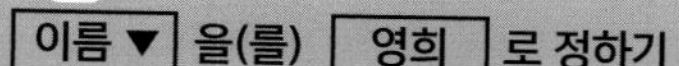
이름 ▼ 을(를) 영희 로 정하기

△ 변수 만들기
문자열 비교를 시험해 보기 위해 '이름'이라는 새 변수를 만든 후 그 값을 '영희'로 정한다.

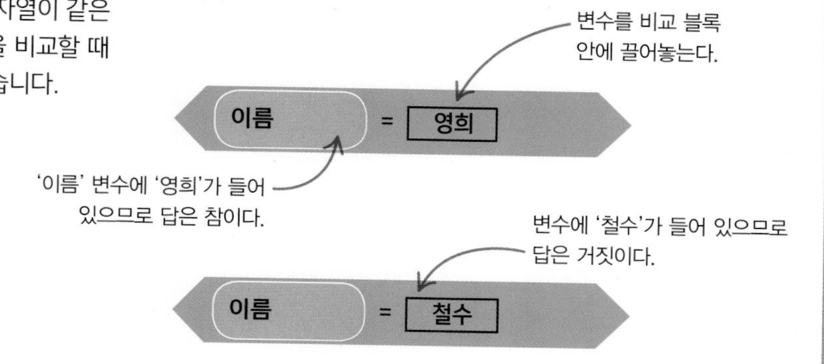
변수를 비교 블록 안에 끌어놓는다.
이름 = 영희
'이름' 변수에 '영희'가 들어 있으므로 답은 참이다.
변수에 '철수'가 들어 있으므로 답은 거짓이다.
이름 = 철수

'아니다' 블록

'아니다' 블록은 논리 연산식의 답을 간단하게 찾을 수 있도록 해줍니다. 예를 들어 누군가의 나이가 '10살이 아니다'라는 것을 확인하기 위해 '1살 인가, 아닌가', '2살인가, 아닌가'라고 순서대로 모두 확인하는 것은 매우 어려운 일이겠지요. '아니다' 블록을 이용해 쉽게 답을 찾아봅시다.

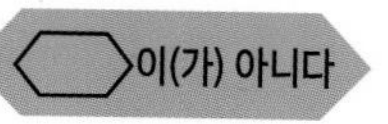
이(가) 아니다

◁ '아니다' 블록
답을 참에서 거짓으로, 거짓에서 참으로 바꿔버린다.

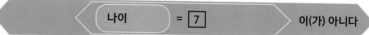

나이 = 7

△ '아니다' 블록을 사용하지 않은 경우
여기서 10은 7과 같지 않으므로 답은 거짓이다.

나이 = 7 이(가) 아니다

△ '아니다' 블록을 사용한 경우
같은 질문에 '아니다' 블록을 추가해 대답을 바꾼다. 7은 10과 같지 않으므로 이제 답은 참이 된다.

질문 조합하기

비교 블록들을 조합하면 더 복잡한 질문을 할 수도 있습니다. 한 번에 여러 가지 질문을 할 수도 있지요.

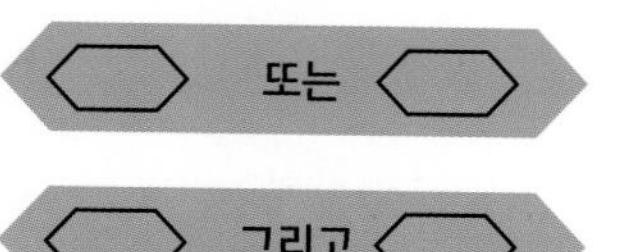
또는
그리고

△ 비교 블록들
'또는'과 '그리고' 블록을 논리 연산을 조합하는 데 사용한다.

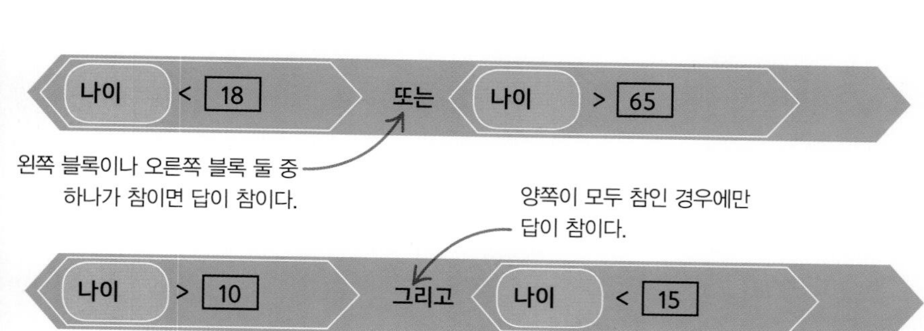
나이 < 18 또는 나이 > 65
왼쪽 블록이나 오른쪽 블록 둘 중 하나가 참이면 답이 참이다.
양쪽이 모두 참인 경우에만 답이 참이다.
나이 > 10 그리고 나이 < 15

◁ 시험해보자
위쪽 블록은 나이가 18살보다 어리거나 65살보다 많은지 확인한다. 아래쪽 블록은 나이가 11세, 12세, 13세, 14세 중 하나에 해당하는지 확인한다.

결정과 분기

어떤 것이 참인지 거짓인지 테스트하여 나온 답을 이용해 컴퓨터에게 다음에 무엇을 할지 명령할 수 있습니다. 컴퓨터는 그 답이 참인지 거짓인지에 따라 각기 다른 움직임을 보일 것입니다.

여기도 함께 보세요
62~63 ◁ 참이냐 거짓이냐?
관찰과 감지 ▷ 66~67

의사 결정

'만약' 블록은 다음에 무엇을 할지 논리 연산식으로 결정합니다. '만약' 블록은 벌린 입 모양으로 되어 있는데 이 안에 실행할 블록을 넣습니다. 논리 연산식의 답이 참이면 넣어둔 블록이 실행됩니다

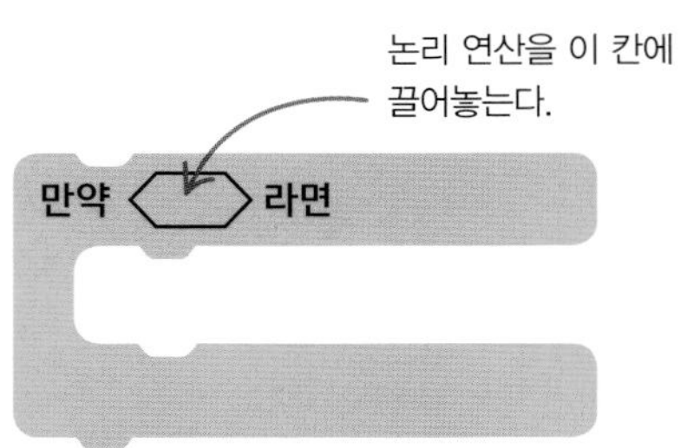
논리 연산을 이 칸에 끌어놓는다.
만약 라면

△ **'만약~라면' 블록**
논리 연산식이 참이면 '만약~라면' 블록 사이에 있는 블록들이 실행될 것이다.

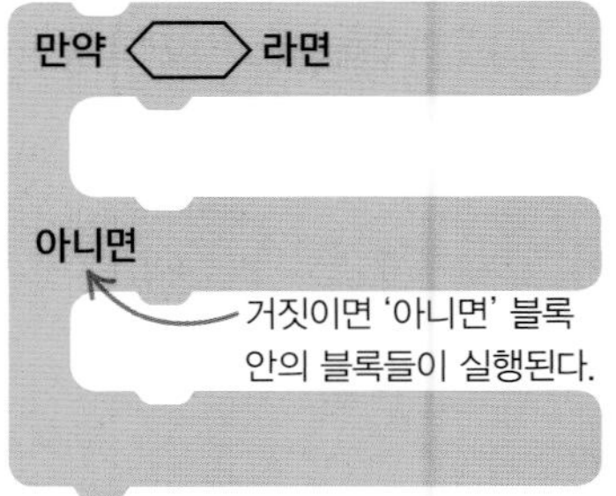
만약 라면
아니면
거짓이면 '아니면' 블록 안의 블록들이 실행된다.

△ **'만약~라면~아니면' 블록**
논리 연산식이 참이면 블록의 첫 번째 부분이 실행되고 거짓이면 두 번째 부분이 실행된다.

'만약~라면' 블록 사용하기

'만약~라면' 블록은 논리 연산식의 답에 따라 스크립트의 일부를 실행하거나 실행하지 않도록 선택하게 해줍니다. 다음 스크립트를 고양이 스프라이트에 추가해서 확인해 보세요.

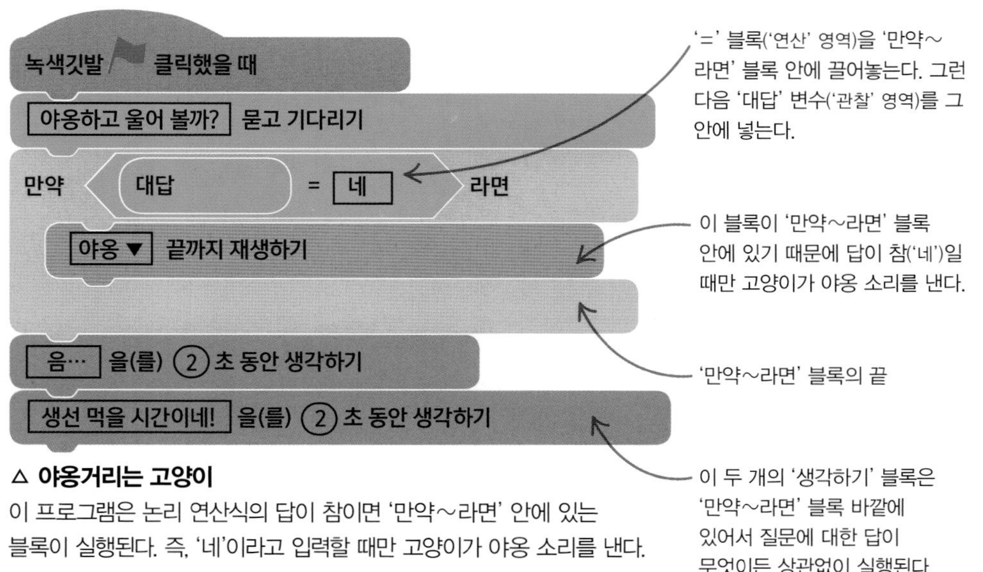
녹색깃발 클릭했을 때
야옹하고 울어 볼까? 묻고 기다리기
만약 대답 = 네 라면
야옹 ▼ 끝까지 재생하기
음… 을(를) 2 초 동안 생각하기
생선 먹을 시간이네! 을(를) 2 초 동안 생각하기
'=' 블록('연산' 영역)을 '만약~라면' 블록 안에 끌어놓는다. 그런 다음 '대답' 변수('관찰' 영역)를 그 안에 넣는다.
이 블록이 '만약~라면' 블록 안에 있기 때문에 답이 참('네')일 때만 고양이가 야옹 소리를 낸다.
'만약~라면' 블록의 끝
이 두 개의 '생각하기' 블록은 '만약~라면' 블록 바깥에 있어서 질문에 대한 답이 무엇이든 상관없이 실행된다.

△ **야옹거리는 고양이**
이 프로그램은 논리 연산식의 답이 참이면 '만약~라면' 안에 있는 블록이 실행된다. 즉, '네'이라고 입력할 때만 고양이가 야옹 소리를 낸다.

답이 '네'인가?
참 → 야옹 소리 재생
거짓 → 야옹 소리 건너뜀

△ **작동 원리**
이 프로그램은 논리 연산식이 참인지 확인한 후, 참인 경우에만 '만약~라면' 블록 안의 명령들을 실행한다.

명령 분기하기

참일 때 실행할 것과 거짓일 때 실행할 것을 각각 다르게 정하고 싶을 때가 있습니다. '만약~라면~아니면' 블록을 사용하면 프로그램을 두 가지 방식으로 실행시킬 수 있습니다. 이렇게 두 가지로 나뉘는 것을 '분기'라고 합니다. 논리 연산식의 답이 무엇이냐에 따라 그에 맞는 하나의 명령만 실행됩니다.

▽ 프로그램 분기하기
이 프로그램에는 2개의 명령이 들어 있다. 하나는 답이 '네'인 경우 실행되고 다른 하나는 그렇지 않은 경우 실행된다.

```
녹색깃발 클릭했을 때
[나를 좋아하나요?] 묻고 기다리기
만약 <(대답) = [네]> 라면
    [나도 당신이 좋아요!] 을(를) (2) 초 동안 말하기
아니면
    [까칠하시네요!] 을(를) (2) 초 동안 말하기
```

이 명령은 답이 '네'인 경우 실행된다.

이 명령은 답이 '네'가 아닌 경우 실행된다.

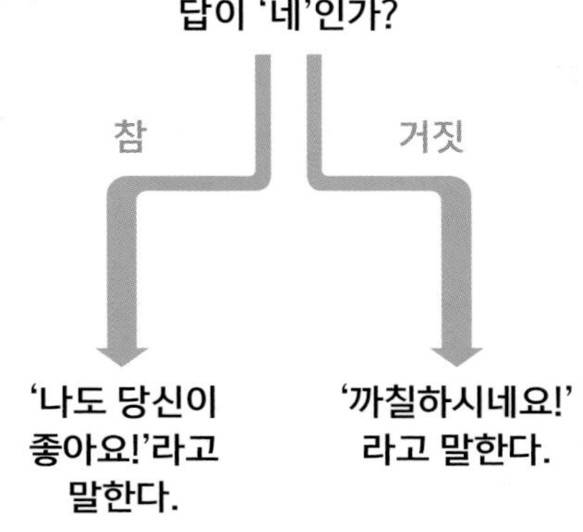
답이 '네'인가?
참
거짓
'나도 당신이 좋아요!'라고 말한다.
'까칠하시네요!' 라고 말한다.

△ 작동 원리
프로그램이 '네'가 입력되었는지 확인한다. 그렇다면 첫 번째 메시지를, 그렇지 않다면 두 번째 메시지를 보여줄 것이다.

프로그래머의 한마디

논리 연산식의 블록 모양

스크래치에서 논리 연산 블록들은 끝이 뾰족하게 나타납니다. 이 블록들을 다른 일반 블록들과 조합해 사용할 수 있습니다.

```
<마우스를 클릭했는가?>
```

△ '관찰' 블록들
관찰 블록들을 이용해 스프라이트가 다른 스프라이트에 닿았는지 또는 버튼이 눌렸는지 등을 확인할 수 있다.

까지 반복하기

△ '제어' 블록들
제어 블록 중에는 안에 뾰족한 모양의 논리 연산식 칸을 갖고 있는 블록이 여러 개 있다.

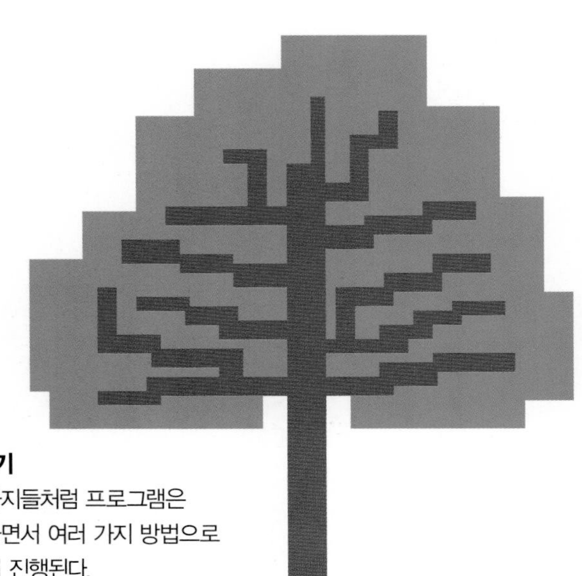

▷ 분기
나뭇가지들처럼 프로그램은 분기하면서 여러 가지 방법으로 나뉘어 진행된다.

관찰과 감지

'관찰' 블록들은 컴퓨터에서 무슨 일이 일어나는지 스크립트에게 알려줍니다. 이 블록을 이용하면 키보드가 눌리는지 알아차리고 스프라이트가 서로 부딪쳤을 때 반응할 수 있도록 해줍니다.

여기도 함께 보세요
40~41 ◁ 모양
56~57 ◁ 좌표

키보드를 누르면

'관찰' 블록과 '만약~라면' 블록을 함께 사용하면 키보드로 스프라이트를 움직이게 할 수 있습니다. '~키를 눌렀는가' 블록의 메뉴에는 키보드에 있는 거의 모든 키가 있기 때문에 키를 누르면 스프라이트가 반응하도록 만들 수 있습니다. 마우스 버튼으로도 가능하답니다.

이 블록은 키가 눌렸는지 확인한다. 어느 키를 관찰할 것인지 메뉴에서 선택할 수 있다.

스페이스 ▼ 키를 눌렀는가?

이 블록은 마우스 버튼이 눌렸는지 확인한다.

마우스를 클릭했는가?

△ **'관찰' 블록들**
이 블록들을 '만약~라면' 블록에 넣으면 프로그램이 마우스 버튼이나 키가 눌렸을 때 반응한다.

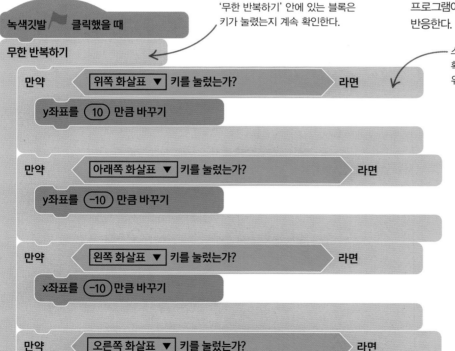

```
녹색깃발 클릭했을 때
무한 반복하기
    만약 위쪽 화살표 ▼ 키를 눌렀는가? 라면
        y좌표를 10 만큼 바꾸기
    만약 아래쪽 화살표 ▼ 키를 눌렀는가? 라면
        y좌표를 -10 만큼 바꾸기
    만약 왼쪽 화살표 ▼ 키를 눌렀는가? 라면
        x좌표를 -10 만큼 바꾸기
    만약 오른쪽 화살표 ▼ 키를 눌렀는가? 라면
        x좌표를 10 만큼 바꾸기
```

'무한 반복하기' 안에 있는 블록은 키가 눌렸는지 계속 확인한다.

스크립트가 위쪽 방향키가 눌렸는지 확인하고 눌렸다면, 스프라이트를 화면 위쪽으로 올린다.

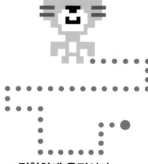

△ **정확하게 움직이기**
키보드로 스프라이트를 움직일 수 있게 되면 게임할 때 편리하다.

◁ **스프라이트를 움직이는 스크립트**
이 스크립트는 키보드의 방향키를 사용해 스프라이트를 상하좌우로 움직이게 한다.

스프라이트가 부딪치면

스프라이트가 다른 스프라이트와 부딪치는 걸 알 수 있다면 게임 같은 프로그램에서 유용하게 쓰일 것입니다. '관찰' 블록을 사용해 스프라이트가 서로 닿거나 어떤 색으로 된 장소를 벗어나는 경우 반응하도록 만들어 봅시다.

이 블록은 스프라이트가 다른 스프라이트에 닿는지 관찰한다.
개구리 ▼ 에 닿았는가?
스프라이트가 어떤 색으로 된 공간에 닿았는지 관찰한다.
색에 닿았는가?

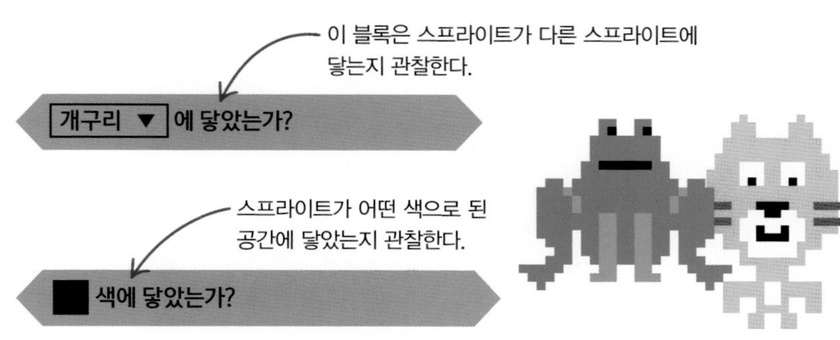

'관찰' 블록 사용하기

'관찰' 블록을 이용해 간단한 게임을 만들어 봅시다. 먼저 왼쪽 페이지에서 만든 스크립트를 고양이 스프라이트에 넣고 '방1(room1)' 배경과 코끼리(Elephant) 스프라이트를 추가합니다. '소리' 탭에서 코끼리에게 '트럼펫2(trumpet2)' 효과음을 입힌 다음 아래와 같이 스크립트를 만듭니다.

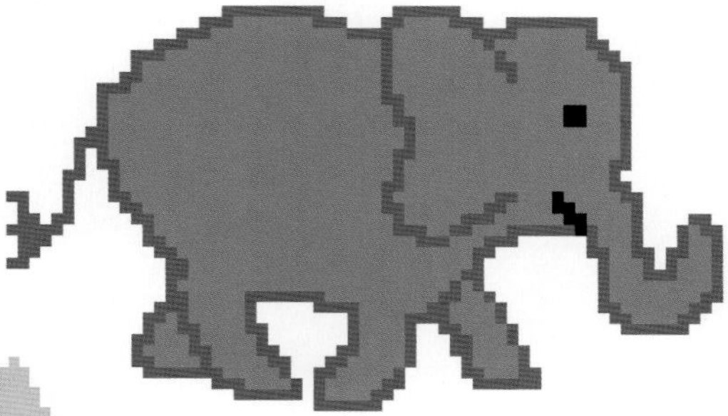

▽ 코끼리 찾기

이 스크립트는 '관찰' 블록을 사용해 고양이와 코끼리의 거리와 위치를 조정한다. 고양이가 가까이 가면 갈수록 코끼리의 몸은 점점 더 커진다. 고양이가 코끼리와 부딪치면 코끼리는 모양이 바뀌면서 소리를 내고 어딘가로 숨어버린다.

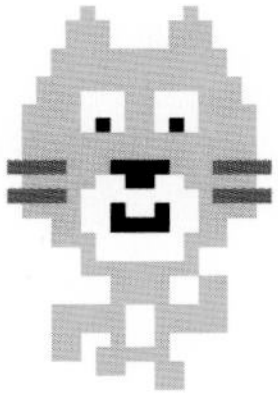

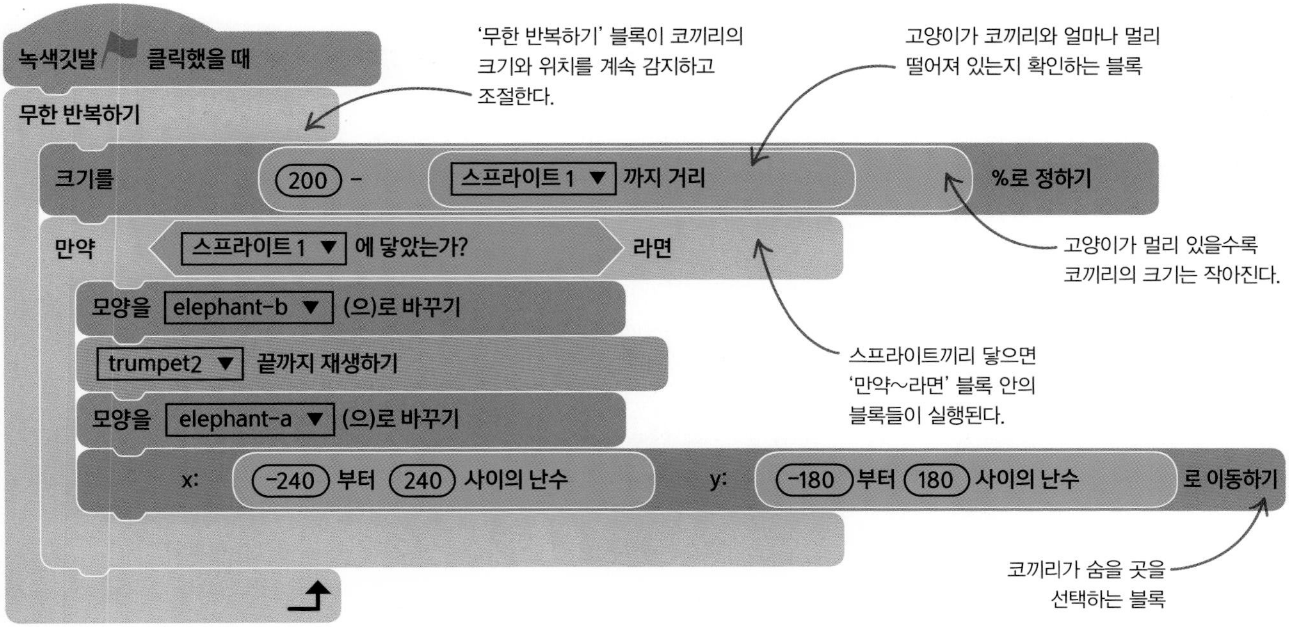

녹색깃발 클릭했을 때
무한 반복하기
크기를 200 - 스프라이트1 ▼ 까지 거리 %로 정하기
만약 스프라이트1 ▼ 에 닿았는가? 라면
모양을 elephant-b ▼ (으)로 바꾸기
trumpet2 ▼ 끝까지 재생하기
모양을 elephant-a ▼ (으)로 바꾸기
x: -240 부터 240 사이의 난수 y: -180 부터 180 사이의 난수 로 이동하기
'무한 반복하기' 블록이 코끼리의 크기와 위치를 계속 감지하고 조절한다.
고양이가 코끼리와 얼마나 멀리 떨어져 있는지 확인하는 블록
고양이가 멀리 있을수록 코끼리의 크기는 작아진다.
스프라이트끼리 닿으면 '만약~라면' 블록 안의 블록들이 실행된다.
코끼리가 숨을 곳을 선택하는 블록

복합 반복문

프로그램의 한 부분을 계속 반복하거나 정해진 횟수만큼 반복하는 것은 단순 반복문을 사용합니다. 더 복잡한 반복문을 사용하면 이 명령을 언제 어떻게 반복할지 정할 수도 있습니다.

여기도 함께 보세요
46~47 ◁ 단순 반복문
62~63 ◁ 참이냐 거짓이냐?

어떤 일이 일어날 때까지 반복하기

'개1(dog1)' 스프라이트를 프로젝트에 추가한 뒤 아래 스크립트를 고양이 스프라이트에 적용합니다. 스크립트를 실행하면 '~까지 반복하기' 블록이 개에 부딪힐 때까지 고양이를 움직이게 합니다. 개와 부딪히면 고양이가 '아야!'라고 말하면서 멈춥니다.

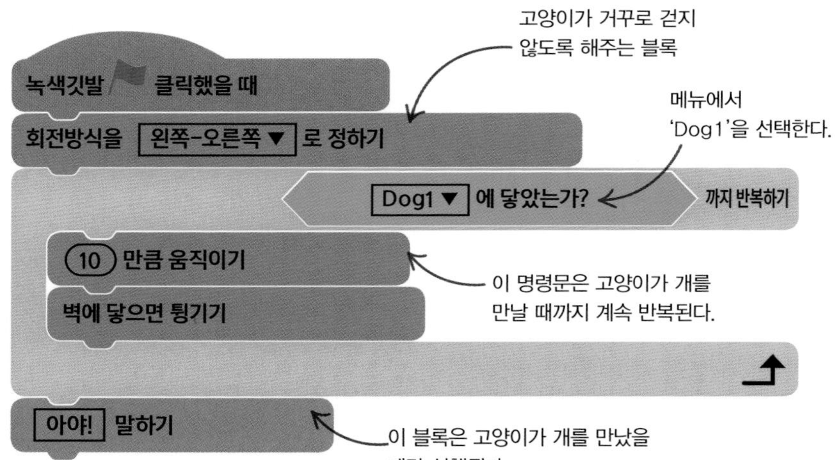
녹색깃발 클릭했을 때
회전방식을 왼쪽-오른쪽 ▼ 로 정하기
Dog1 ▼ 에 닿았는가? 까지 반복하기
10 만큼 움직이기
벽에 닿으면 튕기기
아야! 말하기
고양이가 거꾸로 걷지 않도록 해주는 블록
메뉴에서 'Dog1'을 선택한다.
이 명령문은 고양이가 개를 만날 때까지 계속 반복된다.
이 블록은 고양이가 개를 만났을 때만 실행된다.

△ **프로그램 테스트하기**
개를 고양이가 다니는 길에서 치우고 프로그램을 실행해 본다.
그다음에는 개를 고양이가 다니는 길에 놓고 어떤 일이 일어나는지 확인해 보라.

까지 반복하기

△ **'~까지 반복하기' 블록**
'~까지 반복하기' 안에 있는 블록들은 정해진 대로 될 때(고양이가 개를 만날 때)까지 계속 반복 실행된다.

아야!

멈추기!

스크립트를 모두 멈추게 하는 블록도 있습니다. '모두 멈추기' 블록입니다. 게임이 끝났을 때 스프라이트의 움직임을 멈추게 하고 싶을 때 사용하면 편리합니다.

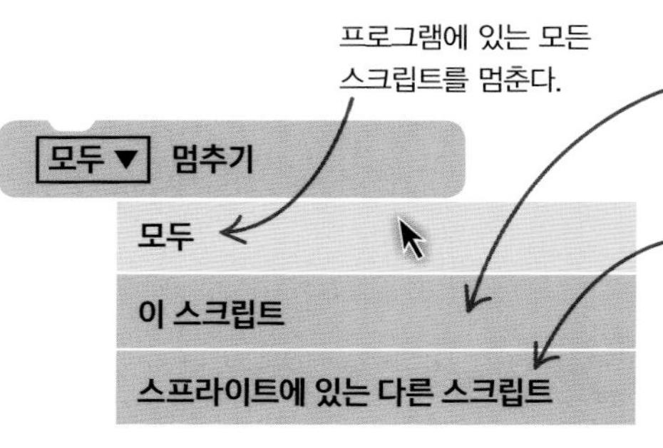
모두 ▼ 멈추기
모두
이 스크립트
스프라이트에 있는 다른 스크립트
프로그램에 있는 모든 스크립트를 멈춘다.
이 블록에 연결된 스크립트만 끝낸다.
이 블록에 연결된 스크립트는 계속 실행되게 두고 스프라이트의 다른 스크립트를 멈춘다.

◁ **스크립트 멈추기**
메뉴를 사용해 어느 스크립트를 끝낼 것인지 선택한다.

기다리기

스크립트를 잠시 멈출 수 있다면 게임을 하거나 프로그램이 어떻게 움직이고 있는지 확인할 때 편리할 것입니다. 몇 초 동안 스크립트를 멈추는 블록과 어떤 일이 일어날 때까지 스크립트를 멈추는 블록을 살펴보겠습니다.

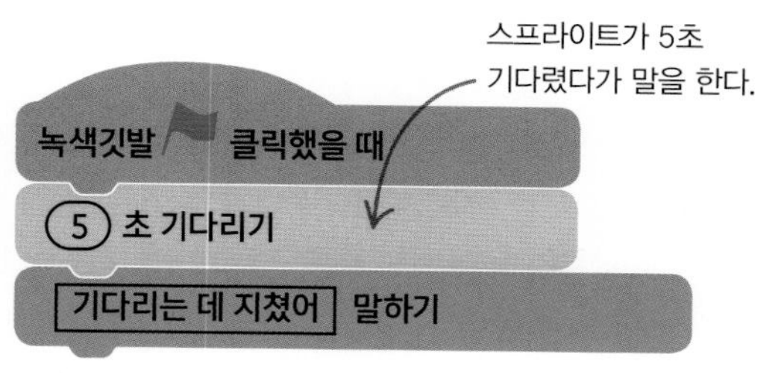
스프라이트가 5초 기다렸다가 말을 한다.
녹색깃발 클릭했을 때
5 초 기다리기
기다리는 데 지쳤어 말하기

△ '~초 기다리기' 블록
'~초 기다리기' 블록에서 스프라이트가 얼마나 기다릴지 시간을 정할 수 있다.

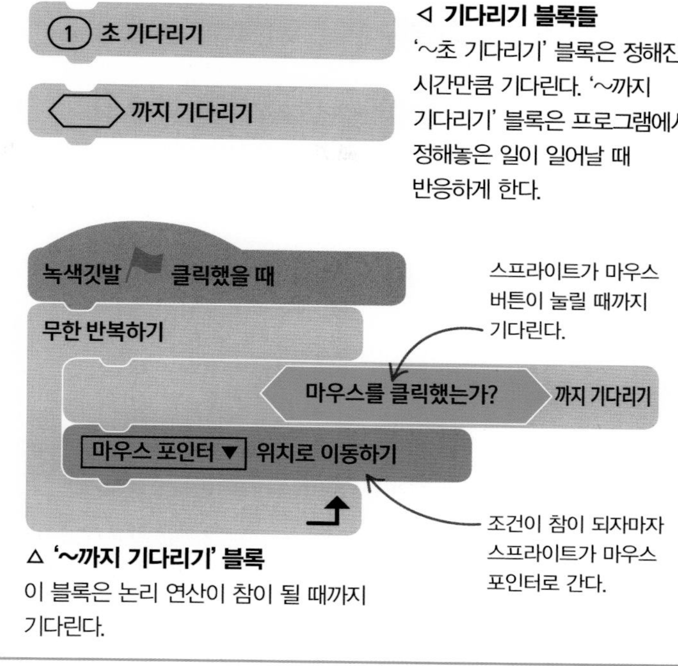
1 초 기다리기
까지 기다리기
녹색깃발 클릭했을 때
무한 반복하기
마우스를 클릭했는가? 까지 기다리기
마우스 포인터 ▼ 위치로 이동하기
스프라이트가 마우스 버튼이 눌릴 때까지 기다린다.
조건이 참이 되자마자 스프라이트가 마우스 포인터로 간다.

◁ 기다리기 블록들
'~초 기다리기' 블록은 정해진 시간만큼 기다린다. '~까지 기다리기' 블록은 프로그램에서 정해놓은 일이 일어날 때 반응하게 한다.

△ '~까지 기다리기' 블록
이 블록은 논리 연산이 참이 될 때까지 기다린다.

자석 마우스

여러 가지 반복문을 합쳐 프로그램을 만들어 봅시다. 이 프로그램은 마우스 버튼을 누르면 실행됩니다. 마우스 버튼을 누르고 손을 뗄 때까지 스프라이트가 마우스 포인터를 따라다니게 되죠. 마우스 버튼을 눌렀다 뗄 때는 위아래로 다섯 번 점프를 하기도 합니다. 이 명령은 '무한 반복하기' 블록 안에 있기 때문에 마우스 버튼이 눌리고 나서부터는 계속 반복하여 실행됩니다.

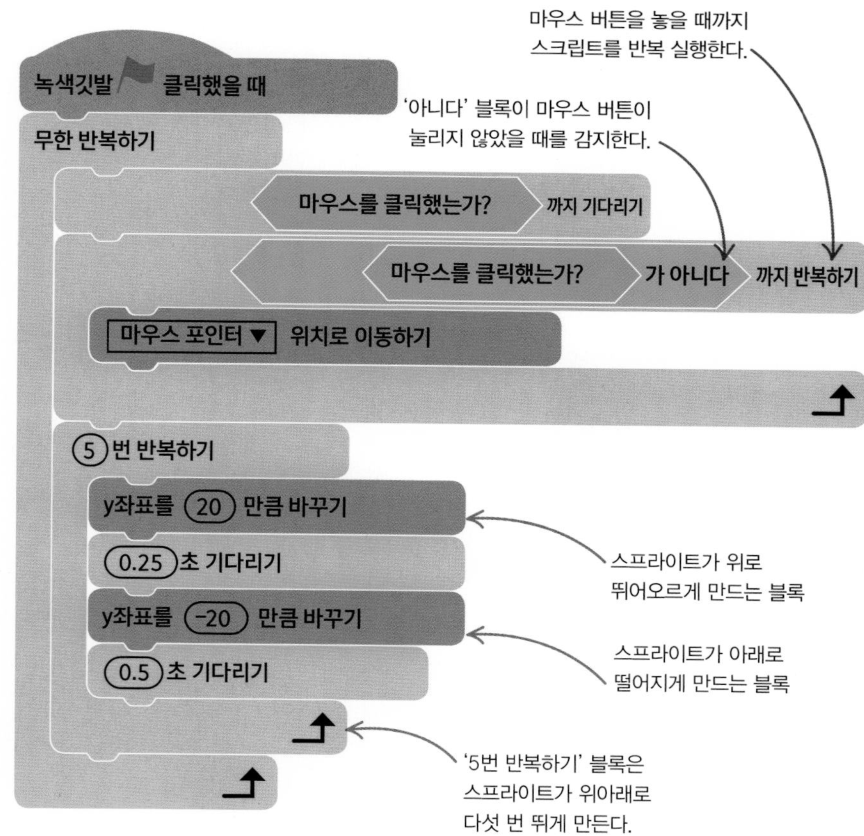
녹색깃발 클릭했을 때
무한 반복하기
마우스를 클릭했는가? 까지 기다리기
마우스를 클릭했는가? 가 아니다 까지 반복하기
마우스 포인터 ▼ 위치로 이동하기
5 번 반복하기
y좌표를 20 만큼 바꾸기
0.25 초 기다리기
y좌표를 -20 만큼 바꾸기
0.5 초 기다리기
마우스 버튼을 놓을 때까지 스크립트를 반복 실행한다.
'아니다' 블록이 마우스 버튼이 눌리지 않았을 때를 감지한다.
스프라이트가 위로 뛰어오르게 만드는 블록
스프라이트가 아래로 떨어지게 만드는 블록
'5번 반복하기' 블록은 스프라이트가 위아래로 다섯 번 뛰게 만든다.

▷ 중첩 반복문
'무한 반복하기' 블록 안에 있는 반복문들을 중첩할 때 세심한 주의를 기울여야 한다.

메시지 보내기

스프라이트끼리 서로 대화하도록 만들 수도 있습니다. 메시지를 사용하여 다른 스프라이트에게 말을 건넬 수 있지요. 스프라이트들이 서로 대화를 주고받을 수 있도록 해봅시다.

여기도 함께 보세요

38~39 ◁ 스프라이트 움직이기
40~41 ◁ 모양
44~45 ◁ 이벤트

방송하기

'이벤트'에 있는 '방송하기' 블록은 스프라이트끼리 메시지를 주고 받을 수 있게 합니다. 메시지에는 이름 외에 아무런 정보도 들어 있지 않지만 스프라이트의 움직임을 조정하는 데 사용할 수 있습니다. 프로그램에서 정해준 메시지에만 반응하고 다른 메시지는 무시해버리도록 할 수 있으니까요.

이 '이벤트' 블록은 스프라이트가 다른 모든 스프라이트에게 메시지를 보내게 한다.

메시지 1 ▼ 방송하기

이 블록은 스프라이트가 메시지를 받았을 때 스크립트를 실행한다.

메시지 1 ▼ 을(를) 받았을 때

△ **'방송하기' 블록**

'방송하기' 블록 중 하나는 스프라이트가 메시지를 보낼 수 있게 해준다. 다른 하나는 스프라이트에게 메시지를 받으라고 말해준다. 이미 있는 메시지 중에 선택할 수도 있고 새로운 메시지를 만들 수도 있다.

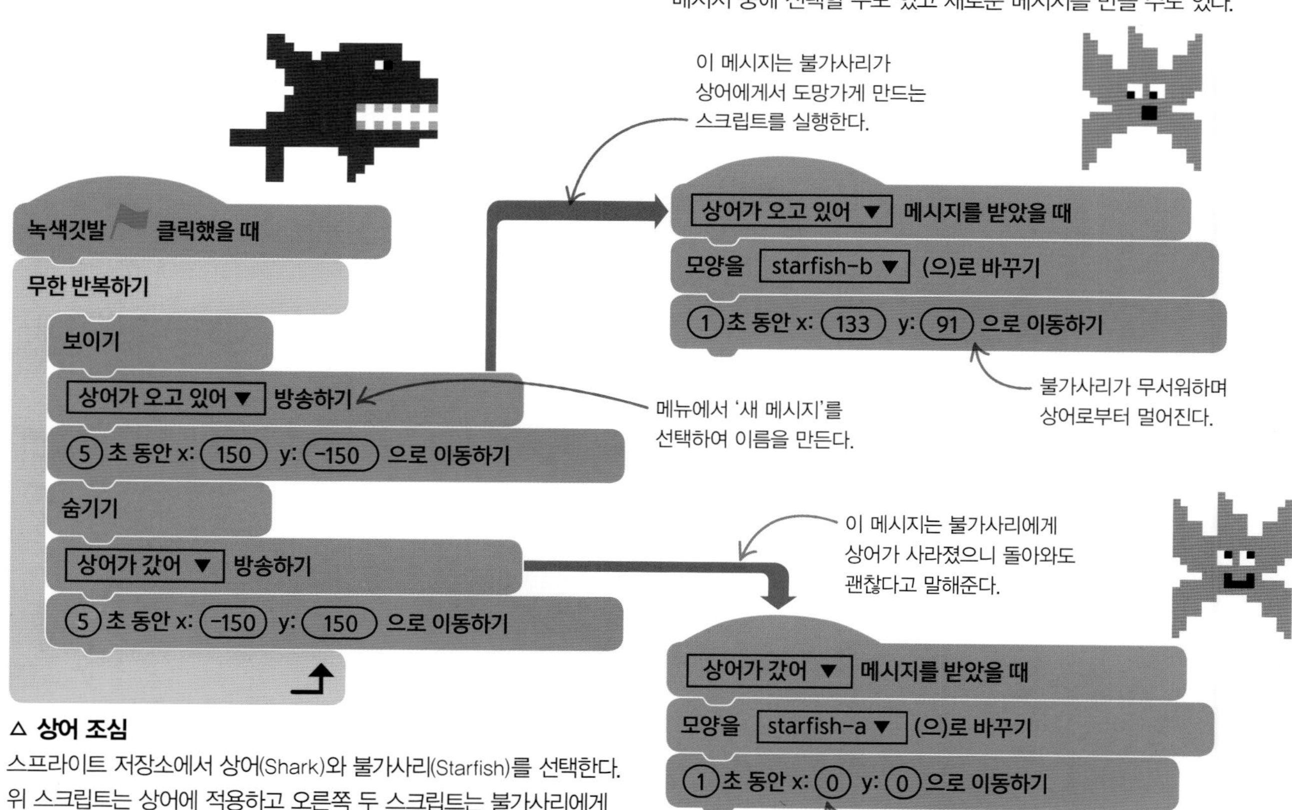
녹색깃발 클릭했을 때
무한 반복하기
보이기
상어가 오고 있어 ▼ 방송하기
5 초 동안 x: 150 y: -150 으로 이동하기
숨기기
상어가 갔어 ▼ 방송하기
5 초 동안 x: -150 y: 150 으로 이동하기
이 메시지는 불가사리가 상어에게서 도망가게 만드는 스크립트를 실행한다.
상어가 오고 있어 ▼ 메시지를 받았을 때
모양을 starfish-b ▼ (으)로 바꾸기
1 초 동안 x: 133 y: 91 으로 이동하기
불가사리가 무서워하며 상어로부터 멀어진다.
메뉴에서 '새 메시지'를 선택하여 이름을 만든다.
이 메시지는 불가사리에게 상어가 사라졌으니 돌아와도 괜찮다고 말해준다.
상어가 갔어 ▼ 메시지를 받았을 때
모양을 starfish-a ▼ (으)로 바꾸기
1 초 동안 x: 0 y: 0 으로 이동하기
불가사리가 행복한 얼굴로 화면 가운데로 돌아간다.

△ **상어 조심**

스프라이트 저장소에서 상어(Shark)와 불가사리(Starfish)를 선택한다. 위 스크립트는 상어에 적용하고 오른쪽 두 스크립트는 불가사리에게 적용한다. 상어가 도착하면 메시지를 보내 불가사리가 도망가게 만든다.

대화하기

'방송하고 기다리기' 블록과 '말하기' 블록을 사용하면 말풍선을 이용해 스프라이트끼리 대화를 할 수 있습니다. 새 프로젝트를 시작하고 원숭이 스프라이트 2개(Monkey1, Monkey2)를 불러오세요. 왼쪽 아래에 있는 스크립트를 첫 번째 원숭이에게 적용하고 오른쪽 두 스크립트는 두 번째 원숭이에게 적용하면 됩니다.

메시지 1 ▼ 방송하고 기다리기

△ **기다리기 블록**

이 블록은 메시지를 보내고 그 메시지에 반응하는 모든 스크립트가 동작을 멈출 때까지 기다렸다가 프로그램을 계속 실행한다.

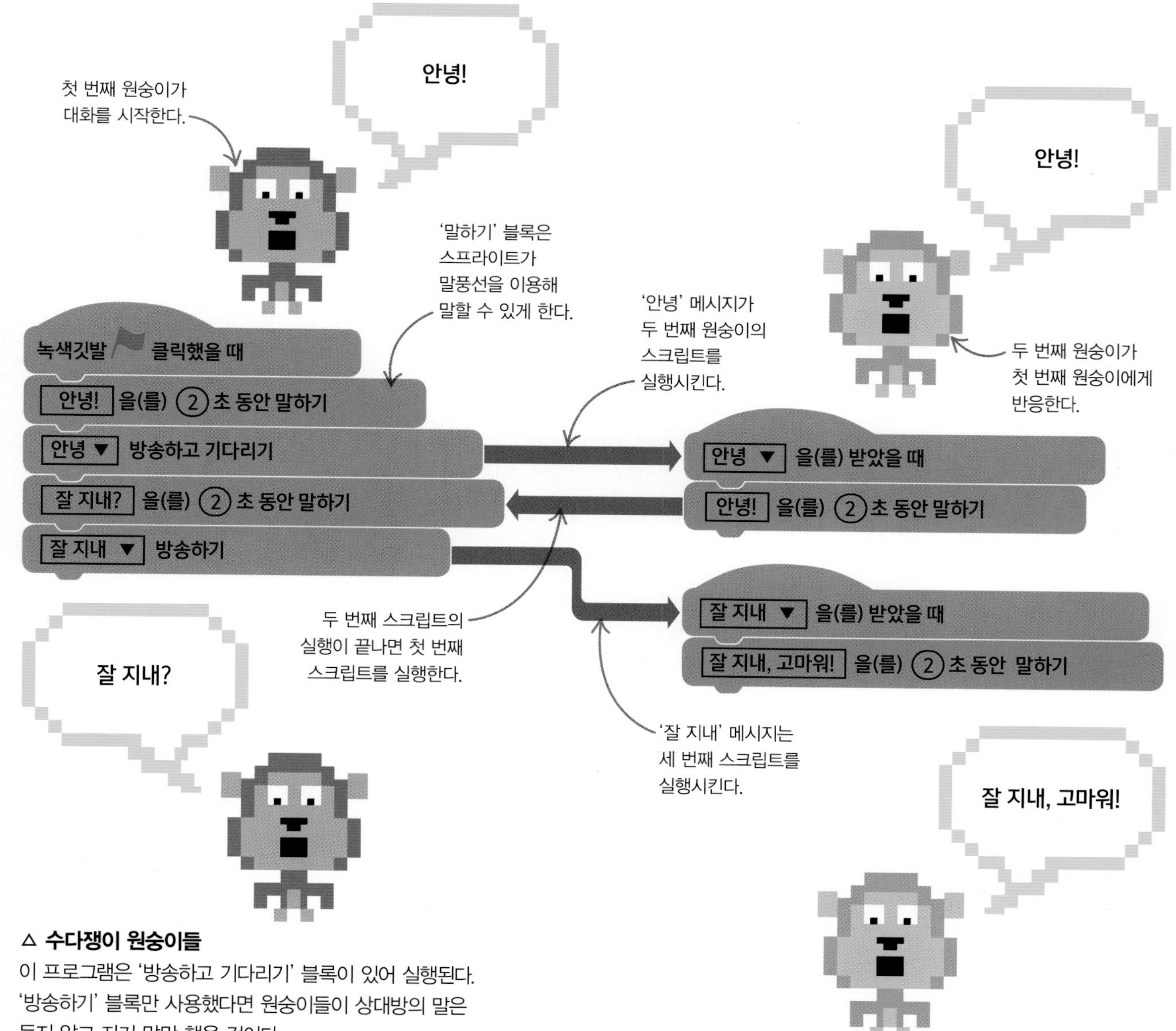
안녕!
첫 번째 원숭이가 대화를 시작한다.
안녕!
'말하기' 블록은 스프라이트가 말풍선을 이용해 말할 수 있게 한다.
'안녕' 메시지가 두 번째 원숭이의 스크립트를 실행시킨다.
두 번째 원숭이가 첫 번째 원숭이에게 반응한다.
녹색깃발 클릭했을 때
안녕! 을(를) 2 초 동안 말하기
안녕 ▼ 방송하고 기다리기
잘 지내? 을(를) 2 초 동안 말하기
잘 지내 ▼ 방송하기
안녕 ▼ 을(를) 받았을 때
안녕! 을(를) 2 초 동안 말하기
잘 지내 ▼ 을(를) 받았을 때
잘 지내, 고마워! 을(를) 2 초 동안 말하기
잘 지내?
두 번째 스크립트의 실행이 끝나면 첫 번째 스크립트를 실행한다.
'잘 지내' 메시지는 세 번째 스크립트를 실행시킨다.
잘 지내, 고마워!

△ **수다쟁이 원숭이들**

이 프로그램은 '방송하고 기다리기' 블록이 있어 실행된다. '방송하기' 블록만 사용했다면 원숭이들이 상대방의 말은 듣지 않고 자기 말만 했을 것이다.

블록 만들기

여기도 함께 보세요
50~51 ◁ 변수
실험시간 ▷ 82~83

스크립트를 짤 때마다 같은 블록을 새로 만들어야 한다면 꽤 불편하겠죠? '추가 블록'에서 자주 사용하는 블록을 만들어두면 프로그램을 더 쉽고 빠르게 만들 수 있습니다.

나만의 블록 만들기

스크래치에서는 나만의 블록을 만들어두었다가 스크립트에 넣어 사용할 수 있습니다. 어떻게 만드는지 아래 예제를 따라해보세요. 프로그래머들은 이렇게 만들어두었다가 사용할 수 있는 코드 덩어리를 '부프로그램' 또는 '함수'라고 부릅니다.

1 새 블록 만들기
'추가 블록' 버튼을 클릭한 뒤 '블록 만들기'를 선택한다. '점프'라고 쓴 뒤 '확인'을 누른다.

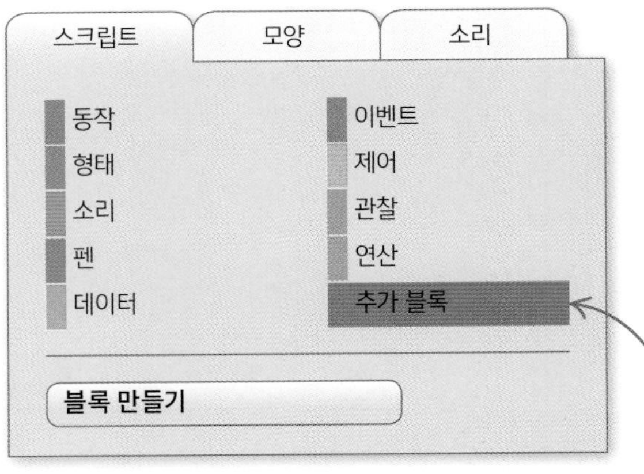

2 새 블록이 나타남
새로 만든 '점프' 블록이 블록 팔레트에 나타나고 스크립트 영역에 '정의하기' 블록이 나타난다.

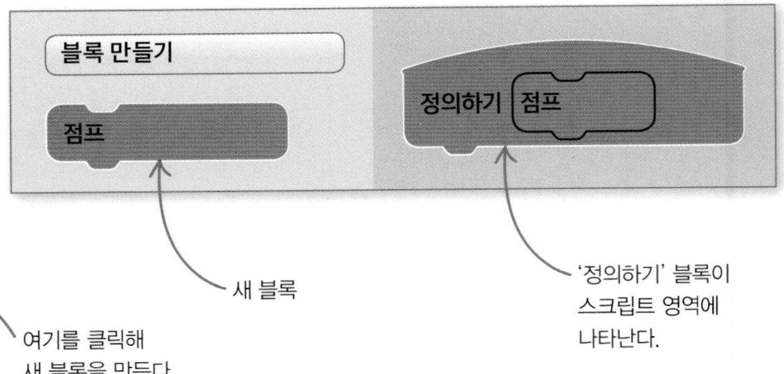

3 블록 정의하기
'정의하기' 블록은 이 블록이 무엇을 해야 할지 정해주는 블록이다. 무엇을 할지는 아래 블록을 만들어서 붙여주면 된다.

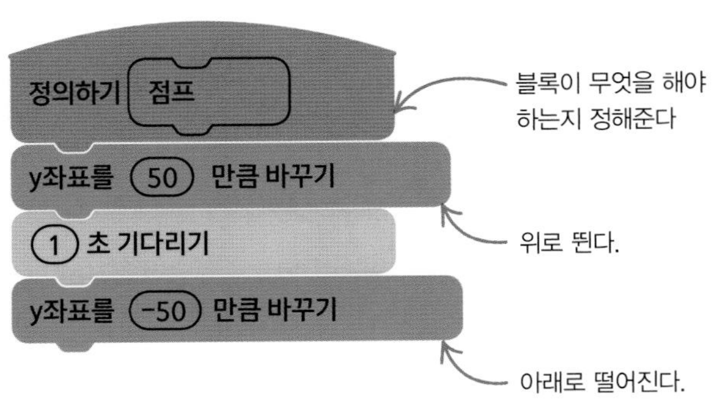

4 스크립트에서 새 블록 사용하기
이렇게 만든 새 블록은 어떤 스크립트에서든 사용할 수 있다. 새로 만든 '점프' 블록에는 왼쪽에서 만든 블록들이 모두 들어 있다. 이 스크립트에서도 보이지는 않지만 모두 들어가 있는 것과 마찬가지다.

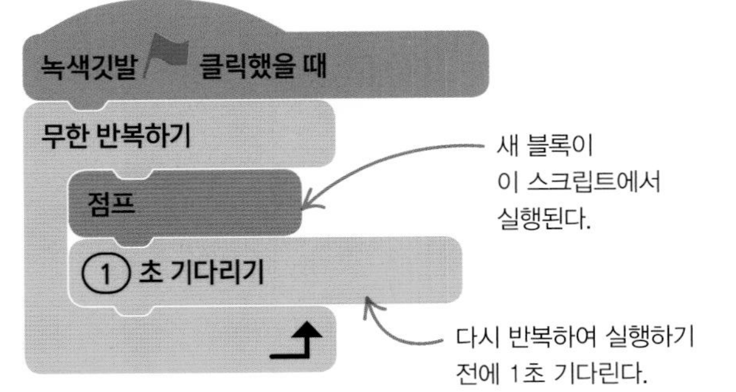

데이터를 입력할 수 있는 블록

숫자나 글자를 매개변수로 넣어 사용하는 블록을 만들 수도 있습니다. 숫자나 글자를 이용하면 스프라이트를 얼마나 움직이게 할 것인지 자유롭게 정할 수 있답니다.

여기를 클릭하면 모든 옵션을 볼 수 있다.

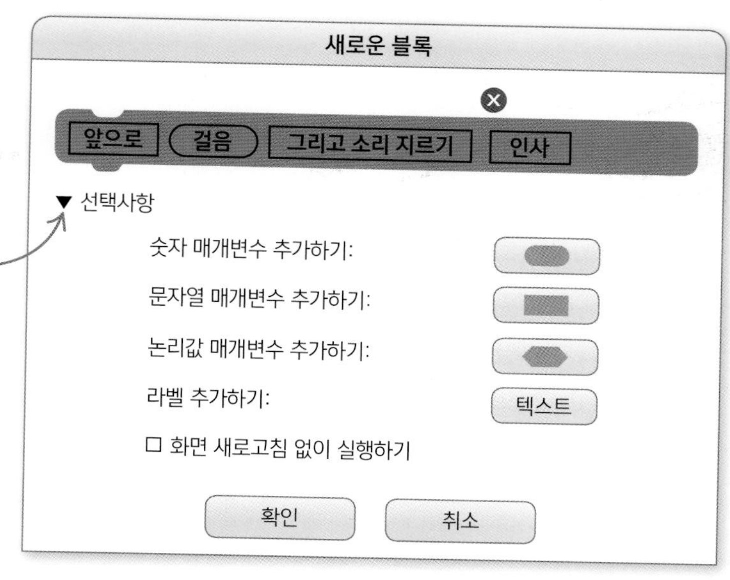

1 새 블록 만들기

'앞으로'라는 새 블록을 만들고 '선택사항'을 클릭한다. '숫자 매개변수 추가하기'를 선택해 '걸음'이라고 입력한다. '라벨 추가하기'를 선택한 후 '그리고 소리 지르기'로 내용을 바꾼다. '문자열 매개변수 추가하기'를 클릭한 후 '인사'라고 쓰고 '확인'을 누른다.

2 블록 정의하기

'정의하기' 블록에 '걸음'과 '인사'라는 변수가 입력됐다. 이 두 변수를 사용할 때는 '정의하기' 블록에서 스크립트로 끌어다 놓으면 된다. 완성된 스크립트를 스프라이트에 적용한다.

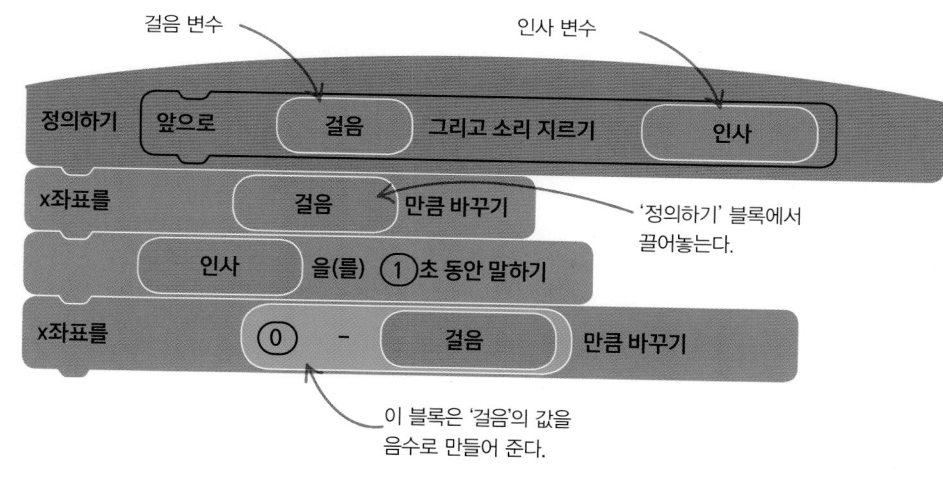

3 스크립트에서 블록 사용하기

이제 아래 스크립트를 스프라이트에 적용해보자. '걸음'의 수와 '인사'의 문구를 바꾸면 스프라이트의 움직임도 바뀐다.

스페이스 ▼ 키를 눌렀을 때
앞으로 (20) 그리고 소리 지르기 [안녕!]
(1) 초 기다리기
앞으로 (80) 그리고 소리 지르기 [잘 지내니?]

스페이스 바를 누르면 스크립트가 실행된다.

스프라이트가 20걸음 미끄러져 간 후 '안녕!'이라고 소리 지른다.

이번에는 스프라이트가 80걸음을 미끄러져 간 후 '잘 지내니?'라고 소리 지른다.

새 블록에 재치 있는 이름을 붙여 프로그램을 읽고 수정하기 쉽게 만드세요.

프로젝트 3

원숭이 아수라장

이번에 만들 게임은 신나고 긴박감이 넘칩니다. 지금까지 배운 것들을 모두 사용해 보겠습니다. 아래 설명대로 만들면 바나나로 박쥐를 명중시킬 수 있습니다!

여기도 함께 보세요
40~41 ◁ 모양
38~39 ◁ 스프라이트 움직이기
66~67 ◁ 관찰과 감지

게임 시작하기

새 스크래치 프로젝트를 시작합니다. 여기서는 고양이 스프라이트가 필요 없습니다. 스프라이트 목록의 고양이 스프라이트 위에서 마우스 오른쪽 버튼을 클릭한 뒤 '삭제'를 눌러 없애 주세요. 이렇게 하면 아무것도 없는 상태에서 프로젝트를 시작할 수 있습니다.

프로그래머의 한마디

오류에 주의하세요!

이 게임은 지금까지 만든 것 중에 가장 어려운 프로그램입니다. 그래서 게임이 기대한 대로 작동하지 않을지도 몰라요. 오류가 생기지 않도록 여기서 주의해야 할 점을 소개합니다.

- 스크립트를 올바른 스프라이트에 넣었는지 확인하세요.
- 설명을 잘 읽어주세요. 변수는 사용 전에 만들어 놓아야 한다는 것을 잊지 마세요.
- 블록에 써넣은 숫자가 틀린 곳은 없는지 확인하세요.

1 배경 저장소에서 새로운 배경을 추가한다. 이 버튼은 스프라이트 목록 왼쪽에 있다.

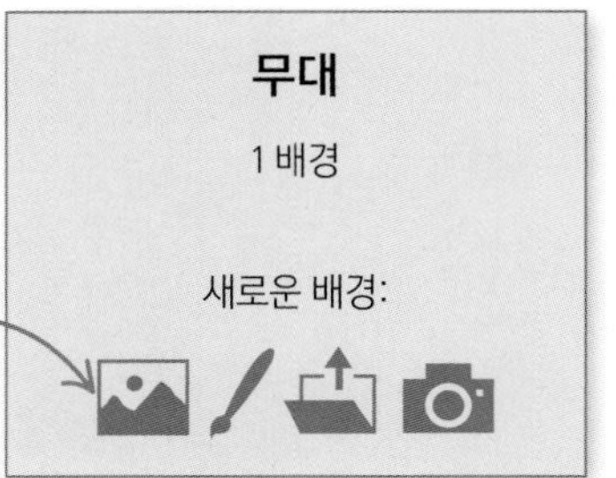

배경 저장소에서 새 배경 추가

2 '벽돌 담1(brick wall1)' 배경을 더블클릭하여 선택한다. 벽돌 담이 이 게임에는 제격이지만 다른 배경을 사용하고 싶다면 다른 배경을 선택해도 좋다.

선택한 배경이 무대에 나타난다.

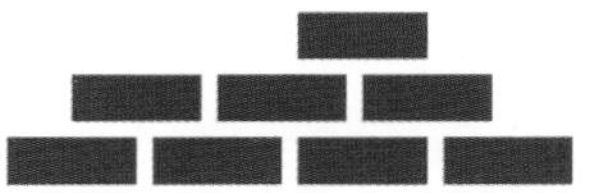

3 스프라이트 저장소로 가서 게임에 들어갈 새로운 스프라이트를 추가한다. '동물'에 있는 '원숭이1(Monkey1)'을 선택한다. 게임에서 사용자가 이 스프라이트를 움직일 것이다.

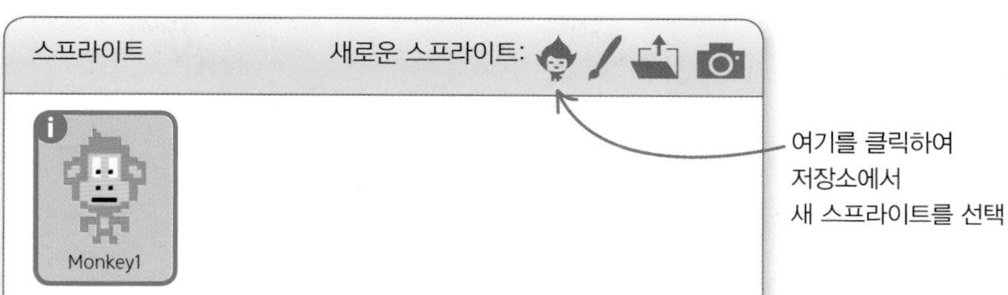

4 원숭이에게 다음 스크립트를 만들어준다. 여기에 사용된 여러 가지 블록은 모두 블록 팔레트에 있는 것들이다. 이 스크립트는 '관찰' 블록을 사용하여 키보드 방향키로 원숭이를 움직이게 할 것이다. 스크립트를 만들고 나서 제대로 작동하는지 확인해보자.

키보드에 있는 방향키가 원숭이를 좌우로 움직이게 만들 것이다.

```
녹색깃발 클릭했을 때
회전방식을 [왼쪽-오른쪽 ▼] 로 정하기
x: (0) y: (-90) 로 이동하기
무한 반복하기
    만약 <[왼쪽 화살표 ▼] 키를 눌렀는가?> 라면
        (-90 ▼) 도 방향 보기
        (10) 만큼 움직이기
        다음 모양으로 바꾸기
    만약 <[오른쪽 화살표 ▼] 키를 눌렀는가?> 라면
        (90 ▼) 도 방향 보기
        (10) 만큼 움직이기
        다음 모양으로 바꾸기
```

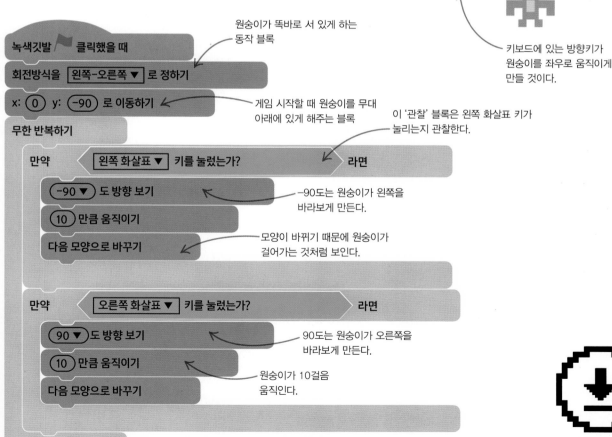

원숭이가 똑바로 서 있게 하는 동작 블록

게임 시작할 때 원숭이를 무대 아래에 있게 해주는 블록

이 '관찰' 블록은 왼쪽 화살표 키가 눌리는지 관찰한다.

−90도는 원숭이가 왼쪽을 바라보게 만든다.

모양이 바뀌기 때문에 원숭이가 걸어가는 것처럼 보인다.

90도는 원숭이가 오른쪽을 바라보게 만든다.

원숭이가 10걸음 움직인다.

작업 내용을 잊지 말고 저장하세요.

원숭이 아수라장

스프라이트 더 만들기

키보드의 좌우 방향키를 사용해 원숭이를 무대 위에서 움직이게 했습니다. 이제 게임을 더 재미있게 만들기 위해 스프라이트를 더 만들어 보겠습니다. 원숭이에게 던질 바나나 몇 개와 표적으로 쓸 박쥐를 넣습니다.

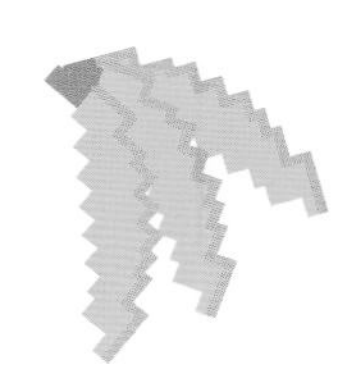

5 스프라이트 저장소에서 '바나나(bananas)' 스프라이트를 추가한 뒤 왼쪽 스크립트를 만든다. 게임이 시작될 때 원숭이는 바나나를 들고 있을 것이다. 스페이스 바를 누르면 원숭이가 바나나를 무대 위쪽으로 집어던진다. 사라졌던 바나나는 무대 왼쪽과 오른쪽에서 정해진 순서 없이 튀어나온다.

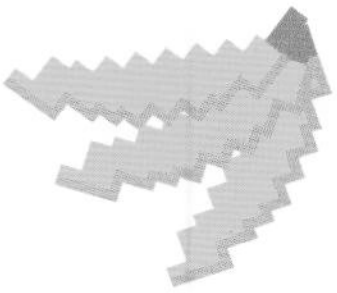

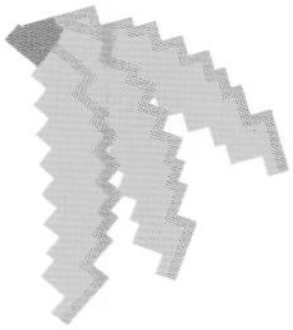

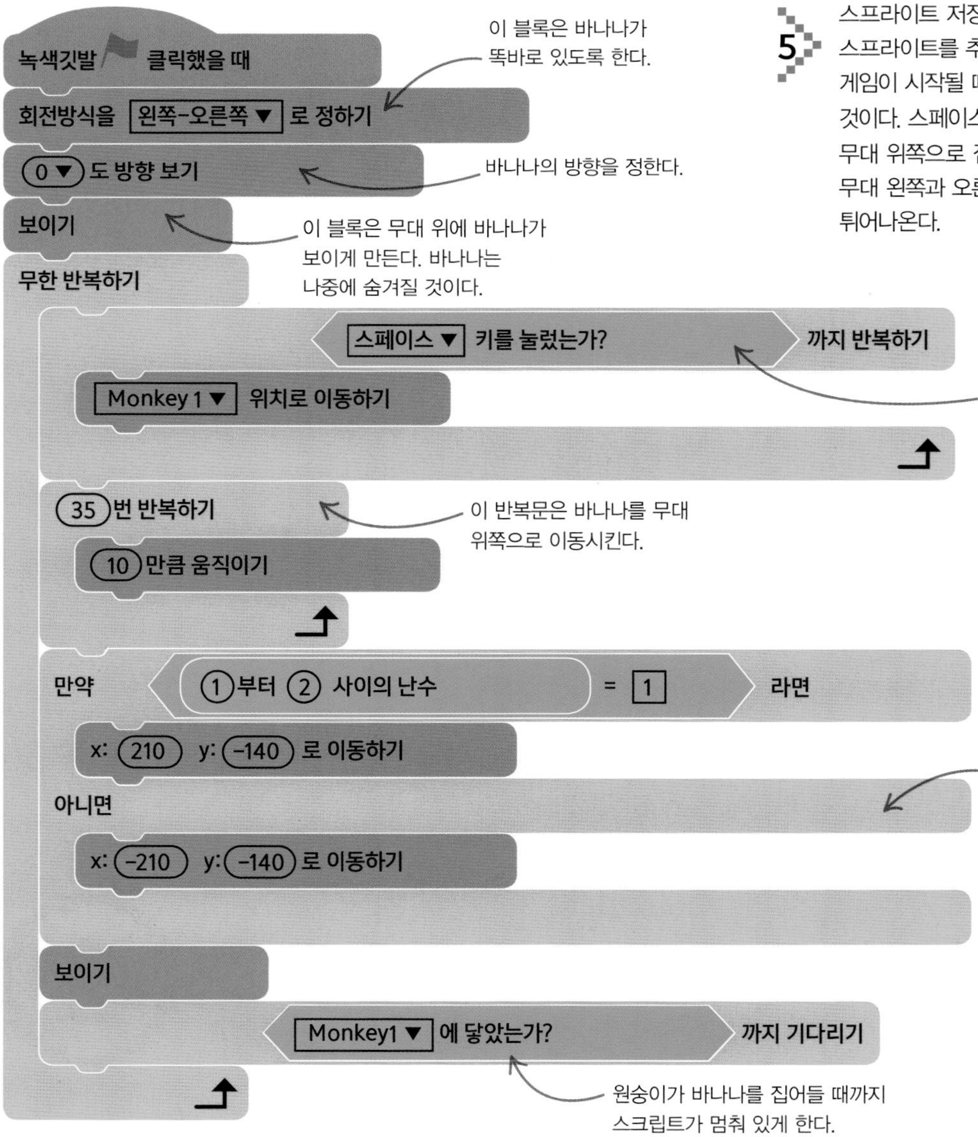

```
녹색깃발 클릭했을 때
회전방식을 [왼쪽-오른쪽 ▼] 로 정하기
(0 ▼) 도 방향 보기
보이기
무한 반복하기
    <[스페이스 ▼] 키를 눌렀는가?> 까지 반복하기
        [Monkey 1 ▼] 위치로 이동하기
    (35) 번 반복하기
        (10) 만큼 움직이기
    만약 <((1) 부터 (2) 사이의 난수) = [1]> 라면
        x: (210) y: (-140) 로 이동하기
    아니면
        x: (-210) y: (-140) 로 이동하기
    보이기
    <[Monkey1 ▼] 에 닿았는가?> 까지 기다리기
```

- 이 블록은 바나나가 똑바로 있도록 한다.
- 바나나의 방향을 정한다.
- 이 블록은 무대 위에 바나나가 보이게 만든다. 바나나는 나중에 숨겨질 것이다.
- 스페이스 바를 누를 때까지 바나나는 원숭이와 붙어 있다.
- 이 반복문은 바나나를 무대 위쪽으로 이동시킨다.
- '만약~라면~아니면' 블록은 바나나가 무대의 왼쪽이나 오른쪽에서 정해진 순서없이 나타나게 한다.
- 원숭이가 바나나를 집어들 때까지 스크립트가 멈춰 있게 한다.

이번에는 날아다니는 박쥐를 만들어보자. 박쥐는 바나나에 맞으면 바닥으로 떨어진다. 스프라이트 저장소에서 '박쥐2(Bat2)'를 추가하고 '속도'라는 새로운 변수를 만들자. 새 변수를 만들려면 블록 팔레트에서 '데이터' 버튼을 누르고 '변수 만들기'를 선택한다. 변수가 만들어지면 '속도' 블록 왼쪽에 있는 박스의 체크 표시를 없애 변수가 화면에 나타나지 않도록 한다.

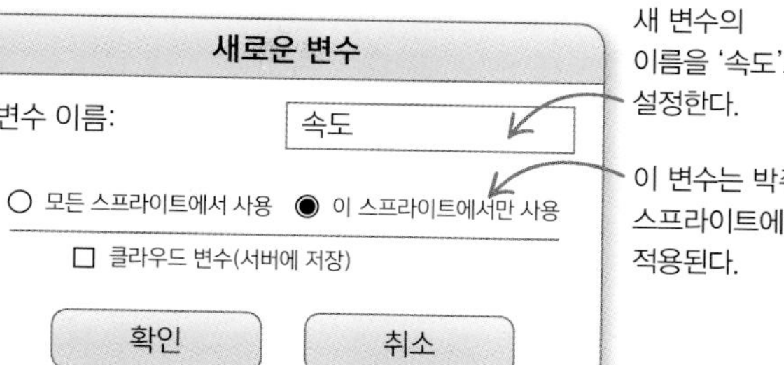

새 변수의 이름을 '속도'로 설정한다.

이 변수는 박쥐 스프라이트에만 적용된다.

7 박쥐에게 아래 스크립트를 만들어준다. 박쥐가 나타나는 높이와 속도는 난수로 정해 예측할 수 없도록 한다. 박쥐는 바나나에 맞을 때까지 계속 무대 위를 좌우로 움직이며 날아다닌다. 바나나에 맞으면 박쥐는 땅으로 떨어진다.

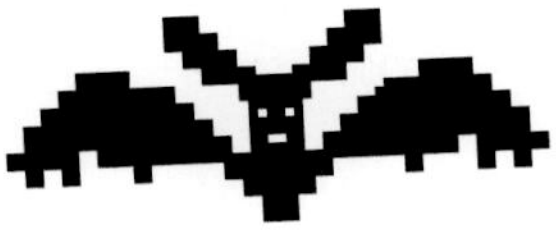

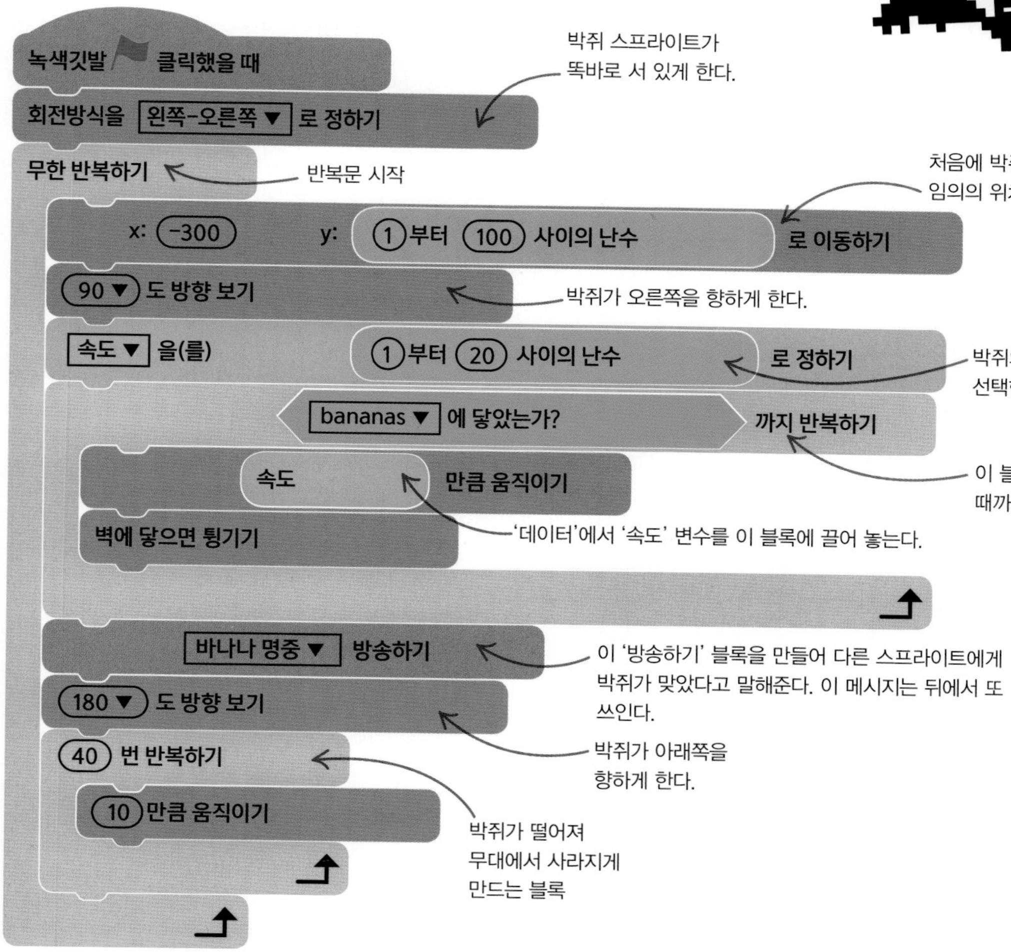

```
녹색깃발 클릭했을 때
회전방식을 [왼쪽-오른쪽 ▼] 로 정하기
무한 반복하기
    x: (-300) y: ((1)부터 (100) 사이의 난수) 로 이동하기
    (90 ▼) 도 방향 보기
    [속도 ▼] 을(를) ((1)부터 (20) 사이의 난수) 로 정하기
    <[bananas ▼] 에 닿았는가?> 까지 반복하기
        (속도) 만큼 움직이기
        벽에 닿으면 튕기기
    [바나나 명중 ▼] 방송하기
    (180 ▼) 도 방향 보기
    (40) 번 반복하기
        (10) 만큼 움직이기
```

박쥐 스프라이트가 똑바로 서 있게 한다.

반복문 시작

처음에 박쥐는 무대 왼쪽, 임의의 위치에서 나타난다.

박쥐가 오른쪽을 향하게 한다.

박쥐의 속도를 임의로 선택한다.

이 블록은 박쥐가 바나나에 맞을 때까지 계속 움직이게 만든다.

'데이터'에서 '속도' 변수를 이 블록에 끌어 놓는다.

이 '방송하기' 블록을 만들어 다른 스프라이트에게 박쥐가 맞았다고 말해준다. 이 메시지는 뒤에서 또 쓰인다.

박쥐가 아래쪽을 향하게 한다.

박쥐가 떨어져 무대에서 사라지게 만드는 블록

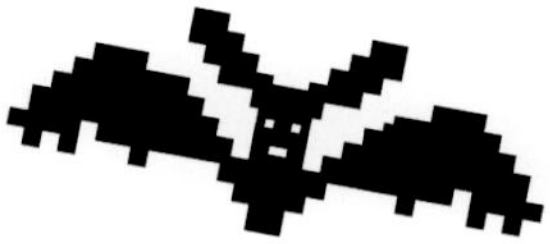

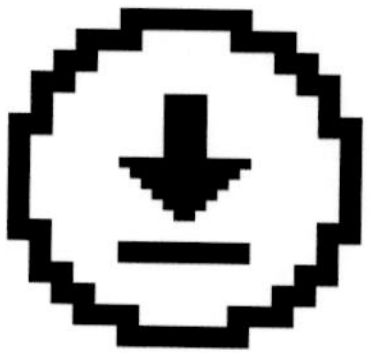

작업 내용을 잊지 말고 저장하세요.

원숭이 아수라장

마무리 작업

게임을 더 재미있게 만들기 위해 타이머와 점수판을 만들어 보겠습니다. 점수는 몇 번 박쥐를 떨어트렸는가를 기록합니다. 제한 시간을 넘기면 보여줄 게임오버 화면도 함께 만들어 봅시다.

8 '시간'이라는 새 변수를 만든다. 모든 스프라이트가 사용할 수 있도록 '모든 스프라이트에서 사용'을 선택한다. '시간' 왼쪽에 있는 박스에 체크를 해두면 타이머가 무대에 표시되고 플레이어는 시간을 보면서 게임을 할 수 있다.

☑ 시간

9 무대 목록의 작은 배경 그림을 클릭하고 블록 팔레트 위쪽에 있는 '배경' 탭을 선택한다. 현재 배경 이미지(brick wall1)에 마우스 오른쪽 버튼을 클릭해 복사한다. 복사한 배경(brick wall2)에 'GAME OVER'라는 글자를 넣는다.

T

이 텍스트 도구를 클릭하고 그리기 영역에서 글씨를 쓴다.

게임 오버 화면은 이런 모양!

10 '스크립트' 탭을 클릭하고 오른쪽 스크립트를 추가해 무대에 타이머를 넣는다. 타이머가 실행되면 카운트다운 반복문이 실행된다. 반복문이 끝나면 'GAME OVER'가 화면에 표시되고 게임이 끝난다.

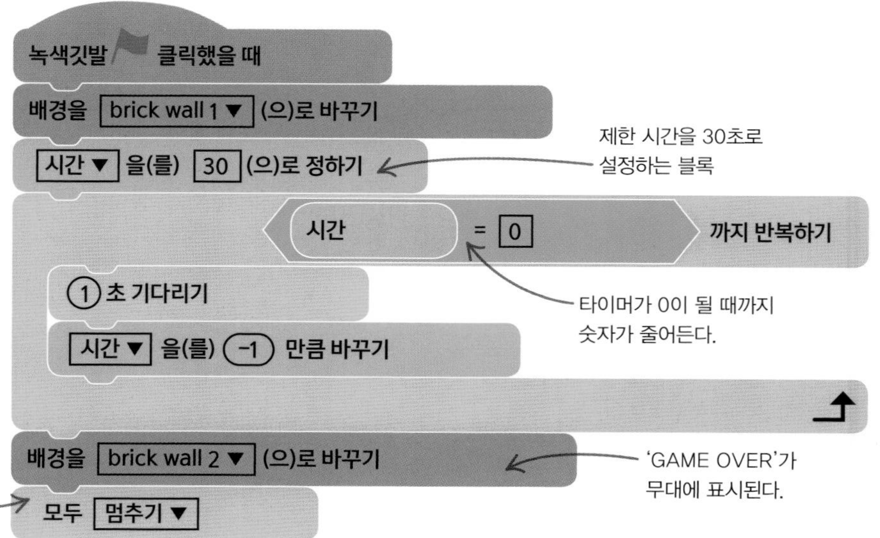

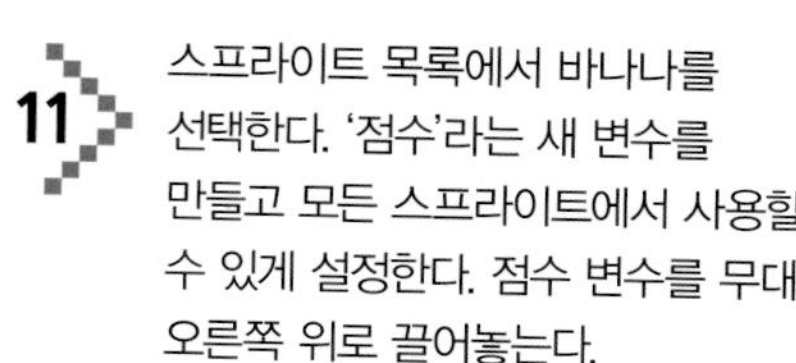

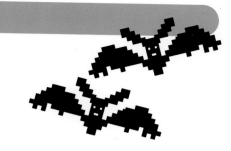

11 스프라이트 목록에서 바나나를 선택한다. '점수'라는 새 변수를 만들고 모든 스프라이트에서 사용할 수 있게 설정한다. 점수 변수를 무대 오른쪽 위로 끌어놓는다.

점수

이 박스에 체크표시를 하면 점수가 무대 위에 표시된다.

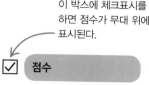

12 바나나 스프라이트에 아래의 짧은 스크립트를 추가한다. 게임이 시작될 때 점수를 0으로 설정하는 스크립트다.

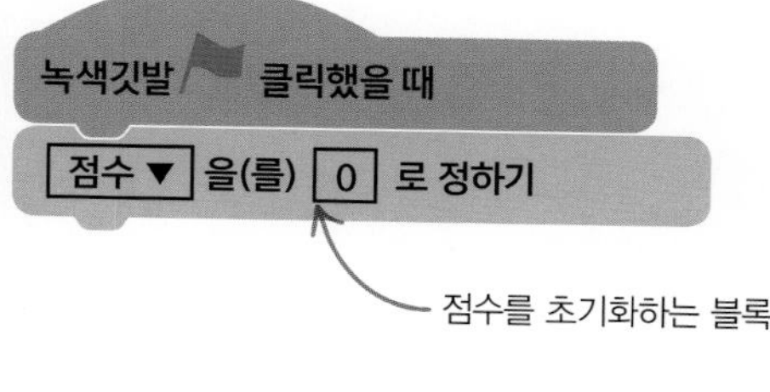
녹색깃발 클릭했을 때
점수 ▼ 을(를) 0 로 정하기
점수를 초기화하는 블록

13 바나나 스프라이트에 아래 스크립트도 추가한다. 바나나가 박쥐를 맞혔을 때 소리를 내게 하고 점수를 10점 높이고 바나나를 숨기는 스크립트다.

바나나 명중 ▼ 을(를) 받았을 때
숨기기
pop ▼ 재생하기
점수 ▼ 을(를) 10 만큼 바꾸기

바나나가 사라지게 만든다.

소리 저장소에서 '팝(pop)'을 바나나 스프라이트에 추가한다(58~59쪽 참고).

박쥐를 맞힐 때마다 10점을 얻는다.

14 이번에는 게임에 음악을 넣어 보자. 무대 목록에서 brick wall1을 클릭한 후 '소리' 탭을 선택한다. 소리 저장소에서 '달걀(eggs)'라는 음악을 불러온다.

2
eggs
00:15.2

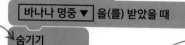

'소리' 탭에서 음악 추가

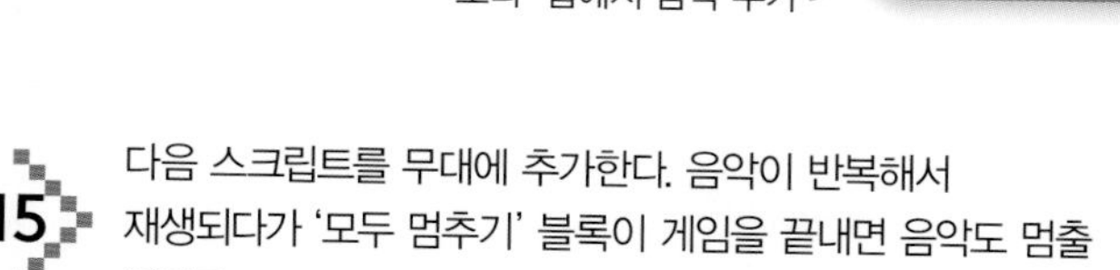

15 다음 스크립트를 무대에 추가한다. 음악이 반복해서 재생되다가 '모두 멈추기' 블록이 게임을 끝내면 음악도 멈출 것이다.

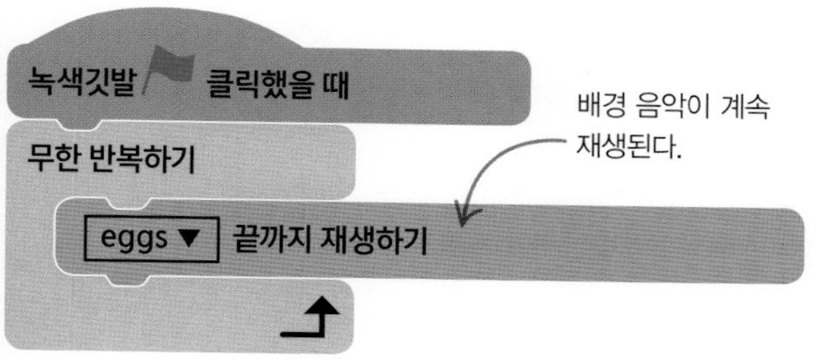
녹색깃발 클릭했을 때
무한 반복하기
eggs ▼ 끝까지 재생하기
배경 음악이 계속 재생된다.

작업 내용을
잊지 말고 저장하세요.

잊 지 마 세 요 !

여러분이 해낸 것

게임을 완성했군요. 축하합니다! 게임을 만들면서 여러분이 배운 것을 정리해 보았습니다.

- ○ 스프라이트가 다른 스프라이트를 향해 물건을 던지게 했다.
- ○ 스프라이트가 무언가에 맞았을 때 하늘에서 떨어지도록 했다.
- ○ 게임에 제한시간을 만들었다.
- ○ 게임이 진행되는 동안 배경음악을 재생하도록 했다.
- ○ 게임이 끝났을 때 나타나는 게임오버 화면을 만들었다.

원숭이 아수라장

게임 플레이!

이제 게임을 즐겨봅시다. 녹색 깃발을 클릭해 게임을 시작해보세요. 과연 제한시간 안에 바나나로 박쥐를 몇 번이나 맞힐 수 있을까요?

왼쪽 방향키
오른쪽 방향키
스페이스
스페이스 바

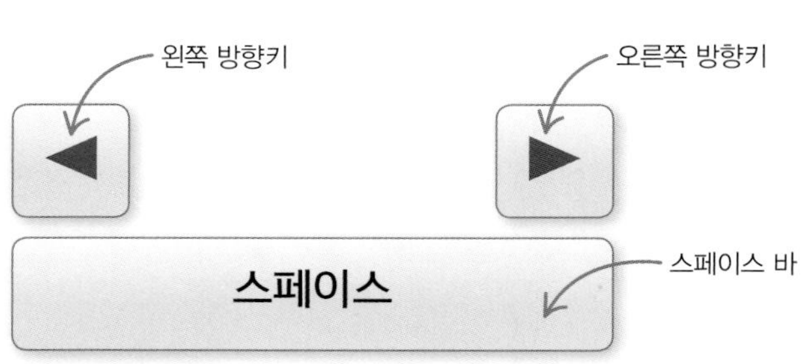

△ 원숭이 조종
키보드의 방향키를 이용해 원숭이를 좌우로 조종한다. 스페이스 바를 누르면 박쥐를 향해 바나나를 던질 수 있다.

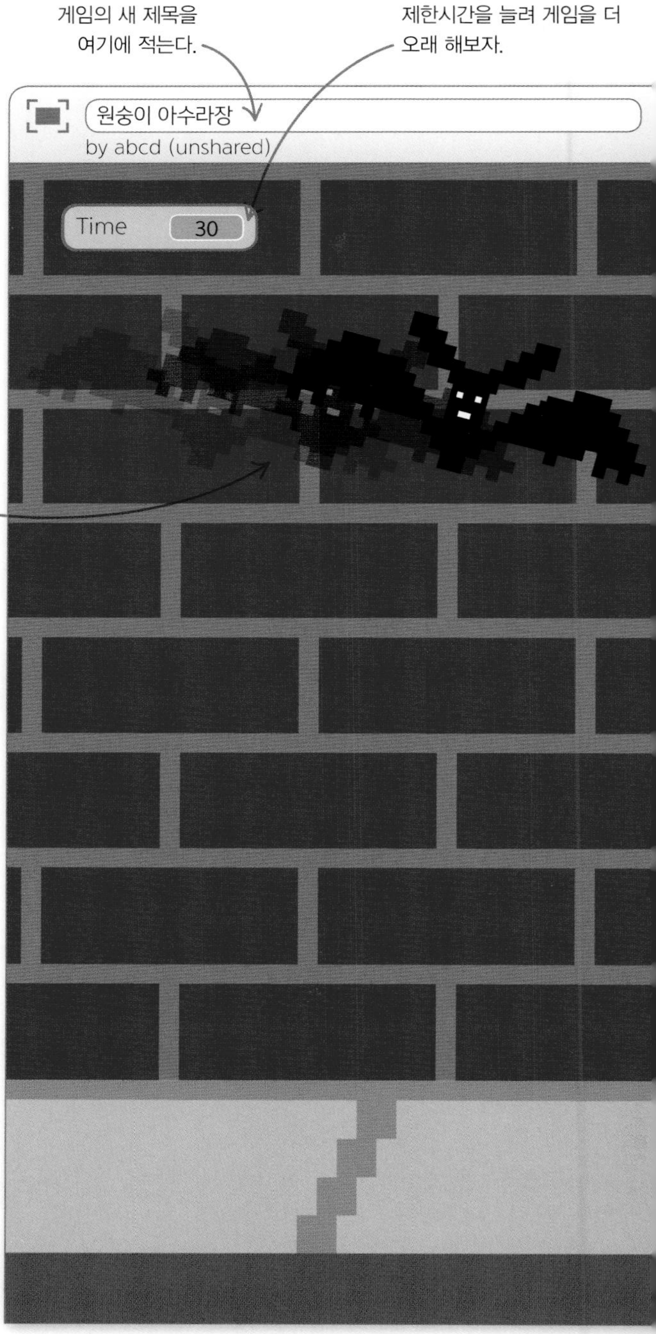

게임의 새 제목을 여기에 적는다.
제한시간을 늘려 게임을 더 오래 해보자.
원숭이 아수라장
by abcd (unshared)
Time 30
게임을 더 어렵게 만들려면 박쥐를 더 빠르게 만든다.

프로그래머의 한마디

스프라이트 더 많이 넣기

박쥐 수를 늘리려면 스프라이트 목록에서 박쥐를 선택해 마우스 오른쪽 버튼을 누르고 '복사'를 클릭하면 됩니다. 새로 만들어진 박쥐는 처음 만든 박쥐와 같은 방식으로 나타날 것입니다. 날아다니는 다른 스프라이트도 넣어 보세요.

1. 스프라이트 저장소에서 스프라이트 추가한다. 하마('Hippo1')가 날아다니면 더 재미있을 것이다.
2. 스프라이트 목록에서 박쥐를 클릭한다.
3. 박쥐의 스크립트를 클릭하고 손을 떼지 않는다.
4. 박쥐 스크립트를 스프라이트 목록의 새 스프라이트에 끌어놓는다.
5. 스크립트가 새 스프라이트로 복사될 것이다.

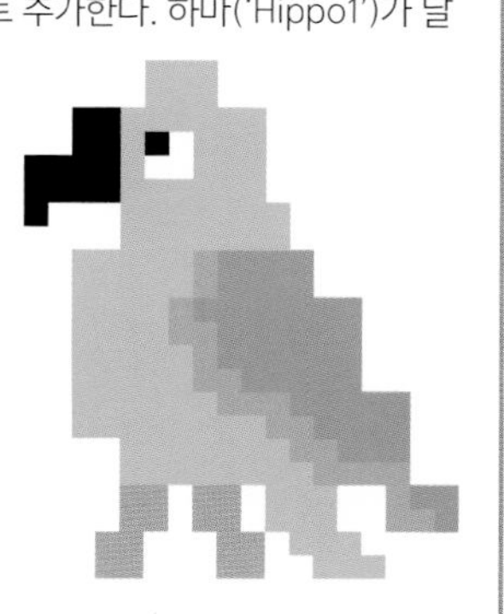

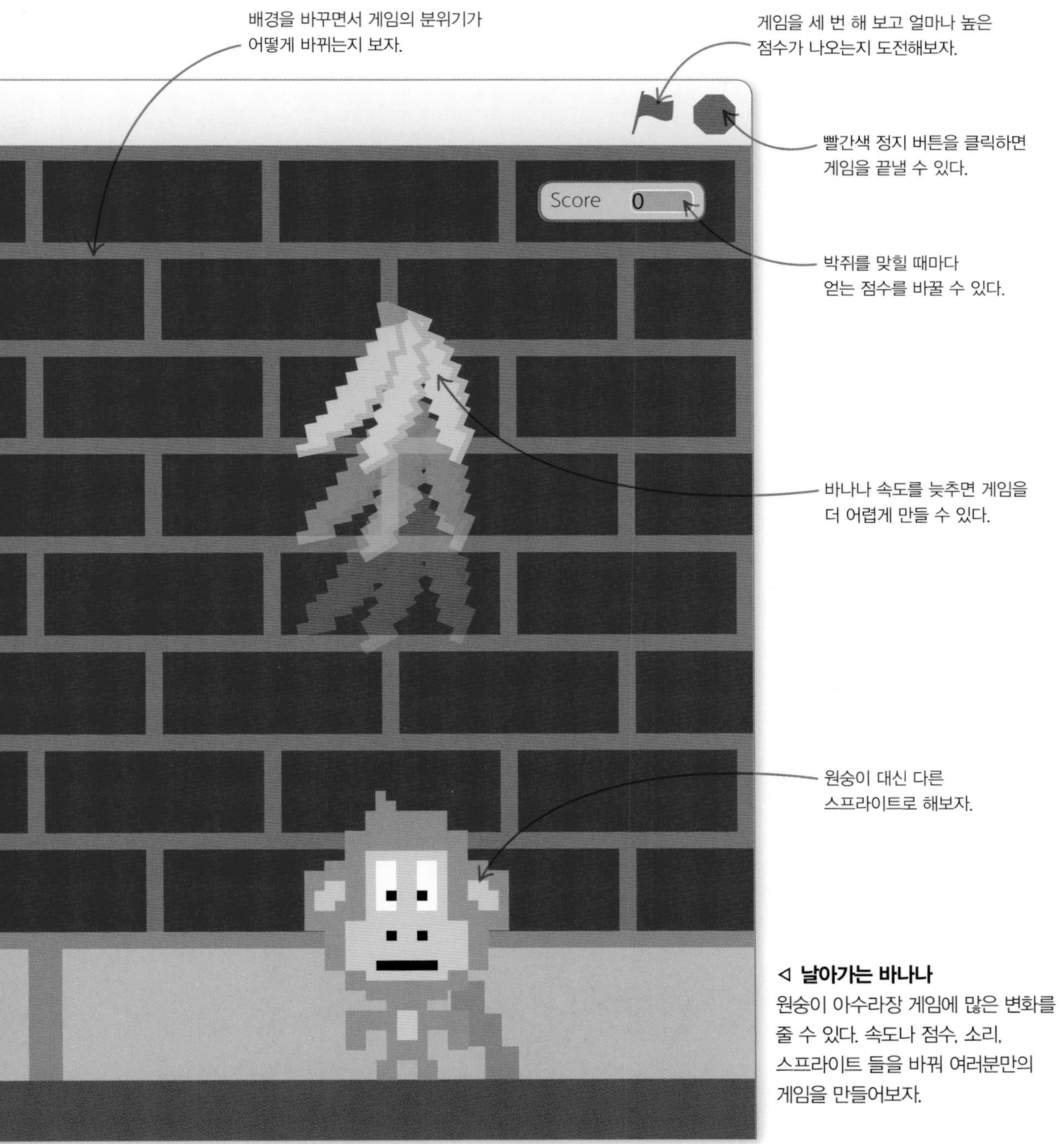

배경을 바꾸면서 게임의 분위기가 어떻게 바뀌는지 보자.
게임을 세 번 해 보고 얼마나 높은 점수가 나오는지 도전해보자.
빨간색 정지 버튼을 클릭하면 게임을 끝낼 수 있다.
Score 0
박쥐를 맞힐 때마다 얻는 점수를 바꿀 수 있다.
바나나 속도를 늦추면 게임을 더 어렵게 만들 수 있다.
원숭이 대신 다른 스프라이트로 해보자.

◁ 날아가는 바나나
원숭이 아수라장 게임에 많은 변화를 줄 수 있다. 속도나 점수, 소리, 스프라이트 들을 바꿔 여러분만의 게임을 만들어보자.

실험 시간

지금까지 스크래치의 기본을 배웠으니 좀 더 고급 기능 몇 가지를 실험해 봅시다. 연습을 많이 할수록 코딩 실력이 점점 늘거예요!

여기도 함께 보세요

파이썬이란? ▷ 86~87

단순한 명령 ▷ 102~103

앞으로 해볼 것

앞으로 스크래치로 무엇을 해야 할지 모르겠다고요? 몇 가지 아이디어를 드릴게요. 아직 혼자서 프로그램 전체를 만들 준비가 안 되었다면 이미 완성된 프로그램을 조금씩 바꿔보면 됩니다.

◁ 코딩 클럽 가입하기
학교나 방과 후 교실에 코딩을 배울 수 있는 곳이 있는지 찾아보자. 그곳에서 친구들을 만나 아이디어를 나누면 더욱 재미있게 코딩을 즐길 수 있다.

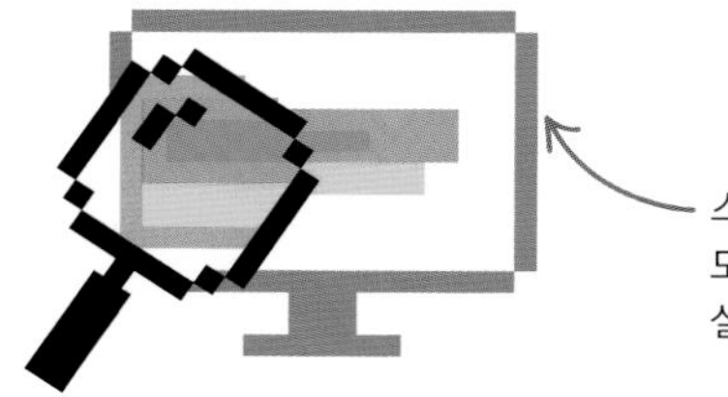

스크래치 웹사이트에서는 모든 프로젝트의 코드를 살펴볼 수 있다.

△ 코드 읽기
이미 완성된 프로그램을 살펴보는 것은 아주 좋은 학습법이다. 스크래치 웹사이트에 있는 프로젝트들을 훑어 보자. 많은 것을 배울 수 있을 것이다.

▷ 프로젝트 조합하기
스크래치 웹사이트에 있는 프로젝트들을 더 좋게 만들어보자. 스크래치에 있는 프로젝트에 새 기능을 추가한 여러분만의 버전을 함께 나눠보기도 하자.

개인 저장소

개인 저장소는 유용한 스크립트나 스프라이트, 소리, 모양을 저장해두고 여러 프로젝트에서 사용할 수 있게 해줍니다. 개인 저장소는 스크래치 화면 맨 아래쪽에 있습니다.

▷ 끌어놓기(드래그 앤드 드롭)
스프라이트와 스크립트를 개인 저장소 안에 끌어놨다가 다른 프로젝트에 쓸 수 있다.

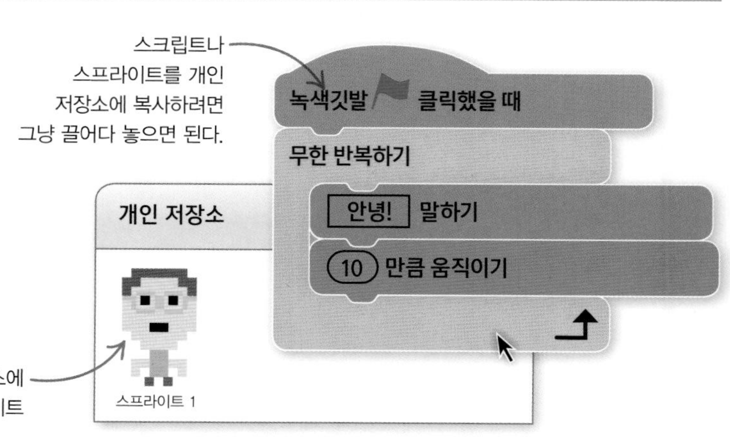

녹색깃발 클릭했을 때
무한 반복하기
안녕! 말하기
10 만큼 움직이기
개인 저장소
스프라이트 1

스크립트나 스프라이트를 개인 저장소에 복사하려면 그냥 끌어다 놓으면 된다.

개인 저장소에 있는 스프라이트

도와줘요!

사용할 수 있는 블록들에 대해 잘 알지 못하면 프로그램을 만들기가 어려울 것입니다. 스크래치 도움말 메뉴에는 모든 블록에 대한 설명이 들어 있습니다.

1 블록 도움말
어떤 블록에 대해 더 많이 알고 싶으면 화면 위쪽 아이콘 툴바에 있는 '블록 도움말' 버튼을 클릭한다.

'블록 도움말' 버튼

2 질문하기
블록 도움말 아이콘을 클릭하면 마우스 포인터가 물음표로 바뀐다. 여러분이 알고자 하는 블록 위에 클릭한다.

물음표가 나타난다.

15 도 돌기

3 도움말 창
도움말 창이 열리면서 그 블록의 기능을 사용 방법과 함께 알려준다.

도움말 창에서 모든 블록에 대한 설명을 확인할 수 있다.

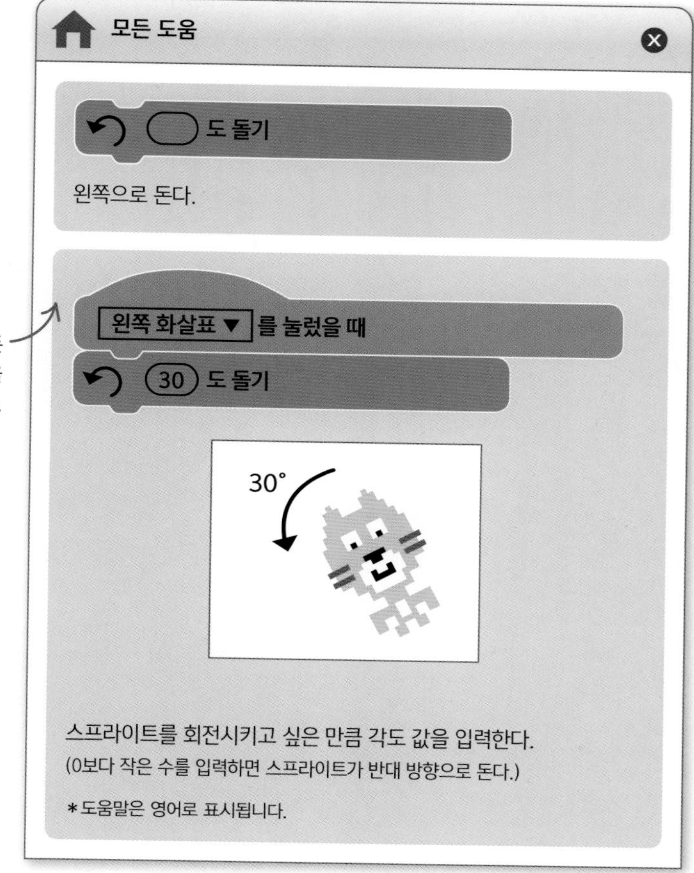
모든 도움
도 돌기
왼쪽으로 돈다.
왼쪽 화살표 ▼ 를 눌렀을 때
30 도 돌기
30°
스프라이트를 회전시키고 싶은 만큼 각도 값을 입력한다.
(0보다 작은 수를 입력하면 스프라이트가 반대 방향으로 돈다.)
*도움말은 영어로 표시됩니다.

다른 프로그래밍 언어 배우기

이제 여러분은 첫 프로그래밍 언어를 배워보았습니다. 다른 프로그래밍 언어를 배우면 또 다른 프로그램을 만들 수 있습니다. 다음은 파이썬을 배워 봅니다. 스크래치에서 배운 내용은 파이썬을 배울 때도 많은 도움이 될 것입니다.

▷ 스크래치와 비슷한 파이썬
파이썬 역시 반복문과 변수, 분기를 사용한다. 스크래치로 배운 지식을 사용해 파이썬을 배워 보자.

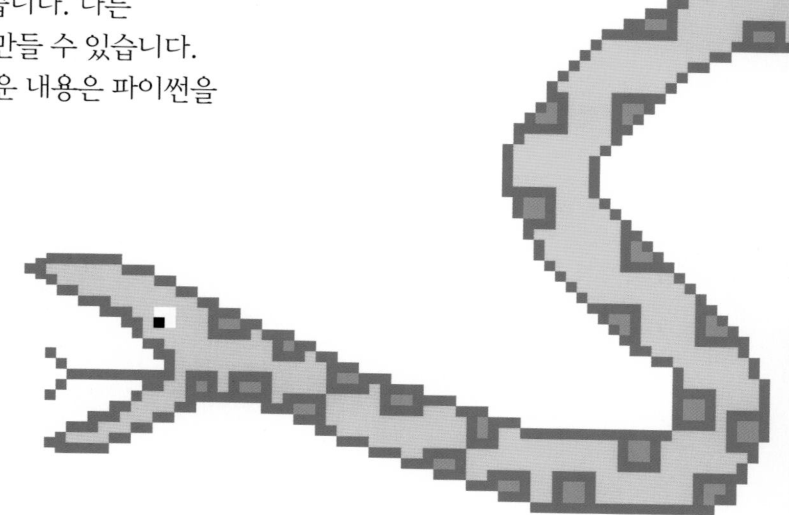

파이썬
가지고 놀기

파이썬이란?

파이썬은 텍스트 기반의 프로그래밍 언어입니다. 스크래치보다 배우는 데 시간이 조금 더 오래 걸리지만, 훨씬 다양한 용도로 사용할 수 있습니다.

여기도 함께 보세요

파이썬 설치하기 ▷ 88~91

단순한 명령 ▷ 102~103

복잡한 명령 ▷ 104~105

유용한 언어

파이썬은 문서 처리기부터 웹 브라우저까지 다양한 종류의 프로그램을 만드는 데 사용할 수 있는 언어입니다. 파이썬을 배우면 좋은 이유를 몇 가지 알려드릴게요.

1 배우고 사용하기 쉽다

파이썬 프로그램은 쉬운 프로그램 언어. 다른 프로그래밍 언어들보다 코드를 읽고 쓰기가 매우 쉽다.

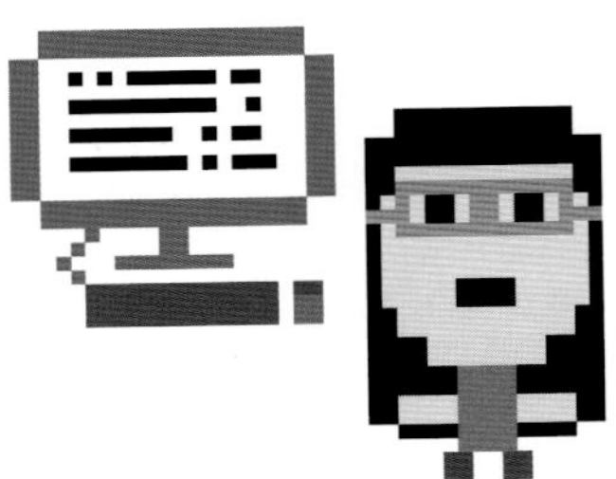

2 바로 쓸 수 있는 코드가 있다

파이썬에는 코드 라이브러리가 있어서 미리 만들어 놓은 코드를 바로 사용할 수 있다. 덕분에 복잡한 프로그램도 쉽고 빠르게 만들 수 있다.

파이썬에는 바로 사용할 수 있는 코드가 많이 준비되어 있다.

3 일할 때 쓸 수 있다

파이썬은 매우 강력해서 실제 업무를 할 때 많이 사용된다. 특히 구글이나 NASA, 애니메이션 제작사인 픽사 등의 글로벌 기업에서 사용하고 있다.

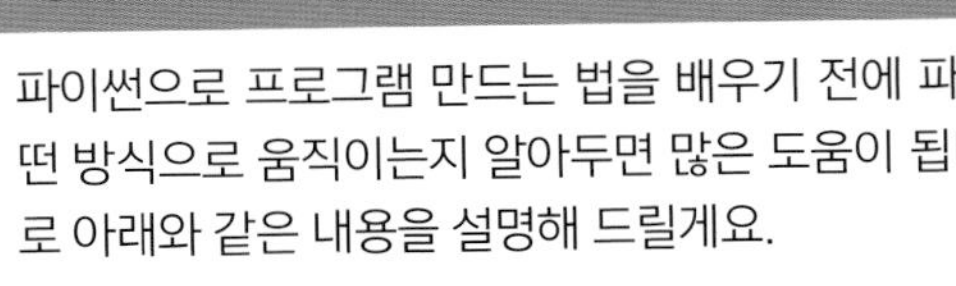

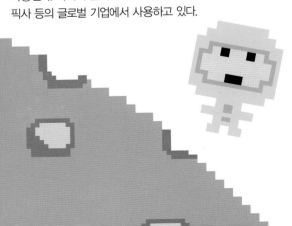

프로그래머의 한마디

파이썬 시작하기

파이썬으로 프로그램 만드는 법을 배우기 전에 파이썬이 어떤 방식으로 움직이는지 알아두면 많은 도움이 됩니다. 앞으로 아래와 같은 내용을 설명해 드릴게요.

파이썬 설치 방법: 파이썬은 무료이지만, 설치는 직접 해야 한다 (88~91쪽 참고).
인터페이스 사용 방법: 간단한 프로그램을 만들어 컴퓨터에 저장해 본다.
실험 방법: 간단한 프로그램 몇 개를 만들어보면서 파이썬의 작동 원리를 알아본다.

스크래치와 파이썬

스크래치와 파이썬은 보기에만 다를 뿐이지 원리는 비슷합니다. 두 언어를 비교하여 살펴봅시다.

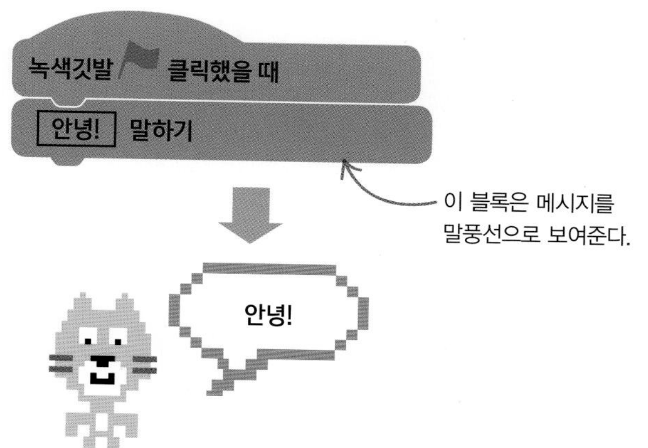

△ **스크래치의 출력**
스크래치에서는 화면에 글자를 보여줄 때 '말하기' 블록을 사용한다.

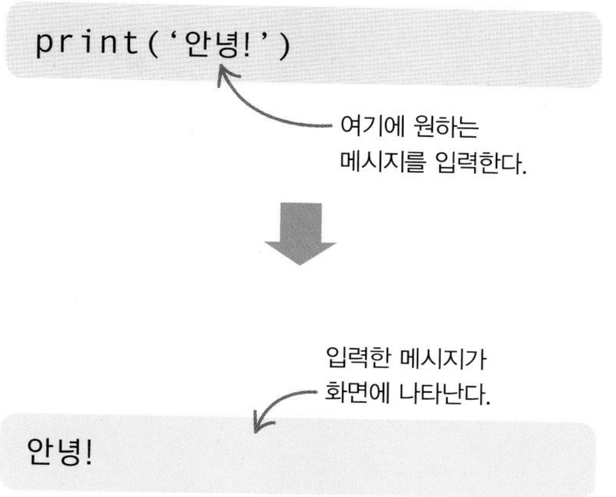

print('안녕!')
여기에 원하는 메시지를 입력한다.
입력한 메시지가 화면에 나타난다.
안녕!

△ **파이썬의 출력**
파이썬에서는 'print'라는 명령어를 써서 화면에 텍스트를 표시한다.

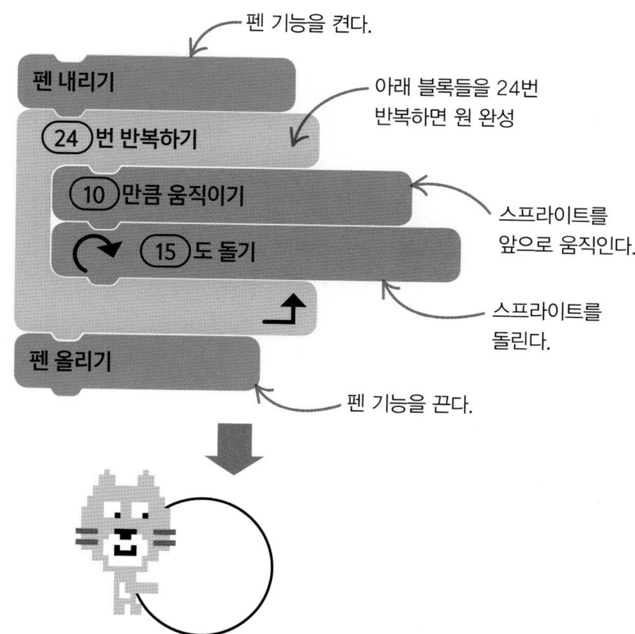

△ **스크래치의 터틀 그래픽**
위 스크립트는 '펜 내리기' 블록을 사용해 고양이 스프라이트를 움직여 원을 그린다.

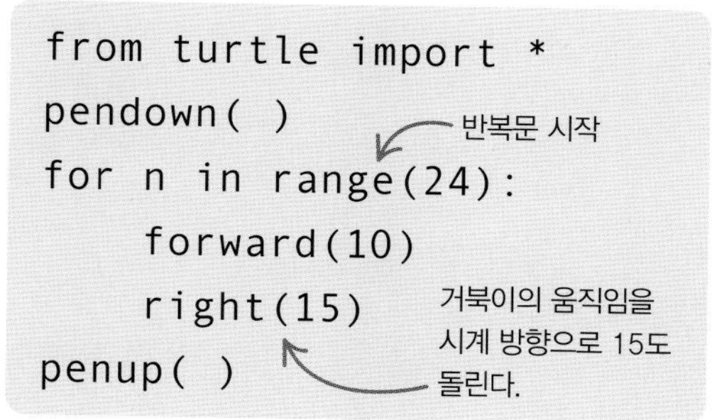

```
from turtle import *
pendown( )
for n in range(24):
    forward(10)
    right(15)
penup( )
```


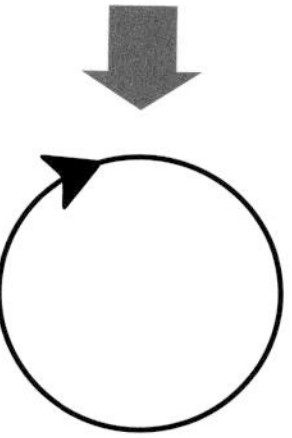

△ **파이썬의 터틀 그래픽**
파이썬에도 터틀 그래픽이 있다. 위 코드를 사용하면 원을 그릴 수 있다.

파이썬 설치하기

파이썬을 사용하려면 먼저 파이썬을 컴퓨터에 다운로드해서 설치해야 합니다. 파이썬3은 무료로 사용할 수 있고 설치하기 쉬우며, 윈도우즈와 맥은 물론 우분투 같은 리눅스 운영체제에서도 잘 작동합니다.

IDLE이란?

파이썬3을 설치하면 IDLE(통합개발환경)이라는 무료 프로그램이 함께 설치됩니다. IDLE은 초보자를 위해 만들어진 것으로 여러분이 파이썬 코드를 만들고 편집할 때 사용할 수 있는 편집기가 들어 있습니다.

WINDOWS

△ 윈도우즈

파이썬을 다운로드하기 전에 컴퓨터 운영체제가 무엇인지 확인한다. 윈도우즈 운영체제를 쓰고 있다면 32비트 버전인지, 64비트 버전인지 알아낸다. '시작' 버튼을 누르고 '컴퓨터'에서 마우스 오른쪽 버튼을 클릭하여 '속성'을 클릭한다. 옵션이 뜨면 '시스템'을 선택하여 확인하면 된다.

프로그래머의 한마디

코드 저장하기

파이썬에서 작업 내용을 저장할 때는 메뉴에서 '파일 > 다른 이름으로 저장하기'를 사용해야 여러분이 원하는 이름으로 파일을 만들 수 있습니다. 먼저 파일을 보관할 수 있는 폴더를 만드세요. 폴더 이름은 '파이썬 코드'처럼 바로 알아볼 수 있도록 지으면 좋습니다.

MAC

△ 맥

애플 맥 컴퓨터 사용자라면 파이썬을 설치하기 전에 컴퓨터가 어떤 운영체제를 갖고 있는지 알아낸다. 화면 왼쪽 위에 있는 애플 아이콘을 클릭한 후 '이 Mac에 관하여'를 선택한다.

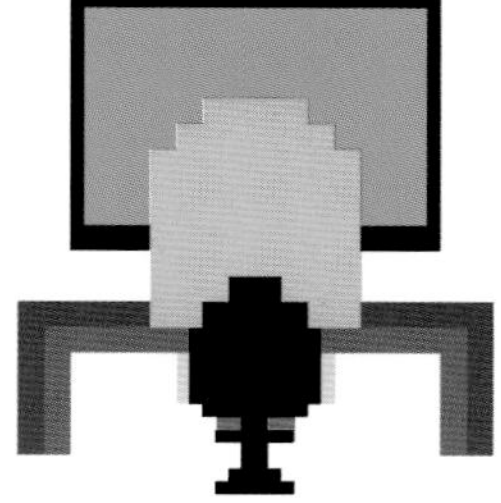

UBUNTU

△ 우분투

우분투는 윈도우즈나 맥과 똑같이 작동하는 무료 운영체제다. 우분투에서 파이썬을 어떻게 설치하는지 알고 싶다면 91쪽을 확인하라.

윈도우즈에 설치하기

윈도우즈 PC에 파이썬3을 설치하기 전에 컴퓨터 주인에게 꼭 허락을 구하세요. 설치하는 동안 필요한 관리자 비밀번호도 함께 물어보세요.

1 파이썬 웹사이트로 이동

인터넷 브라우저에 아래 주소를 입력하면 파이썬 웹사이트가 열린다. '다운로드(Downloads)'를 클릭해 다운로드 페이지를 연다.

2 파이썬 다운로드

숫자 3으로 시작하는 윈도우즈용 파이썬 최신 버전을 클릭한다. 목록의 맨 위쪽에 있을 것이다.

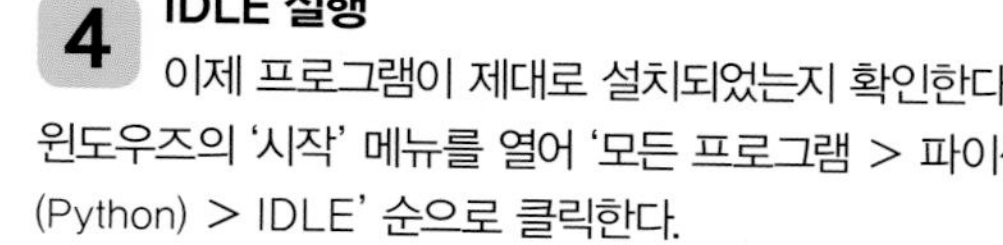

3 설치

설치 파일이 자동으로 다운로드된다. 다운로드가 끝나면 파일을 더블클릭하여 파이썬을 설치한다. '모든 사용자를 위해 설치하기(install for all users)'를 선택하고, 기본 설정을 그대로 둔 채 각 단계에서 '다음(next)'을 누른다.

파이썬을 설치하는 동안 윈도우즈 설치 아이콘이 나타난다.

4 IDLE 실행

이제 프로그램이 제대로 설치되었는지 확인한다. 윈도우즈의 '시작' 메뉴를 열어 '모든 프로그램 > 파이썬(Python) > IDLE' 순으로 클릭한다.

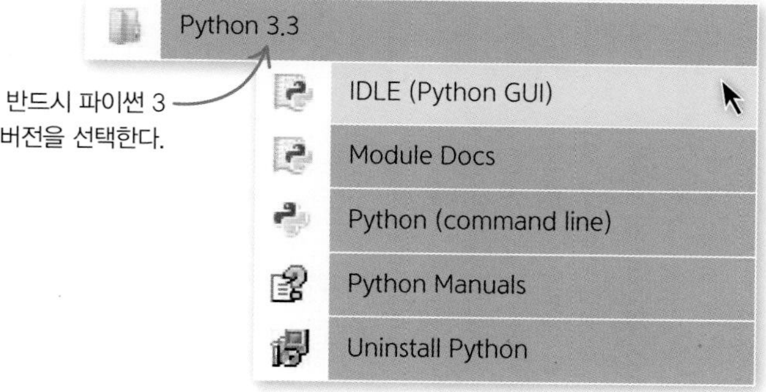

5 파이썬 창 열기

아래와 같은 창이 열린다. 이제 창의 '>>>' 다음에 입력만 하면 코딩을 시작할 수 있다.

IDLE File Edit Shell Debug Window Help

Untitled

```
Python 3.3.3 (v3.3.3:c3896275c0f6, Nov 18 2013, 21:19:30) [MSC v.1600
64 bit (AMD64)] on win32
Type 'copyright', 'credits' or 'license()' for more information.
>>>
```

← 여기에 코드를 입력

맥에 설치하기

맥에서 파이썬3을 설치하기 전에 먼저 컴퓨터 주인에게 꼭 허락을 받으세요. 설치하는 동안 필요한 관리자 비밀번호도 함께 물어보세요.

1 파이썬 링크로 이동
웹 브라우저에 아래 주소를 입력해 파이썬 웹사이트를 연다. 메뉴에서 '다운로드(Downloads)'를 클릭하여 다운로드 페이지로 간다.

http://www.python.org

2 파이썬 다운로드
사용하는 맥의 운영체제를 확인하고(88쪽 참고) 해당 버전의 파이썬3을 클릭한다. .dmg 파일을 저장하기 위한 창이 뜰 것이다. 그것을 바탕화면에 저장한다.

- Python 3.3.3 Mac OS X 64-bit... (for Mac OS X 10.6 and later)
- Python 3.3.3 Mac OS X 32-bit... (for Mac OS X 10.5 and later)

맥용 최신 버전

맨 앞 숫자가 3이면 정확히 같은 번호가 아니어도 괜찮다.

이 버전은 대부분의 맥 컴퓨터에서 실행된다.

3 설치
.dmg 파일을 더블클릭한다. 파이썬 설치 파일인 'Python.mpkg'를 포함한 여러 개의 파일이 든 창이 열릴 것이다. 설치 파일을 더블클릭하여 설치를 시작한다.

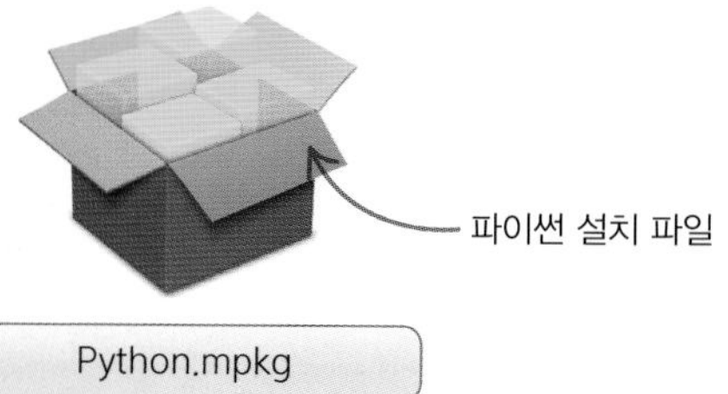

4 IDLE 실행
설치하는 동안 뜨는 창마다 '다음'을 클릭한다. 설치가 끝나면 '응용프로그램(Applicaitons)' 폴더를 열고 'Python' 폴더를 연다 (Python3인지 확인). 'IDLE'을 더블클릭하여 설치가 잘 되었는지 확인한다.

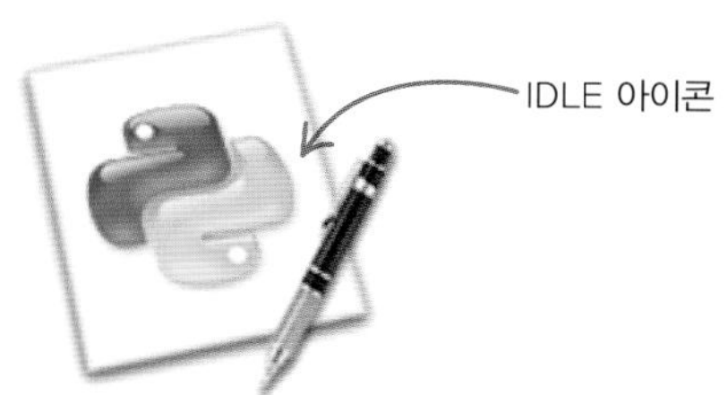

5 파이썬 창 열기
아래와 같은 창이 열릴 것이다. 창에서 '>>>' 뒤에 코드를 입력하기만 하면 이제 코딩을 시작할 수 있다.

IDLE File Edit Shell Debug Window Help

Untitled

```
Python 3.3.3 (v3.3.3:c3896275c0f6, Nov 16 2013, 23:39:35)
[GCC 4.2.1 (Apple Inc. build 5666) (dot 3)] on darwin
Type 'copyright', 'credits' or 'license()' for more information.
>>>
```

우분투에서 설치하기

리눅스 운영체제인 우분투 사용자라면 웹브라우저를 사용하지 않고도 파이썬3을 다운로드할 수 있습니다. 다음 단계를 따라 하기만 하면 됩니다. 리눅스 버전이 다른 경우에는 컴퓨터 주인에게 파이썬3을 설치해도 좋은지 물어보세요.

1 우분투 소프트웨어 센터로 이동

독(Dock)이나 대시(Dash)에서 우분투 소프트웨어 센터 아이콘을 찾아 더블클릭한다.

2 파이썬 검색

오른쪽 위에 보이는 검색창에 'Python'을 입력하고 엔터키를 누른다.

Python

3 IDLE 선택 후 '설치(Install)' 클릭

'IDLE(using Python)'을 찾는다. 3으로 시작하는 버전을 찾아 '설치(Install)'를 클릭한다.

3으로 시작하는 버전을 찾는다.

4 대시 선택

설치가 끝나고 나면 프로그램이 작동하는지 확인한다. 먼저 오른쪽 위에 있는 대시(Dash) 아이콘을 선택한다.

대시 아이콘

5 IDLE 실행

검색창에 'IDLE'을 입력한 후 파란색과 노란색으로 된 'IDLE(using Python3)' 아이콘을 더블클릭한다.

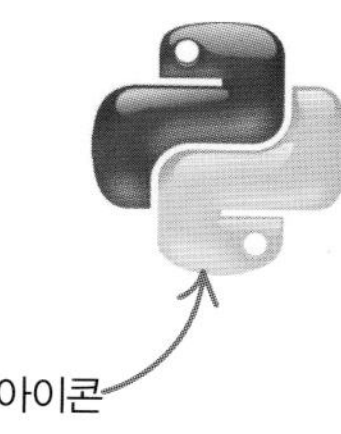

IDLE 아이콘

6 파이썬 창 열기

아래와 같은 창이 열릴 것이다. 이제 창에서 '>>>' 뒤에 코드를 입력하면 코딩을 시작할 수 있다.

IDLE File Edit Shell Debug Window Help

Untitled

```
Python 3.2.3 (default, Sep 25 2013, 18:25:56)
[GCC 4.6.3] on linux2
Type 'copyright', 'credits' or 'license()' for more information.
>>>
```

IDLE 시작하기

IDLE은 파이썬에서 프로그램을 만들고 실행하는 것을 도와줍니다. 화면에 메시지를 띄우는 간단한 프로그램을 만들어보면서 IDLE이 어떻게 작동하는지 알아봅시다.

여기도 함께 보세요

88~91 ◁ 파이썬 설치하기

어느 창을 사용할까? ▷ 106~107

IDLE에서 작업하기

IDLE을 사용해 다음 단계를 따라 하면서 파이썬 프로그램을 만들어 보세요. 프로그램을 어떻게 입력하고 저장하고 실행하는지 알게 될 거예요.

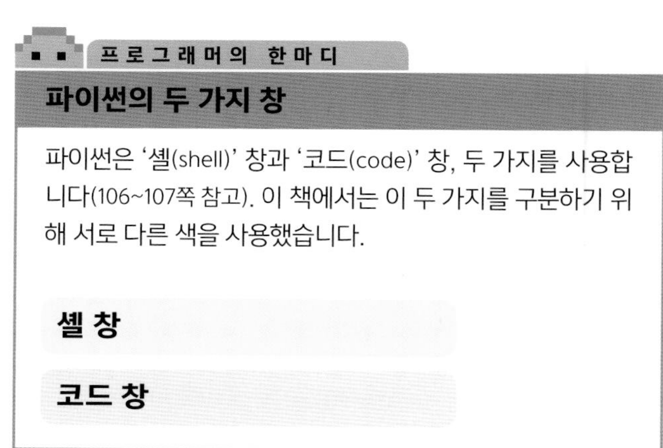

프로그래머의 한마디

파이썬의 두 가지 창

파이썬은 '셸(shell)' 창과 '코드(code)' 창, 두 가지를 사용합니다(106~107쪽 참고). 이 책에서는 이 두 가지를 구분하기 위해 서로 다른 색을 사용했습니다.

셸 창

코드 창

1 IDLE 시작하기

사용하는 컴퓨터 운영체제에 맞게 IDLE을 시작한다(88~91쪽 참고). 셸 창이 열린다. 이 창은 프로그램의 출력(프로그램이 만들어내는 모든 정보)과 오류를 보여준다.

IDLE File Edit Shell Debug Window Help

Untitled

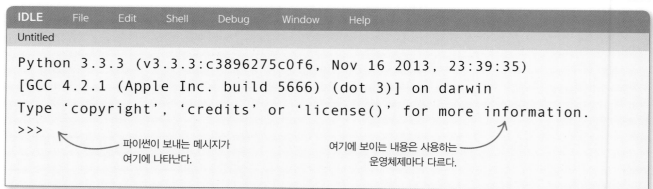

```
Python 3.3.3 (v3.3.3:c3896275c0f6, Nov 16 2013, 23:39:35)
[GCC 4.2.1 (Apple Inc. build 5666) (dot 3)] on darwin
Type 'copyright', 'credits' or 'license()' for more information.
>>>
```

파이썬이 보내는 메시지가 여기에 나타난다.

여기에 보이는 내용은 사용하는 운영체제마다 다르다.

2 새 창 열기

셸의 맨 위에 있는 '파일(File)' 메뉴를 클릭해 '새 창(New File)'을 선택한다. 이렇게 하면 코드 창이 열린다.

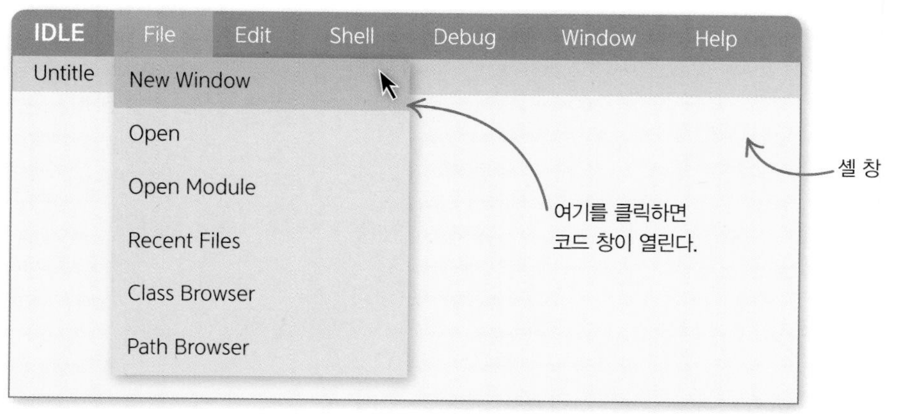

3 코드 입력하기

새로 열린 코드 창에 오른쪽 텍스트를 입력한다. 이것은 'Hello World!'라는 말을 화면에 표시하라는 명령문이다.

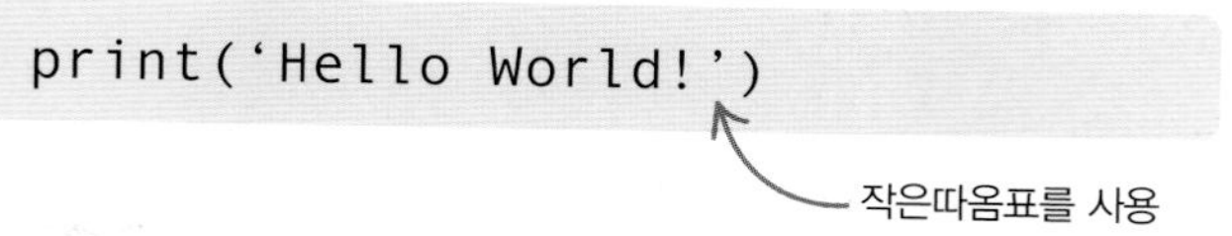
print('Hello World!')

작은따옴표를 사용

4 저장하기

'파일(File)' 메뉴를 클릭하고 '다른 이름으로 저장하기(Save As)'를 선택한다. 파일 이름을 'HelloWorld'라고 입력한 뒤 '저장'을 클릭한다.

IDLE File Edit Shell Debug Window Help

Untitle

prin

New Window
Open
Open Module
Recent Files
Class Browser
Path Browser
Close
Save
Save As
Save Copy As

파일 저장

오류 메시지가 뜨면
실수한 부분이 없는지
코드를 꼼꼼히 확인하세요.

5 프로그램 실행하기

코드 창의 '실행하기(Run)' 메뉴를 클릭한 후 '모듈 실행하기(Run Module)'를 선택한다. 이렇게 하면 셸 창에서 프로그램이 실행된다.

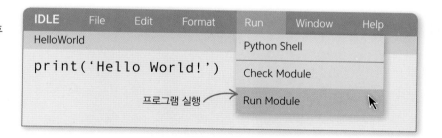

IDLE File Edit Format Run Window Help

HelloWorld

print('Hello World!')

Python Shell
Check Module
Run Module

프로그램 실행

6 셸 창의 출력 결과

셸 창을 확인한다. 프로그램을 실행할 때 'Hello World!'라는 메시지가 나타날 것이다. 이렇게 파이썬으로 첫 번째 코드를 만들었다!

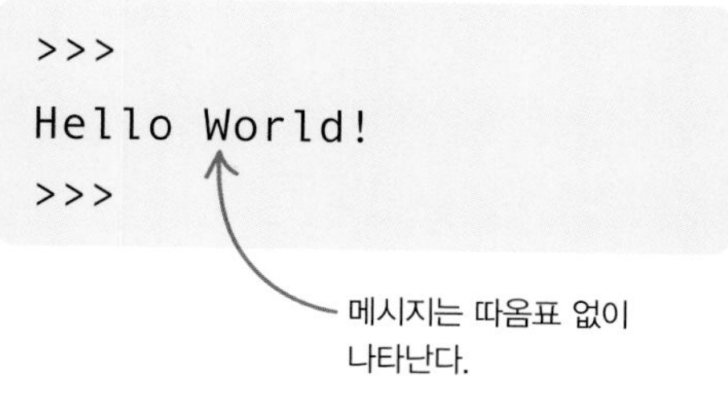
>>>
Hello World!
>>>
메시지는 따옴표 없이
나타난다.

잊지 마세요!

IDLE의 작동 원리

IDLE은 항상 '코드를 작성'하고 '저장'한 다음 '실행'하는 단계를 따릅니다. 저장하지 않은 코드는 실행되지 않는다는 사실을 명심하세요. 저장하지 않으면 경고 메시지가 뜰 것입니다.

코드 입력
저장
실행

오류

맨 처음에는 프로그램이 잘 작동하지 않을 수도 있지만, 언제든 그런 오류는 바로잡을 수 있습니다. 프로그램 코드를 제대로 입력하지 않으면 파이썬이 오류 메시지를 보내 무엇이 잘못되었는지 알려줍니다.

여기도 함께 보세요
버그와 디버깅 ▷ 148~149
앞으로 할 일 ▷ 176~177

코드 창의 오류

코드 창에서 프로그램을 실행하려고 할 때 '구문 오류(SyntaxError)'와 같은 오류 메시지가 뜰 수도 있습니다. 이런 오류가 있으면 프로그램이 실행되지 않기 때문에 바로 잡아야 합니다.

1 구문 오류

대화상자에 'SyntaxError' 메시지가 뜨면 대개 코드에 철자 실수가 있거나 입력한 내용이 잘못된 경우다.

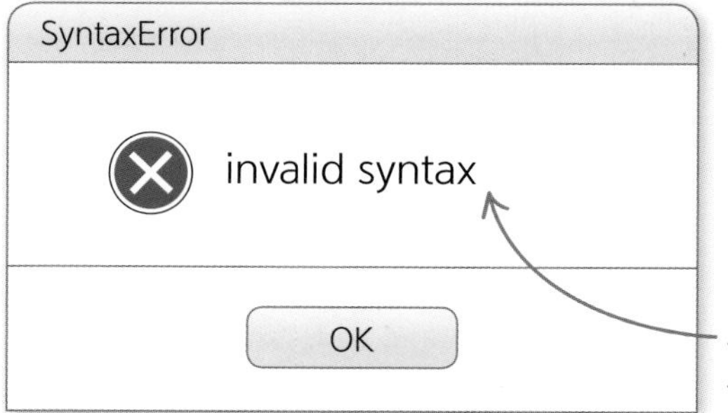

코드에 입력 오류가 있다.

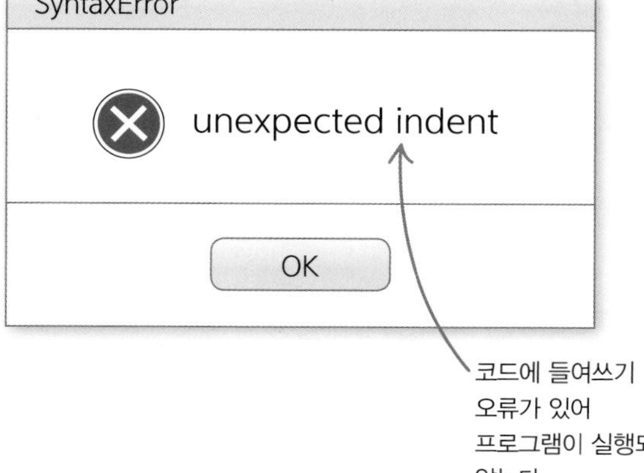

코드에 들여쓰기 오류가 있어 프로그램이 실행되지 않는다.

2 오류 표시

대화상자에서 '확인(OK)'을 클릭하면 다시 프로그램으로 돌아간다. 오류가 있는 곳이나 그 근처가 빨간색으로 표시될 것이다. 그 코드 줄에 실수가 없는지 자세히 확인한다.

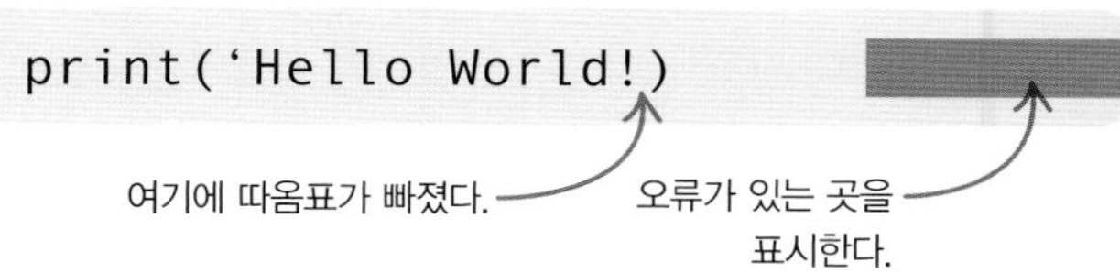

여기에 따옴표가 빠졌다.

오류가 있는 곳을 표시한다.

프로그래머의 한마디

자주 일어나는 오류

특히 실수하기 쉬운 것들이 몇 가지 있습니다. 다음과 같이 흔히 일어나는 문제들을 항상 조심하세요.

대소문자: 대소문자가 정확해야 한다. 'print' 대신에 'Print'라고 쓰면 파이썬이 그 명령어를 이해하지 못한다.
작은따옴표와 큰따옴표: 작은따옴표(')와 큰따옴표(")를 섞어 쓰면 안 된다. 열고 닫은 따옴표가 항상 같아야 한다.
붙임표와 언더바: 붙임표(-)와 언더바(_)를 잘 구분해야 한다.
여러 가지 괄호: ( )와 { }, [ ]와 같은 여러 가지 모양의 괄호를 용도에 맞게 사용한다. 맞는 것을 사용했는지, 쌍을 맞추어 사용했는지 확인한다.

셸 창에서의 오류

가끔 셸 창에 빨간 글씨로 오류 메시지가 뜨기도 합니다. 이런 경우에도 프로그램이 작동하지 않습니다.

빨간색 글자가 뜨면
뭔가가 잘못되었다는
뜻이에요.

1 이름 오류

'NameError'라는 오류 메시지가 뜬다면, 코드에 사용한 단어 중에 파이썬이 이해하지 못하는 단어가 있다는 뜻이다. 코드 창에 입력한 코드에 오류가 있으면 셸 창의 오류 메시지 위에서 마우스 오른쪽 버튼을 클릭한 후 '파일/줄로 이동(Go to file/line)'을 선택한다.

```
>>>
Traceback (most recent call last):
    File 'C:\PythonCode\errors.py', line 1, in <module>
        pront('Hello World!')
NameError: name 'pront' is not defined
```

코드 창의 이 부분에 오류가 있다.

파이썬이 이해하지 못하는 단어

Cut
Copy
Paste
Go to file/line

여기를 클릭하면 오류가 있는 곳이 표시된다.

2 오류 바로잡기

코드 창에 오류가 발생한 줄이 표시된다. 'print' 대신 'pront'라는 단어가 입력되었다. 이제 코드 창에서 오류를 바로잡을 수 있다.

```
pront('Hello World!')
```

이것을 'print'로 수정한다.

오류 찾기

위에서 설명한 대로 코드에서 오류가 발생한 줄을 찾아 그 줄을 더블클릭합니다. 오른쪽 체크 리스트를 훑어보고 무엇이 잘못되었는지 알아보세요.

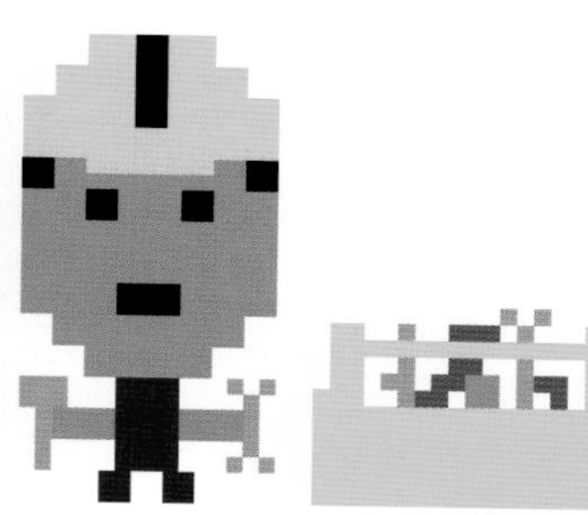

▷ 뭔가 잘못되었을 때
오류를 좀 더 쉽게 찾을 수 있는 방법이 몇 가지 있다. 간편한 체크 리스트를 소개한다.

오류 체크 리스트

코드에서 다음 사항을 확인하라.	✓
입력할 내용을 정확하게 입력했는가?	✓
철자를 모두 제대로 썼는가?	✓
표시하고자 하는 말 앞뒤로 따옴표(")를 모두 붙였는가?	✓
코드 앞쪽에 불필요한 공백(스페이스)이 있는가? 파이썬에서는 공백이 아주 중요하다.	✓
오류 표시가 된 줄 위아래를 확인했는가? 때로는 오류가 그곳에서 발견되기도 한다.	✓
책 말고 다른 사람에게 코드를 확인해달라고 부탁한 적이 있는가? 내가 놓친 부분을 그들이 찾아줄 수도 있다.	✓
파이썬2가 아니라 파이썬3를 사용하고 있는가? 파이썬3 프로그램이 파이썬2에서는 작동하지 않을 때도 있다.	✓

프로젝트 4

유령 게임

파이썬으로 간단한 게임을 만들 때 주의할 점을 배워 봅시다. 프로그램을 다 입력했다면 게임을 즐겨 보세요. 과연 유령의 집에서 탈출할 수 있을까요?

여기도 함께 보세요
유령 게임 코드 해석 ▷ 98~99
프로그램 흐름 ▷ 100~101

1 IDLE을 시작해 '파일(File)' 메뉴에서 새 창(New File)을 연다. 게임을 '유령 게임'이라는 이름으로 저장한다. 두 창을 동시에 볼 수 있도록 창 크기를 조정한 뒤 코드 창에 오른쪽 코드를 입력한다.

```
# Ghost Game
from random import randint
print('유령 게임')
feeling_brave = True
score = 0
while feeling_brave:
    ghost_door = randint(1, 3)
    print('문이 3개 있다.')
    print('3개의 문 중 1개의 문 뒤에 유령이 있다.')
    print('몇 번 문을 열 것인가?')
    door = input('1, 2, 아니면 3?')
    door_num = int(door)
    if door_num == ghost_door:
        print('유령이다!')
        feeling_brave = False
    else:
        print('유령이 없다!')
        print('옆 방으로 들어가라.')
        score = score + 1
print('도망쳐!')
print('Game over! 점수는', score)
```

작은따옴표 사용

대문자로 쓴 곳 외에는 모두 소문자로.

여기에 꼭 콜론을 붙인다.

붙임표가 아니라 언더바여야 한다.

여기는 스페이스 바를 네 번 눌러 들여쓰기 해야 한다. 자동으로 들여쓰기가 되지 않는 경우, 'feeling_brave' 뒤에 콜론(:)이 있는지 확인한다.

여기에 등호 두 개를 사용한다.

들여쓰기가 여덟 칸 들어가는 곳에서 시작하는데, 네 칸으로 줄여야 한다.

여기는 들여쓰기를 모두 없앤다.

이 'score' 앞뒤로는 따옴표를 붙이면 안 된다.

주의해서 코드를 입력하고 난 뒤 '실행(Run)' 메뉴에서 '모듈 실행하기(Run Module)'를 선택한다. 먼저 프로그램을 저장해야 한다.

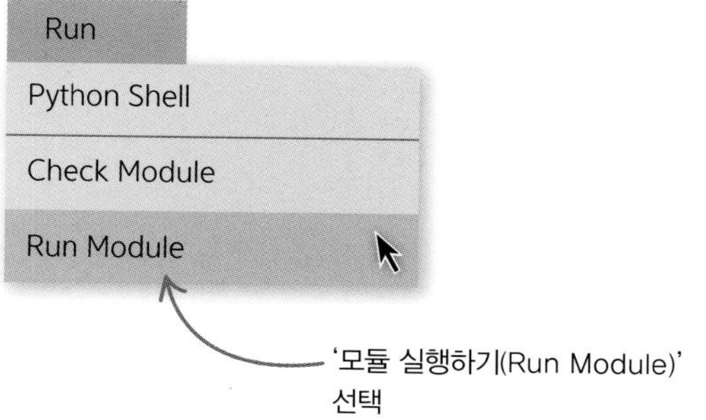

셸 창에서 게임이 시작된다. 유령이 문 세 개 중 한 곳에 숨어 있다. 어느 문을 고를 것인가? 1, 2, 3 중 하나를 입력하고 '엔터' 키를 누른다.

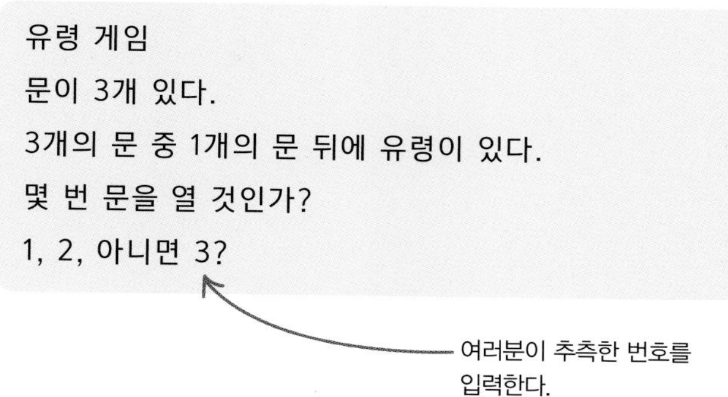

이 게임의 목표는 뒤에 유령이 없는 문을 고르는 것이다. 제대로 고르면 다음 방으로 이동해 게임을 이어갈 수 있다.

```
유령 게임
문이 3개 있다.
3개의 문 중 1개의 문 뒤에 유령이 있다.
몇 번 문을 열 것인가?
1, 2, 아니면 3?3
유령이 없다!
```

입력한 번호가 여기에 나타난다.

선택한 문 뒤에 유령이 없으면 이 메시지가 보인다.

뒤에 유령이 있는 문을 고르면 게임이 끝난다. 다시 프로그램을 실행하여 앞에서 딴 점수보다 높은 점수를 따보자.

```
유령 게임
문이 3개 있다.
3개의 문 중 1개의 문 뒤에 유령이 있다.
몇 번 문을 열 것인가?
1, 2, 아니면 3?2
유령이다!
도망쳐!
Game over! 점수는 0
```

유령이 문 뒤에 있으면 이 메시지가 나타난다.

유령이 없는 문을 고른 횟수

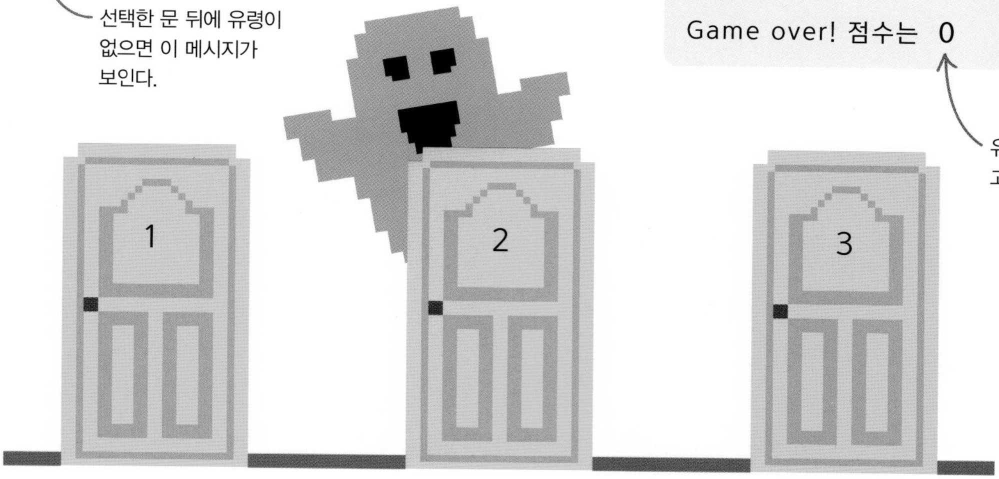

1

2

3

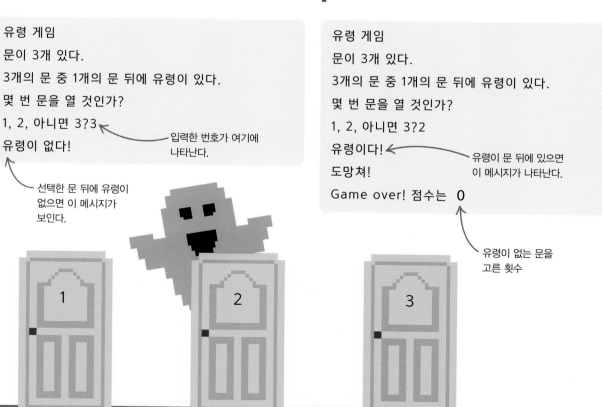

유령 게임 코드 해석

유령 게임은 파이썬의 핵심 기능 몇 가지를 보여줍니다. 코드를 작게 쪼개어 이 프로그램의 구조와 각 부분이 하는 역할을 함께 확인해 볼까요?

여기도 함께 보세요

96~97 ◁ 유령 게임

프로그램 흐름 ▷ 100~101

코드 구조

파이썬은 코드 줄 앞에 빈칸을 넣어 명령문들이 서로 어디에 속하는지 나타냅니다. 이렇게 쓰는 빈칸을 '들여쓰기'라고 합니다. 예를 들어 'while feeling_brave' 아래 코드는 네 칸씩 들여쓰기해서 모두 주반복문에 속한다는 것을 보여줍니다.

```
# Ghost Game
from random import randint
print('Ghost Game')
feeling_brave = True
score = 0
while feeling_brave:
    ghost_door = randint(1, 3)
    print('Three doors ahead...')
    print('A ghost behind one.')
    print('Which door do you open?')
    door = input('1, 2 or 3?')
    door_num = int(door)
    if door_num == ghost_door:
        print('GHOST!')
        feeling_brave = False
    else:
        print('No ghost!')
        print('You enter the next room.')
        score = score + 1
print('Run away!')
print('Game over! You scored', score)
```

1 게임 환경 설정
2 주반복문
3 분기문
4 게임 종료

◁ 코드 키
이 그림은 유령 게임의 구조를 보여준다. 아래에서 번호순으로 더 자세하게 설명할 것이다.

1 게임 환경 설정
이 코드는 게임을 시작할 때 한 번만 실행된다. 제목과 변수들, 'randint' 명령어를 설정하는 코드다.

```
# Ghost Game
from random import randint
print('유령 게임')
feeling_brave = True
score = 0
```

이것은 '코멘트'다. 게임을 실행할 때는 보이지 않는다.

이것은 난수를 만들어내는 'randint' 명령어를 설정한다.

'print' 명령어는 게임을 실행할 때 텍스트를 보여준다.

점수를 0으로 초기화한다.

프로그래머의 한마디

꼼꼼하게 입력하기

파이썬을 사용할 때는 코드를 아주 정확하게 입력해야 합니다. 콜론이나 따옴표, 괄호 하나라도 빠뜨리면 프로그램이 제대로 작동하지 않습니다. 대소문자와 띄어쓰기 역시 정확하게 사용해야 합니다.

2 주반복문

이 반복문은 플레이어에게 어떤 문을 열 것인지 입력하게 한다. 선택한 문 뒤에 유령이 없으면 이 반복문은 계속 실행된다. 유령이 나타나면 'feeling_brave' 변수가 'False'로 바뀌면서 실행을 멈춘다.

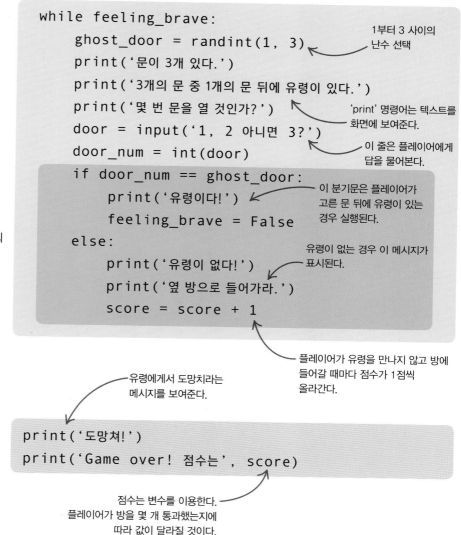

```
while feeling_brave:
    ghost_door = randint(1, 3)
    print('문이 3개 있다.')
    print('3개의 문 중 1개의 문 뒤에 유령이 있다.')
    print('몇 번 문을 열 것인가?')
    door = input('1, 2 아니면 3?')
    door_num = int(door)
    if door_num == ghost_door:
        print('유령이다!')
        feeling_brave = False
    else:
        print('유령이 없다!')
        print('옆 방으로 들어가라.')
        score = score + 1
```

1부터 3 사이의 난수 선택

'print' 명령어는 텍스트를 화면에 보여준다.

이 줄은 플레이어에게 답을 물어본다.

3 분기문

선택한 문 뒤에 유령이 있는지 없는지에 따라 프로그램의 흐름이 바뀐다. 유령이 있다면 'feeling_brave' 변수가 'False'가 되고, 유령이 없으면 플레이어의 점수가 1점 올라간다.

이 분기문은 플레이어가 고른 문 뒤에 유령이 있는 경우 실행된다.

유령이 없는 경우 이 메시지가 표시된다.

플레이어가 유령을 만나지 않고 방에 들어갈 때마다 점수가 1점씩 올라간다.

유령에게서 도망치라는 메시지를 보여준다.

4 게임 종료

이 코드는 유령을 만나 반복문이 끝날 때 한 번만 실행된다. 들여쓰기가 없기 때문에 이것이 반복문에 속하지 않는다는 것을 알 수 있다.

```
print('도망쳐!')
print('Game over! 점수는', score)
```

점수는 변수를 이용한다. 플레이어가 방을 몇 개 통과했는지에 따라 값이 달라질 것이다.

잊지 마세요!

여러분이 해낸 것

첫 파이썬 게임을 만든 것을 축하합니다! 이 책에서 앞으로 더 많은 것을 배우겠지만 여러분은 이미 다음과 같이 많은 것을 해냈습니다.

프로그램 들어가기: 파이썬에 프로그램을 입력하고 저장했다.

프로그램 실행하기: 파이썬 프로그램 실행 방법을 배웠다.

프로그램 작성하기: 들여쓰기를 사용해 프로그램을 구조에 맞게 작성했다.

변수 사용하기: 변수를 사용해 점수를 저장했다.

텍스트 보여주기: 화면에 메시지를 보여줬다.

프로그램 흐름

파이썬에 대해 더 배우기에 앞서, 프로그램이 어떻게 작동하는지 이해하는 것이 중요합니다. 스크래치에서 배운 프로그래밍의 기본을 파이썬에도 적용할 수 있습니다.

여기도 함께 보세요
30~31 ◁ 색 블록과 스크립트
단순한 명령 ▷ 102~103
복잡한 명령 ▷ 104~105

입력에서 출력까지

프로그램은 정보가 들어오면(입력) 그것을 처리(또는 변경)한 후 결과(출력)를 돌려줍니다. 요리사가 재료를 가져와 그것을 케이크로 만든 후 케이크를 먹으라고 주는 것과 약간 비슷합니다.

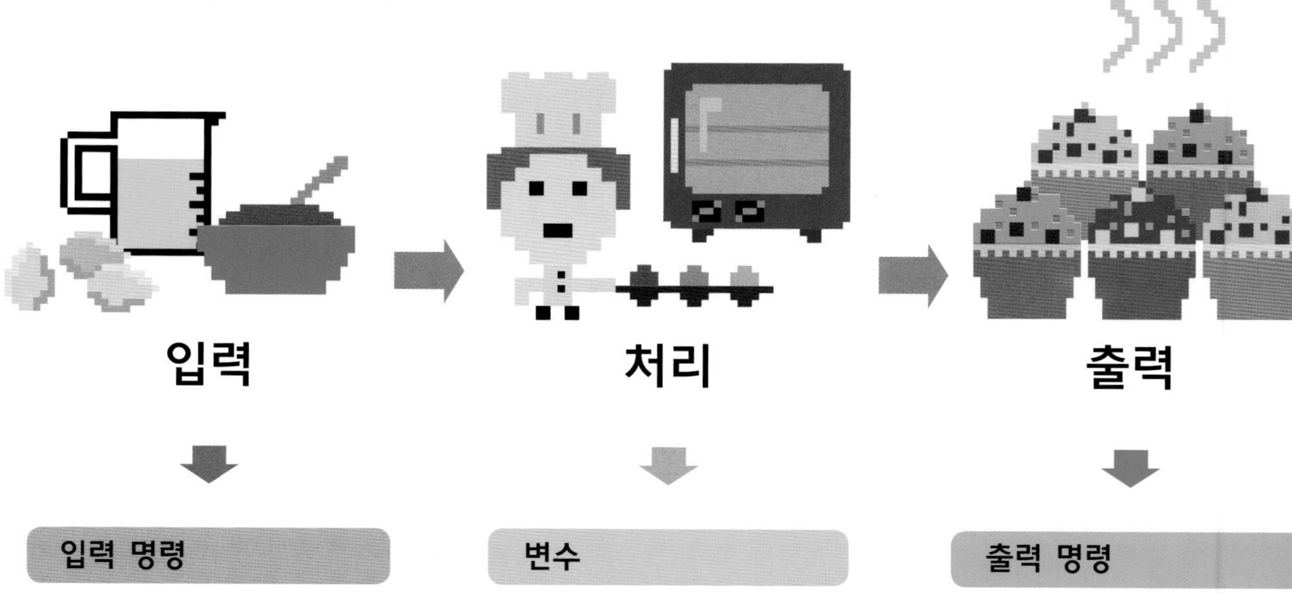

입력	처리	출력
입력 명령	변수	출력 명령
키보드	연산	화면
마우스	반복문	그래픽
	분기문	
	함수	

◁ 파이썬의 프로그램 흐름
파이썬에서는 키보드와 마우스를 사용해 정보를 입력하고, 그 정보를 반복문이나 분기문, 변수와 같은 요소들을 사용해 처리한다. 출력 결과는 화면에 표시된다.

스크래치로 유령 게임을 만든다면

프로그램 흐름은 대부분의 프로그래밍 언어에서 똑같이 작용합니다. 다음은 파이썬의 유령 게임을 스크래치로 해보면 어떨지 비교한 것입니다.

프로그래머의 한마디

한 번에 스크립트 하나씩

스크래치와 파이썬 사이에는 중요한 차이점이 하나 있습니다. 스크래치에서는 여러 스크립트를 동시에 실행할 수 있지만 파이썬에서는 프로그램이 스크립트를 하나씩만 실행합니다.

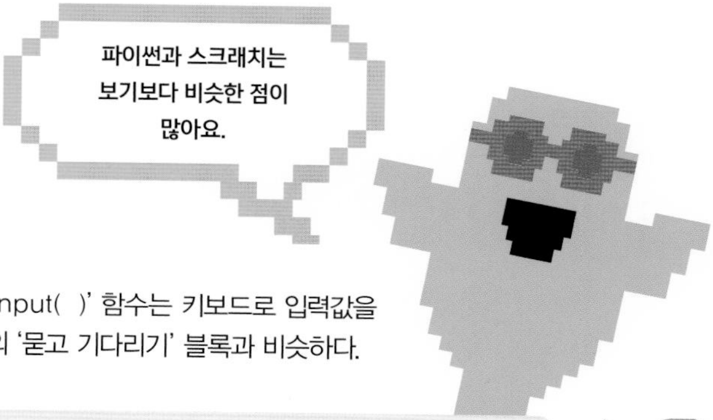

파이썬과 스크래치는 보기보다 비슷한 점이 많아요.

1 입력

파이썬의 'input( )' 함수는 키보드로 입력값을 받는다. 스크래치의 '묻고 기다리기' 블록과 비슷하다.

```
door = input('1, 2 아니면 3?')
```

질문이 화면에 나타난다.

→ [1, 2 아니면 3?] 묻고 기다리기

스크래치 블록의 질문

스크래치의 '묻고 기다리기' 블록

2 처리

점수를 기록하기 위해 변수를 사용하고 유령이 있는 방을 정하기 위해 'randint' 함수를 사용한다. 스크래치에서는 여러 가지 블록을 사용해 이 기능을 처리한다.

```
score = 0
```

변수 'score'에 0을 입력한다.

→ [score ▼] 을(를) [0] 로 정하기

이 블록은 변수 'score' 값을 0으로 설정한다.

스크래치의 'score를 0으로 정하기' 블록

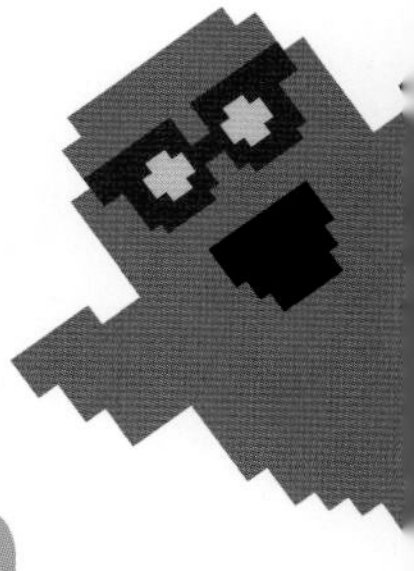

```
ghost_door = randint(1, 3)
```

1부터 3 사이의 수 하나를 무작위로 선택한다.

→ (1)부터 (3) 사이의 난수

스크래치의 '난수 선택' 블록

이 스크래치 블록은 난수를 선택한다.

3 출력

파이썬에서는 'print( )' 함수를 사용해 출력하고, 스크래치에서는 '말하기' 블록을 사용한다.

```
print('유령 게임')
```

화면에 '유령 게임'이라고 표시한다.

→ [유령 게임] 말하기

'유령 게임'이라는 말을 말풍선으로 보여준다.

스크래치의 '말하기' 블록

단순한 명령

스크래치와 비교하면 파이썬이 조금 어렵게 느껴질 수도 있습니다. 그렇지만 두 언어는 보는 것만큼 그렇게 다르지는 않습니다. 다음은 파이썬과 스크래치의 기본 명령을 비교한 것입니다.

여기도 함께 보세요
86~87 ◁ 파이썬이란?
복잡한 명령 ▷ 104~105

명령	파이썬 3	스크래치 2.0
프로그램 실행	메뉴에서 'Run' 선택 또는 'F5' 키 누르기(코드 창)	
프로그램 정지	ctrl 키를 누른 채 C키 누르기(셸 창)	
화면에 텍스트 쓰기	`print('안녕!')`	안녕! 말하기
변수에 숫자 값 설정하기	`magic_number = 42`	magic_number ▼ 을(를) 42 로 정하기
변수에 문자열 설정하기	`word = '드래곤'`	word ▼ 을(를) 드래곤 ▼ (으)로 정하기
키보드로 입력된 텍스트를 읽어 변수에 넣기	`age = input('나이는?')` `print('나는' + age)`	나이는? 묻고 기다리기 말하기 결합하기 나는 과 answer

변수에 숫자 값 넣기	`cats = cats + 1`
	또는
	`cats += 1`
		cats ▼ 을(를) 1 만큼 바꾸기

더하기	`a + 2`	a + 2
빼기	`a - 2`	a - 2
곱하기	`a * 2`	a * 2
나누기	`a / 2`	a / 2

명령	파이썬 3	스크래치 2.0
무한 반복	while True: jump()	무한 반복하기 뛰기
10회 반복	for i in range (10): jump()	10 번 반복하기 뛰기
~와 같다?	a == 2	a = 2
~보다 작다?	a < 2	a < 2
~보다 크다?	a > 2	a > 2
아니다	not	가(이) 아니다
또는	or	또는
그리고	and	그리고
만약~라면	if a == 2: print('안녕!')	만약 a = 2 라면 안녕! 말하기

만약~라면~ 아니면	if a == 2:
	    print('안녕!')
	else:
	    print('잘 가!')
		만약 a = 2 라면
		안녕! 말하기
		아니면
		잘 가! 말하기

복잡한 명령

파이썬에는 스크래치와 마찬가지로 좀더 복잡한 명령도 있습니다. 복합 반복문을 만들거나 문자열과 리스트를 사용하거나 터틀 그래픽으로 그림을 그릴 수 있습니다.

여기도 함께 보세요
86~87 ◁ 파이썬이란?
102~103 ◁ 단순한 명령

명령	파이썬 3	스크래치 2.0
조건문이 있는 반복문	`while roll != 6:` `    jump()`	roll = 6 까지 반복하기 jump
기다리기	`from time import sleep` `sleep(2)`	2 초 기다리기
난수 만들기	`from random import randint` `roll = randint(1, 6)`	roll ▼ 을(를) 1 부터 6 사이의 난수로 정하기
함수나 부프로그램 만들기	`def jump():` `    print('점프!')`	정의하기 jump 점프! 생각하기
함수나 부프로그램 사용하기	`jump()`	jump
입력 값이 있는 함수나 부프로그램 만들기	`def greet(who):` `    print('Hello ' + who)`	정의하기 greet who Hello 와 who 결합하기 말하기
함수나 부프로그램 사용하기	`greet('chicken')`	greet chicken

명령	파이썬 3	스크래치 2.0
터틀 그래픽	from turtle import * clear() pendown() forward(100) right(90) penup()	지우기 펜 내리기 (100) 만큼 움직이기 ↻ (90) 도 돌기 펜 올리기
문자열 연결하기	print(greeting + name)	(greeting) 와 (name) 결합하기 말하기
문자열에서 한 글자 가져오기	name[0]	(1) 번째 (name) 글자
문자열의 길이	len(name)	(name) 의 길이
빈 리스트 만들기	menu = list()	리스트 만들기
리스트 마지막에 항목 추가하기	menu.append(thing)	(thing) 항목을 [menu ▼] 에 추가하기
리스트에 있는 항목 수	len(menu)	[menu ▼] 리스트의 항목 수
리스트에서 5번째 항목의 값	menu[4]	(5 ▼) 번째 [menu ▼] 항목 말하기
리스트의 2번째 항목 삭제	del menu[1]	(2) 번째 항목을 [menu ▼] 에서 삭제하기

리스트에 있는 항목인가?	if '올리브' in menu:
	    print('으악!')
		만약 <[menu ▼] 리스트에 [올리브] 포함되었는가?> 라면
		    [으악!] 말하기

어느 창을 사용할까?

IDLE에서는 두 가지 창을 선택할 수 있습니다.
코드 창은 프로그램을 작성하고 저장하는 데 사용하고,
셸 창은 파이썬 명령문을 바로 실행합니다.

여기도 함께 보세요

92~93 ◁ IDLE 시작하기

96~97 ◁ 유령 게임

코드 창

이 책에서는 지금까지 코드 창을 사용해 프로그램을 만들었습니다.
프로그램을 입력하고 저장한 후 실행하면 결과가 셸 창에 나타납니다.

▽ 프로그램 실행하기
파이썬 프로그램은 아래와 같은 흐름으로 실행된다. 실행하기 전에는 항상 프로그램을 저장해야 한다.

코드 입력 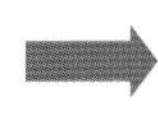 저장 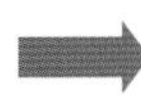 모듈 실행  출력

1 코드 창에 프로그램 입력
다음 코드를 코드 창에 입력하고 저장한 후 '실행(Run)' 메뉴에서 '모듈 실행하기(Run module)'를 클릭해 프로그램을 실행한다.

```
a = 10
b = 4
print(a + b)
print(a - b)
```

'a' 값으로 10 설정

'b' 값으로 4 설정

'print' 명령어가 이 계산의 정답을 보여준다.

2 셸 창에 결과 출력
프로그램을 실행하면 출력 값(프로그램의 결과)이 셸 창에 표시된다.

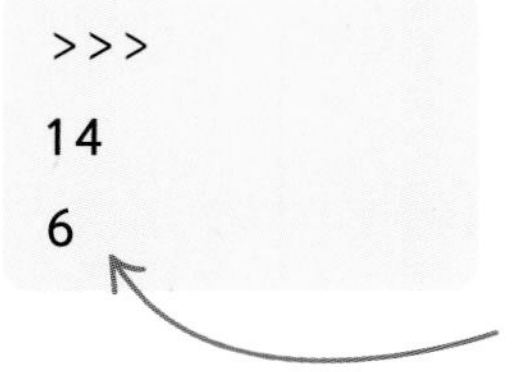

계산 결과가 셸 창에 나타난다.

셸 창

파이썬은 셸 창에 입력한 명령도 처리할 수 있습니다.
셸 창에서는 입력되자마자 실행되어 결과를 바로 표시합니다.

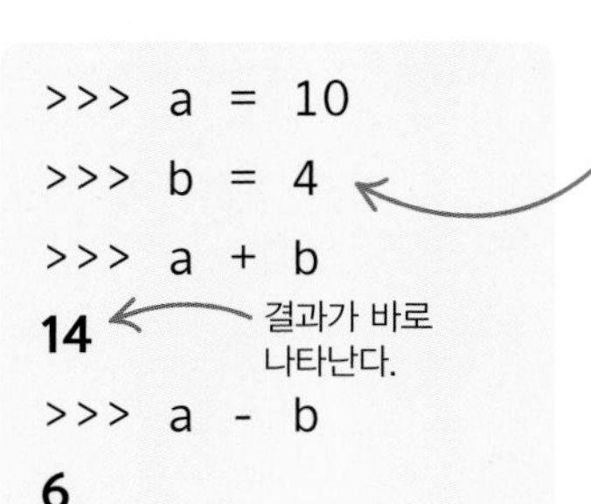

>>> a = 10
>>> b = 4
>>> a + b
14
결과가 바로 나타난다.
>>> a - b
6

처음 두 명령은 'a'와 'b'에 값을 설정하기만 하기 때문에 출력 값이 없다.

◁ 코드와 출력 값을 함께 표시
셸 창은 코드와 출력 값을 함께 보여준다. 셸 창에 명령을 입력하면 답이 어느 계산에 대한 결과인지 쉽게 알 수 있다.

△ 아이디어 테스트하기
셸 창은 즉각적으로 반응하기 때문에 명령문을 테스트하거나 명령문의 기능을 확인해 보기에 좋다.

파이썬 놀이터

셸 창에서는 그리기를 포함한 여러가지 명령문을 시험해 볼 수 있습니다. 스크래치에서 펜을 사용했던 것과 같은 방법으로 거북이(turtle)를 사용해 화면에 그림을 그릴 수 있습니다.

거북이를 제어하는 모든 명령어를 불러온다.

```
>>> from turtle import *
>>> forward(100)
>>> right(120)
>>> forward(100)
```

거북이를 앞쪽으로 움직인다.

◁ **코드 입력**
이 명령문을 셸 창에 입력한다. 각 명령문이 입력하는 대로 실행된다. 거북이가 움직이면서 선을 그린다.

◁ **터틀 그래픽**
정사각형이나 오각형 등 다른 도형은 어떻게 그릴 수 있을지도 생각해보자. 다시 시작하려면 'clear( )'를 셸 창에 입력하면 된다.

어느 창을 사용해야 할까?

코드 창을 사용해야 할까요, 셸 창을 사용해야 할까요? 그것은 여러분이 만들고 있는 프로그램의 종류와 코드를 얼마나 반복적으로 사용하는지에 따라 결정됩니다.

프로그래머의 한마디

코드의 색상

IDLE은 코드를 여러 색상으로 표시합니다. 색을 보면 파이썬이 텍스트를 무엇으로 인식하는지 알 수 있습니다.

함수
'print'와 같이 파이썬에 이미 있는 명령어는 보라색으로 표시한다.

따옴표 안의 문자열
녹색은 문자열을 나타낸다. 괄호도 녹색이라면 따옴표를 빠뜨렸을 것이다.

대부분의 기호와 이름
대부분의 코드는 검은색으로 표시한다.

출력
셸 창에 보여주는 파이썬의 출력은 파란색으로 나타난다.

키워드
'if'와 'else' 같은 키워드는 주황색으로 표시한다. 파이썬에서는 키워드를 변수 이름으로 사용할 수 없다.

오류
파이썬은 셸 창의 오류 메시지를 빨간색으로 표시해 경고한다.

▷ **코드 창**
코드가 긴 경우에는 저장하고 편집할 수 있는 코드 창이 딱이다. 같은 것을 반복해야 할 때나 비슷한 프로그램을 만들 때는 이전에 만들어두었던 것을 손보는 것이 더 편하기 때문이다. 단 매번 사용할 때마다 저장한 다음 실행해야 한다.

코드냐, 셸이냐

◁ **셸 창**
명령이 어떻게 작동하는지 확인할 때나 간단한 실험을 하고 싶을 때는 셸 창이 제격이다. 간편한 계산기로도 사용할 수 있다. 하지만 코드를 저장할 수 없기 때문에 여러 번 반복해서 사용하고 싶을 때는 코드 창을 사용하는 것이 좋을 것이다.

파이썬의 변수

프로그램 안의 정보를 기억하기 위해 변수를 사용합니다. 변수란 데이터를 넣어두는 상자와 같습니다. 이 상자에 데이터를 저장하고 표시해둘 수 있습니다.

여기도 함께 보세요

자료형 ▷ 110~111
파이썬의 계산 ▷ 112~113
파이썬의 문자열 ▷ 114~115
입력과 출력 ▷ 116~117
함수 ▷ 130~131

변수 만들기

숫자나 문자열을 변수에 넣는 것을 '변수에 값을 할당한다'고 합니다. 할당할 때는 '=' 기호를 사용합니다. 셸 창에 다음 코드를 입력해 보세요.

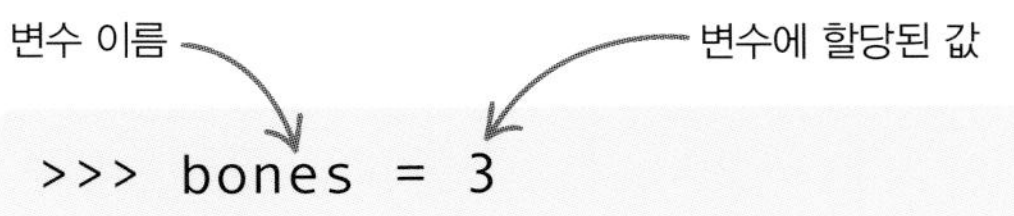

변수 이름
변수에 할당된 값
>>> bones = 3

△ 숫자 할당
숫자를 할당할 때는 변수 이름을 쓰고 등호(=)를 쓴 후 숫자를 입력하면 된다.

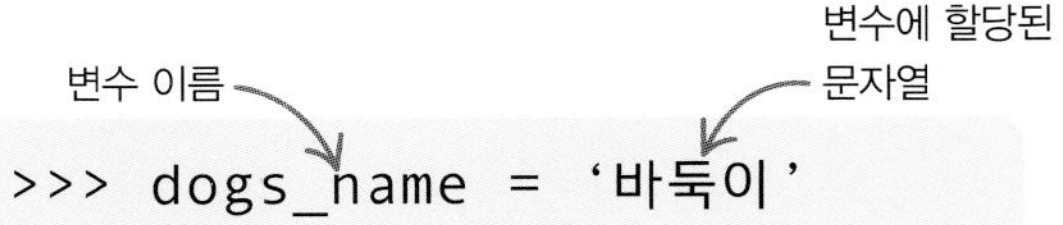

변수 이름
변수에 할당된 문자열
>>> dogs_name = '바둑이'

△ 문자열 할당
문자열을 할당할 때는 변수 이름에 등호(=)를 쓴 후 문자열을 작은따옴표 안에 넣어 입력하면 된다.

잊지 마세요!

스크래치의 변수

변수에 숫자나 문자열을 할당할 때, 스크래치에서는 아래와 같은 블록을 사용합니다. 하지만 파이썬에서는 '변수 만들기' 버튼을 클릭하지 않아도 됩니다. 변수 이름을 쓰고 값을 할당하기만 하면 파이썬이 변수를 만들어 줍니다.

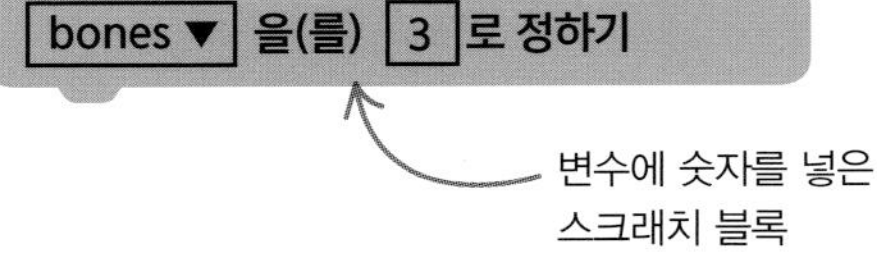

bones ▼ 을(를) 3 로 정하기
변수에 숫자를 넣은 스크래치 블록

변수 출력하기

'print' 명령어는 화면에 뭔가를 표시하는 데 사용합니다. 프린트한다는 영단어이긴 하지만 프린터와는 아무 상관이 없습니다. 'print' 명령을 사용하면 변숫값을 표시할 수 있습니다.

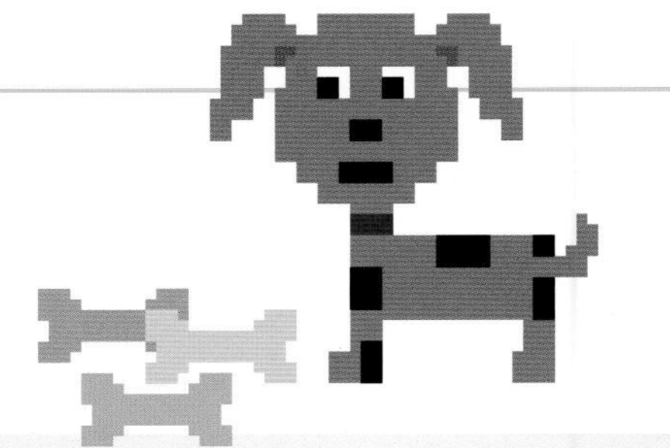

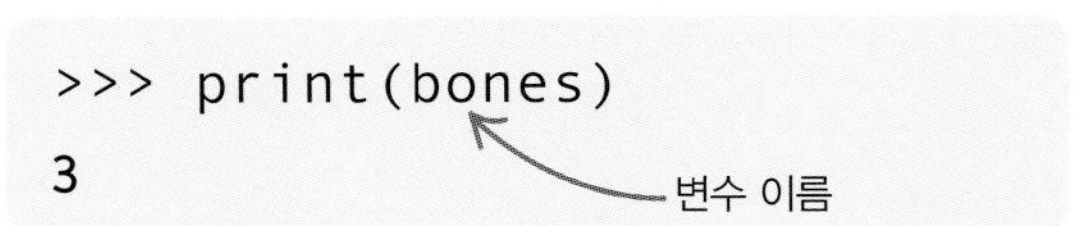

>>> print(bones)
3
변수 이름

△ 숫자 출력
변수 'bones'에 숫자 3이 들어 있어서 셸 창에 3이 표시된다.

```
>>> print(dogs_name)
바둑이
```

여기에 따옴표가 없다.

△ 문자열 출력
변수 'dogs_name'에는 문자열이 들어 있기 때문에 문자열이 화면에 표시된다. 문자열이 표시될 때 따옴표는 나타나지 않는다.

변수의 내용 바꾸기

변수의 값을 바꾸려면 변수에 새 값을 넣어주기만 하면 됩니다. 여기에서 변수 'gifts'는 2라는 값을 갖고 있습니다. 새 값으로 3을 할당하면 값이 3으로 바뀝니다.

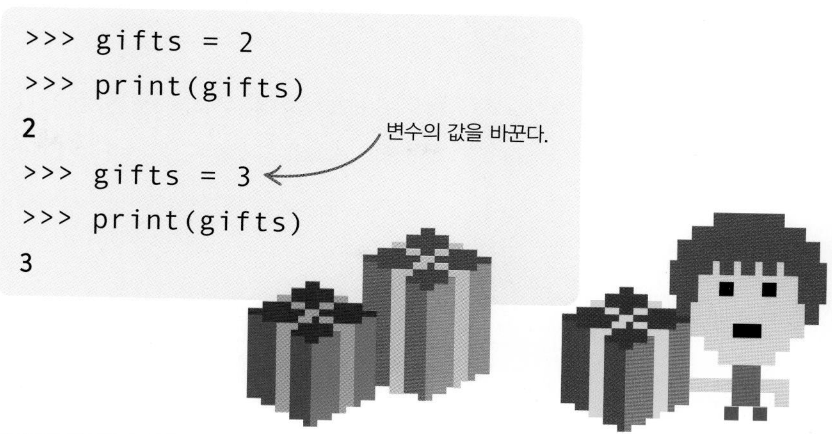
변수의 값을 바꾼다.

```
>>> gifts = 2
>>> print(gifts)
2
>>> gifts = 3
>>> print(gifts)
3
```

변수 사용하기

'=' 기호를 써서 어떤 변수의 값을 다른 변수에도 똑같이 설정할 수 있습니다. 예를 들어 변수 'rabbits'(토끼)에 토끼의 수가 할당되어 있다면 그 값을 'hats'(모자)에도 할당해주는 것이죠. 이렇게 하면 토끼와 같은 수의 모자를 만들어둘 수 있습니다.

1 변수에 값 할당하기
이 코드는 'rabbits'라는 변수에 숫자 5를 할당한다. 그런 다음 'hats'라는 변수에 같은 값을 할당한다.

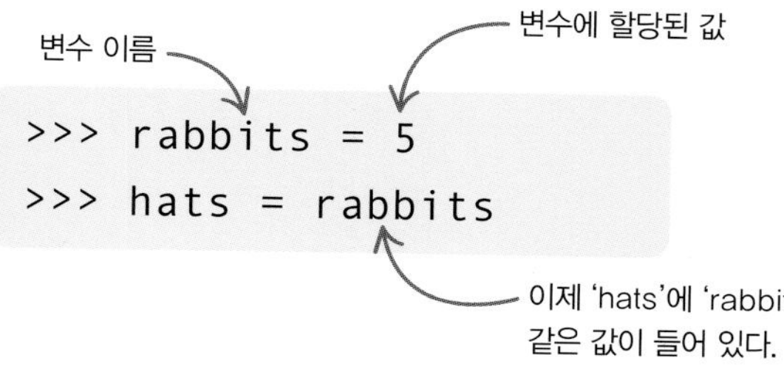
변수 이름
변수에 할당된 값
이제 'hats'에 'rabbits'와 같은 값이 들어 있다.

```
>>> rabbits = 5
>>> hats = rabbits
```

2 값 출력하기
두 변수를 화면에 표시하려면 'print' 명령어 뒤에 괄호를 넣고 괄호 안에 두 변수 이름을 쉼표로 구분해 넣는다. 'hats'와 'rabbits' 둘 다 값으로 5가 들어 있다.

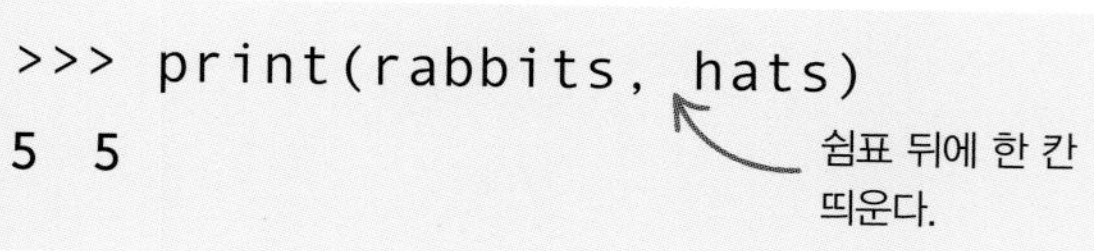
쉼표 뒤에 한 칸 띄운다.

```
>>> print(rabbits, hats)
5 5
```

3 'rabbits'의 값 바꾸기
'rabbits'의 값을 바꿔도 'hats' 값은 바뀌지 않는다. 'hats' 변수는 거기에 새 값을 할당할 때만 바뀐다.

```
>>> rabbits = 10
>>> print(rabbits, hats)
10 5
```

'rabbits'에 새 값 할당

'hats'의 값은 바뀌지 않는다.

> **프로그래머의 한마디**
>
> **변수 이름 짓기**
>
> 변수 이름을 지을 때 몇 가지 따라야 할 규칙이 있습니다.
>
> - 모든 글자나 숫자를 사용할 수 있다.
> - 숫자를 맨 앞에 쓸 수 없다.
> - -, /, #, @ 같은 특수 문자는 사용할 수 없다.
> - 빈칸을 사용할 수 없다.
> - 언더바(_)를 빈칸 대신 사용할 수 있다.
> - 대문자와 소문자를 구분한다. 파이썬은 'Dogs'와 'dogs'를 두 개의 다른 변수로 취급한다.
> - 'print'처럼 파이썬이 명령문으로 사용하는 단어를 사용하지 않는다.

자료형

파이썬은 데이터를 몇 가지의 형태로 나눠 인식합니다. 파이썬은 어떤 형태의 데이터를 사용했는지 대부분은 알아차리지만, 어떤 데이터는 여러분이 직접 다른 것으로 바꿔줘야 할 때도 있습니다.

여기도 함께 보세요

파이썬의 계산 ▷ **112~113**

파이썬의 문자열 ▷ **114~115**

결정하기 ▷ **118~119**

리스트 ▷ **128~129**

숫자

파이썬에는 두 종류의 수를 사용합니다. 소수점이 없는 수인 '정수', 소수점이 있는 소수까지 포함한 '실수'입니다. 양이 있는 상황을 예로 든다면 정수는 양의 수를 세는 데 사용하고 실수는 양의 무게를 재는 데 사용합니다.

```
>>> sheep = 1
>>> print(sheep)
1
```

정수

△ 정수
정수는 'sheep' 변수에 들어 있는 1과 같이 소수점이 없는 수를 말한다.

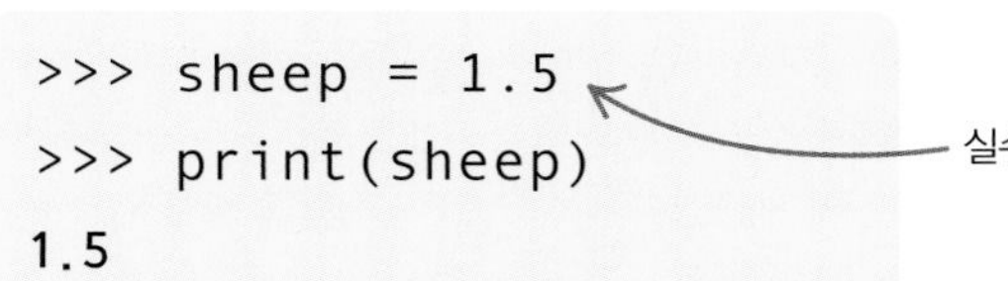

```
>>> sheep = 1.5
>>> print(sheep)
1.5
```

실수

△ 실수
실수는 1.5와 같이 소수점이 있는 수다. 나눌 수 없는 것을 셀 때는 보통 사용하지 않는다.

문자열

스크래치와 마찬가지로 파이썬에서도 문자를 늘어놓은 것을 '문자열'이라고 합니다. 문자열에는 글자와 숫자, 공백, 그리고 마침표나 쉼표 같은 기호가 들어갈 수 있습니다. 대개는 작은따옴표 안에 넣습니다.

문자열 앞뒤로는
항상 따옴표 넣는
것을 잊지 마세요.

▷ 문자열 사용하기
변수에 문자열을 넣으려면 문자를 작은따옴표 안에 넣으면 된다.

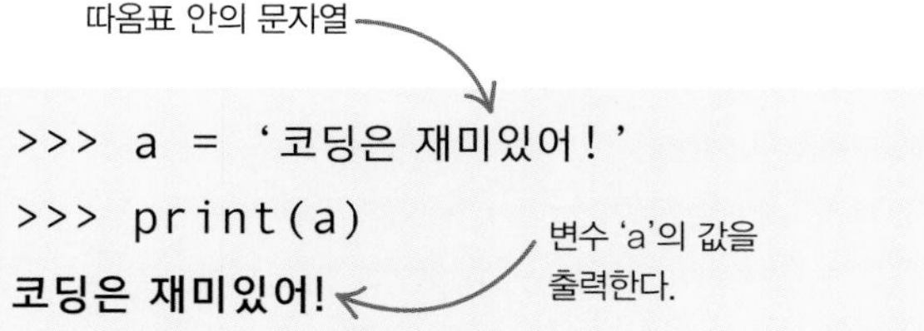

```
>>> a = '코딩은 재미있어!'
>>> print(a)
코딩은 재미있어!
```

따옴표 안의 문자열

변수 'a'의 값을 출력한다.

논리 연산식

파이썬 데이터에는 '참(True)' 아니면 '거짓(False)' 둘 중 하나가 되는 논리 연산식이 있습니다. 맨 앞글자는 T와 F로 반드시 대문자를 사용해야 합니다.

▷ 참

변수에 '참(True)' 값을 넣으면 논리 연산식으로 처리한다.

```
>>> a = True
>>> print(a)
True
```

따옴표 없이 사용한다.

참인지 거짓인지 표시된다.

▷ 거짓

변수에 '거짓(False)' 값을 넣어도 논리 연산식으로 처리한다.

```
>>> a = False
>>> print(a)
False
```

참인지 거짓인지 표시된다.

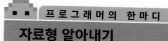

프로그래머의 한마디

자료형 알아내기

파이썬에는 다양한 자료형이 있습니다. 어떤 데이터가 어떤 자료형인지 알아내려면 'type' 명령어를 사용하면 됩니다.

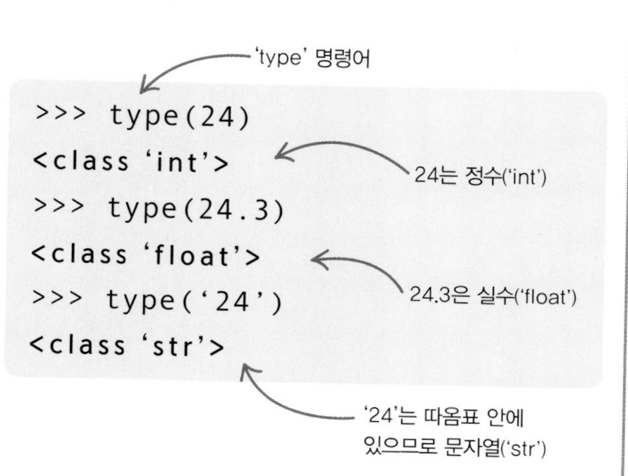

```
>>> type(24)
<class 'int'>
>>> type(24.3)
<class 'float'>
>>> type('24')
<class 'str'>
```


자료형 바꾸기

변수에는 어떤 자료형이든 들어갈 수 있습니다. 하지만 서로 다른 자료형을 섞어서 사용하면 문제가 생깁니다. 때로는 자료형을 바꿔줘야지, 그렇지 않으면 오류 메시지가 나타납니다.

▷ 자료형 혼용

'input' 명령어는 숫자를 입력해도 항상 문자열로 처리된다. 오른쪽 예제에서는 'apple'이라는 변수가 사실상 문자열 값을 갖고 있어 오류 메시지가 표시된다.

변수 이름

화면에 표시할 문자열

```
>>> apple = input('사과의 수를 입력하세요')
사과의 수를 입력하세요 2
>>> print(apple + 1)
TypeError
```

변수 'apple'에 숫자 1을 더한다.

숫자와 문자열이 섞여 있어서 파이썬이 어떻게 더할지 몰라 프로그램에 오류 메시지가 뜬다.

▷ 자료형 바꾸기

문자열을 숫자로 바꾸려면 'int( )' 명령어를 사용해 문자열을 정수로 바꾸면 된다.

```
>>> print(int(apple) + 1)
3
```

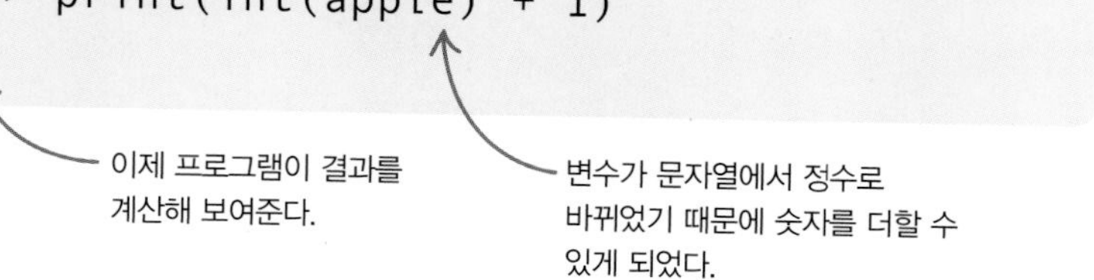

이제 프로그램이 결과를 계산해 보여준다.
변수가 문자열에서 정수로 바뀌었기 때문에 숫자를 더할 수 있게 되었다.

파이썬의 계산

파이썬은 여러 가지 계산을 하는 데 사용할 수 있습니다. 덧셈, 뺄셈, 곱셈, 나눗셈도 가능합니다. 계산을 할 때는 변수를 사용하기도 합니다.

여기도 함께 보세요
52~53 ◁ 계산
108~109 ◁ 파이썬의 변수

간단한 연산

파이썬에서 간단한 계산은 셸 창에 직접 입력하여 할 수 있습니다. 이때 파이썬이 답을 바로 보여주기 때문에 'print( )' 함수는 필요 없습니다. 다음 예제를 셸 창에서 실행해 보세요.

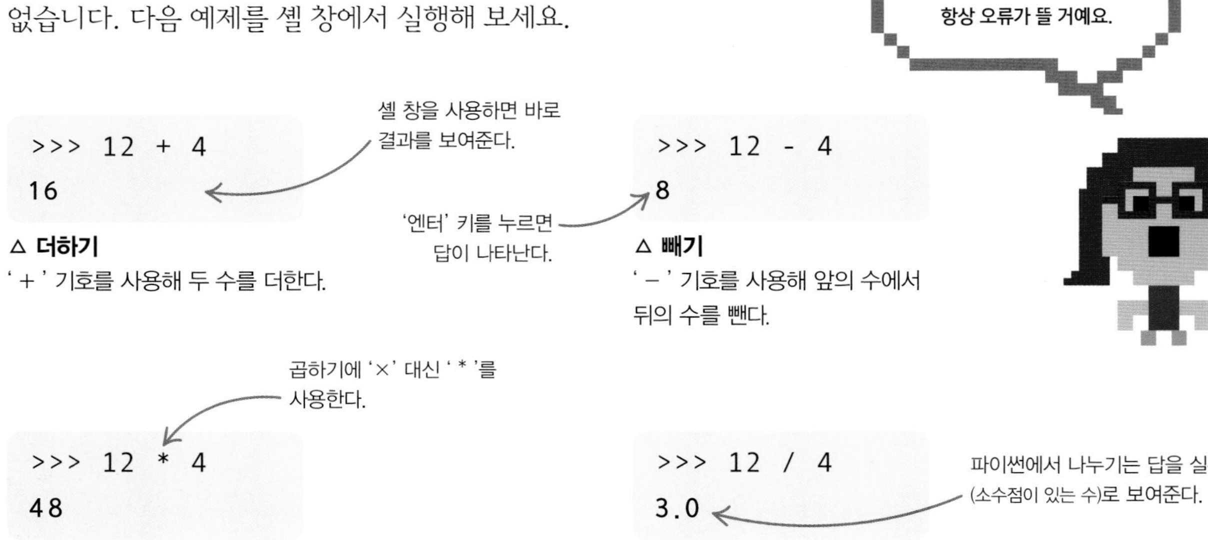

△ **더하기**
' + ' 기호를 사용해 두 수를 더한다.

△ **빼기**
' – ' 기호를 사용해 앞의 수에서 뒤의 수를 뺀다.

△ **곱하기**
' * ' 기호를 사용해 두 수를 곱한다.

△ **나누기**
' / ' 기호를 사용해 앞의 수를 뒤의 수로 나눈다.

괄호 사용하기

괄호를 사용해 어느 부분을 먼저 계산할지 파이썬에게 알려줄 수 있습니다. 파이썬은 괄호 안을 먼저 계산하고 나머지는 그 뒤에 순서대로 계산합니다.

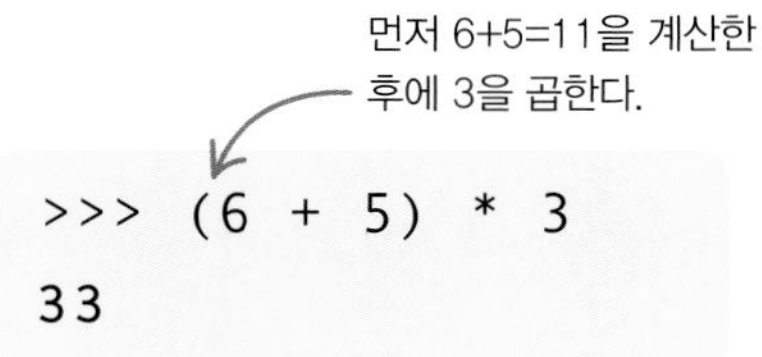

먼저 6+5=11을 계산한 후에 3을 곱한다.
>>> (6 + 5) * 3
33

△ **더하기 먼저**
이 계산에서 괄호는 더하기를 먼저 하라고 파이썬에게 알려준다.

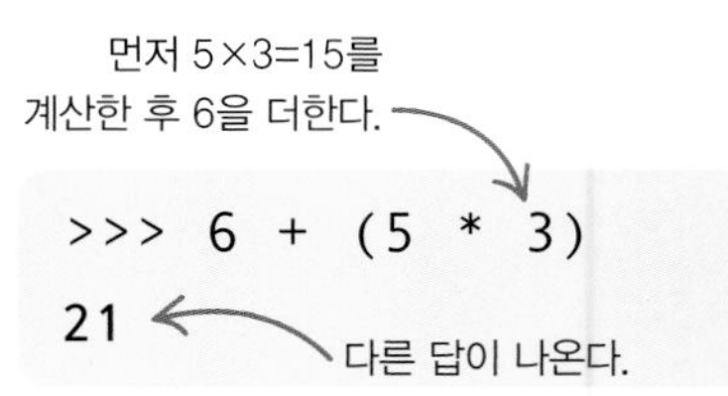

△ **곱하기 먼저**
여기에서는 곱하기를 먼저 하도록 괄호를 사용했다.

답을 변수에 넣기

변수에 숫자를 넣으면 이 변수를 사용해 계산을 할 수 있습니다. 변수에 덧셈, 뺄셈 등의 계산식을 넣으면 그 계산식이 변수에 들어가는 것이 아니라 계산 결과가 변수에 들어가게 됩니다.

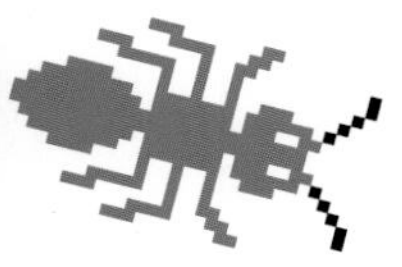

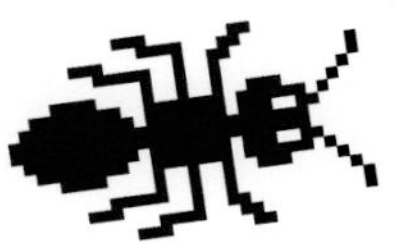

1 간단한 덧셈하기

아래는 'ants(개미)'와 'spiders(거미)' 변수를 더해서 그 답을 'bugs(곤충)'라는 변수에 넣는 프로그램이다.

```
>>> ants = 22
>>> spiders = 35
>>> bugs = ants + spiders
>>> print(bugs)
57
```

두 변수의 값을 더한다.

'bugs'의 값을 출력한다.

2 변숫값 변경하기

변수 'ants'나 'spiders'에 숫자를 넣는다. 'bugs' 변수에는 'ants'와 'spiders'를 더하는 계산식을 넣는다.

```
>>> ants = 22
>>> spiders = 18
>>> bugs = ants + spiders
>>> print(bugs)
40
```

'spiders'의 값을 바꾼다.

변수를 다시 더한다.

답이 바뀐다.

3 할당 건너뛰기

계산식을 'bugs' 변수에 넣지 않으면, 'ants'와 'spider'의 값을 바꾸어도 'bugs' 값은 변하지 않는다.

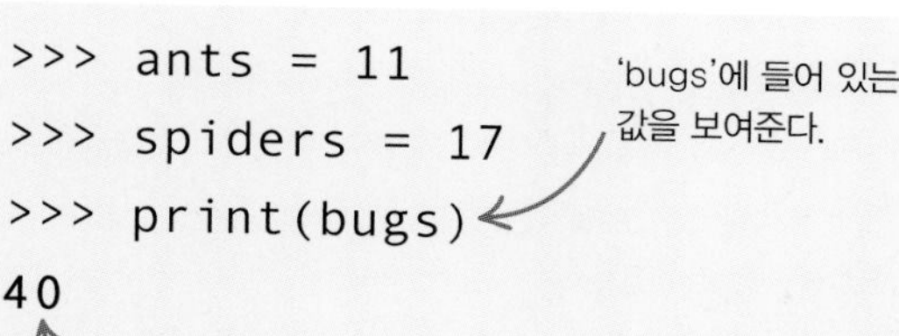

```
>>> ants = 11
>>> spiders = 17
>>> print(bugs)
40
```

'bugs'에 들어 있는 값을 보여준다.

답이 바뀌지 않았다 (여전히 18+22의 값이다).

난수

난수를 만들려면 먼저 파이썬에 'randint' 함수를 불러와야 합니다. 불러오려면 'import' 명령어를 사용합니다. 'randint( )' 함수는 임의의 정수(소수점이 없는 수)를 선택하도록 이미 프로그램이 되어 있습니다.

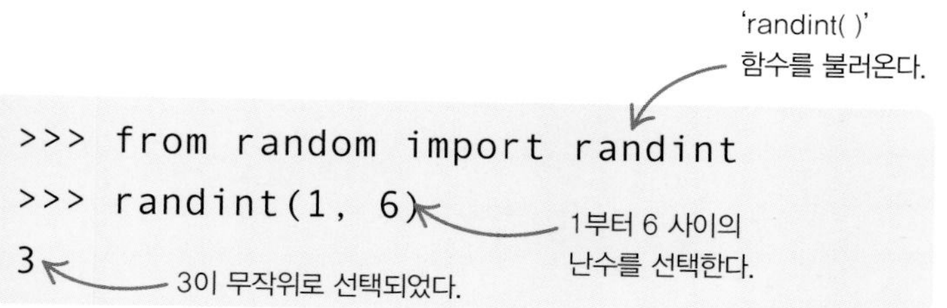

```
>>> from random import randint
>>> randint(1, 6)
3
```

'randint( )' 함수를 불러온다.

1부터 6 사이의 난수를 선택한다.

3이 무작위로 선택되었다.

△ 주사위 굴리기

'randint( )' 함수는 괄호 안에 있는 두 수 사이의 어떤 수 하나를 고른다. 이 프로그램에서 'randint(1, 6)'은 1에서 6 사이의 값 중 하나를 선택한다.

잊 지 마 세 요 !

난수 블록

'randint( )' 함수는 스크래치의 '난수' 블록과 같은 기능을 합니다. 스크래치에서는 선택 범위에서 가장 작은 수와 가장 큰 수를 블록 안의 빈칸에 넣었지만, 파이썬에서는 그 두 숫자를 괄호 안에 쉼표로 구분해 넣습니다.

(1)부터 (6) 사이의 난수

△ 정수

파이썬의 'randint( )' 함수와 스크래치의 난수 블록 모두 정수 하나를 무작위로 선택한다. 결과값은 절대 실수(소수점이 있는 수)가 될 수 없다.

파이썬의 문자열

파이썬은 단어나 문장을 사용하기에 좋은 프로그래밍 언어입니다. 여러 문자열(나열된 문자)을 조합하거나 일부분을 선택해서 뽑아 쓰는 것도 가능합니다.

여기도 함께 보세요
54~55 ◁ 문자열과 리스트
110~111 ◁ 자료형

문자열 만들기

문자열에는 글자나 숫자, 기호, 빈칸이 들어갑니다. 이것들을 모두 문자(character)라고 합니다. 변수에도 문자열을 넣을 수 있습니다.

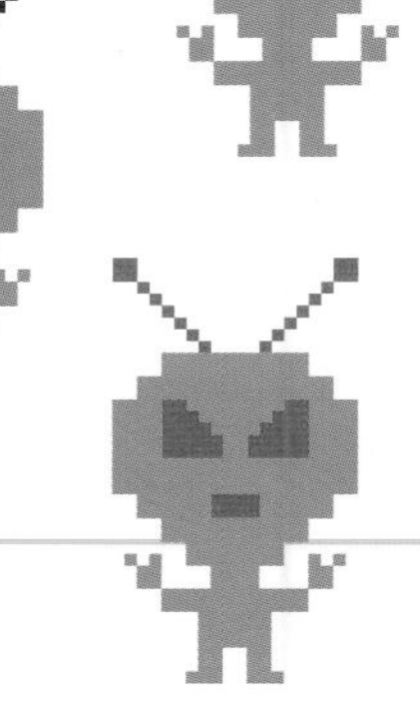

▷ 변수의 문자열
변수에 문자열을 넣을 수 있다. 이 두 문자열을 변수 'a'와 'b'에 입력해보자.

따옴표가 있으면 변수에 문자열이 들어 있다는 뜻이다.

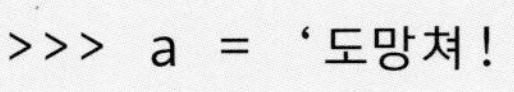

```
>>> a = '도망쳐!'
```

```
>>> b = '외계인이 온다.'
```

문자열 추가하기

두 수를 더하면 새로운 수가 만들어집니다. 마찬가지로 문자열도 서로 다른 것을 더하면 하나로 합쳐진 문자열로 바뀝니다.

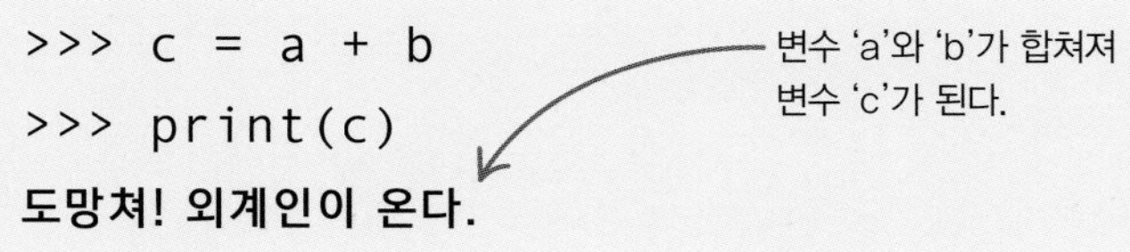

```
>>> c = a + b
>>> print(c)
도망쳐! 외계인이 온다.
```

변수 'a'와 'b'가 합쳐져 변수 'c'가 된다.

△ 문자열 더하기
'+' 기호가 하나의 문자열을 다른 문자열과 합치고 그 답은 변수 'c'가 된다.

새로운 문자열을 변수 'c'에 추가한다.

```
>>> c = b + ' 조심해! ' + a
>>> print(c)
외계인이 온다. 조심해! 도망쳐.
```

새 문자열이 메시지 가운데 나타난다.

△ 변수 사이에 다른 문자열 넣기
새로운 문자열을 두 문자열 사이에 넣을 수도 있다. 위 예제를 입력해보자.

프로그래머의 한마디

문자열의 길이

'len( )' 함수를 사용하면 문자열의 길이를 알아낼 수 있습니다. 파이썬은 빈칸을 포함한 모든 문자의 수를 세어 알려줍니다.

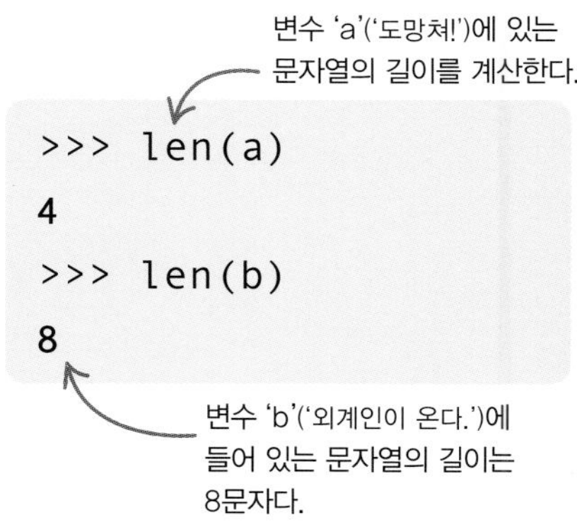

변수 'a'('도망쳐!')에 있는 문자열의 길이를 계산한다.

```
>>> len(a)
4
>>> len(b)
8
```

변수 'b'('외계인이 온다.')에 들어 있는 문자열의 길이는 8문자다.

문자에 번호 매기기

문자열에 있는 문자들은 순서대로 번호가 매겨집니다. 이 번호로 어떤 글자나 기호를 찾을 수 있고 문자열에서 그것들을 뽑아내는 데 사용할 수도 있습니다.

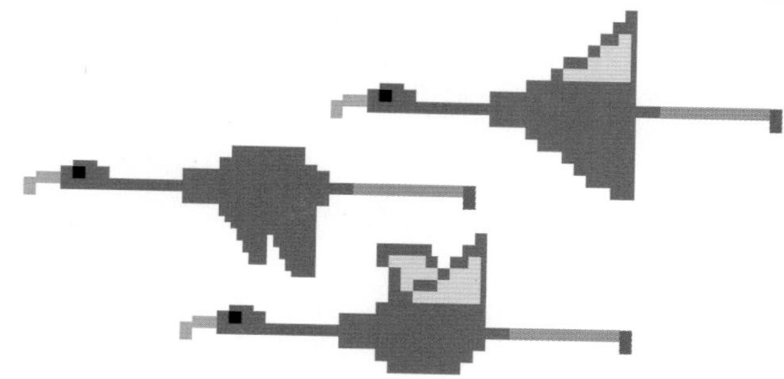

1 0부터 시작하는 번호

파이썬은 문자에 번호를 매길 때 0부터 시작한다. 두 번째 문자가 1번, 세 번째 문자가 2번인 식이다.

```
>>> a = 'FLAMINGO'
```

F L A M I N G O
0 1 2 3 4 5 6 7

여섯 번째 글자 'N'은 5번이다.

첫 번째 글자 'F'는 0번이다.

마지막 글자 'O'는 7번이다.

2 문자 수 세기

문자의 번호를 '인덱스'라고 한다. 인덱스를 사용해 문자열에서 특정 글자를 뽑아낼 수 있다.

```
>>> a[3]
'M'
```

인덱스 앞뒤로 대괄호([ ])를 붙인다.

변수 'a'의 3번 위치에 있는 문자

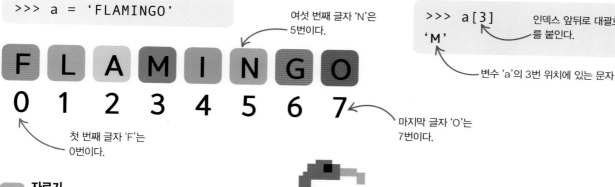

3 자르기

인덱스 두 개를 사용하여 문자열 일부를 뽑아내거나 '자를' 수 있다. 마지막 위치에 있는 글자는 제외시킨다.

```
>>> a[1:7]
'LAMING'
```

콜론으로 문자의 범위를 정한다.

변수 'a'의 인덱스 1부터 6까지 자른 문자

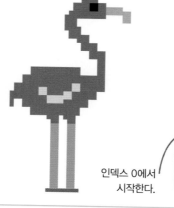

4 처음과 끝

인덱스의 앞이나 뒤칸을 비워두면 파이썬이 알아서 문자열의 맨 처음과 맨 끝 문자를 사용한다.

```
>>> a[:3]
'FLA'
>>> a[3:]
'MINGO'
```

인덱스 0에서 시작한다.

인덱스 7에서 끝난다.

아포스트로피

큰따옴표나 작은따옴표 안에 문자열을 넣을 수 있습니다. 단 문자열 앞뒤로 사용하는 따옴표의 종류가 같아야 하죠. 이 책에서는 작은따옴표를 사용합니다. 그렇다면 문자열 안에 아포스트로피(')를 사용하고 싶을 때는 어떻게 할까요?

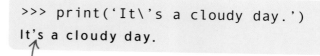

```
>>> print('It\'s a cloudy day.')
It's a cloudy day.
```

아포스트로피가 문자열 안에 들어 있다.

△ 아포스트로피 구별하기

아포스트로피를 문자열이 끝나는 곳의 작은 따옴표와 헷갈리지 않게 하려면 아포스트로피 앞에 '\'를 넣으면 된다. 이것을 '이스케이프' 처리한다고도 한다.

입력과 출력

프로그램은 입력과 출력을 통해 사용자와 정보를 나눕니다. 입력은 키보드를 사용해 프로그램에 정보를 넣는 것이고 출력은 화면에 정보를 표시하여 보여주는 것입니다.

여기도 함께 보세요
100~101 ◁ 프로그램 흐름
110~111 ◁ 자료형
파이썬의 반복문 ▷ 122~123

입력

'input( )' 함수를 사용해 키보드로 정보를 받습니다. 이 함수는 사용자가 입력을 마치고 '엔터' 키를 누르면 실행됩니다.

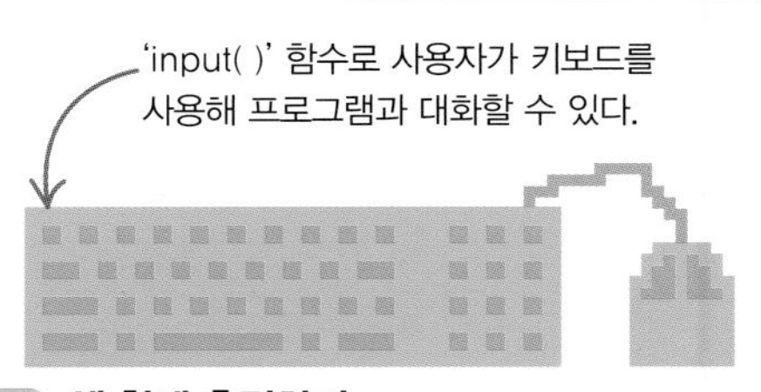
'input( )' 함수로 사용자가 키보드를 사용해 프로그램과 대화할 수 있다.

1 'input( )' 함수 사용하기

사용자에게 무엇을 입력할지 메시지를 띄울 수 있다. 'input( )' 함수의 괄호 안에 메시지를 입력한다.

```
name = input ('이름을 입력하세요: ')
print('안녕', name)
```

콜론 뒤에 빈칸을 넣으면 더 깔끔하게 표시된다.

사용자가 입력한 이름에 따라 출력이 달라진다.

2 셸 창에 출력하기

프로그램을 실행하면 '이름을 입력하세요: '라는 메시지가 뜨고 그 답이 셸 창에 나타난다.

```
이름을 입력하세요: 지나
안녕 지나
```

프로그램이 메시지를 출력한다.

사용자가 이름을 입력한다.

출력

'print( )' 함수는 셸 창에 문자를 보여줍니다. 이 함수를 사용하면 텍스트와 변수를 조합하여 보여줄 수 있습니다.

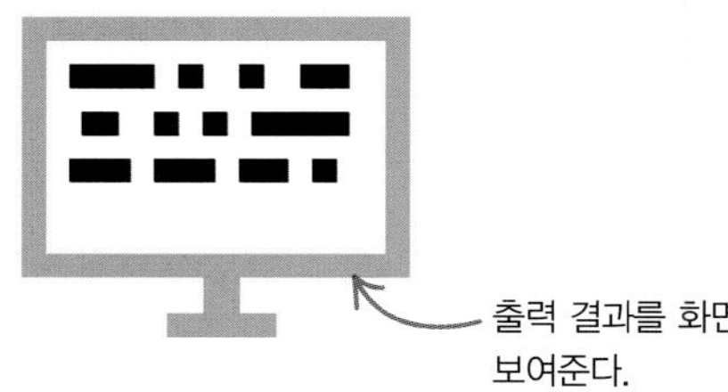
출력 결과를 화면에 보여준다.

1 변수 만들기

이번에는 변수를 세 개 만들어 간단한 예제를 실습해 보자. 변수 두 개는 문자열이고 하나는 정수(자연수)다.

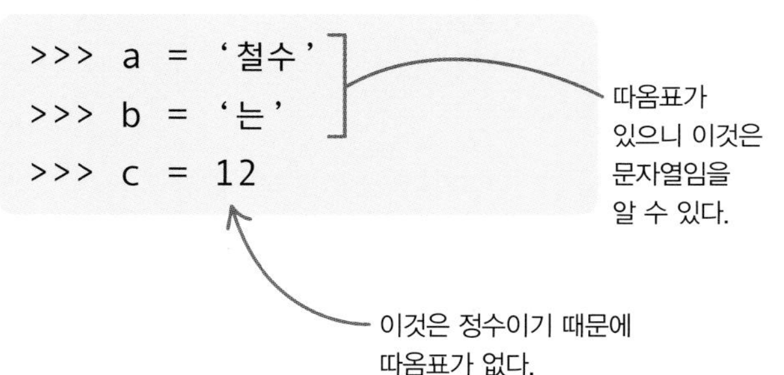

```
>>> a = '철수'
>>> b = '는'
>>> c = 12
```

따옴표가 있으니 이것은 문자열임을 알 수 있다.

이것은 정수이기 때문에 따옴표가 없다.

2 'print( )' 함수 사용하기

'print( )' 함수의 괄호 안에는 여러 가지가 들어갈 수 있다. 형태가 다른 변수는 물론이고 문자열과 변수를 결합할 수도 있다.

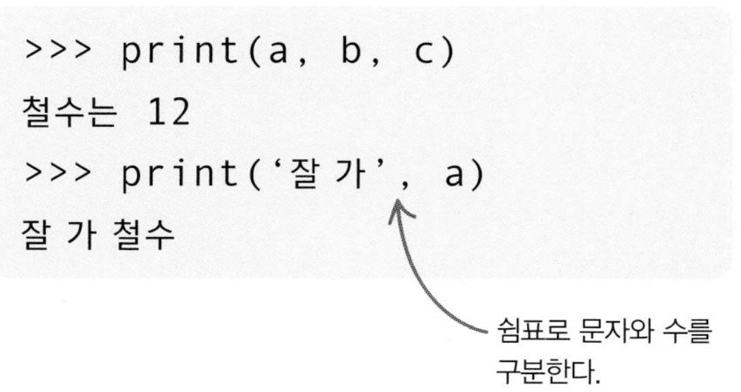

```
>>> print(a, b, c)
철수는 12
>>> print('잘 가', a)
잘 가 철수
```

쉼표로 문자와 수를 구분한다.

문자열을 분리하는 두 가지 방법

지금까지는 출력할 때 항목 사이에 빈칸을 넣어 한 줄에 보여줬습니다. 여기서는 문자열을 분리하는 두 가지 방법을 소개합니다.

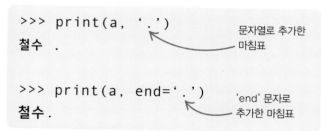

```
>>> print(a, b, c, sep='-')
철수-는-12
```

분리할 때 사용되는 문자

△ **붙임표로 분리하기**
화면에 표시할 때 변수들 사이에 붙임표를 넣을 수 있다. '+'나 '*' 같이 다른 문자를 사용해도 된다.

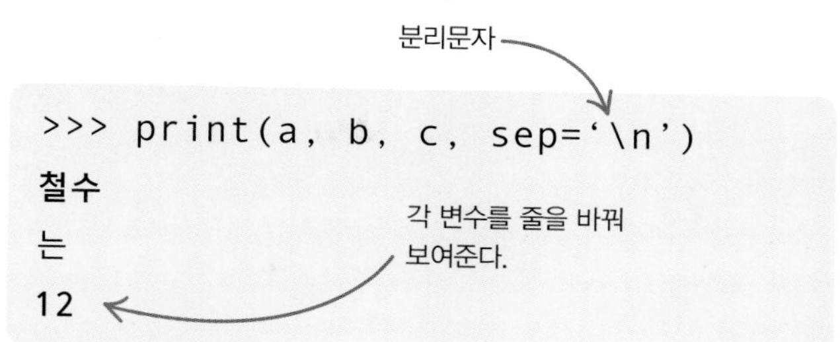

분리문자
>>> print(a, b, c, sep='\n')
철수
는
12
각 변수를 줄을 바꿔 보여준다.

△ **줄을 바꿔 분리하기**
분리할 때 사용되는 빈칸이나 문자를 '분리문자(sep)'라고 한다. '\n'(또는 ₩n)를 사용하면 줄을 바꿔 표시된다.

출력을 끝내는 세 가지 방법

'print' 함수의 출력이 끝났다는 표시를 하는 방법은 여러 가지가 있습니다.

```
>>> print(a, '.')
철수 .

>>> print(a, end='.')
철수.
```

문자열로 추가한 마침표

'end' 문자로 추가한 마침표

△ **출력 결과에 마침표 추가**
마침표를 문자열로 추가하면 마침표 앞에 빈칸이 들어간 채 보일 것이다. 이것을 피하려면 end='.'로 쓰면 된다.

프로그래머의 한마디

출력을 마무리하는 방법

'end'와 'sep'는 이 다음에 이어지는 문자열이 그냥 문자열이 아니라고 말해줍니다. 'end'와 'sep'을 잊지 말고 사용하세요. 그렇지 않으면 프로그램이 제대로 실행되지 않을 것입니다.

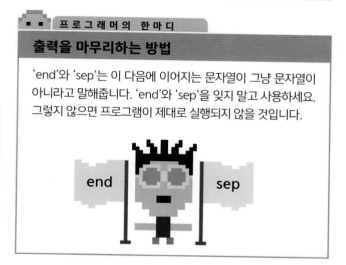

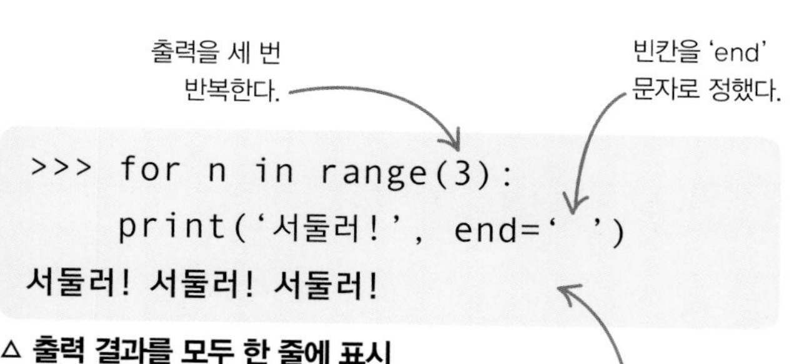

△ **출력 결과를 모두 한 줄에 표시**
보통 각각의 'print' 명령문은 줄을 바꿔 보여준다. 'end' 문자로 빈칸을 넣으면 출력 결과가 모두 한 줄에 나타난다.

출력 결과가 모두 한 줄에 표시된다.

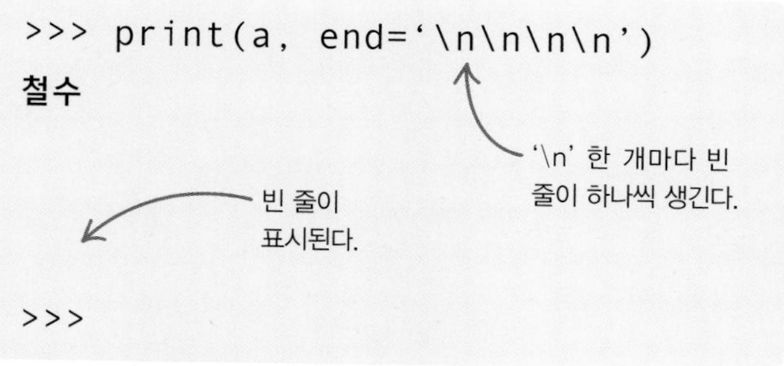

>>> print(a, end='\n\n\n\n')
철수
'\n' 한 개마다 빈 줄이 하나씩 생긴다.
빈 줄이 표시된다.
>>>

△ **마지막에 빈 줄 추가**
'\n'을 사용하면 출력 결과가 각각 새로운 줄에 표시된다. 이 명령어를 여러 번 사용하면 프로그램 마지막에 빈 줄을 여러 개 넣을 수 있다.

결정하기

프로그램은 변수, 수, 문자열을 비교해 논리 연산식으로 계산하고 그 결과로 무엇을 할 것인지 결정합니다. 논리 연산식의 답은 '참(True)' 또는 '거짓(False)' 둘 중 하나가 됩니다.

여기도 함께 보세요
62~63 ◁ 참이냐, 거짓이냐?
108~109 ◁ 파이썬의 변수

논리 연산자

아래 기호(논리 연산자)는 변수를 숫자나 문자열과 비교하는데 사용합니다. 그 결과는 '참'이나 '거짓'이 됩니다.

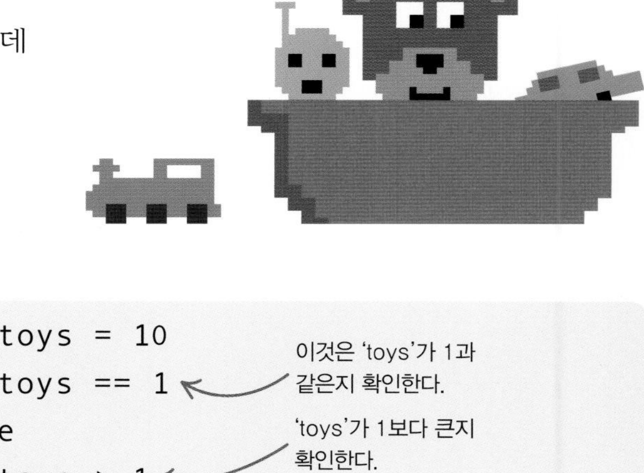

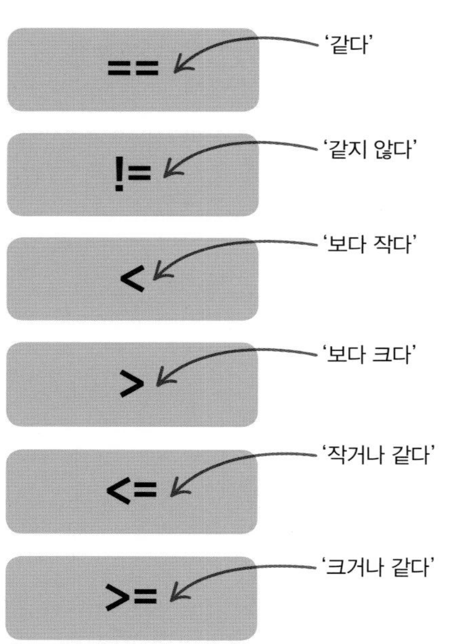
==
'같다'
!=
'같지 않다'
<
'보다 작다'
>
'보다 크다'
<=
'작거나 같다'
>=
'크거나 같다'

△ **비교하는 기호의 종류**
비교하는 기호에는 여섯 가지가 있다. 파이썬은 등호 두 개(==)를 사용해 두 개가 같은 것인지 비교한다(등호 한 개는 변수의 값을 할당하는 데 사용한다).

▷ **셸 창을 사용해 확인하기**
논리 연산자 역시 셸 창에서 작동한다. 오른쪽 예제를 이용해 'not(아니다)', 'or(또는)', 'and(그리고)'를 포함한 논리 연산자 몇 가지를 시험해 보자.

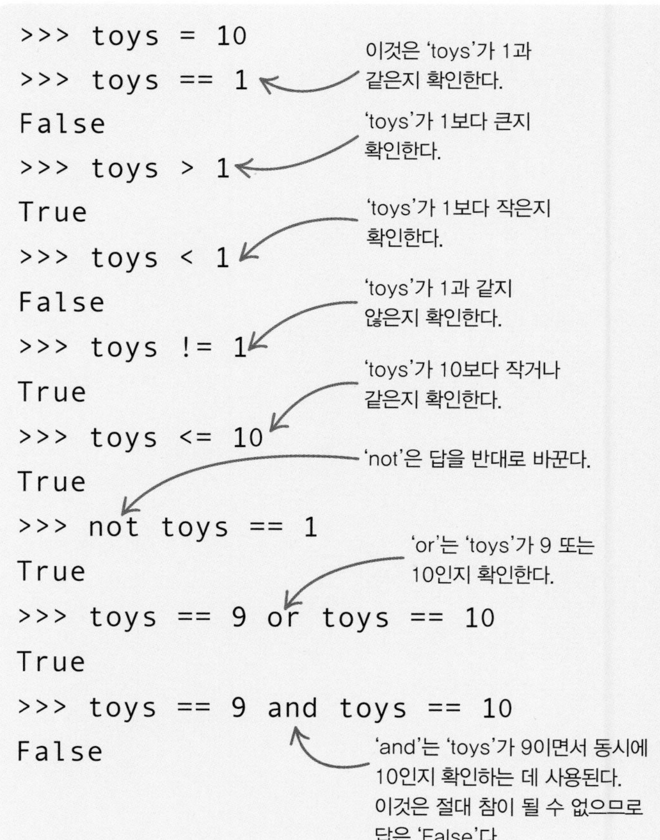

```
>>> toys = 10
>>> toys == 1
False
>>> toys > 1
True
>>> toys < 1
False
>>> toys != 1
True
>>> toys <= 10
True
>>> not toys == 1
True
>>> toys == 9 or toys == 10
True
>>> toys == 9 and toys == 10
False
```

이것은 'toys'가 1과 같은지 확인한다.
'toys'가 1보다 큰지 확인한다.
'toys'가 1보다 작은지 확인한다.
'toys'가 1과 같지 않은지 확인한다.
'toys'가 10보다 작거나 같은지 확인한다.
'not'은 답을 반대로 바꾼다.
'or'는 'toys'가 9 또는 10인지 확인한다.
'and'는 'toys'가 9이면서 동시에 10인지 확인하는 데 사용된다. 이것은 절대 참이 될 수 없으므로 답은 'False'다.

엘라의 생일인가요?

엘라의 생일은 7월 28일입니다. 이 프로그램은 날짜와 논리 연산자를 이용해 그날이 엘라의 생일인지 확인하는 프로그램입니다.

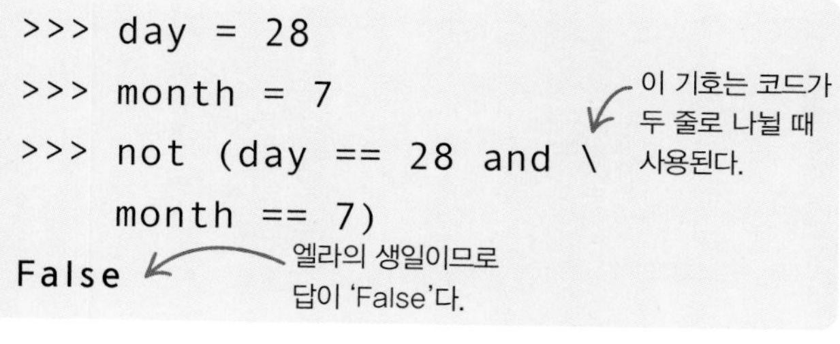

1 생일인지 확인하기
생일의 월과 일이 들어간 변수를 만든다. 'and'를 사용해 7월 28일이 생일이 맞는지 확인한다.

```
>>> day = 28
>>> month = 7
>>> day == 28 and month == 7
True
```

'and'를 넣어 월과 일이 모두 참인지 확인한다.
등호(=)가 두 개 들어간다!
엘라의 생일이다.

2 생일이 아닌 날로 생일 찾기
'not'을 사용하면 참과 거짓이 바뀐다. 엘라의 생일이 아닌 모든 날이 'True'가 된다.

```
>>> day = 28
>>> month = 7
>>> not (day == 28 and \
    month == 7)
False
```

이 기호는 코드가 두 줄로 나뉠 때 사용된다.
엘라의 생일이므로 답이 'False'다.

3 생일 또는 새해 첫날?
'or'를 사용하면 엘라의 생일이나 새해 첫날이라면 'True'가 될 것이다. 확인하고 싶은 날짜를 괄호 안에 넣는다.

```
>>> day = 28
>>> month = 7
>>> (day == 28 and month == 7) \
    or (day == 1 and month == 1)
True
```

7월 28일인지 확인한다.
날짜가 엘라의 생일이나 새해 첫날이라면 답이 'True'가 될 것이다.

문자열

'=='나 '!='를 사용해 문자열을 비교할 수 있습니다. 문자열이 정확히 똑같아야 'True'라는 결과를 얻을 수 있습니다.

```
>>> dog = 'Woof woof'
>>> dog == 'Woof woof'
True
>>> dog == 'woof woof'
False
>>> dog == 'Woof woof '
False
```

문자열이 정확히 똑같기 때문에 답은 'True'다.
'w'가 대문자가 아니라서 문자열이 같지 않다.
따옴표 앞에 빈칸이 있어 똑같지 않다.

△ 완전히 같은가?
문자열이 완전히 똑같지 않으면 'True'가 될 수 없다. 대소문자나 빈칸, 기호도 정확히 같아야 한다.

프로그래머의 한마디

문자열에 사용할 수 있는 연산자

'in'은 어떤 문자열이 다른 문자열 안에 있는지 알아볼 때 사용합니다. 'in'을 사용하면 문자열 안에 특정 글자나 문자열이 있는지 확인할 수 있습니다.

이것은 'abc' 안에 'a'가 있는지 확인한다.

```
>>> 'a' in 'abc'
True
>>> 'd' in 'abc'
False
```

'abc' 안에 'd'가 없으므로 답은 'False'다.

분기

논리 연산식을 사용하여 나온 답이 '참(True)'인지 '거짓(False)'인지에 따라 프로그램이 어느 경로를 따라야 할지 결정합니다. 이것을 '분기(branching)'라고 합니다.

여기도 함께 보세요

64~65 ◁ 결정과 분기

118~119 ◁ 결정하기

실행하거나 실행하지 않거나

'if' 명령어는 답이 'True'일 때 바로 아래에 있는 명령문 블록을 실행합니다. 답이 'True'가 아니면 아래 명령문을 건너뜁니다. 'if' 명령어에 따라오는 코드는 항상 앞에 스페이스 바를 4번 눌러 들여쓰기를 해야 합니다.

1 'if' 조건문

오른쪽 코드는 사용자에게 오늘이 생일이 맞는지 물어본다. 대답이 'y(yes)'라면 생일 메시지를 보여준다.

```
ans = input('오늘은 당신의 생일인가요? (y/n)')
if ans == 'y':
    print('생일 축하합니다!')
```

사용자에게 y(yes)인지 n(no)인지 입력하도록 한다.

사용자가 'y'를 입력했을 때에만 실행된다.

네 칸 들여쓰기

2 조건이 'True'인 경우

'y'를 입력하면 오른쪽 메시지가 표시된다. 다른 문자를 입력하면 아무것도 나타나지 않는다.

```
오늘은 당신의 생일인가요? (y/n)y
생일 축하합니다!
```

'y' 입력

이 메시지가 나타난다.

이것을 실행하거나 저것을 실행하거나

'if' 명령어를 'else' 명령어와 함께 사용해 보세요. 답이 'True'일 때와 'False'일 때 다른 일이 일어나도록 설정할 수 있습니다.

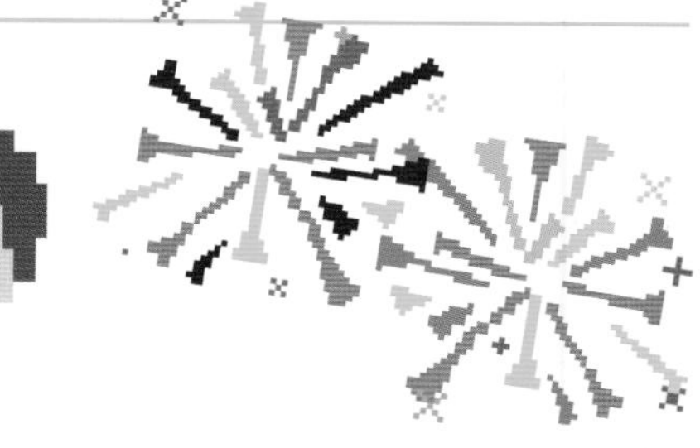

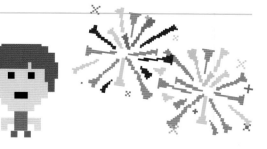

1 'if-else' 조건문

'y'를 입력하면 새해인사가 표시되도록 만들어 보자. 다른 것을 입력하면 다른 메시지를 보여준다.

```
ans = input('오늘이 새해 첫날인가요? (y/n)')
if ans == 'y':
    print('새해 복 많이 받으세요!')
    print('불꽃놀이를 해요.')
else:
    print('아직이네요!')
```

콜론 넣는 것을 잊지 말라.

이 메시지는 사용자가 'y'를 입력했을 때에만 나타난다.

여기에도 콜론 넣는 것을 잊지 말라.

사용자가 'y'를 입력하지 않았을 때만 실행된다.

2 조건이 'True'인 경우

'y'를 입력하면 새해 인사 메시지가 나타난다. 다른 메시지는 보여주지 않는다.

```
오늘이 새해 첫날인가요? (y/n)y
새해 복 많이 받으세요!
불꽃놀이를 해요.
```

'y'를 입력한다.

3 'else' 조건 결과

'n'을 입력하거나 다른 문자를 입력하면 새해 메시지가 나타나지 않는다. 대신에 '아직이네요!'라는 메시지가 나타난다.

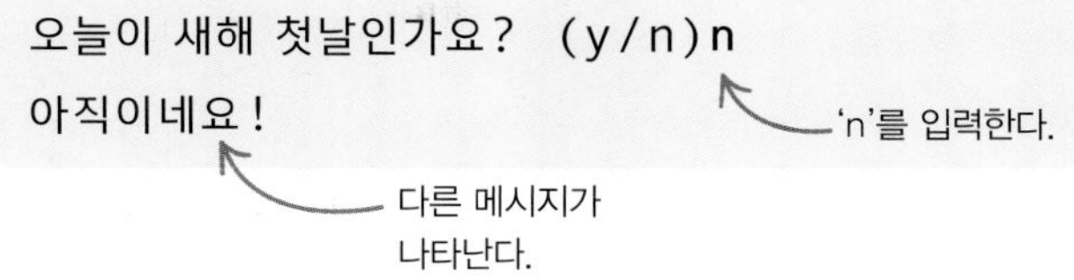

여러 가지 중 한 가지 실행

조건과 명령문을 여러 개 만들어놓고 답을 하나씩 체크하면서 답이 'True'일 때 명령을 실행하고 그렇지 않은 경우는 다음 조건을 체크하여 그것이 'True'일 때 명령을 실행합니다. 아래의 예는 'elif' 명령을 사용한 계산기 프로그램입니다.

1 'if-elif-else' 조건문

이 프로그램은 무엇이 입력되었는지 확인한다. 만약 '더하기(add)'나 '빼기(sub)', '곱하기(mul)'나 '나누기(div)'가 입력되었으면 계산 결과를 표시한다.

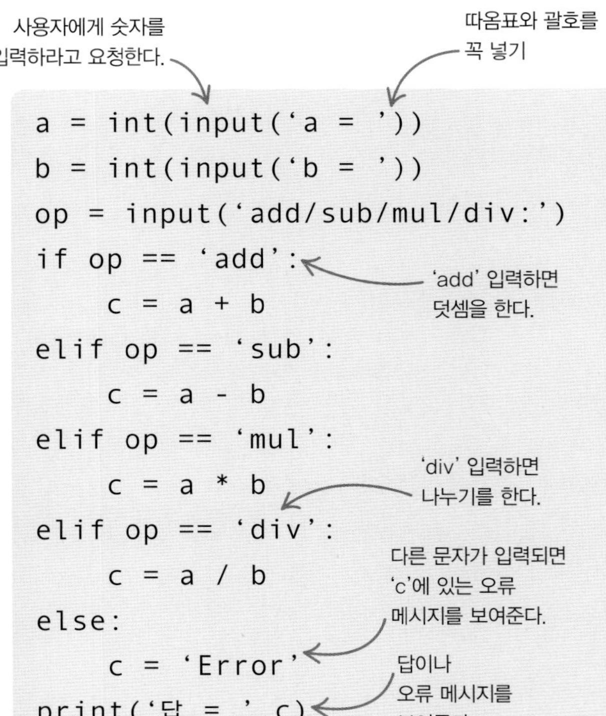

2 조건이 'True'인 경우

프로그램을 테스트해보자. 숫자 두 개를 입력하고 'sub'(빼기)를 입력한다. 앞의 숫자에서 뒤의 숫자를 뺀 값이 답이 된다.

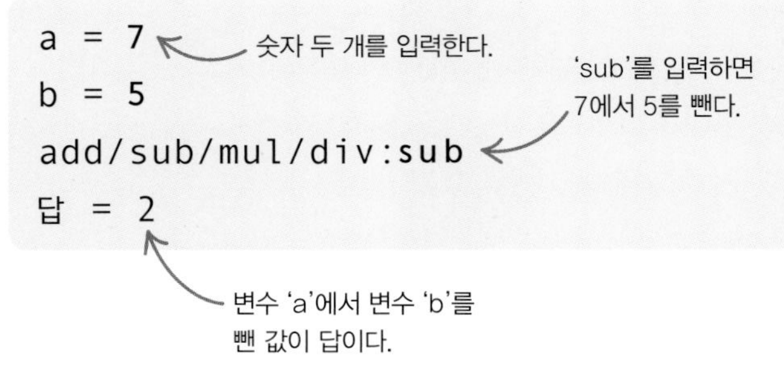

a = 7
b = 5
add/sub/mul/div:sub
답 = 2
숫자 두 개를 입력한다.
'sub'를 입력하면 7에서 5를 뺀다.
변수 'a'에서 변수 'b'를 뺀 값이 답이다.

3 'else' 조건문 출력

'else' 조건문은 'add', 'sub', 'mul', 'div' 외에 다른 것을 입력했을 때 오류 메시지를 보여준다.

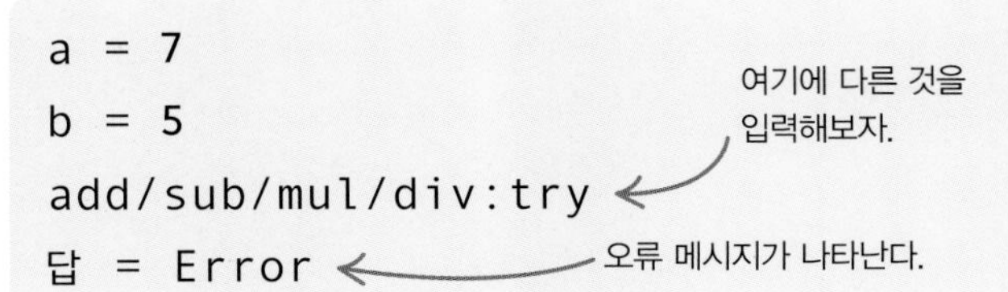

파이썬의 반복문

코드에 반복되는 부분이 있는 프로그램의 경우, 코드를 입력하는 데 시간이 오래 걸리고 읽고 이해하는 데 어려움을 느낄 수도 있습니다. 반복 명령어를 사용하면 프로그램을 좀더 쉽게 만들 수 있습니다. 가장 단순한 반복문은 'for' 반복문으로, 정해진 횟수만큼 반복합니다

여기도 함께 보세요
48~49 ◁ 펜과 거북이
While 반복문 ▷ 124~125
반복문 빠져 나가기 ▷ 126~127

반복하기

'for' 반복문을 사용하면 똑같은 코드를 여러 번 입력하지 않아도 원하는 부분을 반복하여 실행하도록 만들 수 있습니다. 예를 들어 같은 반 친구 30명의 이름을 한 번씩 표시하는 것처럼 무언가를 정해진 횟수만큼 반복할 때 사용합니다.

1 거북이 프로그램 만들기

'for' 반복문을 사용하면 코드를 짧게 쓸 수 있다. 오른쪽 프로그램은 거북이를 움직여 화면에 선을 그린다. 거북이의 방향을 바꿔주면 삼각형과 같은 도형을 그릴 수도 있다.

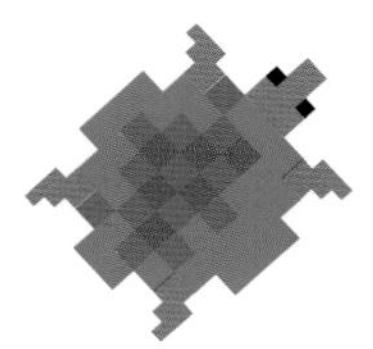

```
from turtle import *
forward(100)
right(120)
forward(100)
right(120)
forward(100)
right(120)
```

거북이를 제어하는 모든 명령문을 불러온다.

이 명령문은 거북이를 앞쪽으로 움직인다.

거북이가 오른쪽으로 120도 회전한다.

2 거북이로 삼각형 그리기

거북이에게 삼각형의 세 변의 길이와 각도를 알려주고 삼각형을 그리게 한다. 프로그램을 실행하면 거북이가 새 창에 나타난다.

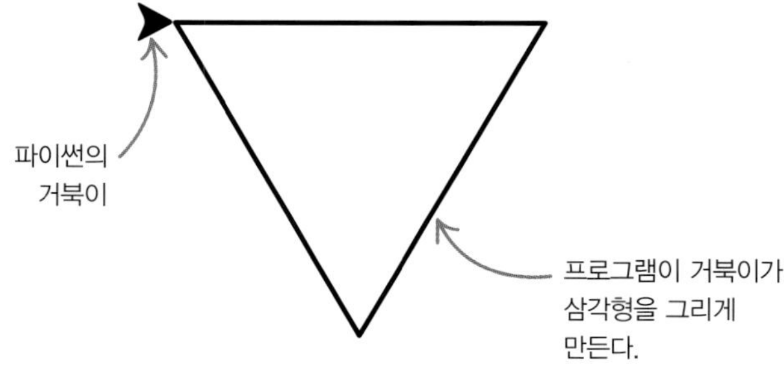

3 'for' 반복문 사용하기

위 프로그램은 'forward(100)'과 'right(120)'이라는 명령문이 반복된다. 이 두 명령문이 삼각형의 한 변을 그리기 때문에 총 세 번 반복하면 된다. 'for' 반복문을 이용하면 프로그램을 더 간단히 만들 수 있다. 아래 코드를 사용하여 삼각형을 간단히 그려 보자.

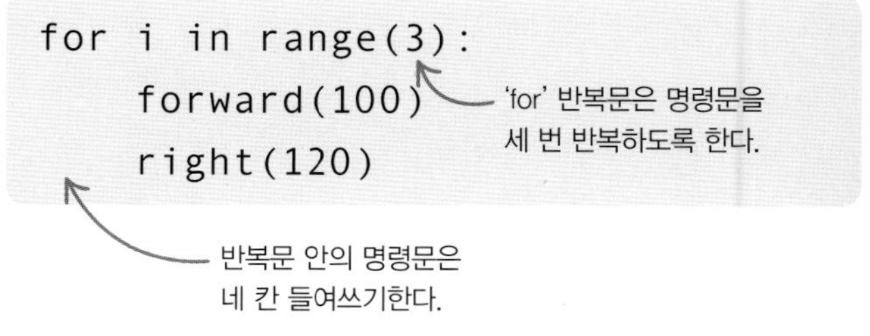

```
for i in range(3):
    forward(100)
    right(120)
```

'for' 반복문은 명령문을 세 번 반복하도록 한다.

반복문 안의 명령문은 네 칸 들여쓰기한다.

반복 변수

반복 변수는 반복문이 몇 번 실행되는지 셉니다. 'range(~)' 함수를 사용하면 괄호 안의 수만큼 반복하고 그보다 1 작은 수에서 멈춥니다.

반복 변수

반복문이 10번 반복 실행된다.

```
for i in range(10):
    print(i, end=' ')
```

파이썬은 괄호 안의 값보다 1 작은 수에서 멈춘다.

```
>>> 0 1 2 3 4 5 6 7 8 9
```

△ 간단한 반복 변수
range함수 괄호 안에 시작 값이 없다. 그래서 파이썬은 문자열과 마찬가지 방식으로 0부터 세기 시작한다.

이것은 프로그램에게 둘씩 세라고 알려준다.

```
for i in range(2, 11, 2):
    print(i, end=' ')
```

```
>>> 2 4 6 8 10
```

2의 배수가 출력된다.

△ 두 개씩 세기
이 반복문은 반복문 범위 안에 둘씩 세라고 말해주는 값이 들어 있다. 이것은 반복 변수가 11이 되기 전인 10에서 반복을 멈춘다.

이것은 프로그램에게 거꾸로 세라고 말해준다.

```
for i in range(10, 0, -1):
    print(i, end=' ')
```

```
>>> 10 9 8 7 6 5 4 3 2 1
```

△ 거꾸로 세기
이번에는 프로그램이 로켓 발사할 때처럼 10부터 거꾸로 센다. 반복 변수가 10에서 시작해 1이 될 때까지 1씩 줄어든다.

중첩 반복문

반복문 안에 반복문이 있는 것을 '중첩 반복문'이라고 합니다. 중첩 반복문에서는 안쪽 반복문이 정해진 횟수만큼 실행되고 난 다음에 바깥쪽 반복문이 실행됩니다.

반복문을 'n'번 반복 실행하게 하려면 괄호 안 마지막 값이 'n+1'이 되어야 한다.

바깥 반복문

```
n = 3
for a in range(1, n + 1):
    for b in range(1, n + 1):
        print(b, 'x', a, '=', b * a)
```

안쪽 반복문

이 계산 값이 9번 표시된다.

△ 반복문 안의 반복문
이 예제는 바깥 반복문이 한 번 실행될 때 안쪽 반복문이 세 번 실행된다. 전체적으로 보면 바깥 반복문은 3번 실행하고 안쪽 반복문은 9번 실행한다.

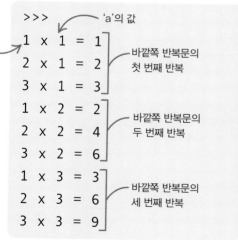

'a'의 값

'b'의 값

```
>>>
1 x 1 = 1
2 x 1 = 2
3 x 1 = 3
1 x 2 = 2
2 x 2 = 4
3 x 2 = 6
1 x 3 = 3
2 x 3 = 6
3 x 3 = 9
```

바깥쪽 반복문의 첫 번째 반복

바깥쪽 반복문의 두 번째 반복

바깥쪽 반복문의 세 번째 반복

△ 프로그램 예시
이 중첩 반복문은 구구단 1, 2, 3단의 처음 세 단계를 보여준다. 변수 'a'의 값은 바깥 반복문이 실행될 때만 늘어난다. 변수 'b'는 변수 'a'의 값이 늘어날 때 1부터 3까지 늘어난다.

while 반복문

'for' 반복문은 작업을 몇 번 반복해야 하는지 정해져 있을 때 사용하면 편리합니다. 그런데 횟수는 정해져 있지 않지만 어떤 조건이 변할 때까지 반복하고자 할 때는 어떻게 할까요? 'while' 반복문은 필요한 만큼만 반복문을 실행하게 합니다.

조건이 붙은 반복문

'while' 반복문은 어떤 조건이 참이기만 하면 계속 반복합니다. 이러한 조건을 '반복 조건'이라고 하고 값은 참 아니면 거짓입니다.

▷ 작동 원리
'while' 반복문은 조건이 참인지 확인한다. 참이라면 반복문을 다시 실행하고, 그렇지 않다면 반복문을 건너뛴다.

이 괴물은 착합니까?
Yes
그냥 가만히 있으세요.
No
도망가세요!

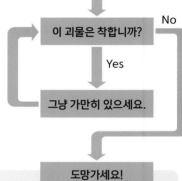

1 while 반복문 만들기

변수 'answer'의 값을 'y'로 설정한다. 처음에는 반복 조건이 참이어야 한다. 그렇지 않으면 반복문이 실행되지 않는다.

```
answer = 'y'
while answer == 'y':
    print('그냥 가만히 있으세요')
    answer = input('이 괴물은 착합니까? (y/n)')
print('도망가세요!')
```

'answer' 변숫값을 'y'로 설정한다.

'while' 반복문은 조건이 참인 경우에만 실행된다.

반복문 안의 코드는 반드시 네 칸 들여쓰기 해야 한다.

조건이 거짓이면 '도망가세요' 메시지를 표시한다.

2 프로그램 예시

입력된 값은 변수 'answer'에 저장된다. 반복 조건은 'answer=='y''다. 'y'를 입력하면 반복문이 계속 실행되고, 'n'을 입력하면 반복문 실행을 멈춘다.

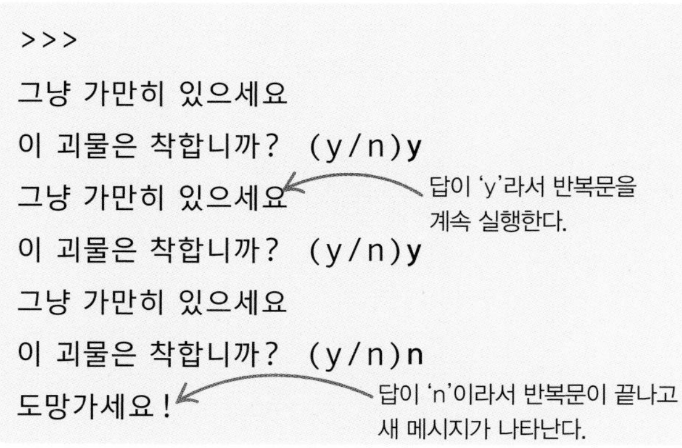
```
>>>
그냥 가만히 있으세요
이 괴물은 착합니까? (y/n)y
그냥 가만히 있으세요
이 괴물은 착합니까? (y/n)y
그냥 가만히 있으세요
이 괴물은 착합니까? (y/n)n
도망가세요!
```


잊지 마세요!

'~까지 반복하기' 블록

파이썬의 'while' 반복문은 스크래치의 '~까지 반복하기' 블록과 비슷합니다. 둘 다 프로그램에 뭔가 다른 일이 일어날 때까지 계속 반복 실행합니다.

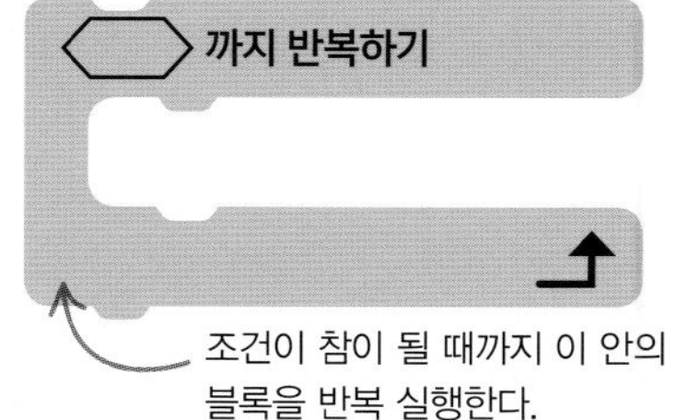

까지 반복하기
조건이 참이 될 때까지 이 안의 블록을 반복 실행한다.

무한 반복문

끝없이 실행되는 반복문도 있습니다. 'while' 반복문의 조건을 'True'로 정해놓으면 절대 거짓이 될 수 없으니 반복문이 끝없이 계속 실행될 것입니다. 이 기능은 편리할 때도 있지만 아주 성가실 때도 있답니다.

▷ 돌고 돌고
조건을 'True'로 미리 설정해놓은 반복문을 무한반복문이라고 한다. 무한하다는 것은 끝이 없다는 뜻이다.

1 무한 반복문 만들기

반복 조건을 'True'로 미리 설정하면 반복문 안에서 어떤 일이 일어나든 반복문이 영원히 실행된다.

```
while True:
    answer = input('아무 단어나 입력하고 enter 키를 누르세요: ')
    print('두 번 \'' + answer + '\' 입력하지 마세요.')
```

항상 'True'라서 반복문이 영원히 끝나지 않을 것이다.

입력된 단어는 변수 'answer'에 저장된다.

2 프로그램 예시

왼쪽 페이지의 괴물 프로그램에서는 반복 조건으로 사용자가 어떤 대답을 했는지를 확인했다. 답이 'y'가 아니면 반복문은 멈췄다. 하지만 위의 반복문은 대답을 확인하지 않기 때문에 사용자가 반복문을 멈추게 할 수 없다.

```
>>>
아무 단어나 입력하고 enter 키를 누르세요: 나무
두 번 '나무' 입력하지 마세요
아무 단어나 입력하고 enter 키를 누르세요: 하마
두 번 '하마' 입력하지 마세요
아무 단어나 입력하고 enter 키를 누르세요: 물
두 번 '물': 입력하지 마세요
아무 단어나 입력하고 enter 키를 누르세요
```

무엇을 입력하든 상관없이 이 반복문은 계속 반복된다.

프로그래머의 한마디

반복문 멈추기

무한 반복문에 걸려 꼼짝 못 하게 되었을 때 IDLE에서 멈추게 할 수 있습니다. 파이썬 셸 창을 클릭한 후 키보드의 Ctrl 키를 누른 상태로 C키를 누릅니다. 이렇게 하면 IDLE에게 프로그램을 멈추라는 신호가 보내집니다. 'Ctrl-C' 키를 여러 번 눌러야 할 수도 있습니다. 이것은 스크래치에서 빨간색 정지 버튼을 클릭하는 것과 비슷하답니다.

잊지 마세요!

'무한 반복하기' 블록

스크래치의 '무한 반복하기' 블록을 기억하세요? 빨간 정지 버튼이 눌릴 때까지 그 안에 있는 코드를 반복 실행하는 블록이었지요. 'while True' 반복문도 정확히 같은 기능을 합니다. 프로그램이 실행되는 동안 질문을 하거나 숫자를 출력하는 등 프로그램이 계속 반복하도록 할 때 씁니다.

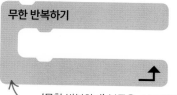

'무한 반복하기' 블록은 스프라이트가 끊임없이 움직이게 만든다.

반복문 빠져 나가기

프로그램이 반복문에 빠져 꼼짝 못 하게 되는 일이 일어나기도 합니다. 하지만 거기서 빠져나갈 방법은 있습니다. 'break'는 반복문에서 빠져나가게 해주고(무한 반복문에서도), 'continue'는 반복문의 처음으로 돌아가게 해줍니다.

여기도 함께 보세요
122~123 ◁ 파이썬의 반복문
124~125 ◁ While 반복문

브레이크 넣기

반복문에 브레이크(break)를 넣으면 반복 조건이 참이더라도 반복문에서 바로 빠져나올 수 있습니다. 반복문 안에서 브레이크 다음에 오는 명령은 모두 무시됩니다.

1 간단한 프로그램 작성하기
구구단의 7단을 질문하는 프로그램이다. 이 프로그램은 12개 질문에 대해 모두 대답을 입력할 때까지 계속 반복된다. 코드 창에 오른쪽 프로그램을 입력해보자.

```
table = 7
for i in range(1, 13):
    print( i, 'x', table, '은?')
    guess = input()
    ans = i * table
    if int(guess) == ans:
        print('정답!')
    else:
        print('틀렸습니다, 정답은', ans)
print('마치겠습니다')
```

이 줄의 변수 'i'는 1부터 12까지 셀 것이다.

이 줄에 있는 'i'는 반복 변수다.

2 'break' 넣기
반복문에서 빠져나올 수 있게 'break'를 넣어보자. 사용자가 '멈춤'을 입력하면 프로그램이 브레이크 명령을 실행한다.

```
table = 7
for i in range(1,13):
    print( i, 'x', table, '은?')
    guess = input()
    if guess == '멈춤':
        break
    ans = i * table
    if int(guess) == ans:
        print('정답!')
    else:
        print('틀렸습니다, 정답은', ans)
print('마치겠습니다')
```

'guess'가 'stop'과 같으면 반복문의 나머지 부분을 건너뛰고 '마치겠습니다'라고 표시한다.

질문에 대한 답이 'ans' 변수에 들어 있다.

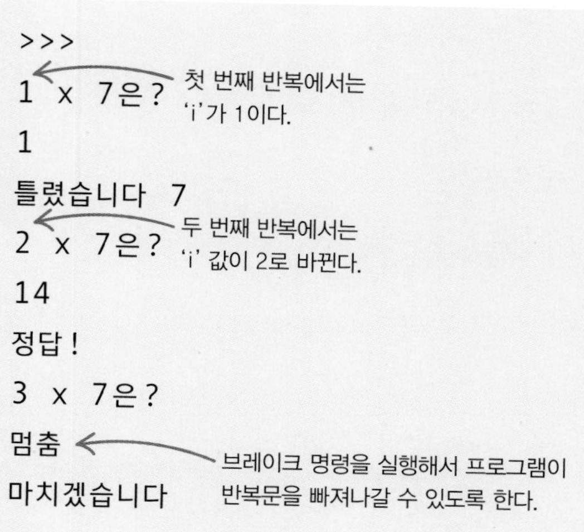

```
>>>
1 x 7은?
1
틀렸습니다 7
2 x 7은?
14
정답!
3 x 7은?
멈춤
마치겠습니다
```

첫 번째 반복에서는 'i'가 1이다.
두 번째 반복에서는 'i' 값이 2로 바뀐다.
브레이크 명령을 실행해서 프로그램이 반복문을 빠져나갈 수 있도록 한다.

3 작동 원리
사용자가 세 번째 질문 이후로 더 이상 계속하지 않기로 하고 '멈춤'을 입력하면, 브레이크 명령이 실행되고 프로그램이 반복문을 빠져나간다.

건너뛰기

컨티뉴(continue)는 반복문을 빠져나가지 않고 질문을 건너뛰고 싶을 때 사용합니다. 이 키워드는 프로그램에게 반복문 안의 나머지 코드는 무시하고 다시 반복문의 처음으로 돌아가라고 말해줍니다.

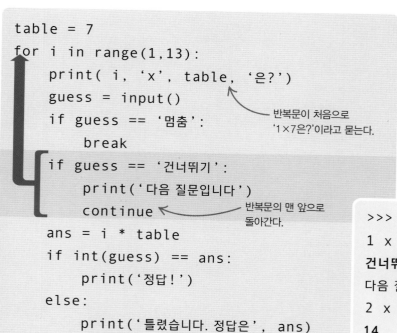

```
table = 7
for i in range(1,13):
    print( i, 'x', table, '은?')
    guess = input()
    if guess == '멈춤':
        break
    if guess == '건너뛰기':
        print('다음 질문입니다')
        continue
    ans = i * table
    if int(guess) == ans:
        print('정답!')
    else:
        print('틀렸습니다. 정답은', ans)
print('마치겠습니다')
```

반복문이 처음으로 '1×7은?'이라고 묻는다.

반복문의 맨 앞으로 돌아간다.

4 'continue' 넣기
반복문 안에 'if'로 시작하는 코드를 넣어 사용자가 '건너뛰기'라고 입력했는가를 체크한다. 만약 '건너뛰기'라고 입력했으면 '다음 질문입니다'라고 출력하고 'continue' 명령을 실행하여 반복문의 처음으로 돌아간다.

5 출력 결과
사용자가 질문에 대답하고 싶지 않은 경우 '건너뛰기'를 입력하면 다음 질문으로 넘어간다.

```
>>>
1 x 7은?
건너뛰기
다음 질문입니다.
2 x 7은?
14
정답!
3 x 7은?
```

'건너뛰기'를 입력하면 다음 질문으로 넘어간다.

정답일 경우 반복문이 정상적으로 다시 실행된다.

리스트

많은 데이터를 한곳에 보관하고 싶다면 리스트에 넣으면 됩니다. 리스트에는 숫자, 문자열, 다른 리스트는 물론이고, 이 모든 것들을 섞어서 넣을 수도 있습니다.

여기도 함께 보세요

54~55 ◁ 문자열과 리스트

엉뚱한 문장 ▷ 132~133

리스트란?

리스트는 여러 가지 항목을 순서대로 보관할 수 있는 선반과 같은 것입니다. 각각의 항목에는 번호가 있어 알아보기 쉽도록 되어 있습니다. 리스트 안의 항목은 언제든 수정하거나 삭제하거나 추가할 수 있습니다.

▽ 리스트 살펴보기

리스트의 각 항목은 작은따옴표 안에 들어 있고 항목들 사이는 쉼표로 구분한다. 전체 리스트는 대괄호([ ]) 안에 들어 있다.

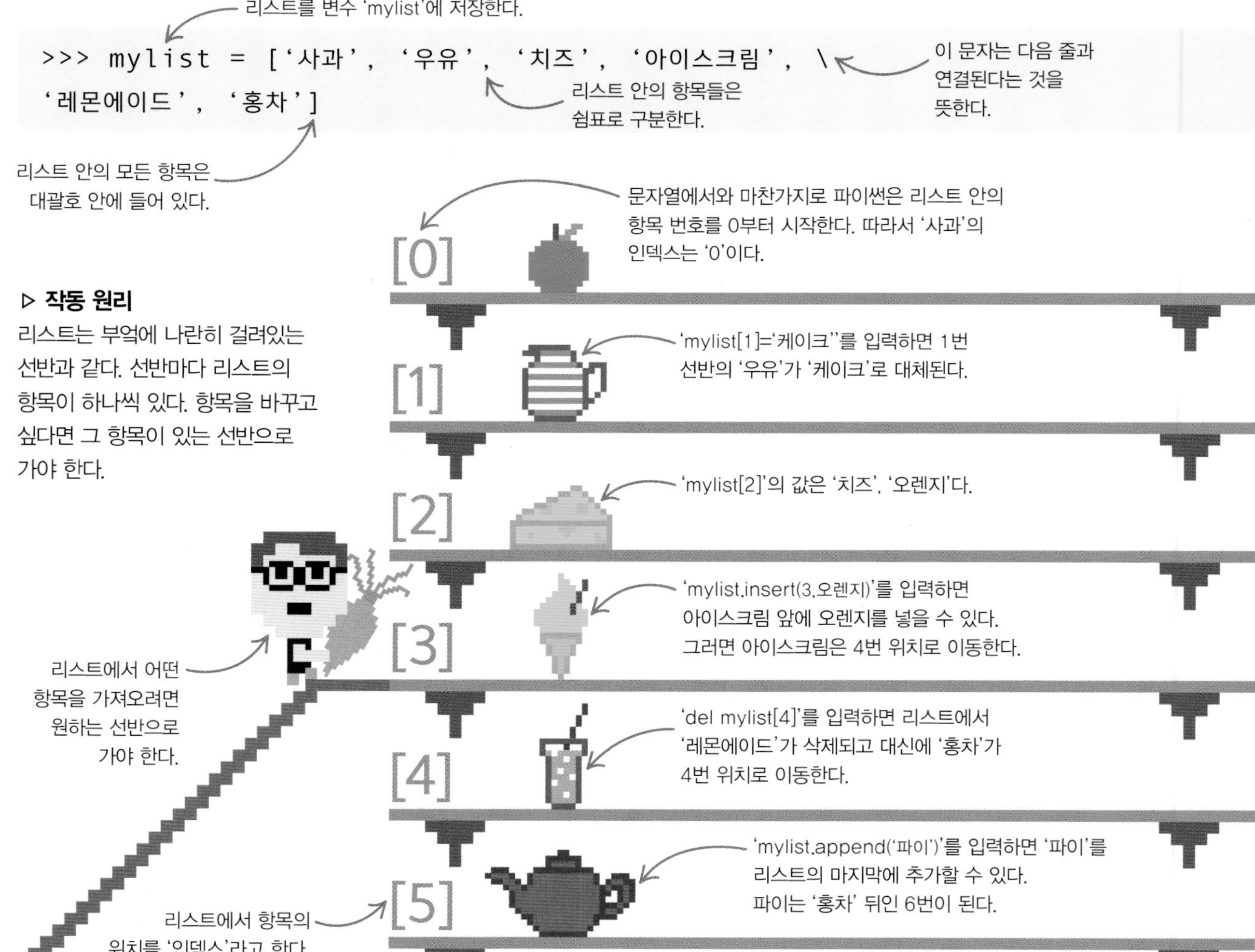
리스트를 변수 'mylist'에 저장한다.
>>> mylist = ['사과', '우유', '치즈', '아이스크림', \
'레몬에이드', '홍차']
이 문자는 다음 줄과 연결된다는 것을 뜻한다.
리스트 안의 항목들은 쉼표로 구분한다.
리스트 안의 모든 항목은 대괄호 안에 들어 있다.
문자열에서와 마찬가지로 파이썬은 리스트 안의 항목 번호를 0부터 시작한다. 따라서 '사과'의 인덱스는 '0'이다.
[0]
▷ 작동 원리
리스트는 부엌에 나란히 걸려있는 선반과 같다. 선반마다 리스트의 항목이 하나씩 있다. 항목을 바꾸고 싶다면 그 항목이 있는 선반으로 가야 한다.
'mylist[1]='케이크''를 입력하면 1번 선반의 '우유'가 '케이크'로 대체된다.
[1]
'mylist[2]'의 값은 '치즈', '오렌지'다.
[2]
'mylist.insert(3,오렌지)'를 입력하면 아이스크림 앞에 오렌지를 넣을 수 있다. 그러면 아이스크림은 4번 위치로 이동한다.
[3]
리스트에서 어떤 항목을 가져오려면 원하는 선반으로 가야 한다.
'del mylist[4]'를 입력하면 리스트에서 '레몬에이드'가 삭제되고 대신에 '홍차'가 4번 위치로 이동한다.
[4]
'mylist.append('파이')'를 입력하면 '파이'를 리스트의 마지막에 추가할 수 있다. 파이는 '홍차' 뒤인 6번이 된다.
[5]
리스트에서 항목의 위치를 '인덱스'라고 한다.

리스트 사용하기

리스트를 만들면 그 안의 데이터를 사용하여 프로그램을 만들 수 있습니다. 예를 들어 반복문을 넣을 수 있지요. 리스트를 여러 개 연결하여 새로운 리스트를 만들 수도 있습니다.

용어

가변객체(Mutable objects)

'가변'이란 '변경이 가능하다', 즉 바꿀 수 있다는 뜻입니다. '가변객체'라고 하면 리스트를 바꿀 수 있다는 뜻이지요. 따라서 항목을 추가하거나 삭제할 수 있고 그 순서도 바꿀 수 있습니다. 튜플(tuple, 134~135쪽 참고) 같은 파이썬의 다른 객체들은 한 번 만들고 나면 바꿀 수가 없습니다. 이런 것들은 '변경이 불가능하다', '불변'이라고 합니다.

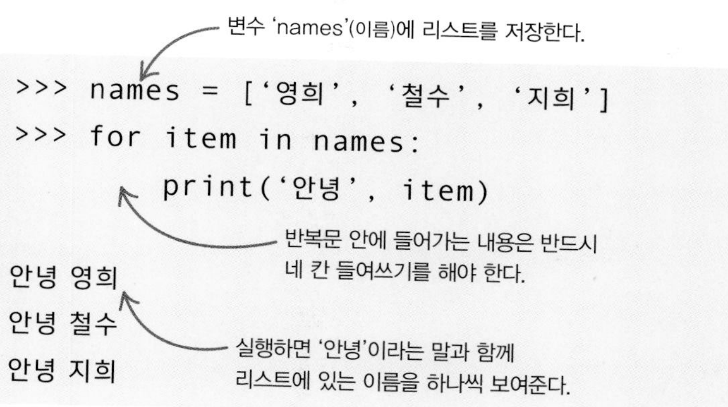

```
>>> names = ['영희', '철수', '지희']
>>> for item in names:
        print('안녕', item)

안녕 영희
안녕 철수
안녕 지희
```

변수 'names'(이름)에 리스트를 저장한다.

반복문 안에 들어가는 내용은 반드시 네 칸 들여쓰기를 해야 한다.

실행하면 '안녕'이라는 말과 함께 리스트에 있는 이름을 하나씩 보여준다.

◁ 반복문 안의 리스트

반복문을 사용하면 리스트에 있는 모든 항목을 확인할 수 있다. 이 프로그램은 이름마다 한 번씩 '안녕'이라고 인사를 건넨다.

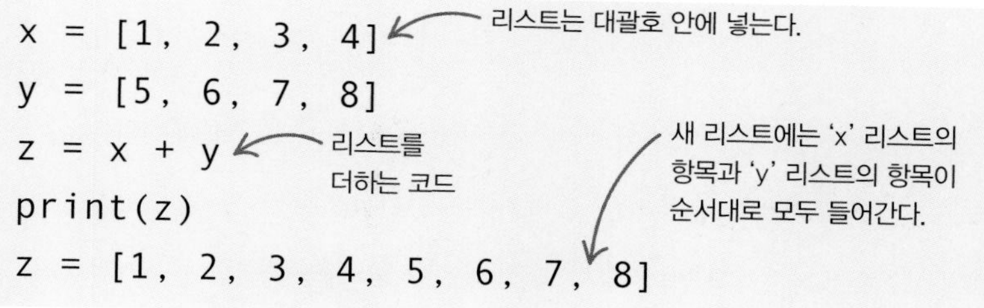

```
x = [1, 2, 3, 4]
y = [5, 6, 7, 8]
z = x + y
print(z)
z = [1, 2, 3, 4, 5, 6, 7, 8]
```

리스트는 대괄호 안에 넣는다.

리스트를 더하는 코드

새 리스트에는 'x' 리스트의 항목과 'y' 리스트의 항목이 순서대로 모두 들어간다.

◁ 리스트 합치기

리스트 두 개를 합칠 수도 있다. 새 리스트에는 두 리스트에 있는 항목들이 모두 들어간다.

▽ 리스트 안에 리스트 넣기

리스트를 다른 리스트 안에 넣을 수도 있다. 아래 'suitcase(여행 가방)' 리스트에는 옷과 구두가 들어간 2개의 리스트가 들어가 있다. 이것은 두 사람이 각자 자신의 가방을 큰 여행 가방 하나에 넣고 같이 쓰는 것과 마찬가지다.

이 리스트는 대괄호 안에 있으므로 'suitcase'라는 리스트에 속하는 하나의 항목이 된다. 즉, 'suitcase[0]'이 된다.

'suitcase[1]'

```
>>> suitcase=[['모자', '넥타이', '양말'], ['가방', '구두', '셔츠']]
>>> print(suitcase)
[['모자', '넥타이', '양말'],['가방', '구두', '셔츠']]
>>> print(suitcase[1])
['가방', '구두', '셔츠']
>>> print(suitcase[1][2])
셔츠
```

이것은 suitcase 리스트 전체를 인쇄한다.

두 번째 리스트인 'suitcase[1]'에 있는 것을 모두 보여준다.

'suitcase[1]'의 2번 항목을 보여준다. 파이썬은 항목 번호를 0부터 매긴다는 점을 잊지 말라.

함수

함수는 특별한 작업을 하는 코드입니다. 어떤 작업을 할 것인지 코드를 작성하고 함수에 이름을 정해두면 필요할 때 불러와서('호출') 사용할 수 있습니다. 함수를 사용하면 같은 코드를 여러 번 다시 쓸 필요가 없어진답니다.

여기도 함께 보세요
엉뚱한 문장 ▷ 132~133
변수와 함수 ▷ 138~139

유용한 함수

파이썬에는 편리한 함수가 많이 마련되어 있습니다. 함수를 불러오면 파이썬이 함수에 쓰인 코드를 읽고 실행합니다. 함수를 실행하고 나면 프로그램은 함수를 불러냈던 코드로 돌아가 그다음 명령을 실행합니다.

print( )

△ **'print( )' 함수**
이 함수는 사용자가 지시한 내용이나 처리 결과를 화면에 표시하여 보여준다.

input( )

△ **'input( )' 함수**
이 함수는 'print( )' 함수와 반대다. 이것은 사용자가 키보드로 입력한 명령이나 데이터를 프로그램에게 전달한다.

randint( )

△ **'randint( )'함수**
이 함수는 난수를 만든다. 주사위 굴리기와 같은 것이다. 이 함수를 이용해 프로그램에 확률을 만들어 넣을 수 있다.

함수 만들기와 호출하기

파이썬에서는 이미 만들어져 있는 함수들만 쓸 수 있는 것은 아닙니다. 코드를 특수한 '포장지(wrapper)'에 싸서 이름을 붙이면 새로운 함수를 만들 수 있습니다. 필요할 때는 함수의 이름을 호출해 언제든지 사용할 수 있습니다.

1 함수 만들기
함수를 만들 때는 반드시 'def'를 사용한다. 함수 이름 앞에 'def'를 쓰면 된다.

```
def greeting():
    print('안녕!')
```

콜론은 함수 이름이 끝나고 함수 안에 들어 있는 코드가 시작되는 것을 알려준다.

이것이 함수 안에 들어 있는 코드다.

2 함수 호출하기
셸 창에 함수 이름과 괄호를 입력하면 그 함수를 호출해 출력 결과를 표시한다.

```
>>> greeting()
안녕!
```

'greeting' 함수가 호출되어 결과가 출력되었다.

괄호는 이것이 함수를 호출하는 것이지 변수가 아니라는 것을 나타낸다

함수에 데이터 대입하기

함수에게 어떤 데이터를 사용해야 할지 알려줘야 합니다. 예를 들어, 'print(a, b, c)'라면 'print ( )' 함수에 'a', 'b', 'c'라는 값을 사용하라는 뜻입니다. 'height(1, 45)'라면 1과 45라는 값을 'height' 함수에 전달하는 것이죠.

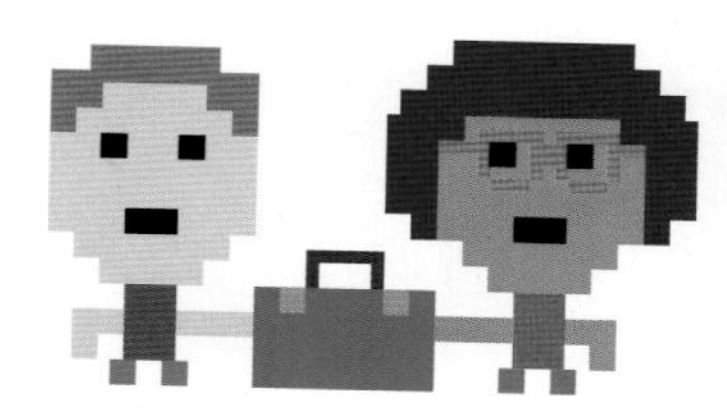

1 함수에 매개변수 넣기

함수에 전달한 값을 '매개변수'라고 부른다. 매개변수는 함수를 만들 때 함수 이름 다음에 오는 괄호 안에 넣는다.

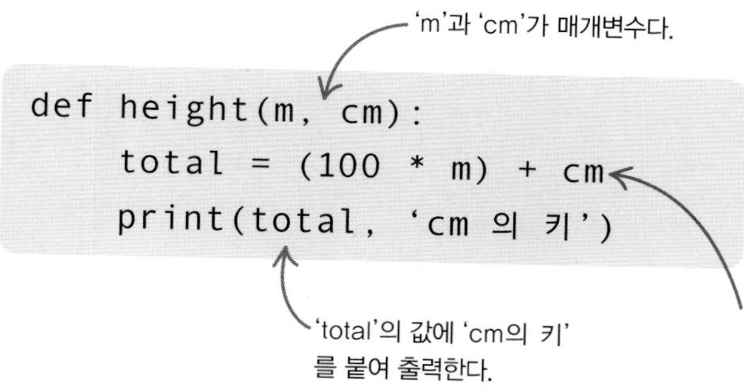

```
def height(m, cm):
    total = (100 * m) + cm
    print(total, 'cm 의 키')
```

'm'과 'cm'가 매개변수다.
'total'의 값에 'cm의 키'를 붙여 출력한다.
'total' 값을 'cm'로 알아내기 위해 'm' 값에 100을 곱한다 (1미터=100센티미터).

2 값 정의하기

함수 안의 코드는 전달된 매개변수 값을 사용한다.

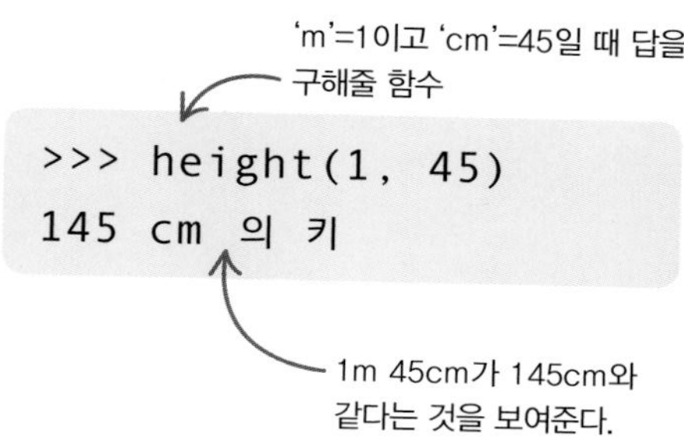

```
>>> height(1, 45)
145 cm 의 키
```

'm'=1이고 'cm'=45일 때 답을 구해줄 함수
1m 45cm가 145cm와 같다는 것을 보여준다.

함수에서 데이터 돌려받기

함수가 가장 유용할 때는 데이터의 일부를 프로그램에 다시 돌려줄 때입니다. 이것을 '반환값'이라고 합니다. 함수가 값을 반환하게 만들려면 'return' 뒤에 돌려줄 값을 쓰면 됩니다.

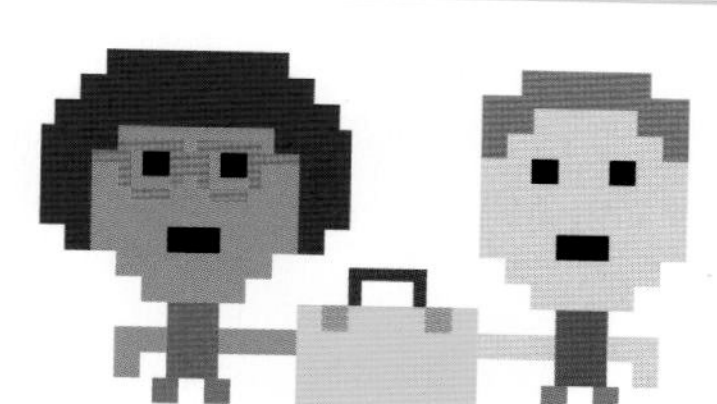

1 수를 반환하는 함수 만들기

파이썬의 'input( )' 함수는 숫자가 입력되어도 항상 문자열로 돌려준다. 아래 함수는 반대로 문자열을 숫자로 돌려준다.

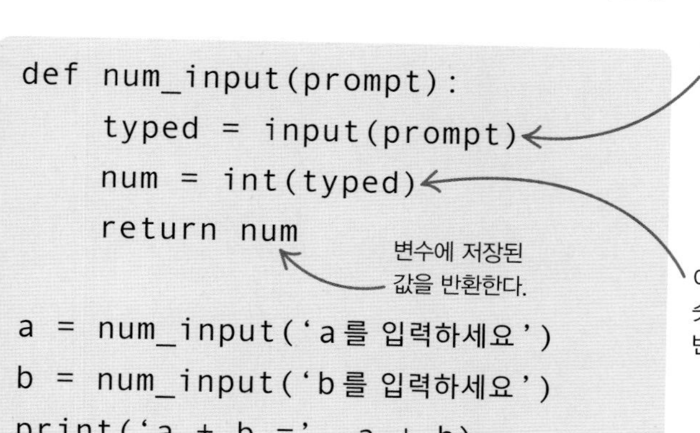

```
def num_input(prompt):
    typed = input(prompt)
    num = int(typed)
    return num

a = num_input('a를 입력하세요')
b = num_input('b를 입력하세요')
print('a + b =', a + b)
```

변수 'typed'에는 문자열로 저장되어 있다.
이 코드가 문자열을 숫자로 바꿔 변수 'num'에 저장한다.
변수에 저장된 값을 반환한다.

2 숫자 값 출력

프로그램이 'input( )' 함수를 사용했다면 'a+b'는 문자열 '10'과 '7'을 더해 '107'이라는 답을 보여줬을 것이다.

```
a를 입력하세요 10
b를 입력하세요 7
a + b = 17
```

'num_input' 함수가 문자열이 아닌 숫자를 돌려주기 때문에 'a+b'의 결과로 '17'을 보여준다.

프로젝트 5

엉뚱한 문장

반복문, 함수, 리스트는 각자 따로따로 여러 작업에 사용되지만 함께 쓰일 수도 있습니다. 그러면 훨씬 더 복잡한 작업을 할 수 있지요. 이제부터 흥미로운 프로그램을 함께 만들어 보겠습니다.

여기도 함께 보세요
124~125 ◁ While 반복문
128~129 ◁ 리스트
130~131 ◁ 함수

엉뚱한 문장 만들기

이 프로그램은 단어로 이루어진 세 개의 리스트를 사용해 문장을 만듭니다. 각 리스트에서 단어를 하나씩 무작위로 가져와 연결하여 엉뚱한 문장을 만들 것입니다.

여기에서 사용한 것 말고 다른 단어를 사용해 여러분만의 문장을 만들어 보세요.

1 새 코드 창에 아래 리스트 세 개를 입력한다. 문장을 만드는 데 사용할 리스트를 만드는 것이다.

```
name = ['철수가', '피카소가', '에디슨이']
noun = ['사자를', '자전거를', '비행기를']
verb = ['산다', '탄다', '찬다']
```

리스트에 있는 각 항목은 문자열이다.

대괄호가 있으면 이것이 리스트라는 뜻이다.

2 여러분이 만든 리스트에서 무작위로 선택된 단어들로 문장이 만들어진다. 프로그램에서 여러 번 사용할 것이기 때문에 이 작업을 하는 함수를 하나 만들어 보자.

```
from random import randint
def pick(words):
    num_words = len(words)
    num_picked = randint(0, num_words - 1)
    word_picked = words[num_picked]
    return word_picked
```

난수를 만드는 'randint' 함수를 불러온다.

리스트에 몇 개의 단어가 있는지 알아낸다 (리스트의 길이에 관계없이 작동한다).

리스트에 있는 항목 중 하나를 선택하는 난수를 만든다.

무작위로 고른 단어를 변수 'word_picked'에 저장한다.

세 개의 리스트에 'pick' 함수를 각각 한 번씩 적용하여 엉뚱한 문장을 만든다. 'print' 명령어로 화면에 문장을 보여준다.

```
print(pick(name), pick(noun), pick(verb), end='.\n')
```

문장 끝에 마침표를 넣고, '\n'으로 줄을 바꿔준다.

프로그램을 저장하고 실행해 보자. 세 개의 리스트에서 뽑은 단어로 엉뚱한 문장이 만들어진다.

```
철수가 자전거를 찬다.
```

프로그램을 실행할 때마다 문장이 무작위로 만들어진다.

엉뚱한 문장이여, 영원하라!

무한 반복문을 넣어 '엉뚱한 문장 만들기' 프로그램을 끝없이 실행해 봅시다. 무한 반복을 끝내려면 키보드의 Ctrl-C키를 누르면 됩니다.

프로그래머의 한마디

읽기 쉬운 코드

프로그램을 이해하기 쉽게 작성하는 것은 아주 중요합니다. 나중에 프로그램을 수정할 때 프로그램의 원리를 알아내려고 퍼즐을 맞추듯이 고생하지 않아도 되기 때문입니다.

'print' 명령어를 'while True' 반복문 안에 넣으면 프로그램이 계속해서 엉뚱한 문장을 만들어낸다.

```
while True:
    print(pick(name), pick(noun), pick(verb), end='.')
    input()
```

'print' 명령문을 반복문 안에 넣는다.

'엔터' 키를 누를 때마다 새로운 문장을 출력한다.

2 'input( )' 함수는 사용자가 '엔터' 키를 누를 때까지 기다렸다가 다음 문장을 출력한다. 이것이 없다면 너무 빨리 출력돼서 읽기 어려울 것이다.

프로그램이 계속해서 무작위로 문장을 만들어낸다.

```
에디슨이 사자를 탄다.
철수가 비행기를 찬다.
피카소가 자전거를 산다.
```

튜플과 딕셔너리

정보를 순서대로 보관하기 위해 리스트를 사용하지만 정보를 저장하는 또 다른 방법도 있습니다. 바로 '튜플(tuple)'과 '딕셔너리(dictionaries)'입니다. 이처럼 여러 가지 항목을 저장할 수 있는 자료형을 '컨테이너(containers)'라고 합니다.

여기도 함께 보세요
110~111 ◁ 자료형
128~129 ◁ 리스트

튜플

튜플은 리스트와 약간 비슷하지만 그 안에 들어 있는 항목을 바꿀 수가 없습니다. 튜플은 한 번 설정하면 바뀌지 않습니다.

```
>>> dragonA = ('샘', 15, 1.70)
>>> dragonB = ('피오나', 16, 1.68)
```

튜플은 항목을 괄호 안에 넣는다.

튜플 안에 있는 항목들은 쉼표로 구분한다.

◁ 튜플이란?
여러 개의 자료를 모아둘 때 튜플을 쓰면 편리하다. 튜플은 항목을 쉼표로 구분하여 괄호 안에 넣는다. 여기에서는 용의 이름(name)과 나이(age), 키(height) 정보를 설정해 두었다.

▷ 튜플에서 항목 하나 가져오기
튜플에 있는 항목 하나를 가져오려면 인덱스를 사용하면 된다. 리스트나 문자열과 마찬가지로 0번부터 시작한다.

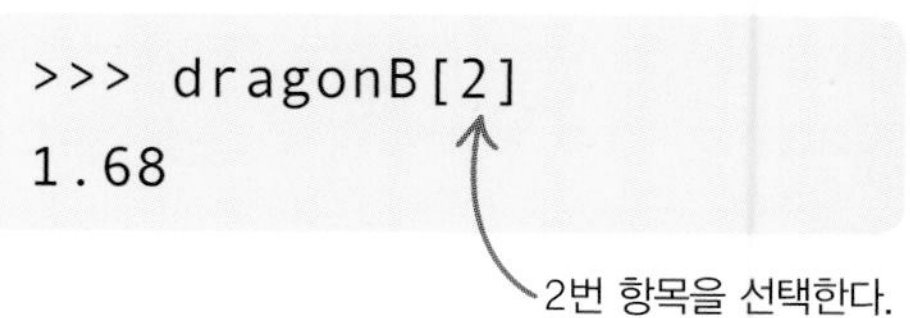

```
>>> dragonB[2]
1.68
```

2번 항목을 선택한다.

```
>>> name, age, height = dragonA
>>> print(name, age, height)
샘 15 1.7
```

튜플 'dragonA'의 항목을 하나씩 보여준다.

◁ 튜플을 변수에 넣기
'dragonA'라는 튜플에 'name', 'age', 'height'라는 세 개의 변수를 만든다. 파이썬이 튜플의 항목을 세 개의 변수에 하나씩 넣을 것이다.

▷ 튜플을 리스트에 넣기
컨테이너 안에 다른 컨테이너가 들어갈 수 있기 때문에 튜플을 리스트에 넣을 수 있다. 이 코드를 사용해 튜플이 들어간 리스트를 만들어본다.

'dragons'라는 이름으로 튜플 리스트를 만든다.

리스트이므로 대괄호를 사용한다.

```
>>> dragons = [dragonA, dragonB]
>>> print(dragons)
[('샘', 15, 1.7), ('피오나', 16, 1.68)]
```

리스트 안에 있는 튜플 항목이 소괄호에 들어 있다.

파이썬은 튜플의 이름만 보여주는 게 아니라 리스트에 있는 모든 항목들을 보여준다.

딕셔너리

딕셔너리는 리스트와 비슷하지만, 라벨이 붙어 있습니다. '키(key)'라고 부르는 라벨들이 인덱스 대신 사용됩니다. 딕셔너리의 모든 항목은 키(key)와 값(value)을 갖고 있습니다. 정해진 순서대로 있을 필요가 없으며 내용도 바꿀 수 있습니다.

▷ 딕셔너리 만들기
'age'라는 딕셔너리를 만드는 프로그램이다. 각 항목의 키는 이름이고 값은 그들의 나이이다.

```
>>> age = {'메리': 10, '피터': 8}
```

딕셔너리는 중괄호({ })를 사용한다.
딕셔너리 안의 항목들은 쉼표로 구분한다.
키와 값 사이에 콜론을 사용한다.
키는 인덱스 역할을 한다.
딕셔너리에 저장된 값. 항상 콜론(:) 뒤에 온다.

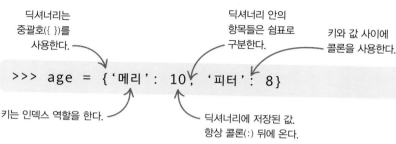

◁ 딕셔너리 출력하기
딕셔너리에 있는 항목들은 위치가 정해져 있지 않기 때문에 순서를 바꿀 수 있다.

```
>>> print(age)
{'피터': 8, '메리': 10}
```

딕셔너리의 이름
이 항목의 키는 '피터'다.
'메리'의 값은 10이다.

▷ 새 항목 추가하기
새로운 키를 붙이면 딕셔너리에 새 항목을 추가할 수 있다.

```
>>> age['오웬'] = 11
>>> print(age)
{'오웬': 11, '피터': 8, '메리': 10}
```

딕셔너리 이름
새로운 키
새 항목을 딕셔너리에 추가한다.
이제 새 값이 딕셔너리에 있다.
이전에 설정한 값도 그대로 들어 있다.

◁ 값 바꾸기
지금 있는 키에 새 값을 주면 항목의 값을 바꿀 수 있다.

```
>>> age['오웬'] = 12
>>> print(age)
{'오웬': 12, '피터': 8, '메리': 10}
```

새 값을 '오웬'으로 정한다.
'오웬' 값이 바뀌었다.

▷ 항목 삭제하기
딕셔너리에 있는 항목을 삭제해도 다른 항목에 영향을 미치지 않는다. 왜냐하면 딕셔너리 안에서의 위치가 아닌 키로 항목을 구별하기 때문이다.

```
>>> del age['오웬']
>>> print(age)
{'피터': 8, '메리': 10}
```

'오웬'이라는 키의 항목을 없앤다.
'오웬' 항목이 더 이상 보이지 않는다.

변수에 리스트 넣기

파이썬에서 변수에 리스트를 저장하는 방법이 처음에는 조금 이상해 보일 수도 있습니다. 하지만 그 원리를 잘 들여다보면 모두 이해가 될 것입니다.

여기도 함께 보세요

108~109 ◁ 파이썬의 변수

128~129 ◁ 리스트

변수에 어떻게 값을 저장하는지 기억하나요?

변수는 값이 들어 있는 상자와 같습니다. 변수에 들어 있는 값을 다른 변수에 복사하거나 저장할 수도 있지요. 마치 'a' 상자에 담겨 있는 값을 복사해서 'b' 상자에 넣는 것과 같습니다.

2
a

2
b

△ 변수의 작동 원리
변수는 값이 적힌 종이가 들어 있는 상자와 같은 것이다.

1 변수에 값 넣기
변수 'a'에 2라는 값을 넣고 나서 'a'의 값을 변수 'b'에도 넣는다. 2라는 값이 복사되어 'b'에 저장된다.

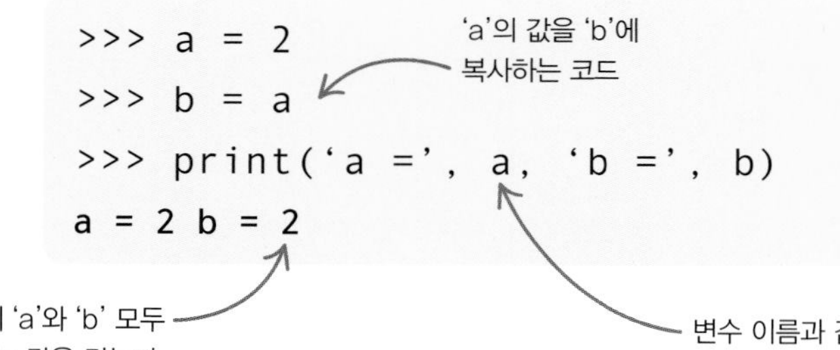
'a'의 값을 'b'에 복사하는 코드
이제 'a'와 'b' 모두 2라는 값을 갖는다.
변수 이름과 값을 출력한다.

```
>>> a = 2
>>> b = a
>>> print('a =', a, 'b =', b)
a = 2 b = 2
```

2 변수의 값 바꾸기
변수에 저장된 값을 바꾸더라도 다른 변수에는 영향을 주지 않는다. 'a' 상자의 종이에 다른 내용을 적어도 'b' 상자의 종이 내용이 바뀌지 않는 것과 같다.

```
>>> a = 100
>>> print('a =', a, 'b =', b)
a = 100 b = 2
```

'a' 값을 100으로 바꾼다.

'a' 값은 100이 되었지만, 'b' 값은 여전히 2이다.

3 다른 값 바꾸기
'b'의 값을 22로 바꾼다. 변수 'a'에는 그대로 100이 들어 있다. 처음에 'b'의 값은 'a' 값을 복사해온 것이지만, 이제는 서로 영향을 주지 않기 때문에 'b'를 바꾸어도 'a' 값이 바뀌지 않는다.

```
>>> b = 22
>>> print('a =', a, 'b =', b)
a = 100 b = 22
```

'b'의 값은 22로 바뀌었지만, 'a' 값은 여전히 100이다.

리스트를 변수에 넣으면 어떻게 될까?

변숫값을 다른 변수에 복사해 넣으면 같은 값을 갖고 있기는 해도 이들은 서로 다른 변수가 됩니다. 변수의 값이 숫자가 아니라 다른 자료형이라면 어떨까요? 변수 안에 리스트를 넣으면 조금 다르게 움직입니다. 어떻게 되는지 확인해 볼까요?

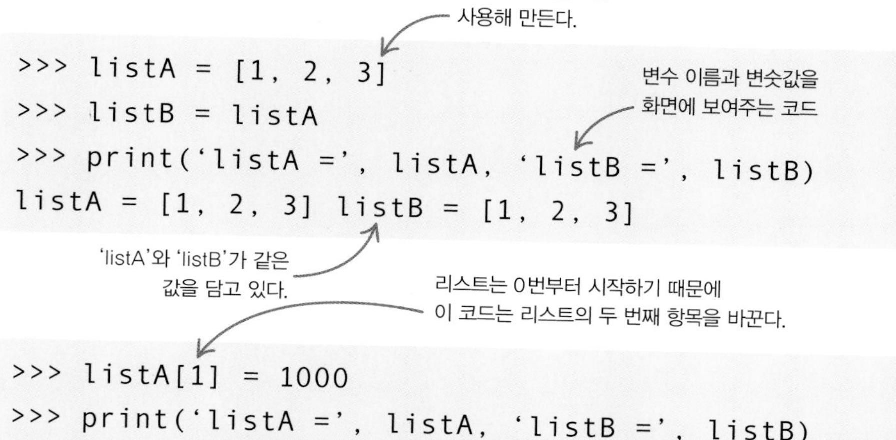

리스트는 대괄호를 사용해 만든다.
변수 이름과 변숫값을 화면에 보여주는 코드
'listA'와 'listB'가 같은 값을 담고 있다.
리스트는 0번부터 시작하기 때문에 이 코드는 리스트의 두 번째 항목을 바꾼다.
'listA'와 'listB'의 두 번째 항목이 둘 다 바뀌었다.

1 리스트 복사하기

'listA'라는 변수에 [1, 2, 3]이라는 리스트를 저장한다. 그다음 'listA'의 값을 'listB'라는 다른 변수에 복사하여 넣는다. 이제 두 변수 모두 [1, 2, 3]이라는 리스트가 들어 있다.

```
>>> listA = [1, 2, 3]
>>> listB = listA
>>> print('listA =', listA, 'listB =', listB)
listA = [1, 2, 3] listB = [1, 2, 3]
```

2 리스트 A 바꾸기

'listA[1]'의 값을 1000으로 바꾼다. 이제 'listB[1]'에도 1000이 들어 간다. 원래의 리스트를 바꾸면 그 리스트를 복사하여 만든 리스트도 같이 바뀐다.

```
>>> listA[1] = 1000
>>> print('listA =', listA, 'listB =', listB)
listA = [1, 1000, 3] listB = [1, 1000, 3]
```

3 리스트 B 바꾸기

'listB[2]'의 값을 75로 바꾼다. 'listA[2]'도 이제 75로 바뀐다. 복사해서 만든 리스트의 항목을 바꿨더니 원본 리스트도 바뀌었다.

리스트의 세 번째 항목을 가리킨다.

```
>>> listB[2] = 75
>>> print('listA =', listA, 'listB =', listB)
listA = [1, 1000, 75] listB = [1, 1000, 75]
```

'listA'와 'listB'의 세 번째 항목이 둘 다 바뀌었다.

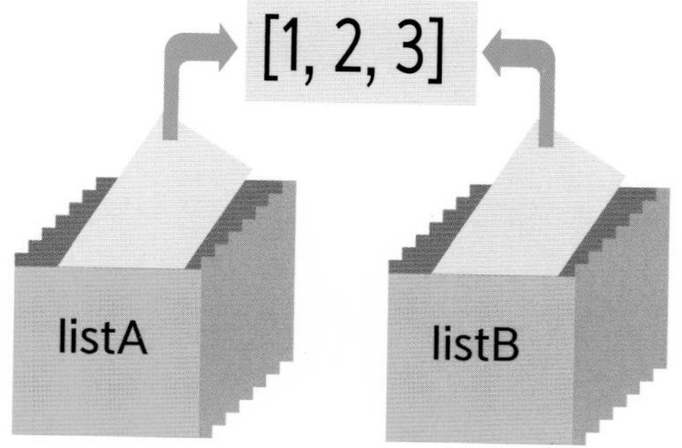

△ 무슨 일이 일어나고 있는 것일까?
리스트를 담고 있는 변수는 리스트 자체를 담고 있는 게 아니라 리스트와 연결된 '링크'만 갖고 있는 것이다. 그래서 'listA'에 있는 값을 복사하면 리스트의 링크가 복사된다. 따라서 'listA'와 'listB'에 같은 리스트의 링크가 담겨 있다.

프로그래머의 한마디

리스트 복사하기

리스트를 복사하여 만든 새 리스트가 원본 리스트의 값을 바꿨을 때 영향을 받지 않게 하려면 'copy' 함수를 사용해 보세요. 'copy' 함수로 만든 'listC'는 'listA'와 같은 값을 갖고 있지만 전혀 다른 리스트의 링크가 담겨 있기 때문에 'listA'의 값을 바꿔도 'listC'의 값은 바뀌지 않습니다. 마찬가지로 'listC'의 값을 바꿔도 'listA'는 변하지 않습니다.

```
>>> listC = listA.copy()
```

변수와 함수

함수 안에서 만든 변수(지역 변수)와 메인 프로그램에서 만든 변수(전역 변수)는 서로 다르게 작동합니다.

여기도 함께 보세요
130~131 ◁ 함수
도형 만들기 ▷ 158~159

지역 변수

지역 변수는 하나의 함수에서만 사용하는 것이라서 메인 프로그램과 다른 함수는 사용할 수 없습니다. 지역 변수를 함수 바깥에서 사용하려고 하면 오류 메시지가 뜹니다.

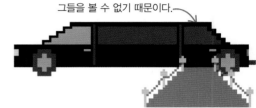

지역 변수는 진하게 썬팅한 차에 타고 있는 영화배우와 비슷하다. 차 안에 있기는 하지만 밖에서는 그들을 볼 수 없기 때문이다.

1 함수 안에서 사용하는 변수

'func1' 안에서 'a'라는 지역 변수를 만든다. 메인 프로그램에서 'func1'을 불러 'a' 값을 화면에 표시한다.

```
>>> def func1():
        a = 10
        print(a)
>>> func1()
10
```

'func1'을 호출하면 'a'의 값을 보여준다.

2 함수 밖에서 사용하는 변수

메인 프로그램에서 직접 'a'를 출력하려고 하면 오류가 뜬다. 'a'라는 변수는 'func1' 안에만 들어 있기 때문이다.

```
>>> print(a)
Traceback (most recent call last):
  File '<pyshell#6>', line 1, in <module>
    print(a)
NameError: name 'a' is not defined
```

메인 프로그램은 'a'가 무엇인지 모르기 때문에 오류 메시지를 띄운다.

전역 변수

전역 변수는 다른 함수가 읽을 수는 있지만 그 값을 바꿀 수는 없습니다.

전역 변수는 거리를 걸어가는 사람들과 비슷하다. 누구나 그들을 볼 수 있기 때문이다.

1 함수 밖에서 사용하는 변수

'b'라는 전역 변수를 메인 프로그램에서 만든다. 새로 만들어진 함수 'func2'가 'b'의 값을 읽고 화면에 나타낸다.

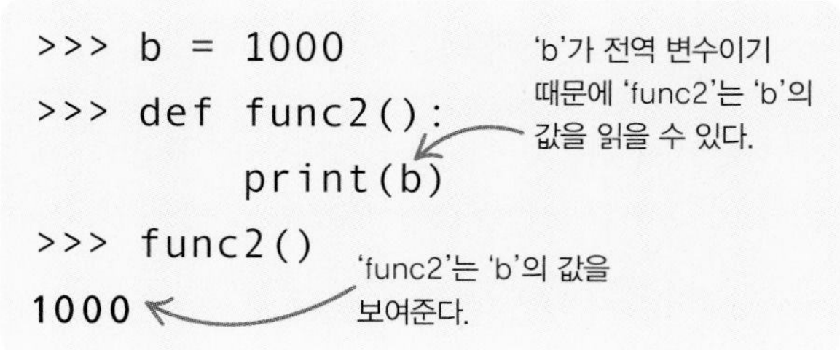

```
>>> b = 1000
>>> def func2():
        print(b)
>>> func2()
1000
```

'b'가 전역 변수이기 때문에 'func2'는 'b'의 값을 읽을 수 있다.

'func2'는 'b'의 값을 보여준다.

2 누구든 볼 수 있는 변수

메인 프로그램에서 직접 'b'를 표시할 수도 있다. 'b'는 함수 안에서 만든 게 아니기 때문에 어디서나 볼 수 있다.

```
>>> print(b)
1000
```

전역 변수 'b'는 메인 프로그램 어디서나 사용할 수 있다.

함수의 입력값으로 사용하는 변수

변수를 함수의 입력값으로 사용하면 그 값이 새로운 지역 변수에 복사됩니다. 따라서 함수 안에 있는 이 새 지역 변수의 값을 바꿔도 원래 변수의 값은 바뀌지 않습니다.

1 지역 변수의 값 바꾸기
'func3'은 지역 변수 'y'를 사용한다. 이 함수는 'y' 값을 출력하고 나서 그 값을 '빵'으로 바꾼 후 새 값을 출력한다.

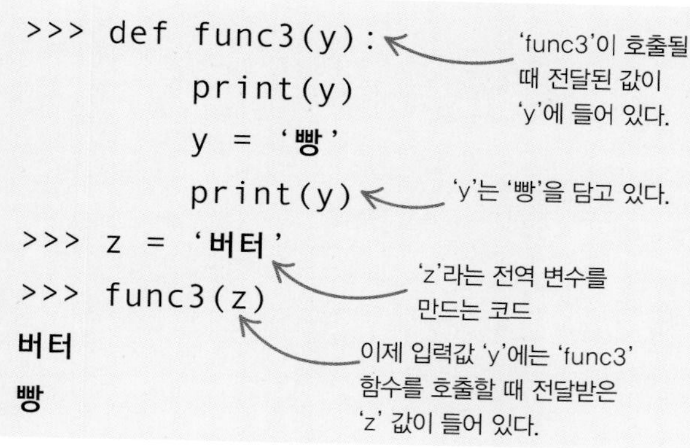

>>> def func3(y):
print(y)
y = '빵'
print(y)
>>> z = '버터'
>>> func3(z)
버터
빵
'func3'이 호출될 때 전달된 값이 'y'에 들어 있다.
'y'는 '빵'을 담고 있다.
'z'라는 전역 변수를 만드는 코드
이제 입력값 'y'에는 'func3' 함수를 호출할 때 전달받은 'z' 값이 들어 있다.

2 변수 출력하기
'func3'를 호출한 후에 'z' 값을 출력하면 값이 바뀌지 않은 것을 볼 수 있다. 'func3'을 호출할 때 'z'에 있는 값('버터')이 지역 변수인 'y'로 복사되지만 'z'는 바뀌지 않고 그대로다.

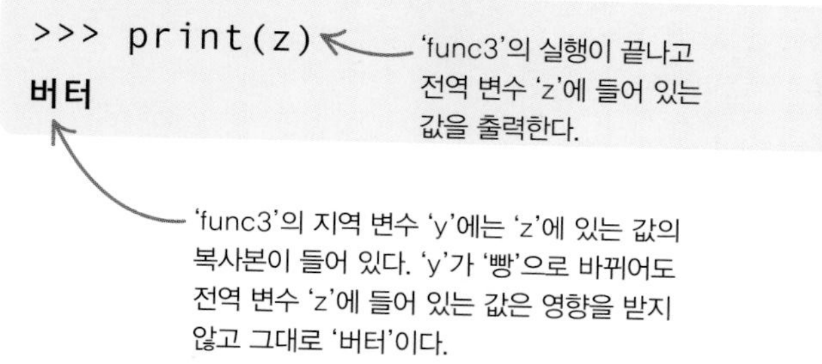

'func3'의 지역 변수 'y'에는 'z'에 있는 값의 복사본이 들어 있다. 'y'가 '빵'으로 바뀌어도 전역 변수 'z'에 들어 있는 값은 영향을 받지 않고 그대로 '버터'이다.

전역 변수 가리기

함수 안에서는 전역 변수의 값을 바꿀 수 없습니다. 전역 변수를 바꾸려고 하면 같은 이름의 지역 변수가 만들어지는데 이 지역 변수로 전역 변수를 덮거나 가릴 수 있습니다. 이를 '마스크 한다'고 표현합니다.

1 전역 변수 바꾸기
전역 변수 'c'에 12345라는 값을 준다. 'func4'가 'c'에게 555라는 값을 주고 출력한다. 전역 변수 'c'의 값이 바뀐 것처럼 보인다.

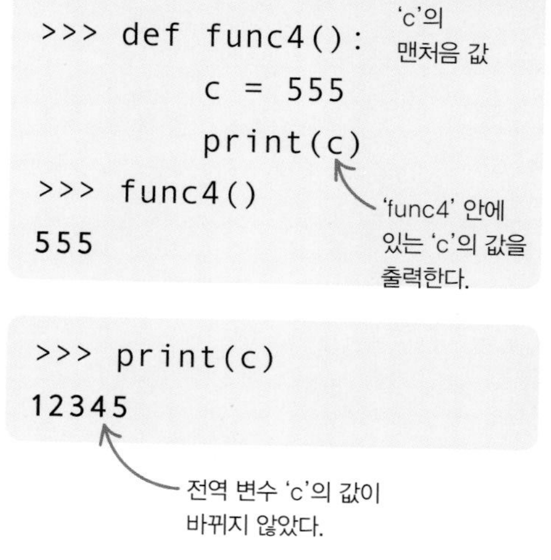

2 변수 출력하기
함수 바깥에서 'c'를 출력하면 'c' 값이 전혀 바뀌지 않은 것을 확인할 수 있다. 'func4'가 'c'라는 지역 변수의 값을 보여줄 뿐이다.

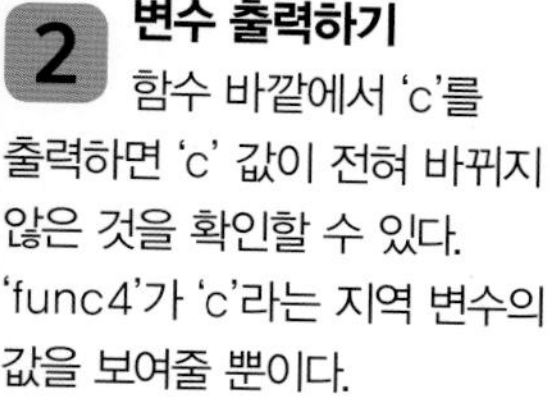

전역 변수 'c'의 값이 바뀌지 않았다.

프로그래머의 한마디

함수 호출하기

함수를 호출하는 방식은 두 가지입니다.

function(a)

파이썬에서는 데이터를 '객체(objects)'라고 한다. 어떤 함수는 데이터 객체('a')를 넣어 호출한다.

a.function( )

어떤 함수는 데이터 객체('a') 뒤에 마침표를 찍고 함수 이름을 써서 호출한다.

프로젝트 6

그림 그리는 기계

이제 좀 더 복잡한 프로젝트를 만들어 보겠습니다. '그림 그리는 기계' 프로그램은 문자열로 된 간단한 명령문을, 거북이를 조종하는 명령으로 바꿔 여러 가지 모양을 그립니다. 프로그래머라면 이 프로그램을 만들 때 사용하는 기술들을 꼭 알고 있어야 합니다.

여기도 함께 보세요
122~123 ◁ 파이썬의 반복문
라이브러리 ▷ 152~153

그릴 모양 정하기

어떤 모양이든 그릴 수 있는 프로그램을 만들기 전에 어떤 그림을 그릴지 정해두는 것이 좋습니다. 아래의 집 모양을 먼저 그려봅시다. 프로젝트가 끝날 때쯤에는 짧은 그리기 명령어(예: 'F100') 여러 개를 한 줄에 써서 처음보다 훨씬 짧고 간단한 코드로 집을 그릴 수 있게 될 것입니다.

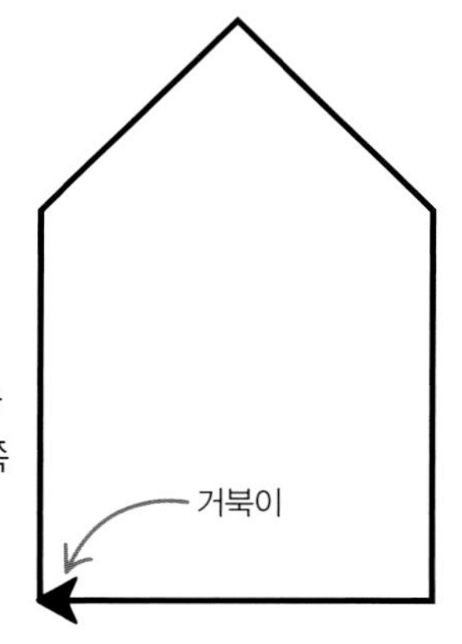

▷ 거북이가 집을 그린다
화살표는 거북이가 집을 다 그렸을 때의 방향과 위치를 나타낸다. 왼쪽 아래에서 시작해 시계 방향으로 나아가며 집을 그린다.

```
from turtle import *
reset()
left(90)
forward(100)
right(45)
forward(70)
right(90)
forward(70)
right(45)
forward(100)
right(90)
forward(100)
```

- 거북이를 움직이는 명령어를 모두 불러온다.
- 거북이의 위치를 초기화하고 펜을 내려 그림 그릴 준비를 한다.
- 거북이가 앞으로 70만큼 이동한다.
- 거북이가 오른쪽으로 90도 돌게 만든다.

△ 집 그리기 프로그램
이 코드로 거북이는 집모양을 그린다. 실제로는 매우 간단한 프로그램인데 코드가 여러 줄 쓰였다.

프로그램의 세 부분

이 프로그램을 세 부분으로 나눠서 살펴보면 이해하기가 훨씬 쉽습니다. 각 부분은 서로 다른 일을 합니다.

함수 1

△ 거북이 제어 함수
이 함수는 사용자에게서 간단한 명령을 받아 거북이용 명령문으로 바꿔준다. 사용자 명령은 글자 하나와 숫자로 되어 있다.

함수 2

△ 문자열 처리 함수
사용자에게 문자열로 명령을 받는다. 이 함수는 그 문자열을 작은 단위로 쪼개어 거북이 제어 함수에 전달한다.

메인 프로그램

△ 사용자 인터페이스
문자열 처리 함수는 어딘가에서 입력을 받아야 한다. 사용자 인터페이스는 문자열 처리 함수가 작업할 문자열 명령을 키보드로 입력할 수 있게 해준다.

순서도 그리기

프로그래머는 오류를 줄이고 더 간결한 코드를 작성하기 위해 프로그램을 종이에 설계할 때가 종종 있습니다. 바로 순서도를 그리는 것입니다. 순서도란 프로그램이 따라야 할 단계와 결정 과정을 그린 표입니다.

1 이 순서도는 거북이 제어 함수를 만들기 위한 설계도다. 변수 'do'에 들어간 글자와 변수 'val'에 들어간 숫자를 받아서 거북이를 움직일 수 있는 명령으로 바꾼다. 예를 들어 'F'와 '100'은 'forward(100)'이라는 명령문으로 바뀐다. 만약 이해할 수 없는 문자가 들어가면 사용자에게 오류가 있다고 알려준다.

프로그래머의 한마디

사각형과 마름모

순서도는 사각형과 마름모로 이루어져 있습니다. 사각형에는 프로그램이 수행할 동작이 들어가고, 마름모는 결정을 내려야할 것을 나타냅니다.

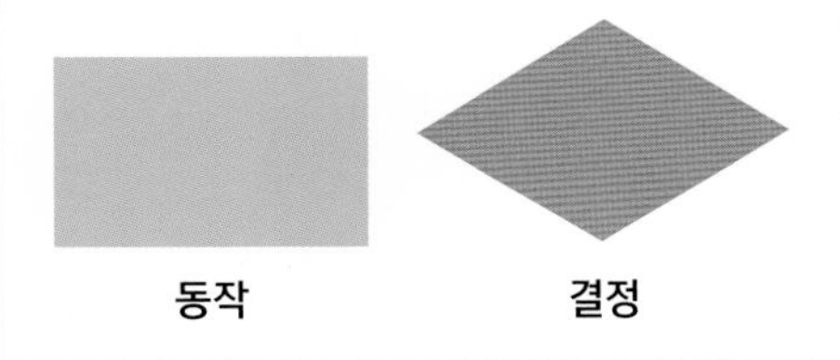
동작
결정

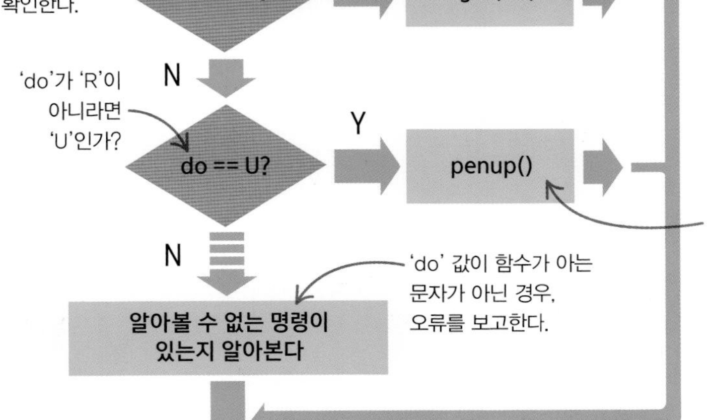
inputs – do and val
각 명령문은 두 개의 변수를 갖는다. 'do'(문자열)는 거북이에게 무엇을 할지 말해주고 'val'(정수)은 거북이에게 어느 정도 움직일지 알려준다.
do == F?
Y
forward(val)
'do'가 'F'이면 거북이가 앞으로 이동한다.
'do' 값이 알아볼 수 있는 문자인지 판단한다.
N
do == R?
Y
right(val)
'do'가 'R'이면 거북이가 오른쪽으로 돈다.
'do'가 'F'가 아니면 함수는 자신이 알고 있는 다른 문자인지 확인한다.
N
'do'가 'R'이 아니라면 'U'인가?
do == U?
Y
penup()
'do'가 'U'이므로 'penup( )' 명령문을 실행하고 펜을 올려 그림 그리기를 멈춘다.
N
'do' 값이 함수가 아는 문자가 아닌 경우, 오류를 보고한다.
알아볼 수 없는 명령이 있는지 알아본다
함수에서 돌아온다
명령문 실행이 끝나면 메인 프로그램으로 돌아간다.
아무 명령이든 성공적으로 실행하고 나면 프로그램이 함수의 끝으로 이동한다.

프로그래머의 한마디

글자로 된 명령어

거북이 제어 함수는 아래 글자를 사용해 다양한 명령문을 표시합니다.

N=새 그림 그리기(초기화)
U/D=펜 올리기/내리기
F=앞으로
B=뒤로
R=오른쪽으로
L=왼쪽으로

그림 그리는 기계

거북이 제어 함수

이 프로그램의 첫 부분에는 거북이를 움직이는 함수가 들어갑니다. 한 번에 하나씩 명령을 처리합니다. 앞쪽의 순서도에서 자세하게 설계한 것이죠. 아래 코드는 'do'와 'val' 값을 거북이가 움직일 수 있도록 하는 명령문으로 바꿔줍니다.

2 이 코드는 거북이 제어 함수를 만든다. 'do' 값으로 거북이의 방향을 바꾸고 'val' 값으로 각도와 움직이는 정도를 바꾼다.

```
from turtle import *
def turtle_controller(do, val):
    do = do.upper()
    if do == 'F':
        forward(val)
    elif do == 'B':
        backward(val)
    elif do == 'R':
        right(val)
    elif do == 'L':
        left(val)
    elif do == 'U':
        penup()
    elif do == 'D':
        pendown()
    elif do == 'N':
        reset()
    else:
        print('Unrecognized command')
```

거북이를 움직이는 명령어를 모두 불러오는 코드

함수 'do'와 'val'의 값을 정하는 코드

'do'에 있는 모든 글자를 대문자로 바꿔준다.

'do' 값 'F'를 거북이 명령문 'forward'로 바꾸라고 알려준다.

순서도에서처럼 함수가 'do' 값으로 입력된 글자를 알아볼 수 있는지 확인한다.

이 명령어는 거북이에게 그림을 그리기 시작하라고 말한다.

거북이에게 그림 그리기를 멈추라고 명령하는 코드

거북이의 위치를 초기화하여 화면의 가운데로 보내는 코드

알아볼 수 없는 명령이 있을 경우 이 메시지가 나타난다.

거북이의 출발 위치

3 거북이 제어 함수의 사용법에 대한 몇 가지 예다. 이 함수는 사용할 때마다 'do'와 'val' 값을 받아 그것을 거북이가 이해할 수 있는 코드로 바꿔준다.

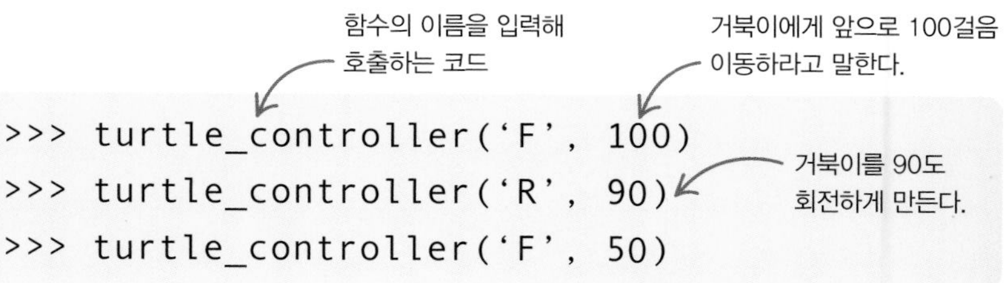

```
>>> turtle_controller('F', 100)
>>> turtle_controller('R', 90)
>>> turtle_controller('F', 50)
```

함수의 이름을 입력해 호출하는 코드

거북이에게 앞으로 100걸음 이동하라고 말한다.

거북이를 90도 회전하게 만든다.

의사코드 작성하기

프로그램을 설계하는 또 다른 방법이 있습니다. 바로 의사코드를 사용하는 것입니다. '의사(Pseudo)'란 '가짜'라는 뜻입니다. 진짜 코드가 아니기 때문에 실행할 수는 없지만 프로그램에 관한 아이디어를 진짜인 것처럼 써보면 더 쉽게 프로그램을 설계할 수 있습니다.

4 문자열 처리 함수를 설계해보자. 이 함수는 문자열로 되어 있는 여러 개의 'do'와 'val' 값을 쪼개어 글자와 숫자로 이루어진 쌍으로 만들어준다. 그리고 이렇게 만들어진 쌍을 거북이 제어 함수에 전달한다.

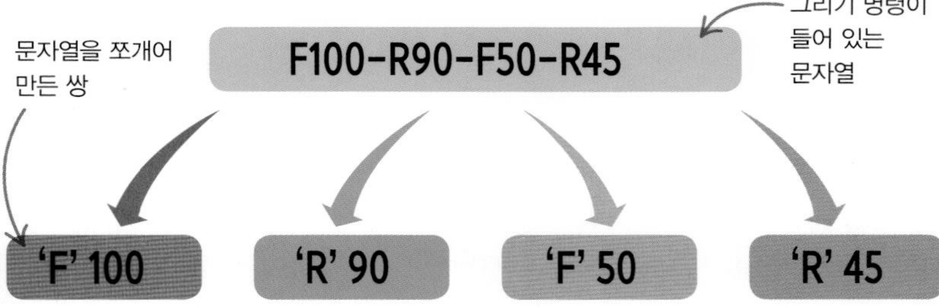

5 다음은 의사코드로 작성한 문자열 처리 함수다. 이렇게 써보면 아이디어를 정리하고 코드의 구조를 이해하는 데 도움이 된다. 자세한 부분까지 생각하지 않아도 된다.

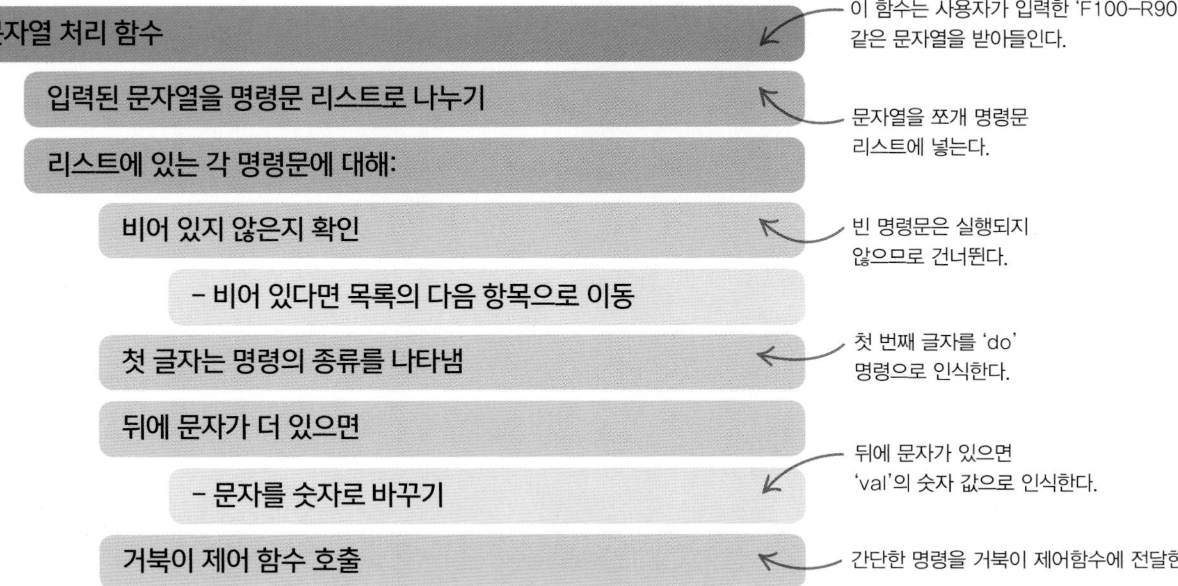

문자열 처리 함수
입력된 문자열을 명령문 리스트로 나누기
리스트에 있는 각 명령문에 대해:
비어 있지 않은지 확인
- 비어 있다면 목록의 다음 항목으로 이동
첫 글자는 명령의 종류를 나타냄
뒤에 문자가 더 있으면
- 문자를 숫자로 바꾸기
거북이 제어 함수 호출
이 함수는 사용자가 입력한 'F100-R90'과
같은 문자열을 받아들인다.
문자열을 쪼개 명령문
리스트에 넣는다.
빈 명령문은 실행되지
않으므로 건너뛴다.
첫 번째 글자를 'do'
명령으로 인식한다.
뒤에 문자가 있으면
'val'의 숫자 값으로 인식한다.
간단한 명령을 거북이 제어함수에 전달한다.

프로그래머의 한마디

깔끔한 코드 만들기

코드는 컴퓨터뿐 아니라 사람도 쉽게 읽을 수 있도록 만들어야 합니다. 따라서 되도록 코드를 이해하기 쉽게 쓰는 것이 매우 중요합니다.

- 함수를 사용해 코드를 작은 덩어리로 나눈다. 각각의 함수는 프로그램에서 하나의 작업만 하게 한다.
- 변수와 함수 이름을 그것들이 무엇을 하는지 알 수 있게 지어야 한다.
- 코드를 봤을 때 이해하기 쉽도록 코드 설명(comment)을 충분히 넣는다. 설명은 문장 앞에 '#'을 붙이고 쓰면 된다.
- 다른 것과 혼동하게 하는 기호는 사용하지 않는다. 대문자 'O'(오)는 숫자 0과 비슷하고 소문자 'l'(엘)은 대문자 'I'(아이)나 숫자 '1'과 헷갈릴 수 있다.

그림 그리는 기계

문자열 처리 함수 만들기

앞에서 의사코드로 문자열 처리 함수를 설계해 보았습니다. 문자열 값을 거북이 제어 함수에 맞는 명령으로 바꿔주는 함수였지요. 지금부터는 'split( )'라는 함수를 사용해 의사코드를 실제 코드로 만들어 봅시다.

6 'split( )' 함수는 문자열을 쪼개 리스트에 넣어주는 함수다. 쪼갠 문자열은 특수문자를 사용해 구분한다. 이 프로그램에서는 '–' 를 사용한다.

```
>>> program = 'N-L90-F100-R45-F70-R90-F70-R45-F100-R90-F100'
>>> cmd_list = program.split('-')
>>> cmd_list
['N', 'L90', 'F100', 'R45', 'F70', 'R90', 'F70', 'R45', 'F100', 'R90', 'F100']
```

- 집 모양을 그리기 위한 거북이용 명령을 나열한 문자열
- 'split( )' 함수는 문자열을 몇 개의 명령문으로 쪼갠다. 쪼갠 명령으로 만든 리스트.

7 이제 의사코드로 써본 문자열 처리 함수를 진짜 파이썬 코드로 다시 써 보자. 'split( )' 함수는 문자열을 쪼개 거북이를 제어하는 명령으로 만든다. 아래 코드를 142쪽 코드 아래에 이어 입력한다.

```
def string_artist(program):
    cmd_list = program.split('-')
    for command in cmd_list:
        cmd_len = len(command)
        if cmd_len == 0:
            continue
        cmd_type = command[0]
        num = 0
        if cmd_len > 1:
            num_string = command[1:]
            num = int(num_string)
        print(command, ':', cmd_type, num)
        turtle_controller(cmd_type, num)
```

- '–' 가 있는 곳마다 문자열을 나누라고 알려주는 코드
- 프로그램이 문자열 리스트를 반복 실행하게 한다. 리스트의 각 항목이 거북이를 움직이는 명령문이다.
- 명령 문자열의 길이 확인
- 명령문의 길이가 0이면 즉, 명령문이 비어 있으면, 함수는 그것을 건너뛰고 다음 명령문으로 이동한다.
- 명령문의 첫 문자로 명령의 종류('F', 'U' 등)를 정한다.
- 명령문 뒤에 문자(숫자)가 더 있는지 확인한다.
- 명령문 리스트에서 첫 번째 것을 빼고 남은 문자를 모두 가져온다.
- 문자열의 문자들을 숫자로 바꾼다.
- 화면에 명령문을 표시하여 프로그램이 무엇을 하고 있는지 보여준다.
- 거북이에게 명령을 전달

8 집 모양을 그리기 위한 명령들이 들어 있는 문자열이 문자열 처리 함수에 전달되면 셸 창에 다음과 같이 나타난다.

```
>>> string_artist('N-L90-F100-R45-F70-R90-F70-R45-F100-R90-F100')
N : N 0
L90 : L 90
F100 : F 100
R45 : R 45
F70 : F 70
R90 : R 90
F70 : F 70
R45 : R 45
F100 : F 100
R90 : R 90
F100 : F 100
```

화면을 초기화하고 거북이를 다시 화면 가운데에 옮겨놓는다.

거북이 제어 명령은 모두 '–'로 구분되어 있다.

'F100' 명령에서 'F'는 명령문의 종류이고 '100'은 변수 'num'의 값이다.

이 명령은 지붕을 그리기 위해 거북이의 방향을 45도 회전시켜준다.

이 명령은 거북이가 오른쪽 지붕을 그리게 만든다.

거북이가 오른쪽으로 90도 돌아 집 아래쪽 부분을 그릴 준비를 한다.

9 'string_artist' 함수에 전달되는 명령의 문자열에서 거북이를 움직이는 명령을 뽑아 확인하고 실행한다. 터틀 그래픽 창에 집 모양이 나타난다.

R90
F70
F70
R45
R45
F100
F100
L90
F100
R90

이 프로그램은 거북이가 집을 그리게 만든다.

잊지 마세요!

명령어

이 프로그램에 있는 거북이 제어 명령어를 다시 한 번 정리해 봅시다. 어떤 것은 문자로 되어 있지만, 어떤 것은 숫자와 함께 써서 이동 거리와 회전 각도를 표시합니다. 'string_artist'를 실행할 때마다 그림이 추가되고, 'N'은 화면의 모든 그림을 지워줍니다.

N=새로 그리기
U/D=펜 올리기/내리기
F100=앞으로 100 가기
B50=뒤로 50 가기
R90=오른쪽으로 90도 회전
L45=왼쪽으로 45도 회전

그림 그리는 기계

코드를 입력하는 창 만들기

그림 그리기 기계를 더 쉽게 만들기 위해 명령어를 쓸 수 있는 팝업창을 만들어 보겠습니다. 사용자는 이 창에 키보드로 명령어를 입력하여 거북이에게 무엇을 그릴지 알려줄 것입니다.

10 이 코드는 사용자가 명령어를 입력할 수 있는 팝업창을 만들어준다. 'while True' 반복문을 이용해 사용자가 계속 새 문자열을 입력할 수 있도록 해준다.

작은따옴표 3개(''')는 파이썬에게 작은따옴표 3개(''')가 다시 나올 때까지 줄 바꿈을 포함한 모든 것이 하나의 문자열이라고 알려준다.

```
instructions = '''거북이에게 명령을 내려 주세요:
예 F100-R45-U-F100-L45-D-F100-R90-B50
N = 새로 그리기
U/D = 펜 올리기/내리기
F100 = 앞으로 100 가기
B50 = 뒤로 50 가기
R90 = 오른쪽으로 90도 회전
L45 = 왼쪽으로 45도 회전'''
screen = getscreen()
while True:
    t_program = screen.textinput('그림 그리는 기계', instructions)
    print(t_program)
    if t_program == None or t_program.upper() == 'END':
        break
    string_artist(t_program)
```

사용자에게 명령에 사용하는 글자들을 알려준다.

문자열의 끝

대화상자를 만드는 데 필요한 데이터를 가져온다.

이 줄은 대화상자에 무엇을 표시할지 정한다.

사용자가 'END'를 입력하거나 '취소(Cancel)' 버튼을 누르면 프로그램을 멈춘다.

문자열 처리 함수에 사용자가 입력한 문자열을 전달한다.

11 터틀 그래픽 창 위로 오른쪽과 같은 팝업창이 떠서 그림 그리는 기계 프로그램에 사용자가 명령어를 입력할 수 있다.

그림 그리는 기계

거북이에게 명령을 내려 주세요:
예: F100-R45-U-F100-L45-D-F100-R90-B50
N = 새로 그리기
U/D = 펜 올리기/내리기
F100 = 앞으로 100 가기
B50 = 뒤로 50 가기
R90 = 오른쪽으로 90도 회전
L45 = 왼쪽으로 45도 회전

[OK] [Cancel]

여기에 명령어를 입력하고 '확인(OK)'을 클릭하면 프로그램이 실행된다.

△ **거북이 제어**
이 프로그램을 사용하면 거북이를 더 쉽게 제어할 수 있고 새로운 그림을 그리기 위해 프로그램을 다시 시작하지 않아도 된다.

12 그림 그리는 기계는 외곽선만 그릴 수 있는 것은 아니다. 거북이의 펜을 들어올려 새 위치에 놓고 움직이게 하면 그림 안에 또 다른 그림을 더 그려 넣을 수 있다. 팝업창에 아래 명령어를 입력해 보라.

```
N-L90-F100-R45-F70-R90-F70-R45-F100-R90-F100-
B10-U-R90-F10-D-F30-R90-F30-R90-F30-R90-F30
```

펜을 들어 올리면 선을 그리지 않는다.

펜을 내려 창문을 그린다.

이제 집에 창문이 생겼다.

응용 시간

그림을 더 자세하게 그리는 방법을 알았으니 그리기 기계로 더 재미있는 그림을 그려 봅시다. 아래 명령어를 사용해 부엉이 얼굴을 그려 보세요.

```
N-F100-L90-F200-L90-F50-R60-F30-L120-F30-R60-F40-
R60-F30-L120-F30-R60-F50-L90-F200-L90-F100-L90-U-
F150-L90-F20-D-F30-L90-F30-L90-F30-L90-F30-R90-U-
F40-D-F30-R90-F30-R90-F30-R90-F30-L180-U-F60-R90-
D-F40-L120-F40-L120-F40
```

이 문자열에서는 눈과 코를 그리기 위해 펜을 세 번 들어 올렸다.

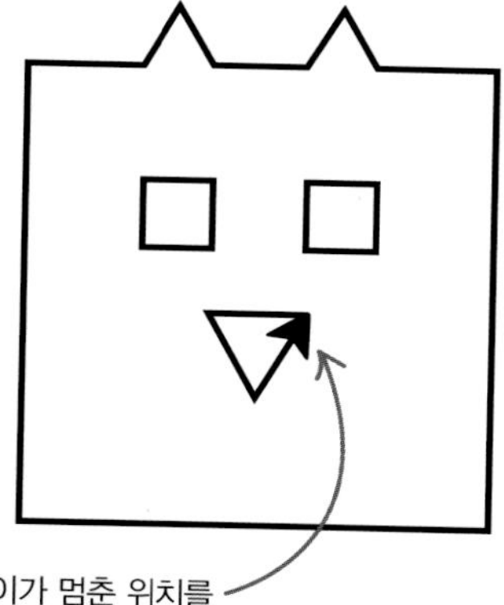

화살표는 거북이가 멈춘 위치를 나타낸다. 화살표가 여기 있다는 것은 부엉이의 코를 마지막으로 그렸다는 뜻이다.

잊지 마세요!

여러분이 해낸 것

그림 그리는 기계를 만들면서 여러분은 다음과 같은 것들을 해냈어요.

- 순서도를 사용해 프로그램을 설계했다.
- 실제 코드를 작성하기 전 의사코드를 만들어 함수를 자세하게 설계했다.
- 문자와 숫자를 입력하여 거북이에게 무엇을 실행할지 알려주는 거북이 제어 함수 'turtle_controller'를 만들었다.
- 문자열로 된 명령문을 거북이가 이해할 수 있도록 바꿔주는 문자열 처리 함수 'string_artist'를 만들었다.
- 무엇을 그릴지 명령할 수 있도록 하는 팝업창을 만들었다. 이 창에 사용자가 키보드로 명령문을 입력한다.

버그와 디버깅

여기도 함께 보세요
94~95 ◁ 오류
122~123 ◁ 파이썬의 반복문
앞으로 할 일 ▷ 176~177

프로그램은 완벽하지 않으며, 대부분의 프로그램이 처음에는 오류를 갖고 있습니다. 이 오류들을 '버그(bugs)'라고 하고 버그를 찾아내는 것을 '디버깅(debugging)'이라고 합니다.

버그의 유형

프로그램에서 주로 세 가지 유형의 버그가 발생합니다. '구문 오류'와 '런타임 오류', '논리 오류'입니다. 어떤 것은 찾기가 아주 쉬운데 어떤 것들은 찾기가 어렵습니다. 하지만 어떤 버그든 찾아서 바로잡을 방법은 있습니다.

'for'의 철자 오류

```
fir i in range(5):
print(i)
```

△ 찾아내기 쉬운 버그
구문 오류는 키워드의 철자를 틀린다든지, 괄호를 빼먹는다든지, 들여쓰기를 잘못하는 경우처럼 프로그램에 단어나 기호를 잘못 쓰는 실수를 말한다.

숫자는 0으로 나눌 수 없기 때문에 오류가 발생한다.

```
a = 0
print(10 / a)
```

△ 좀 더 찾아내기 어려운 버그
런타임 오류는 프로그램이 실행 중일 때만 나타난다. 문자열인데 숫자가 들어 있거나 0으로 나눌 때 이 오류가 나타날 수 있다.

나이가 5살보다 적으면서 동시에 8살보다 많을 수 없다.

```
if age <  5 and age > 8:
    print('입장료가 무료!')
```

△ 가장 찾아내기 어려운 버그
논리 오류는 프로그램의 사고과정에서 일어나는 실수다. '>' 대신에 '<'를 사용하거나 빼기를 해야 할 때 더하기를 하면 오류가 발생한다.

버그 찾고 바로잡기

구문 오류는 프로그램을 실행하면 IDLE이 오류가 있는 부분에 빨간색으로 표시해주기 때문에 찾기가 쉽습니다. 런타임 오류와 논리 오류를 찾아내는 것은 이것보다 좀 더 어렵습니다.

1 문제가 있는 프로그램
이 프로그램은 1부터 변수 'top_num' 값까지 모든 수를 더한다. 계산 결과는 화면에 표시되도록 되어 있다.

```
top_num = 5
total = 0
for n in range(top_num):
    total = total + n
print('1부터', top_num, '까지의 합계는?', total)
```

더하는 숫자 중에 가장 큰 수

사용자에게 계산 결과를 알려주는 문장을 표시한다.

2 출력
프로그램의 답은 1+2+3+4+5를 계산한 결과 '15'여야 하는데 '10'이라는 결과를 보여주고 있다. 왜 그런 걸까? 그 이유를 찾아보자.

정답은 '10'이 아니라 '15'여야 한다.

3 'print'와 'input( )' 추가하기

프로그램은 자기가 무엇을 하고 있는지 보여주지 않는다. 여기에 'print' 명령을 넣으면 계산 중에 무슨 일이 일어나고 있는지 볼 수 있다. 'input( )' 명령은 엔터 키가 눌릴 때까지 기다렸다가 반복문을 실행한다.

```
top_num = 5
total = 0
for n in range(top_num):
    total = total + n
    print('DEBUG: n=', n, 'total=', total)
    input()
print('1부터', top_num, '까지의 합계는?', total)
```

이 명령은 반복 변수의 값과 지금까지의 총합을 보여준다.

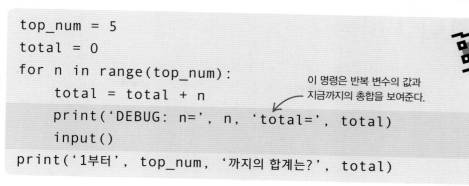

4 새로운 출력 결과

반복문이 숫자를 1부터 5가 아니라 0부터 4까지의 숫자를 더하고 있다. 'for' 반복문의 번호가 항상 0부터 시작되고(예외를 말해주지 않는 한) 범위의 끝보다 1 작은 수에서 멈추기 때문이다.

```
DEBUG: n= 0 total= 0
DEBUG: n= 1 total= 1
DEBUG: n= 2 total= 3
DEBUG: n= 3 total= 6
DEBUG: n= 4 total= 10
1부터 5까지의 합계는? 10
```

이 답은 1부터 5까지의 합이 아니라 0부터 4까지의 합이다.

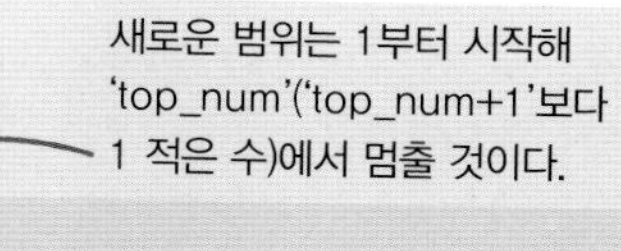

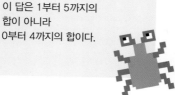

5 오류 바로잡기

합의 범위(range)가 1부터 'top_num+1'까지가 되어야 반복문이 1부터 'top_num'까지를 더할 것이다.

```
top_num = 5
total = 0
for n in range(1, top_num + 1):
    total = total + n
    print('DEBUG: n=', n, 'total=', total)
    input()
print('1부터', top_num, '까지의 합계는?', total)
```

새로운 범위는 1부터 시작해 'top_num'('top_num+1'보다 1 적은 수)에서 멈출 것이다.

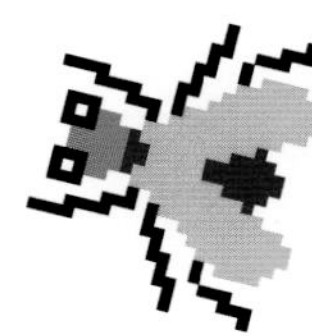

6 정답 출력

'print' 명령으로 프로그램이 1부터 5까지 더한 값을 보여준다. 이제 버그가 해결되었다!

```
DEBUG: n= 1 total= 1
DEBUG: n= 2 total= 3
DEBUG: n= 3 total= 6
DEBUG: n= 4 total= 10
DEBUG: n= 5 total= 15
1부터 5까지의 합계는? 15
```

'n=3'일 때 합(total)은 1+2+3이다.

이제 정답이 표시된다.

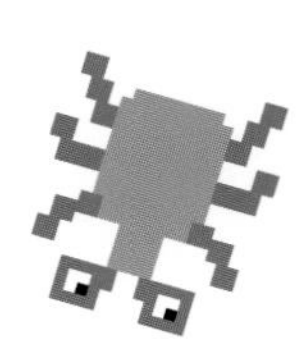

알고리즘

알고리즘은 어떤 작업을 실행하기 위해 모아 놓은 명령을 말합니다. 같은 작업을 하더라도 알고리즘으로 처리하면 더 빠르고 쉽게 할 수 있습니다. 순서대로 번호 붙이기처럼 간단한 작업도 알고리즘을 사용할 수 있는데 이러한 알고리즘은 여러 가지가 있답니다.

여기도 함께 보세요
16~17 ◁ 컴퓨터처럼 생각하라
라이브러리 ▷ 152~153

삽입 정렬

우리반 친구들의 시험지가 있다고 상상해 보세요. 이 시험지를 가장 낮은 점수부터 높은 점수까지 순서대로 정리하고 싶다면 어떻게 할까요? '삽입 정렬'은 시험지 뭉치 위에 정리할 공간을 만든 다음 정리가 안 된 시험지를 하나씩 올바른 위치에 끼워 넣는 방식입니다.

△ 순서대로 정리하기
'삽입 정렬'은 시험지를 한 장씩 순서에 맞게 정리하는 것과 같다.

▽ 작동 원리
'삽입 정렬'은 아래 단계를 인간보다 훨씬 빠른 속도로 처리해 숫자를 정렬한다.

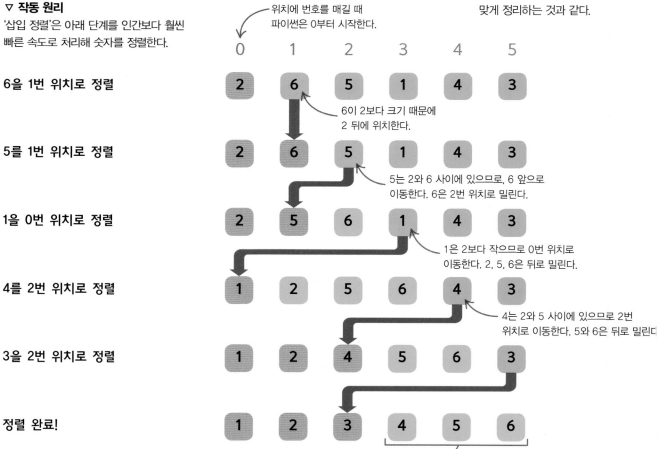

위치에 번호를 매길 때 파이썬은 0부터 시작한다.

	0	1	2	3	4	5
6을 1번 위치로 정렬	2	6	5	1	4	3
5를 1번 위치로 정렬	2	6	5	1	4	3
1을 0번 위치로 정렬	2	5	6	1	4	3
4를 2번 위치로 정렬	1	2	5	6	4	3
3을 2번 위치로 정렬	1	2	4	5	6	3
정렬 완료!	1	2	3	4	5	6

6이 2보다 크기 때문에 2 뒤에 위치한다.

5는 2와 6 사이에 있으므로, 6 앞으로 이동한다. 6은 2번 위치로 밀린다.

1은 2보다 작으므로 0번 위치로 이동한다. 2, 5, 6은 뒤로 밀린다.

4는 2와 5 사이에 있으므로 2번 위치로 이동한다. 5와 6은 뒤로 밀린다

4, 5, 6이 함께 뒤로 밀리면서 2번 위치에 3이 들어간다.

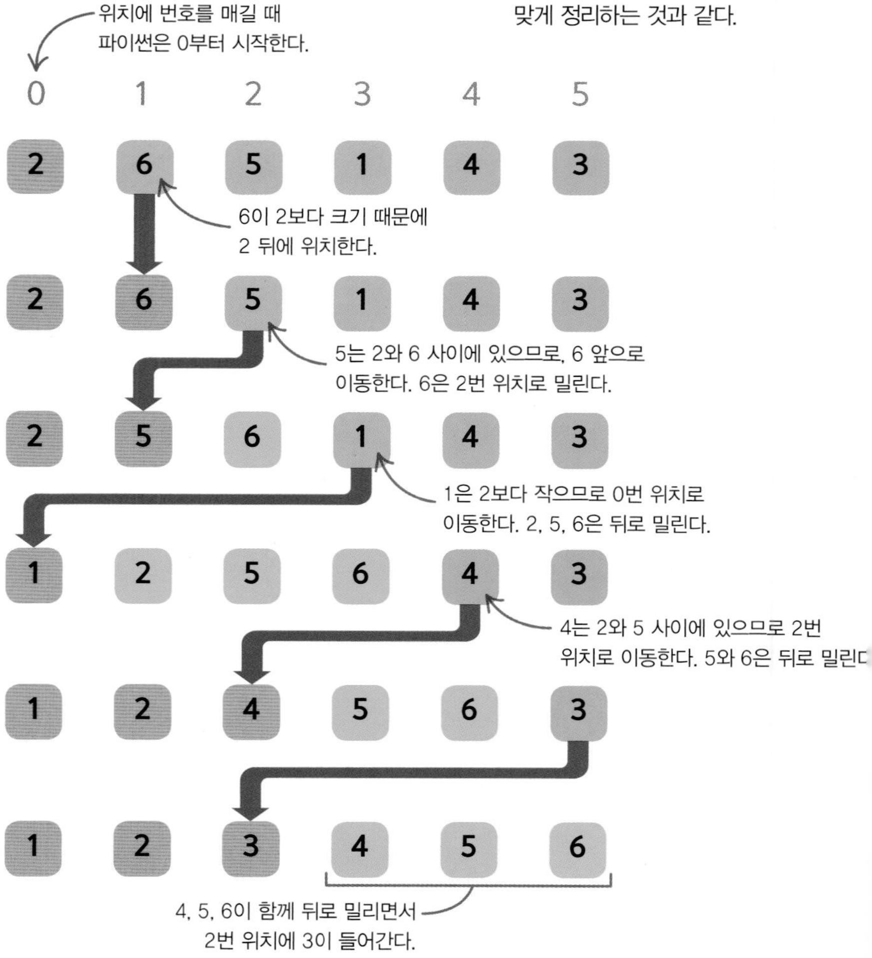

선택 정렬

'선택 정렬'은 '삽입 정렬'과 다르게 작동합니다. 하나씩 모든 항목을 이동하는 대신에 두 항목끼리 맞바꿉니다.

△위치 교환하기
하나를 다른 것과 바꾸는 것이 더 빠르며 다른 것들을 움직이지 않아도 된다.

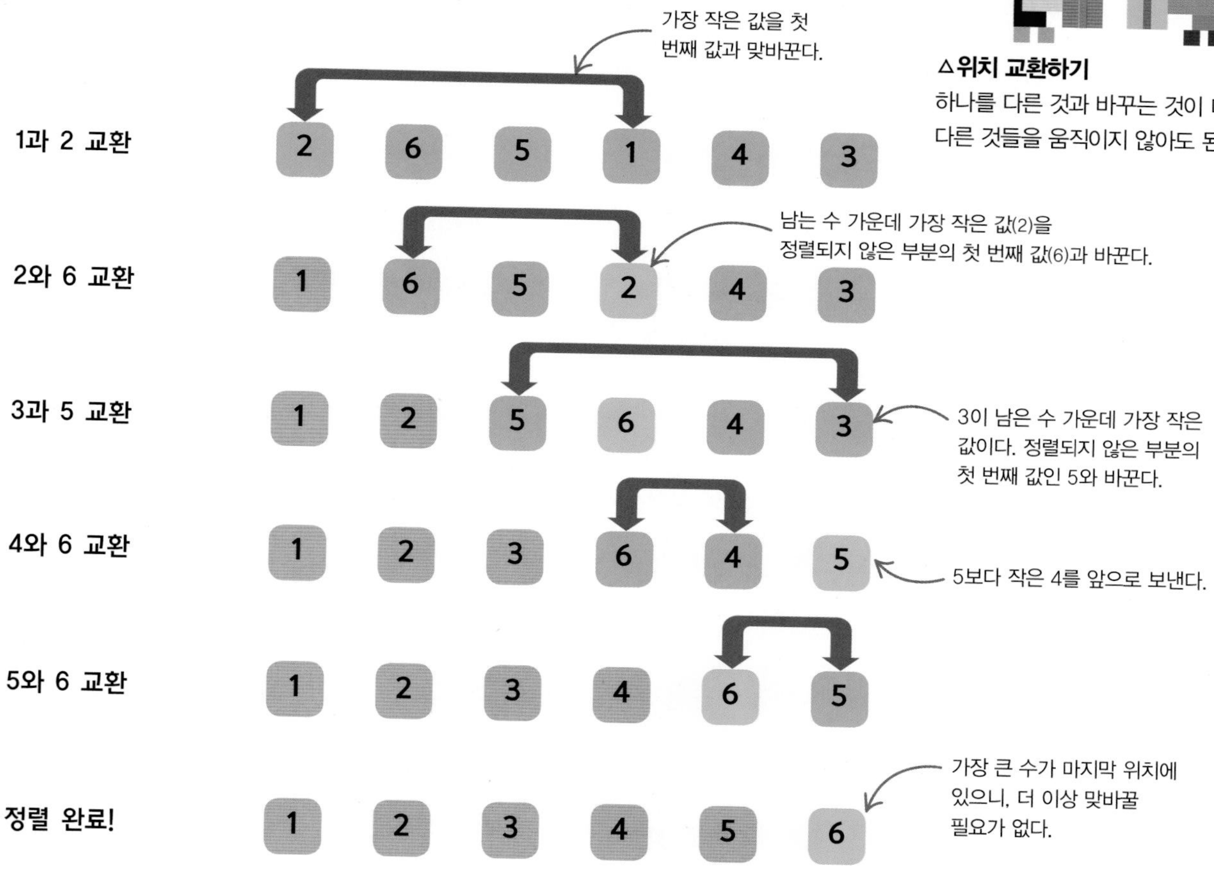

가장 작은 값을 첫 번째 값과 맞바꾼다.

1과 2 교환 2 6 5 1 4 3

남는 수 가운데 가장 작은 값(2)을 정렬되지 않은 부분의 첫 번째 값(6)과 바꾼다.

2와 6 교환 1 6 5 2 4 3

3과 5 교환 1 2 5 6 4 3

3이 남은 수 가운데 가장 작은 값이다. 정렬되지 않은 부분의 첫 번째 값인 5와 바꾼다.

4와 6 교환 1 2 3 6 4 5

5보다 작은 4를 앞으로 보낸다.

5와 6 교환 1 2 3 4 6 5

정렬 완료! 1 2 3 4 5 6

가장 큰 수가 마지막 위치에 있으니, 더 이상 맞바꿀 필요가 없다.

프로그래머의 한마디

파이썬의 정렬

여기서 소개한 것 외에도 정렬 알고리즘은 매우 다양하며 모두 장단점을 갖고 있습니다. 파이썬의 'sort( )'함수가 사용하는 알고리즘인 '팀 정렬(Timsort)'은 이 알고리즘을 설계한 팀 피터스(Tim peters)의 이름에서 따온 것입니다. 팀 정렬은 '삽입 정렬'과 '병합 정렬'을 바탕으로 합니다. 오른쪽 코드로 그 작동 원리를 확인해 보세요.

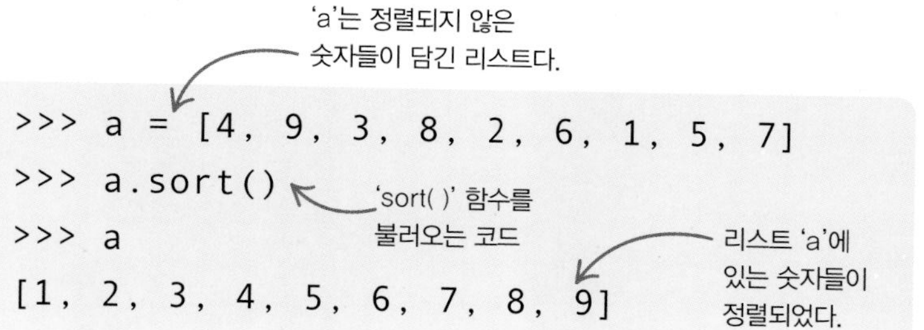

'a'는 정렬되지 않은 숫자들이 담긴 리스트다.

```
>>> a = [4, 9, 3, 8, 2, 6, 1, 5, 7]
>>> a.sort()
>>> a
[1, 2, 3, 4, 5, 6, 7, 8, 9]
```

'sort( )' 함수를 불러오는 코드

리스트 'a'에 있는 숫자들이 정렬되었다.

라이브러리

새 코드를 작성하는 데는 시간이 걸리기 때문에 다른 프로그램의 일부를 다시 사용하면 편리합니다. 이런 조각 코드를 모아 놓은 것이 '라이브러리'입니다.

여기도 함께 보세요

창 만들기 ▷ 154~155

색과 좌표 ▷ 156~157

기본 라이브러리 모듈들

파이썬에는 '기본 라이브러리'가 있어서 편리한 코드가 많이 들어 있습니다. 라이브러리는 이 코드 조각을 기능별로 나눠 놓았는데 이렇게 기능별로 묶은 것을 '모듈'이라고 합니다.
모듈은 파이썬을 더 효과적으로 만들어 줍니다.

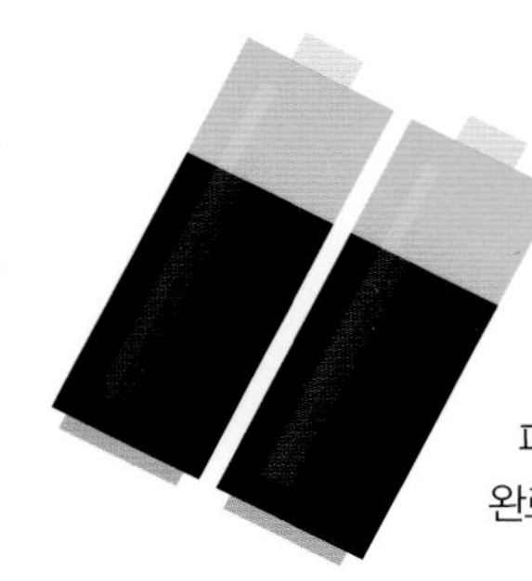

◁ **배터리 포함**
파이썬의 좌우명은 '배터리 포함'이다. 배터리가 들어 있으니 바로 쓸 수 있다는 뜻이다. 파이썬에는 사용 준비가 완료된 코드가 많이 들어 있다.

◁ **Random 모듈**
이 모듈은 난수를 만들거나 리스트를 무작위로 섞는다.

▽ **Turtle 모듈**
이 모듈은 화면에 선이나 모양을 그리는 데 사용한다.

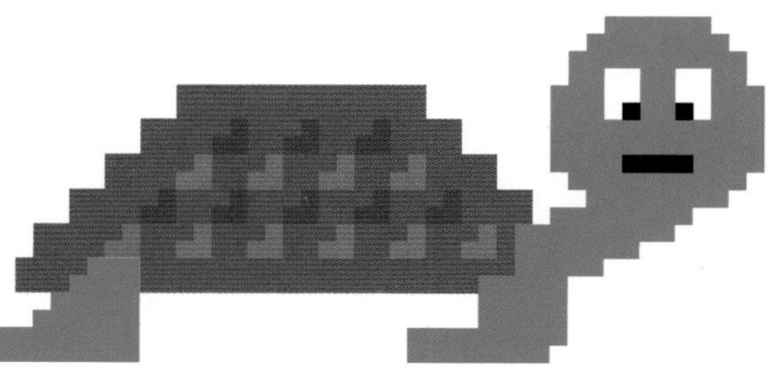

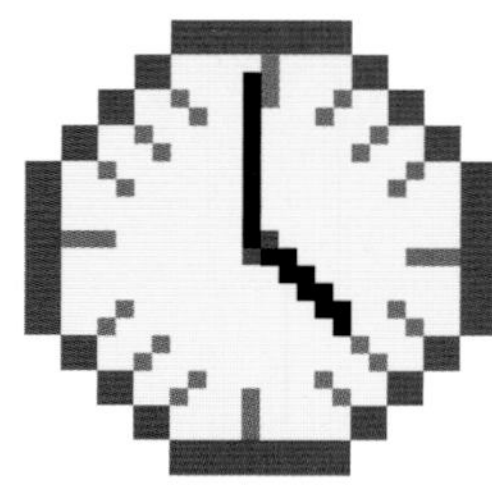

△ **Time 모듈**
현재 시각과 날짜 정보를 제공하고 날짜를 계산할 수 있다. 예를 들면, '3일 후는 며칠인가요?'와 같은 질문에 답할 때 사용한다.

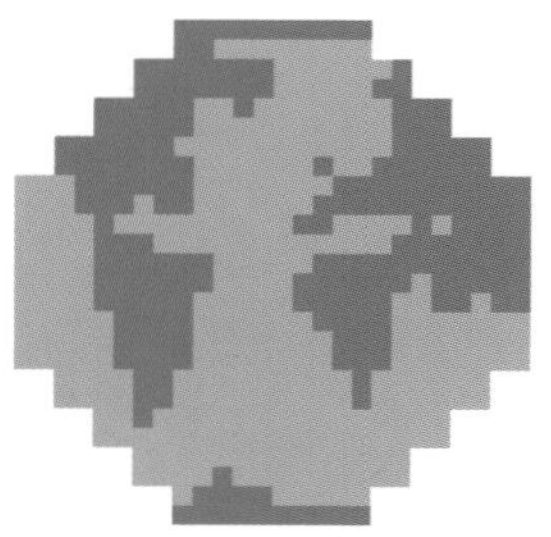

△ **Socket 모듈**
이 모듈에 들어 있는 코드는 컴퓨터를 네트워크나 인터넷을 통해 서로 연결하게 도와준다.

▽ **Tkinter 모듈**
버튼이나 창 등 사용자가 프로그램과 상호작용을 하는 데 도움이 될 만한 그래픽을 만든다.

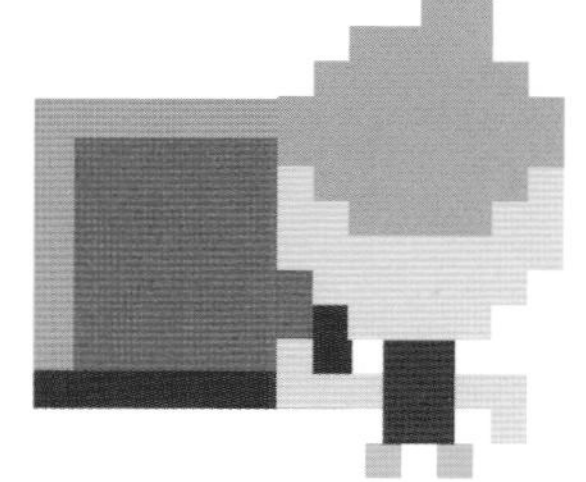

▷ **Math 모듈**
복잡한 계산을 할 때 이 모듈을 사용한다.

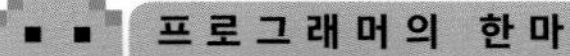

모듈 불러오기

모듈은 사용하기 전에 컴퓨터에 불러와야 프로그램에서 사용할 수 있습니다. 모듈을 불러오면 그 안에 있는 코드를 사용할 수 있게 되지요. 'import' 명령어를 사용하면 모듈을 불러올 수 있습니다. 그밖에도 모듈을 불러오는 방법이 몇 가지 있습니다.

프로그래머의 한마디

파이게임(Pygame)

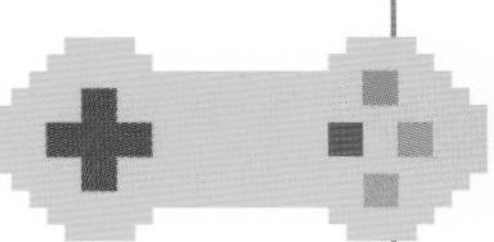

파이게임은 비디오 게임을 만들기 위한 라이브러리입니다. 파이게임은 게임에 다양한 소리 모듈과 특수 그래픽을 사용할 수 있게 해줍니다. 이 책으로 파이썬의 기본 내용을 익히고 나면 파이게임을 사용할 수 있게 될 것입니다.

```
import random
```

```
random.randint(1, 6)
random.choice(my_list)
```

모듈 이름을 함수 앞에 쓴다.

◁ **'import random'**
이 불러오기 방법은 코드 맨 앞에 모듈 이름을 쓰는 것이다. 이렇게 하면 어느 모듈에서 코드를 가져오는지 알 수 있기 때문에 코드를 읽기가 더 쉬워진다.

▷ **'from random import *'**
이 방법은 작은 프로그램에서 쓰면 편리하다. 큰 프로그램에서 사용하면 함수가 어느 모듈에 속하는지 분명하지 않기 때문에 헷갈릴 수 있다.

Random 모듈에 있는 모든 함수를 불러온다.

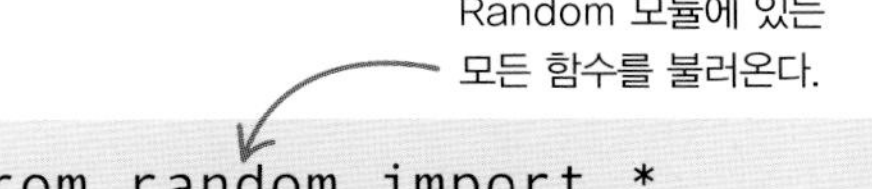

```
from random import *
```

```
randint(1, 6)
choice(my_list)
```

어느 모듈의 함수인지 쓰여 있지 않다.

'randint' 함수만 불러온다.

```
from random import randint
```

```
randint(1, 6)
```

'randint' 함수만 사용할 수 있다.

◁ **'from random import randint'**
모듈에 있는 함수 중 하나만 불러올 수도 있다. 사용하고자 하는 함수가 단 하나라면 이 방법이 모듈 전체를 불러오는 것보다 더 효과적일 수 있다.

도움말과 문서

모듈 사용법을 잘 모르겠다고요? 파이썬 온라인 백과사전을 보면 모두 자세히 나와 있습니다. 알고 싶은 라이브러리에서 찾아 클릭만 하면 됩니다. 사용할 수 있는 라이브러리와 모듈, 함수에 대해 미리 알아두는 것이 좋습니다. 그러면 이미 준비된 코드를 만드느라 시간을 낭비하지 않을 수 있지요.

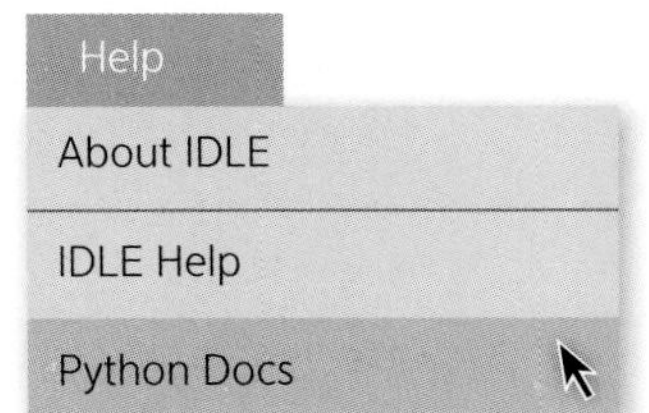

◁ **도와주세요!**
IDLE 창 맨 위의 'Help'를 클릭하고 'Python Docs'를 선택한다. 유용한 정보가 가득 담긴 창이 열릴 것이다.

창 만들기

프로그램을 제어하는 데 사용할 수 있는 창과 버튼을 만들어 봅시다. 만들어진 창과 버튼을 '그래픽 사용자 인터페이스' 또는 줄여서 'GUI'('구이'로 발음)라고 부릅니다.

여기도 함께 보세요
색과 좌표 ▷ 156~157
모양 만들기 ▷ 158~159
그래픽스에 변화 주기 ▷ 160~161

간단한 창 만들기

먼저 창을 만들어 보겠습니다. 파이썬의 기본 라이브러리에 있는 Tkinter 모듈을 사용하면 간단한 창 하나를 만들 수 있습니다.

1 코드 입력하기
아래 코드로 Tkinter 모듈을 불러와 새 창을 만든다.

```
from tkinter import *
window = Tk()
```

라이브러리에서 Tkinter 모듈을 불러오는 코드

이 코드로 창을 만들 수 있다.

2 Tkinter 창이 나타난다
코드를 실행하면 창이 나타난다. 아직은 재미없는 모양이지만 GUI의 시작일 뿐이니 너무 실망하지 말라.

창에 버튼 넣기

버튼을 넣어 대화형 GUI를 만들어 보겠습니다. 이 코드는 사용자가 버튼을 클릭할 때마다 다른 메시지를 보여 줍니다.

1 버튼 두 개 만들기
코드를 작성해 버튼이 두 개 있는 간단한 창을 만든다.

```
from tkinter import *
def bAaction():
    print('고맙습니다!')
def bBaction():
    print('아얏, 아파요!')
window = Tk()
buttonA = Button(window, text='누르세요!', command=bAaction)
buttonB = Button(window, text='누르지 마세요!', command=bBaction)
buttonA.pack()
buttonB.pack()
```

버튼 A를 누르면 이 메시지가 나타난다.

버튼 B를 누르면 이 메시지가 나타난다.

버튼 A 위에 표시되는 문장

버튼이 클릭되었을 때 실행되는 함수를 설정한다.

버튼 B 위에 표시되는 문장

창에 버튼을 표시한다.

2 버튼을 눌러 메시지 보기

프로그램을 실행하면 버튼 두 개짜리 창이 나타난다. 버튼을 클릭할 때마다 셸 창에 다른 메시지가 뜰 것이다. 이렇게 사용자의 명령에 반응하는 대화형 GUI를 만들었다.

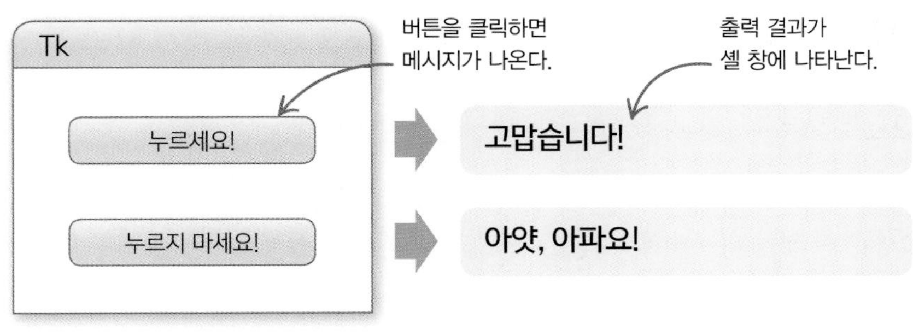
Tk
누르세요!
누르지 마세요!
버튼을 클릭하면
메시지가 나온다.
출력 결과가
셸 창에 나타난다.
고맙습니다!
아얏, 아파요!

주사위 굴리기

Tkinter 모듈을 사용해 간단한 응용프로그램용 GUI를 만들 수 있습니다. 아래 코드는 육면체인 주사위를 굴리는 프로그램입니다.

1 주사위 시뮬레이터 만들기

이 프로그램은 버튼을 클릭하면 'roll( )' 함수를 실행해 1부터 6 사이의 수를 무작위로 보여준다.

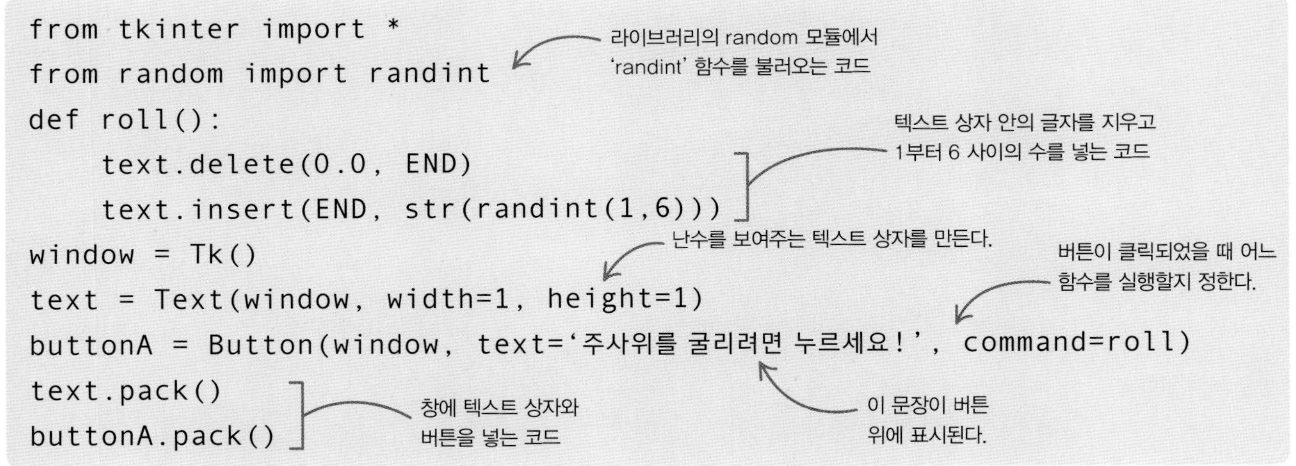

```
from tkinter import *
from random import randint
def roll():
    text.delete(0.0, END)
    text.insert(END, str(randint(1,6)))
window = Tk()
text = Text(window, width=1, height=1)
buttonA = Button(window, text='주사위를 굴리려면 누르세요!', command=roll)
text.pack()
buttonA.pack()
```

라이브러리의 random 모듈에서
'randint' 함수를 불러오는 코드
텍스트 상자 안의 글자를 지우고
1부터 6 사이의 수를 넣는 코드
난수를 보여주는 텍스트 상자를 만든다.
버튼이 클릭되었을 때 어느
함수를 실행할지 정한다.
창에 텍스트 상자와
버튼을 넣는 코드
이 문장이 버튼
위에 표시된다.

2 버튼을 눌러 주사위 굴리기

프로그램을 실행한 후 버튼을 클릭해 주사위를 굴리면 결과를 확인할 수 있다. 이 프로그램을 간단히 바꿔 동전 던지기 프로그램을 만들어볼 수도 있다.

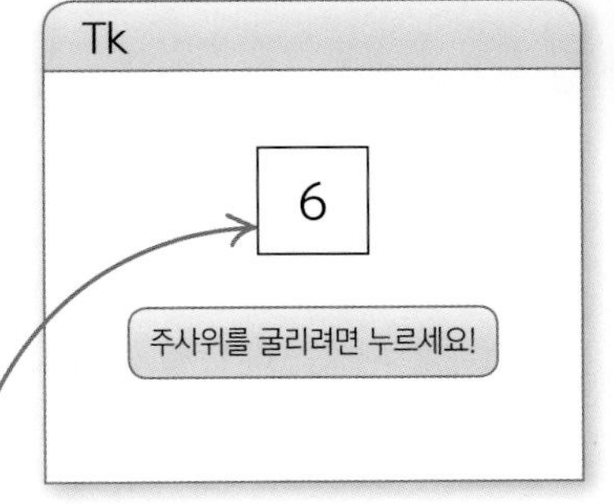
Tk
6
주사위를 굴리려면 누르세요!

버튼을 클릭할 때마다 여기에 새로운 숫자가 나타난다.

프로그래머의 한마디

보기쉽고 간단하게

GUI를 설계할 때 버튼을 너무 많이 넣어 사용자를 혼란스럽게 만들지 마세요. 버튼마다 재미있는 문구를 넣어 쉽고 재미있는 응용프로그램을 만들어보세요.

색과 좌표

여기도 함께 보세요
154~155 ◁ 창 만들기
도형 만들기 ▷ 158~159
그래픽스에 변화 주기 ▷ 160~161

컴퓨터 화면의 그림과 그래픽은 픽셀이라고 부르는, 색이 들어간 작은 점이 모여서 만들어진 것입니다. 프로그램에서 그래픽을 만들려면 각 픽셀이 정확히 어떤 색을 써야 하는지 알려줘야 합니다.

색상 선택하기

컴퓨터가 이해할 수 있는 형태로 색을 표현하는 것이 중요합니다. Tkinter 모듈에 이 작업을 할 수 있는 유용한 도구가 들어 있습니다.

프로그래머의 한마디

색상 섞기

각 픽셀은 빨간색, 녹색, 파란색 빛을 낼 수 있습니다. 이 색상을 서로 섞어서 원하는 색을 만들 수 있습니다.

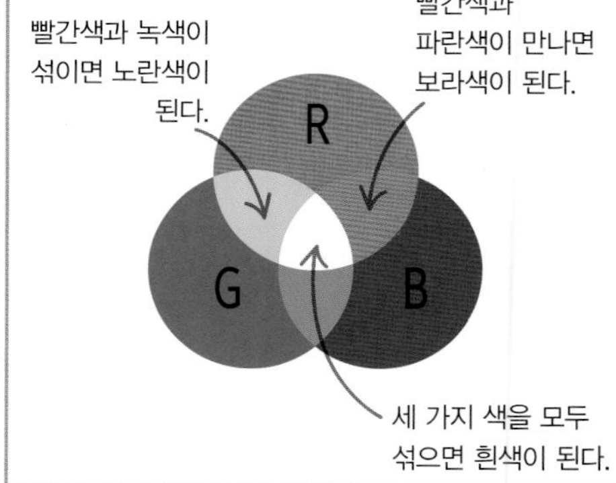

빨간색과 녹색이 섞이면 노란색이 된다.
빨간색과 파란색이 만나면 보라색이 된다.
R
G
B
세 가지 색을 모두 섞으면 흰색이 된다.

1 색상 선택 도구 열기

아래 코드를 셸 창에 입력하면 Tkinter 모듈에서 색을 선택할 수 있는 도구가 열린다.

Tkinter 모듈의 모든 함수를 불러온다.

```
>>> from tkinter import *
>>> t = Tk()
>>> colorchooser.askcolor()
```

'color'는 '색'이라는 뜻이다.

2 색상 선택하기

색을 선택할 수 있는 창이 나타날 것이다. 원하는 색을 고르고 '확인'을 누른다.

원하는 색을 클릭하여 선택한다.

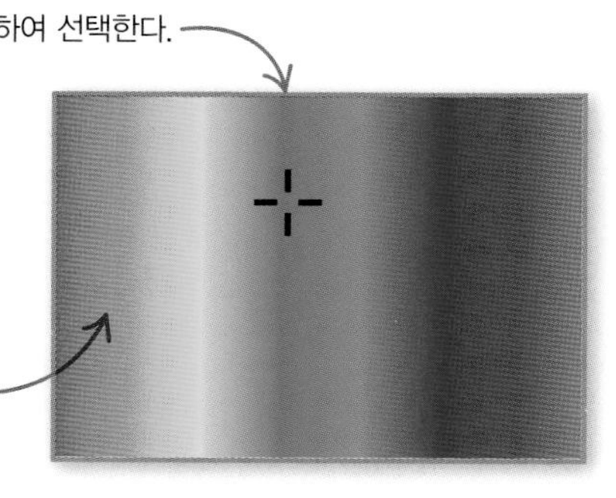

이 창은 원하는 색을 쉽고 정확하게 고를 수 있게 해준다.

3 색상값

색을 선택하면 숫자로 된 목록이 셸 창에 나타난다. 이 숫자들은 선택한 색에 쓰인 빨간색, 녹색, 파란색의 값이다.

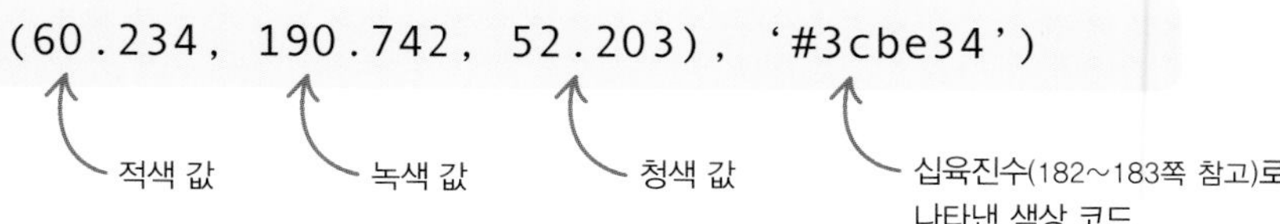

```
((60.234, 190.742, 52.203), '#3cbe34')
```

적색 값 / 녹색 값 / 청색 값 / 십육진수(182~183쪽 참고)로 나타낸 색상 코드

캔버스에 그리기

파이썬으로 그래픽을 만들려면 아무것도 없는 공간을 만들어야 합니다. 이것을 캔버스라고 합니다. 캔버스의 어느 위치에 그릴 것인지는 x, y 좌표를 사용해 정확하게 알려줄 수 있습니다.

프로그래머의 한마디

좌표

Tkinter 모듈에서는 오른쪽으로 이동할수록 x좌표가 커지고 아래로 이동할수록 y좌표가 커집니다. (0,0)은 왼쪽 위 모서리를 말합니다.

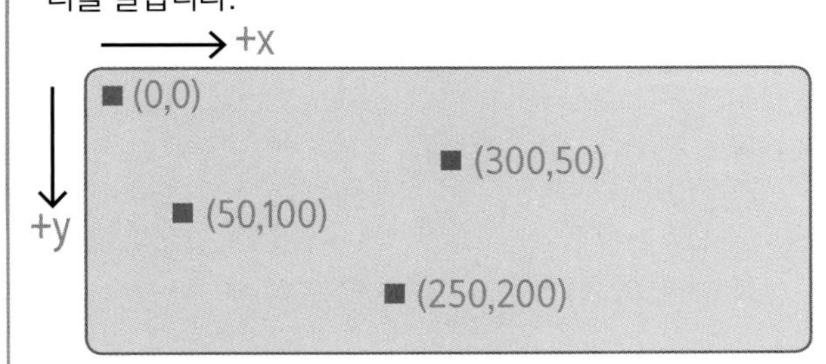

1 그래픽 프로그램 만들기

아래 코드를 사용해 창을 만들고 그 안에 캔버스를 넣는다. 그러고 나면 프로그램이 캔버스에 무작위로 원을 그릴 것이다.

```
from random import *
from tkinter import *
size = 500
window = Tk()
canvas = Canvas(window, width=size, height=size)
canvas.pack()
while True:
    col = choice(['pink', 'orange', 'purple', 'yellow'])
    x0 = randint(0, size)
    y0 = randint(0, size)
    d = randint(0, size/5)
    canvas.create_oval(x0, y0, x0 + d, y0 + d, fill=col)
    window.update()
```

- 이것은 Random 모듈에 있는 모든 함수를 불러온다.
- 이것은 모든 Tkinter 함수를 불러온다.
- 변수 'size'는 캔버스의 크기를 정한다.
- 창 안에 캔버스를 만드는 코드
- 무한 반복문으로 원을 끊임없이 그리게 만든다.
- 목록에서 색상을 무작위로 선택하는 코드
- 원을 그릴 캔버스 위치와 원의 크기를 정하는 코드
- 원을 그리도록 하는 부분
- 원을 선택한 색상('col')으로 채우도록 하는 부분

2 형형색색의 캔버스

코드를 실행하면 캔버스에 원이 그려지기 시작할 것이다.

Tk

원들이 정해지지 않은 위치에 그려진다.

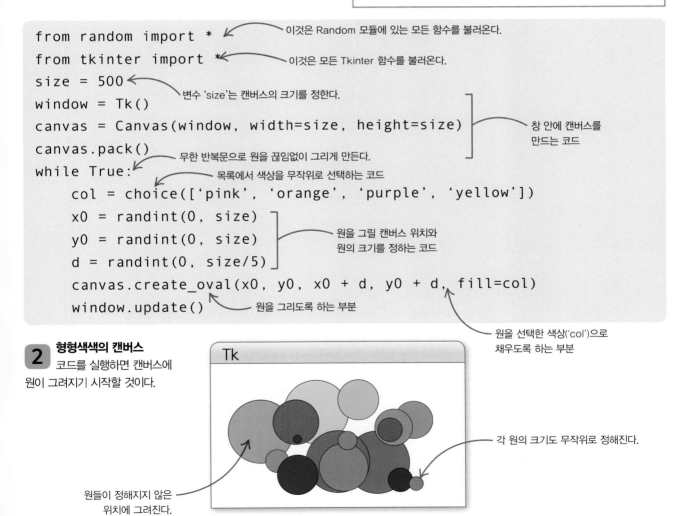

각 원의 크기도 무작위로 정해진다.

도형 만들기

Tkinter 모듈은 창이나 버튼을 만들거나 색을 칠할 수 있는 것 외에도 모양을 그리는 데 사용할 수 있습니다.

여기도 함께 보세요

그래픽스에 변화 주기 ▷ 160~161

이벤트에 반응하기 ▷ 162~163

기본 도형 만들기

사각형과 원은 다양한 것을 그릴 수 있는 유용한 도형입니다. 캔버스를 만들고 아래 함수를 사용해 여러 가지 도형을 그 위에 그려 보세요.

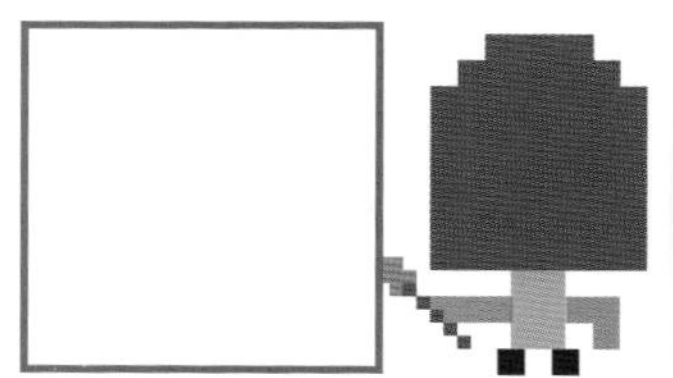

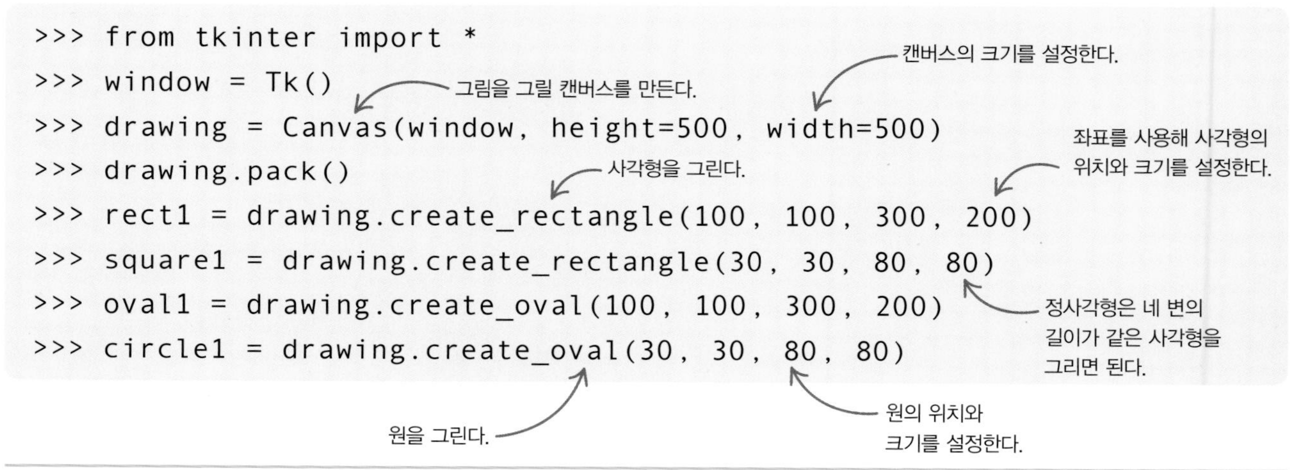

```
>>> from tkinter import *
>>> window = Tk()
>>> drawing = Canvas(window, height=500, width=500)
>>> drawing.pack()
>>> rect1 = drawing.create_rectangle(100, 100, 300, 200)
>>> square1 = drawing.create_rectangle(30, 30, 80, 80)
>>> oval1 = drawing.create_oval(100, 100, 300, 200)
>>> circle1 = drawing.create_oval(30, 30, 80, 80)
```

캔버스의 크기를 설정한다.
그림을 그릴 캔버스를 만든다.
좌표를 사용해 사각형의 위치와 크기를 설정한다.
사각형을 그린다.
정사각형은 네 변의 길이가 같은 사각형을 그리면 된다.
원을 그린다.
원의 위치와 크기를 설정한다.

좌표로 그리기

좌표를 사용하면 도형을 그릴 정확한 위치를 설정할 수 있습니다. 첫 번째 숫자(x좌표)는 화면의 왼쪽에서 얼마나 떨어져 있는가를, 두 번째 숫자(y좌표)는 화면의 위에서 얼마나 떨어져 있는가를 알려줍니다.

캔버스의 이름

사각형의 왼쪽 위 꼭짓점 좌표

```
>>> drawing.create_rectangle(50, 50, 350, 250)
```

사각형의 오른쪽 아래 꼭짓점 좌표

△ 좌표 설정하기
앞에 있는 두 숫자가 사각형의 왼쪽 위 꼭짓점의 좌표다. 그다음에 있는 두 수는 사각형의 오른쪽 아래 꼭짓점의 좌표다.

▽ 좌표 그리드
사각형의 왼쪽 위 꼭짓점의 좌표는 (50, 50)이고 오른쪽 아래 꼭짓점의 좌표는 (350, 250)이다.

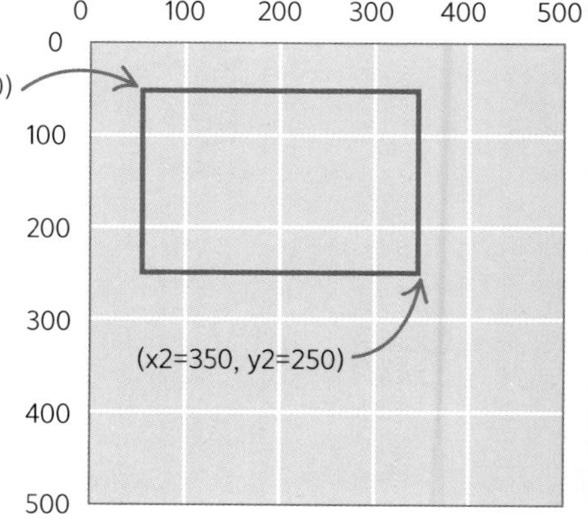

0
100
200
300
400
500
(x1=50, y1=50)
(x2=350, y2=250)

도형에 색 넣기

색이 칠해진 도형을 그릴 수도 있습니다. 도형의 테두리와 안쪽('fill') 색을 다른 색으로 만든 그림도 그릴 수 있지요.

빨간색 테두리에 안쪽은 파란색으로 채운 원을 만든다.

```
>>> drawing.create_oval(30, 30, 80, 80, outline='red', fill='blue')
```

외계인 그리기

여러 가지 도형을 조합하면 무엇이든 그릴 수 있습니다.
원과 선, 삼각형을 이용해 외계인을 그리는 코드를 소개합니다.

1 외계인 만들기

외계인의 각 부분에 사용할 도형의 종류와 크기, 캔버스 위의 위치, 그리고 색상을 반드시 지정해야 한다. 도형은 고유의 번호를 갖고 있는데 이 번호는 변수에 저장할 수 있다.

```
from tkinter import *
window = Tk()
window.title('외계인')
c = Canvas(window, height=300, width=400)
c.pack()
body = c.create_oval(100, 150, 300, 250, fill='green')
eye = c.create_oval(170, 70, 230, 130, fill='white')
eyeball = c.create_oval(190, 90, 210, 110, fill='black')
mouth = c.create_oval(150, 220, 250, 240, fill='red')
neck = c.create_line(200, 150, 200, 1300)
hat = c.create_polygon(180, 75, 2200, 75, 200, 20, fill='blue')
```

창 제목을 '외계인'으로 설정한다.

캔버스를 만든다.

외계인 몸으로 초록색 타원을 그린다.

눈 안에 검은 점을 그린다.

입으로 빨간색 타원을 그린다.

외계인 모자로 파란색 삼각형을 그린다.

2 외계인 만나기

코드를 입력하고 프로그램을 실행하면 외계인을 만날 수 있다. 녹색 몸에 빨간 입, 막대 위에 하나의 눈이 있고 파란색 모자를 쓰고 있다.

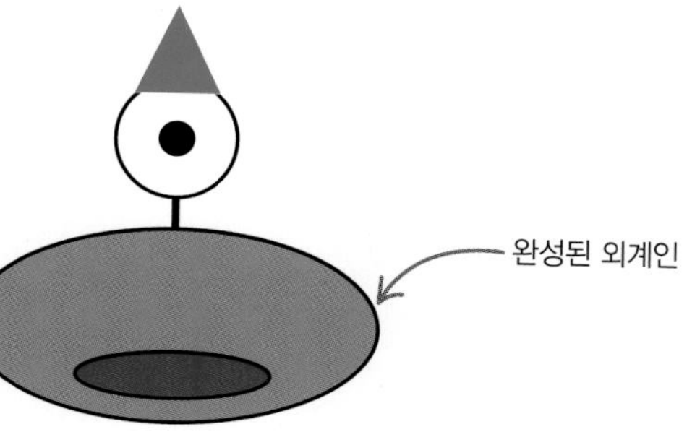

완성된 외계인

그래픽스에 변화 주기

캔버스에 그린 그림이 그대로 멈춰 있다면 재미가 없겠죠? 코드를 이용해 모양을 바꾸거나 화면 위에서 움직이게 해보겠습니다.

여기도 함께 보세요

158~159 ◁ 도형 만들기

이벤트에 반응하기 ▷ 162~163

모양 움직이기

캔버스 위에서 그림을 움직이게 하려면 컴퓨터에게 무엇을 어디로 움직이게 할지 말해줘야 합니다. 움직이고 싶은 도형은 여러분이 붙여준 이름이나 고유 번호를 사용하면 됩니다.

잊지 마세요!

의미 있는 이름

캔버스에서 도형을 구별할 수 있도록 재치 있는 이름을 사용하면 좋습니다. 이번 예제에서는 'eyeball(눈동자)'과 'mouth(입)' 같은 이름을 사용했습니다. 이렇게 하면 코드를 쉽게 읽고 이해할 수 있습니다.

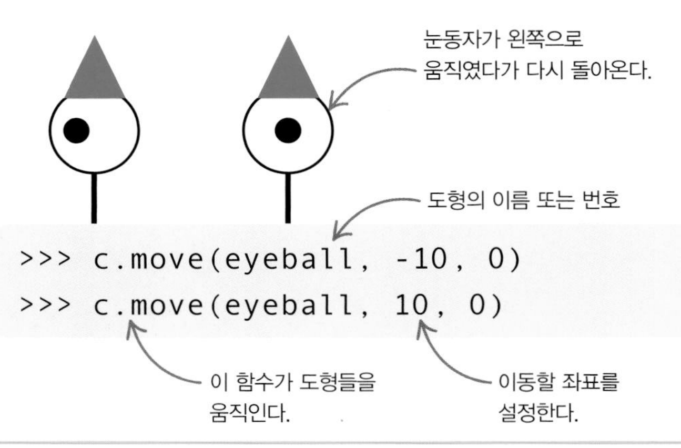


```
>>> c.move(eyeball, -10, 0)
>>> c.move(eyeball, 10, 0)
```

이 함수가 도형들을 움직인다.

이동할 좌표를 설정한다.

◁ **눈동자 움직이기**
이 코드를 셸 창에 입력하면 눈동자가 왼쪽으로 갔다가 다시 돌아오게 만들 수 있다.

색상 바꾸기

타원의 색을 바꾸면 입을 벌렸다 오므렸다 하는 것처럼 보이게 만들 수 있습니다.

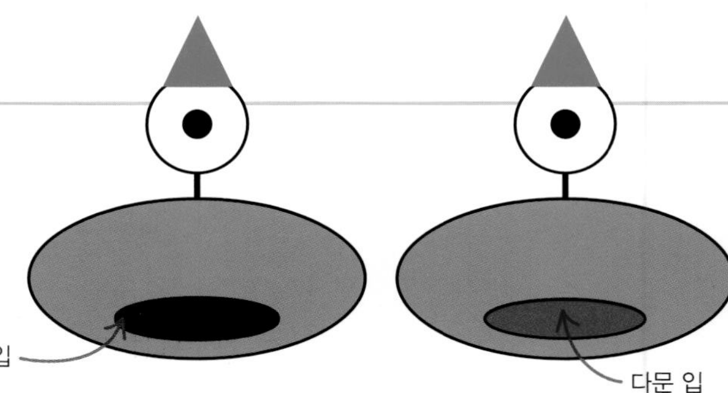

1 코드 작성하기
입을 벌렸다 오므리는 것처럼 보이게 만드는 함수를 두 개 만든다.

```
def mouth_open():
    c.itemconfig(mouth, fill='black')
def mouth_close():
    c.itemconfig(mouth, fill='red')
```

'itemconfig( )' 함수는 이미 그린 도형에 변화를 준다.

벌린 입은 검은색

도형의 이름

다문 입은 빨간색

2 벌렸다 오므리기
이 코드를 셸 창에 입력하여 입을 벌렸다 오므리게 만든다.

```
>>> mouth_open( )
>>> mouth_close( )
```

이 명령문을 입력하면 외계인이 입을 벌렸다 다문다.

가렸다 보여주기

'itemconfig( )' 함수를 사용하면 도형을 숨길 수 있습니다. 눈동자를 숨긴 뒤 잠시 후에 다시 보여주면 외계인이 눈을 깜박이는 것처럼 보입니다.

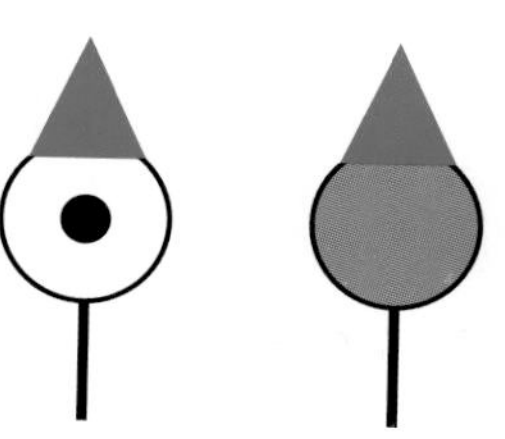

◁ **눈을 깜박이는 외계인**
외계인이 눈을 깜박이게 만들려면 눈동자를 숨기고 녹색 눈꺼풀로 덮이도록 만들면 된다.

1 눈 깜박이는 함수 만들기

이 코드는 함수 두 개를 만들어 외계인 눈을 깜박이게 만든다.

```
def blink():
    c.itemconfig(eye, fill='green')
    c.itemconfig(eyeball, state=HIDDEN)
def unblink():
    c.itemconfig(eye, fill='white')
    c.itemconfig(eyeball, state=NORMAL)
```

- 도형의 이름
- 흰색 눈을 녹색으로 바꾼다.
- 눈동자를 숨긴다.
- 눈을 다시 흰색으로 만든다.
- 눈동자를 다시 보여준다.

2 눈 감았다 뜨기

이 코드를 셸 창에 입력해 외계인이 눈을 깜박이게 만든다.

```
>>> blink()
>>> unblink()
```

- 'unblink( )' 명령문은 다시 눈을 뜨게 만든다.

말하게 만들기

화면에 말풍선을 넣어 외계인이 말을 하게 만들 수도 있습니다. 그뿐만 아니라 사용자가 명령을 내리는 대로 다른 말을 하게 할 수도 있습니다.

나는 외계인이다!

1 문장 넣기

이 코드를 추가하면 외계인이 말을 하고 모자도 숨길 수 있다.

```
words = c.create_text(200, 280, text='나는 외계인이다!')
def steal_hat():
    c.itemconfig(hat, state=HIDDEN)
    c.itemconfig(words, text='내 모자 돌려줘!')
```

- 캔버스에서의 문장 위치
- 외계인이 했으면 하는 말을 작은 따옴표 안에 넣는다.
- 모자를 숨기는 코드
- 모자가 사라지자마자 외계인이 돌려달라고 할 것이다.

2 모자 훔치기

이 코드를 셸 창에 입력하고 어떤 일이 일어나는지 살펴보자.

```
>>> steal_hat()
```

- 모자를 숨기는 코드

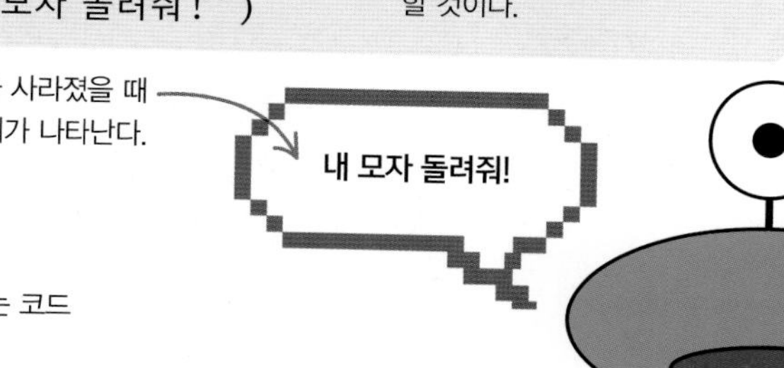

모자가 사라졌을 때 이 메시지가 나타난다.

이벤트에 반응하기

컴퓨터는 키보드 키가 눌리거나 마우스가 움직이면 신호를 받습니다. 이 신호를 '이벤트'라고 합니다. 프로그램을 이용해 이벤트를 감지하면 반응하도록 만들 수 있습니다.

여기도 함께 보세요
158~159 ◁ 도형 만들기
160~161 ◁ 그래픽스에 변화 주기

이벤트 이름

마우스나 키보드 같은 입력 장치를 사용해 여러 가지 이벤트를 일으킬 수 있습니다. Tkinter에는 이벤트를 설명해주는 이름이 있습니다.

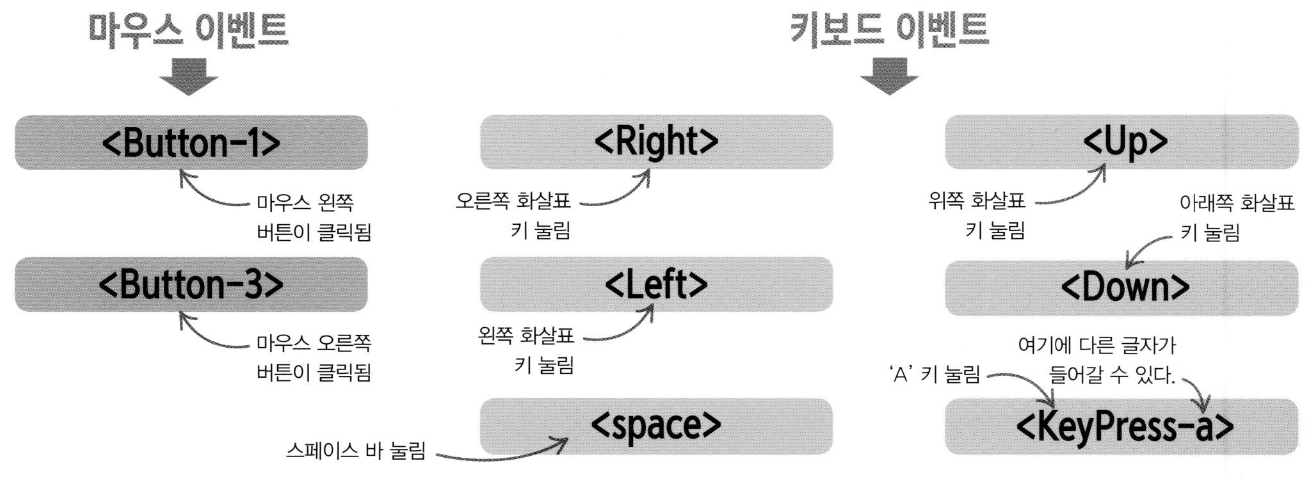

마우스 이벤트

마우스 이벤트에 반응하게 만들려면 이벤트에 함수를 연결(또는 결합)해주기만 하면 됩니다. 여기서는 'burp' 함수를 만들어 '<Button-1>' 이벤트에 연결할 것입니다.

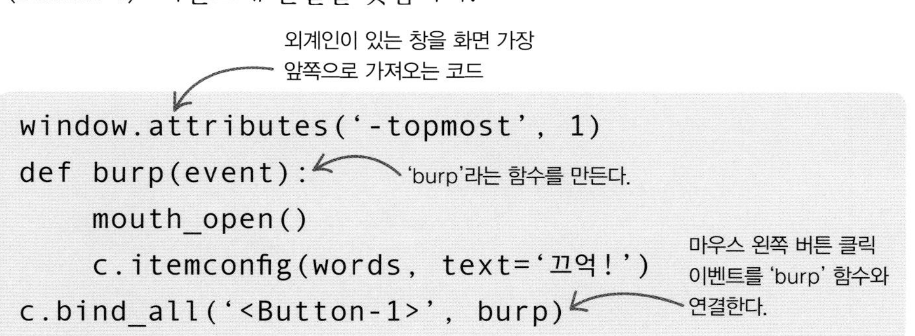

```
window.attributes('-topmost', 1)
def burp(event):
    mouth_open()
    c.itemconfig(words, text='끄억!')
c.bind_all('<Button-1>', burp)
```

△ 트림하는 외계인
마우스 왼쪽 버튼을 클릭하면 외계인이 트림을 한다. 이것은 'burp' 함수를 사용했기 때문이다.

키보드 이벤트

같은 방식으로 함수를 키보드의 키와 연결할 수도 있습니다. 아래 코드를 입력하여 'a'와 'z' 키가 눌렸을 때 외계인이 눈을 깜박이게 만들어 보세요.

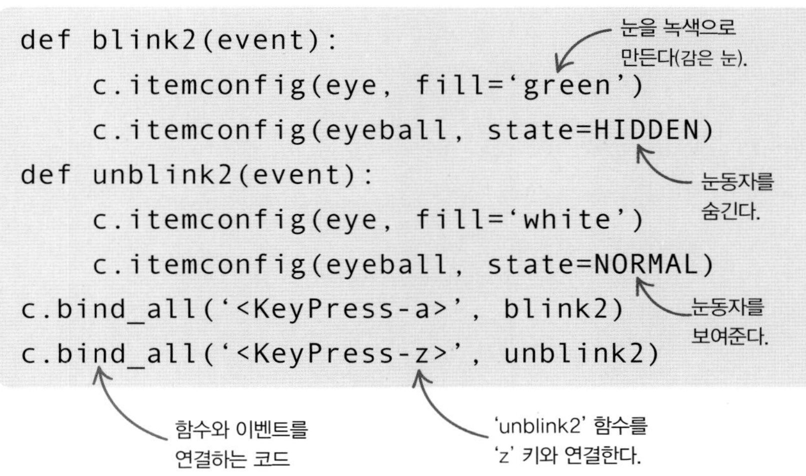

```
def blink2(event):
    c.itemconfig(eye, fill='green')
    c.itemconfig(eyeball, state=HIDDEN)
def unblink2(event):
    c.itemconfig(eye, fill='white')
    c.itemconfig(eyeball, state=NORMAL)
c.bind_all('<KeyPress-a>', blink2)
c.bind_all('<KeyPress-z>', unblink2)
```

눈을 녹색으로 만든다(감은 눈).
눈동자를 숨긴다.
눈동자를 보여준다.
함수와 이벤트를 연결하는 코드
'unblink2' 함수를 'z' 키와 연결한다.

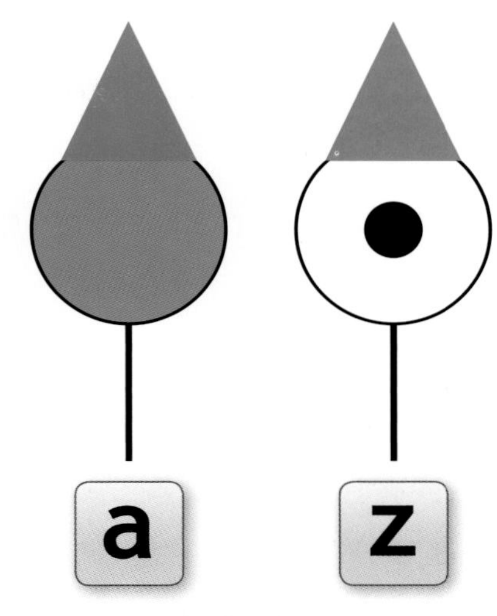
a
z

△ 외계인 눈 깜박이게 만들기
이 코드를 실행하면 'a' 키가 눈을 감게 만들고 'z' 키가 다시 뜨게 만든다.

방향키로 움직이기

방향키를 눌러 움직이게 만들 수도 있습니다. 다음은 방향키를 외계인의 눈동자를 움직이는 함수와 연결하는 코드입니다.

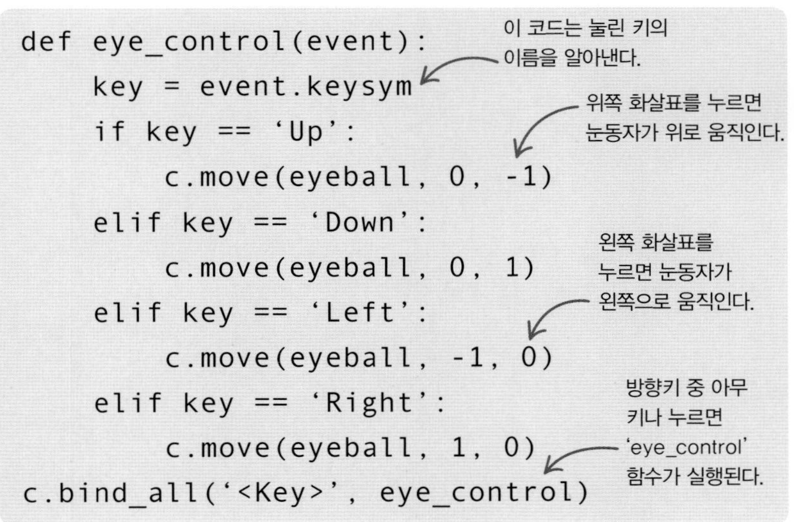

```
def eye_control(event):
    key = event.keysym
    if key == 'Up':
        c.move(eyeball, 0, -1)
    elif key == 'Down':
        c.move(eyeball, 0, 1)
    elif key == 'Left':
        c.move(eyeball, -1, 0)
    elif key == 'Right':
        c.move(eyeball, 1, 0)
c.bind_all('<Key>', eye_control)
```

이 코드는 눌린 키의 이름을 알아낸다.
위쪽 화살표를 누르면 눈동자가 위로 움직인다.
왼쪽 화살표를 누르면 눈동자가 왼쪽으로 움직인다.
방향키 중 아무 키나 누르면 'eye_control' 함수가 실행된다.

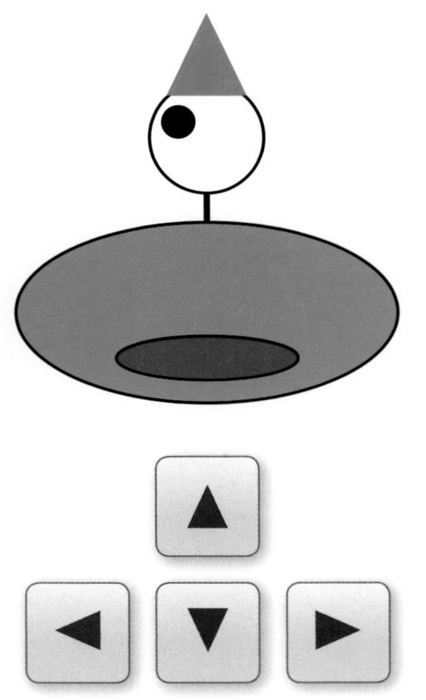

△ 눈동자 제어
눈동자가 방향키를 누르는 대로 따라 움직인다.

프로젝트 7

슈퍼 잠수함 게임

여기도 함께 보세요

154~155 ◁ 창 만들기
156~157 ◁ 색과 좌표
158~159 ◁ 도형 만들기

이 프로젝트에서는 지금까지 배운 기술을 총동원하여 게임을 만들 것입니다. 큰 프로젝트이니 천천히 따라오세요. 중간중간 프로그램을 저장하는 것도 잊지 마시고요! 다음 단계로 넘어가기 전에 각 부분이 어떻게 연결되는지 충분히 이해하고 넘어가도록 하세요. 프로젝트가 끝날 때쯤에는 친구와 함께 할 수 있는 멋진 게임 하나가 생길 거예요!

게임의 목표

코드를 작성하기에 앞서 게임에 대한 전체적인 계획과 게임이 어떻게 작동될지 알아보겠습니다. 게임 진행방식에 대해 다음과 같은 규칙을 정리합니다.

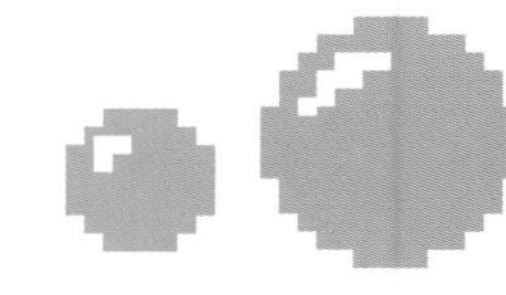

플레이어가 잠수함을 조종한다.

방향키로 잠수함을 움직인다.

물방울이 터지면 점수가 올라간다.

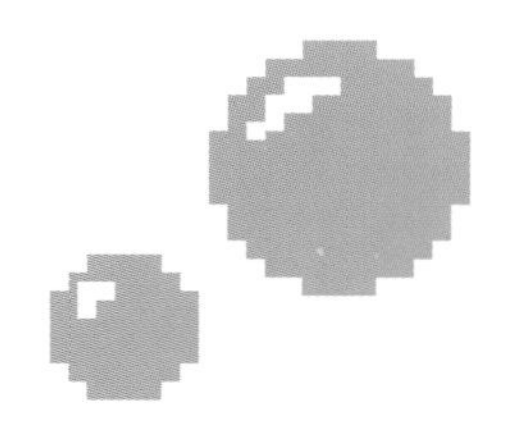

시작할 때 제한 시간을 30초로 설정한다.

1,000점을 올리면 게임 시간이 늘어난다.

제한 시간을 초과하면 게임이 끝난다.

게임 창과 잠수함 만들기

먼저 배경을 만들어 보겠습니다. IDLE에서 새 코드 창을 엽니다. 아래 코드를 입력하여 게임을 위한 창과 플레이어가 조종할 잠수함을 만듭니다.

IDLE File Edit Shell Debug Window Help

슈퍼 잠수함 게임

1 Tkinter 모듈을 사용해 그래픽 사용자 인터페이스(GUI)를 만든다. 이 코드는 게임이 이루어지는 배경인 메인 창을 만들기 위한 것이다.

```
from tkinter import *
HEIGHT = 500
WIDTH = 800
window = Tk()
window.title('슈퍼 잠수함 게임')
c = Canvas(window, width=WIDTH, height=HEIGHT, bg='darkblue')
c.pack()
```

모든 Tkinter 함수들을 불러온다.

창의 크기를 설정한다.

게임 제목을 짓는다.

배경색을 바다처럼 보이도록 남색으로 설정한다.

그림을 그릴 수 있는 캔버스를 만든다.

2 이 게임에서 잠수함은 간단한 그래픽으로 표현할 것이다. 이것은 Tkinter의 그리기 함수를 몇 개 이용하면 만들 수 있다. 다음 코드를 입력한 후 실행하라.

원 안에 삼각형을 넣어 잠수함을 만든다.

```
ship_id = c.create_polygon(5, 5, 5, 25, 30, 15, fill='red')
ship_id2 = c.create_oval(0, 0, 30, 30, outline='red')
SHIP_R = 15
MID_X = WIDTH / 2
MID_Y = HEIGHT / 2
c.move(ship_id, MID_X, MID_Y)
c.move(ship_id2, MID_X, MID_Y)
```

잠수함을 나타내는 빨간 삼각형을 그린다.

잠수함 원의 반지름(크기)

변수 'MID_X'와 'MID_Y'는 화면 가운데의 좌표를 설정한다.

원 테두리는 빨간색으로 그린다.

잠수함을 나타내는 두 도형을 화면 가운데로 옮긴다.

작업 내용을 잊지 말고 저장하세요.

슈퍼 잠수함 게임

잠수함 움직이기

다음은 방향키를 눌렀을 때 잠수함을 움직이기 위한 코드입니다. '이벤트 핸들러(event handler)'라는 함수를 만들어 보겠습니다. 이벤트 핸들러는 어떤 키가 눌렸는지를 확인한 뒤 잠수함을 움직입니다.

3 다음 코드를 입력하여 'move_ship'이라는 함수를 만든다. 이 함수는 방향키가 눌렸을 때 그 방향대로 잠수함을 움직일 것이다. 코드를 실행하여 어떻게 작동하는지 확인해 보라.

```
SHIP_SPD = 10
def move_ship(event):
    if event.keysym == 'Up':
        c.move(ship_id, 0, -SHIP_SPD)
        c.move(ship_id2, 0, -SHIP_SPD)
    elif event.keysym == 'Down':
        c.move(ship_id, 0, SHIP_SPD)
        c.move(ship_id2, 0, SHIP_SPD)
    elif event.keysym == 'Left':
        c.move(ship_id, -SHIP_SPD, 0)
        c.move(ship_id2, -SHIP_SPD, 0)
    elif event.keysym == 'Right':
        c.move(ship_id, SHIP_SPD, 0)
        c.move(ship_id2, SHIP_SPD, 0)
c.bind_all('<Key>', move_ship)
```

- SHIP_SPD = 10: 키를 눌렀을 때 잠수함이 이만큼 이동한다.
- 'Up': 위쪽 화살표 키를 눌렀을 때 잠수함의 두 도형(삼각형과 원)을 위쪽으로 움직인다.
- 'Down': 아래쪽 화살표 키를 누르면 잠수함이 아래쪽으로 움직인다.
- 'Left': 왼쪽 화살표 키를 누르면 잠수함이 왼쪽으로 이동한다.
- 'Right': 오른쪽 화살표 키를 누르면 잠수함이 오른쪽으로 이동한다.
- c.bind_all: 어떤 키든 누를 때마다 'move_ship'을 실행한다.

작업 내용을 잊지 말고 저장하세요.

▷ 작동 원리

'move_ship' 함수는 눌린 방향키에 따라 잠수함을 각각의 방향으로 움직이도록 한다. 오른쪽과 아래쪽으로 움직이면 잠수함의 x, y 좌표 값은 커지고 왼쪽과 위쪽으로 움직이면 좌표값이 작아진다.

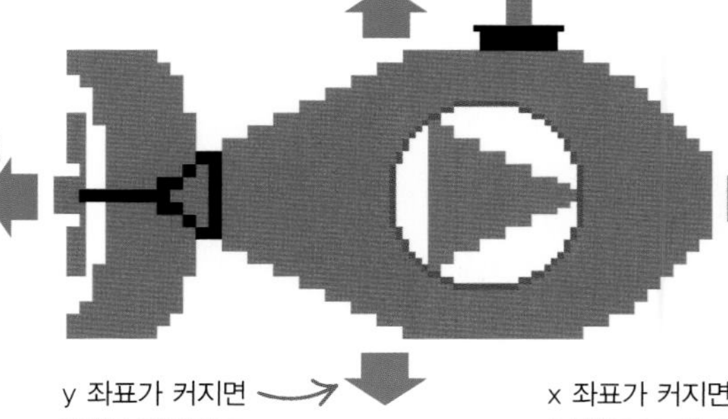

y 좌표가 작아지면 위로 올라간다.
x 좌표가 작아지면 왼쪽으로 간다.
y 좌표가 커지면 아래로 내려간다.
x 좌표가 커지면 오른쪽으로 간다.

물방울 준비하기

이제 잠수함을 움직일 수 있게 되었으니 잠수함이 터트릴 물방울을 만들어 볼까요? 물방울은 하나하나 크기도 다르고 움직이는 속도도 다르게 만들 것입니다.

4 모든 물방울에는 번호, 크기, 속도 값이 있어야 한다. 번호는 프로그램이 각각의 물방울을 알아볼 수 있도록 하기 위해 사용한다.

```
from random import randint
bub_id = list()
bub_r = list()
bub_speed = list()
MIN_BUB_R = 10
MAX_BUB_R = 30
MAX_BUB_SPD = 10
GAP = 100
def create_bubble():
    x = WIDTH + GAP
    y = randint(0, HEIGHT)
    r = randint(MIN_BUB_R, MAX_BUB_R)
    id1 = c.create_oval(x - r, y - r, x + r, y + r, outline='white')
    bub_id.append(id1)
    bub_r.append(r)
    bub_speed.append(randint(1, MAX_BUB_SPD))
```

- bub_id, bub_r, bub_speed: 물방울의 번호와 반지름(크기), 속도를 저장하는 데 사용할 빈 리스트를 세 개 만든다.
- MIN_BUB_R, MAX_BUB_R: 물방울의 최소 반지름을 10, 최대를 30으로 설정한다.
- x, y: 캔버스에서의 물방울 위치를 설정한다.
- r: 최대값과 최소값 사이에서 물방울의 크기를 무작위로 선택한다.
- id1: 이 코드는 물방울의 모양을 만든다.
- append: 물방울의 번호와 반지름, 속도를 리스트 세 개에 넣는다.

프로그래머의 한마디

물방울 리스트

3개의 리스트는 물방울의 정보를 담고 있습니다. 게임을 시작할 때 이 리스트는 비어 있지만 물방울을 만들 때마다 물방울의 정보가 추가됩니다. 세 리스트에는 물방울에 대한 다음과 같은 정보가 저장됩니다.

bub_id: 물방울의 번호를 저장해서 프로그램이 나중에 물방울을 움직일 수 있게 만든다.
bub_r: 물방울의 반지름(크기)을 저장한다.
bub_speed: 물방울이 화면 위에서 움직이는 속도를 저장한다.

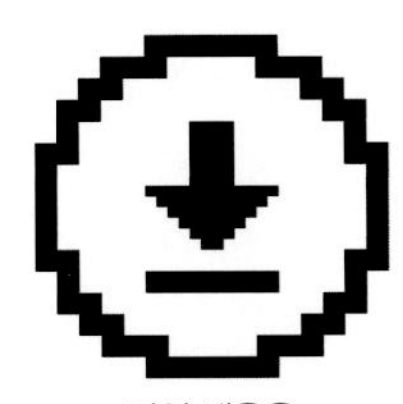

작업 내용을 잊지 말고 저장하세요.

슈퍼 잠수함 게임

물방울 움직이게 만들기

이제 무작위로 만들어지는 물방울의 번호와 크기, 속도를 저장하는 리스트가 만들어졌습니다. 이번에는 물방울을 화면 위에서 움직이게 만드는 코드를 써볼 것입니다.

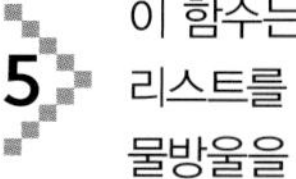

5 이 함수는 물방울 리스트를 읽으면서 물방울을 순서대로 하나씩 움직인다.

```
def move_bubbles():
    for i in range(len(bub_id)):
        c.move(bub_id[i], -bub_speed[i], 0)
```

리스트에 있는 물방울을 하나씩 살펴본다.

물방울이 움직인다.

6 이 코드가 게임의 중요한 반복문이다. 게임을 하는 동안 이 반복문이 계속 반복 실행된다. 한번 실행해 보라!

작업 내용을 잊지 말고 저장하세요.

```
from time import sleep, time
BUB_CHANCE = 10
#주반복문
while True:
    if randint(1, BUB_CHANCE) == 1:
        create_bubble()
    move_bubbles()
    window.update()
    sleep(0.01)
```

Time 라이브러리에서 필요한 함수들을 불러온다.

1부터 10 사이의 난수를 만든다.

난수가 1이면 프로그램이 새 물방울을 하나 만든다. 평균 열 번에 한 번 만들어지므로 그렇게 많지는 않다.

'move_bubbles' 함수를 실행한다.

창을 새로고침 하여 새로운 위치에 물방울을 다시 그린다.

게임이 너무 빨리 진행되지 않도록 한다.

7 이번에는 물방울이 어디에 있는지 알아낼 수 있는 유용한 함수를 만들 것이다. 이 코드는 5단계에서 만든 코드 바로 뒤에 들어가야 한다(6단계 코드 전).

```
def get_coords(id_num):
    pos = c.coords(id_num)
    x = (pos[0] + pos[2])/2
    y = (pos[1] + pos[3])/2
    return x, y
```

물방울 중심의 x 좌표를 알아낸다.

물방울 중심의 y 좌표를 알아낸다.

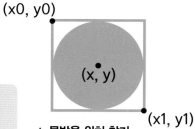

(x0, y0)

(x, y)

(x1, y1)

△ 물방울 위치 찾기

물방울을 둘러싼 사각형의 한 꼭지점에서 맞은 편에 있는 꼭지점까지의 거리를 반으로 나누면 물방울의 중심 좌표를 알아낼 수 있다.

물방울 터트리는 법

이 게임에서는 플레이어가 물방울을 터트리면 점수를 얻습니다. 그러려면 화면에서 물방울이 사라지도록 만들어야겠죠? 아래 함수로 물방울을 터트려 없애 보겠습니다.

8 이 함수는 게임에서 물방울을 없애는 데 사용한다. 모든 리스트와 화면에서 해당 물방울이 사라진다. 이 코드는 7단계 코드 바로 뒤에 들어가야 한다.

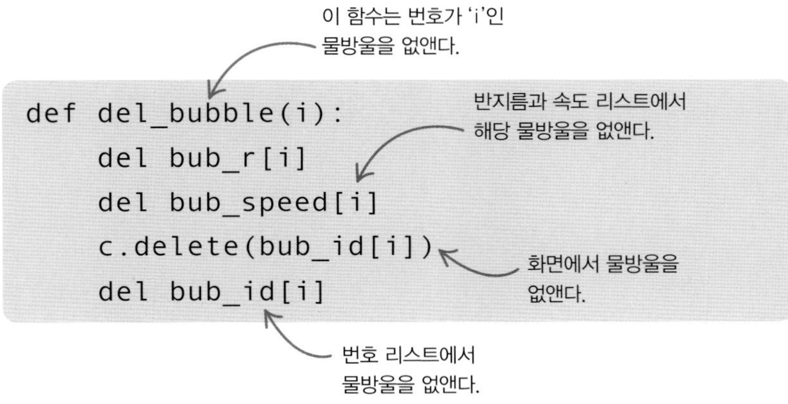

```
def del_bubble(i):
    del bub_r[i]
    del bub_speed[i]
    c.delete(bub_id[i])
    del bub_id[i]
```

이 함수는 번호가 'i'인 물방울을 없앤다.
반지름과 속도 리스트에서 해당 물방울을 없앤다.
화면에서 물방울을 없앤다.
번호 리스트에서 물방울을 없앤다.

9 화면에서 터진 물방울을 깨끗이 지우는 함수를 만든다. 이것은 8단계 코드 바로 뒤에 들어가야 한다.

```
def clean_up_bubs():
    for i in range(len(bub_id)-1, -1, -1):
        x, y = get_coords(bub_id[i])
        if x < -GAP:
            del_bubble(i)
```

물방울을 삭제했을 때 'for' 반복문이 오류를 일으키는 것을 막기 위해 물방울 리스트를 뒤에서부터 앞으로 읽는다.

물방울이 어디에 있는지 알아낸다.

물방울이 화면 밖에 있다면 삭제된 것이다. 그렇지 않으면 게임 속도가 느려질 것이다.

10 위에서 만든 함수를 넣어 6단계에서 만든 주반복문을 업데이트한다. 오른쪽 코드를 실행해 보고 오류가 없는지 알아보자.

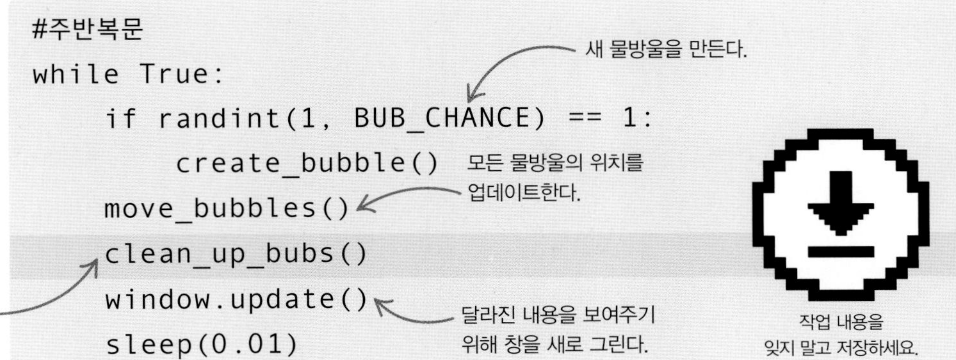

```
#주반복문
while True:
    if randint(1, BUB_CHANCE) == 1:
        create_bubble()
    move_bubbles()
    clean_up_bubs()
    window.update()
    sleep(0.01)
```

새 물방울을 만든다.
모든 물방울의 위치를 업데이트한다.
화면 밖에 있는 물방울을 삭제한다.
달라진 내용을 보여주기 위해 창을 새로 그린다.
작업 내용을 잊지 말고 저장하세요.

슈퍼 잠수함 게임

두 점 사이의 거리 계산하기

이 게임을 만들 때뿐 아니라 다른 게임을 만들 때도 화면 위의 두 점 사이의 거리를 알면 매우 편리합니다. 여기에서는 잘 알려진 수학 공식을 사용해 두 점 사이의 거리를 계산하는 방법을 소개합니다.

11 아래 함수는 두 점 사이의 거리를 계산한다. 이 코드를 9단계에서 만든 코드 바로 뒤에 추가한다.

```
from math import sqrt
def distance(id1, id2):
    x1, y1 = get_coords(id1)
    x2, y2 = get_coords(id2)
    return sqrt((x2 - x1)**2 + (y2 - y1)**2)
```

- Math 모듈에서 'sqrt' 함수를 불러온다.
- 첫 번째 점의 위치를 가져온다.
- 두 번째 점의 위치를 가져온다.
- 두 점 사이의 거리를 보여준다.

물방울 터트리기

물방울을 터트리면 플레이어가 점수를 얻습니다. 물방울이 크거나 빠르면 더 많은 점수를 얻을 수 있습니다. 이번에 만들 코드는 물방울의 반지름(중심에서 테두리까지의 길이)을 사용해 각 물방울이 터지는 때를 알아냅니다.

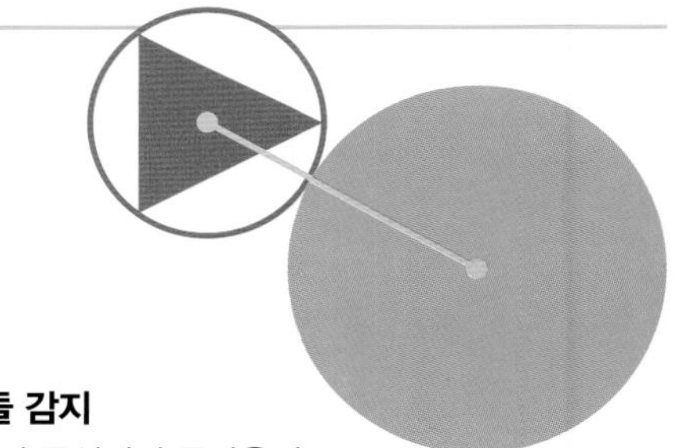

▷ **충돌 감지**
잠수함의 중심에서 물방울의 중심 사이의 거리가 그 둘의 반지름을 합친 값보다 작으면 충돌한 것이다.

12 잠수함과 물방울이 서로 부딪힐 때 프로그램이 물방울을 터트리고 점수를 바꿔줘야 한다. 이 코드를 11단계에서 작성한 코드 바로 뒤에 넣는다.

```
def collision():
    points = 0
    for bub in range(len(bub_id)-1, -1, -1):
        if distance(ship_id2, bub_id[bub]) < (SHIP_R + bub_r[bub]):
            points += (bub_r[bub] + bub_speed[bub])
            del_bubble(bub)
    return points
```

- 이 변수는 점수를 계속 계산한다.
- 물방울이 터지고 나서 아이템의 번호가 바뀌어도 에러가 나지 않도록 리스트의 끝부터 맨앞까지 거꾸로 올라가며 체크한다.
- 잠수함과 물방울이 부딪치는지 확인한다.
- 물방울을 삭제한다.
- 이 물방울의 점수를 계산하여 그것을 'points'에 더한다.
- 점수를 반환한다.

13 이제 게임의 주반복문에 조금 전 만든 함수를 넣는다. 명령문을 넣는 위치가 틀리지 않도록 주의하며 모든 것을 제자리에 넣도록 한다. 그런 다음 코드를 실행해 보자. 물방울이 잠수함과 부딪치면 터질 것이다. 점수를 보려면 셸 창을 확인하면 된다.

```
score = 0
#MAIN GAME LOOP
while True:
    if randint(1, BUB_CHANCE) == 1:
        create_bubble()
    move_bubbles()
    clean_up_bubs()
    score += collision()
    print(score)
    window.update()
    sleep(0.01)
```

게임을 시작할 때 점수를 0으로 설정한다.

새 물방울을 만든다.

물방울을 터트린 점수를 총점에 더한다.

셸 창에 점수를 보여준다. 점수는 나중에 표시될 것이다.

이것은 아주 잠깐 게임을 멈추게 한다. 이 코드를 지우면 무슨 일이 일어나는지 확인해 보라.

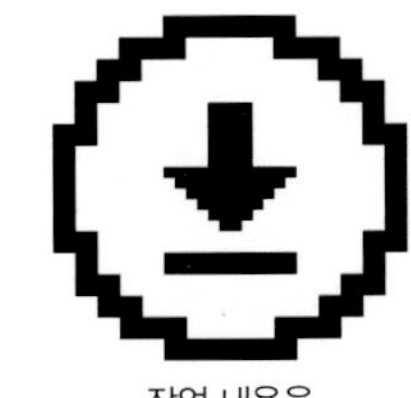

작업 내용을 잊지 말고 저장하세요.

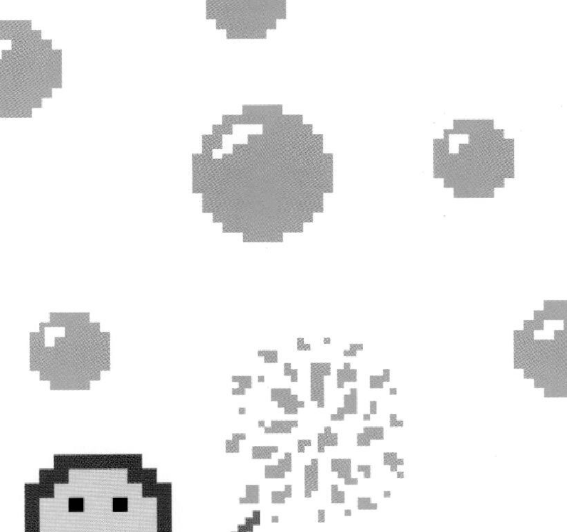

프로그래머의 한마디

코드 줄여쓰기

'score+=collision( )'은 'score=score+collision( )'을 줄여 쓴 것입니다. 이 코드는 충돌 점수를 총점에 더하고 나서 총점을 바꿔줍니다. 이렇게 자주 쓰는 코드는 줄여 쓰는 것이 편리합니다. '–' 부호도 같은 방식으로 사용할 수 있습니다. 예를 들어 'score–=10'은 'score=score–10'과 같습니다.

슈퍼 잠수함 게임

게임을 완성시키자

게임의 주요 기능은 이제 완성되었습니다. 남은 것은 플레이어의 점수를 보여주고 게임이 끝날 때까지 카운트다운을 하며 제한 시간을 표시하는 타이머를 만들면 됩니다.

14 다음 코드를 12단계에서 만든 코드 바로 뒤에 넣는다. 이 코드는 컴퓨터에게 플레이어의 점수와 남은 게임 시간을 보여준다.

```
c.create_text(50, 30, text='TIME', fill='white' )
c.create_text(150, 30, text='SCORE', fill='white' )
time_text = c.create_text(50, 50, fill='white' )
score_text = c.create_text(150, 50, fill='white' )
def show_score(score):
    c.itemconfig(score_text, text=str(score))
def show_time(time_left):
    c.itemconfig(time_text, text=str(time_left))
```

'TIME(시간)'과 'SCORE(점수)'를 화면 위에 표시한다.

점수와 남은 시간을 설정한다.

점수를 보여준다.

남은 시간을 보여준다.

15 다음은 제한 시간과 점수가 몇 점이 되면 보너스 시간을 얻을 것인가를 정한다. 남은 시간을 계산하기 위한 변수도 정해둔다. 이 코드는 주반복문 바로 앞에 넣는다.

```
from time import sleep, time
BUB_CHANCE = 10
TIME_LIMIT = 30
BONUS_SCORE = 1000
score = 0
bonus = 0
end = time() + TIME_LIMIT
```

Time 모듈에 있는 함수들을 불러온다.

제한시간을 30초로 설정한다.

점수가 1,000점이 되면 보너스 시간을 주도록 한다.

'end'라는 변수에 게임이 끝나는 시간을 정한다.

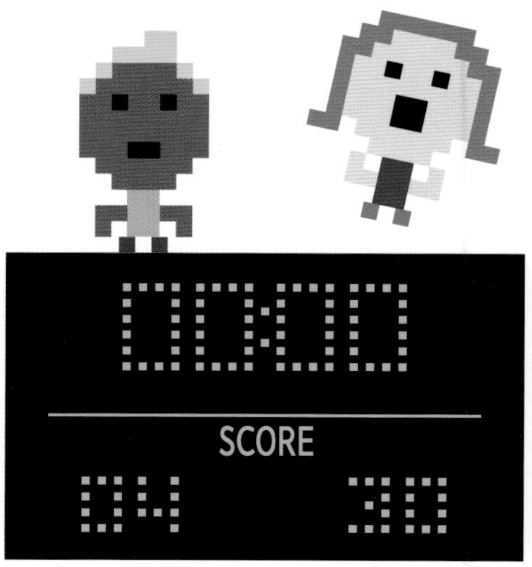

△ **점수판**

점수판이 있으면 플레이어가 게임을 얼마나 잘하고 있는지 한눈에 볼 수 있다.

16 게임의 주반복문을 수정해 새로 만든 점수와 시간 함수를 넣는다.

```
#MAIN GAME LOOP
while time() < end:
    if randint(1, BUB_CHANCE) == 1:
        create_bubble()
    move_bubbles()
    clean_up_bubs()
    score += collision()
    if (int(score / BONUS_SCORE)) > bonus:
        bonus += 1
        end += TIME_LIMIT
    show_score(score)
    show_time(int(end - time()))
    window.update()
    sleep(0.01)
```

게임이 끝날 때까지 게임의 주반복문을 반복 실행한다.

보너스 시간을 언제 줄지 계산한다.

'print(score)' 대신 'show_score(score)'를 사용하면 점수가 게임 창에 나타난다.

남은 시간을 보여준다.

작업 내용을 잊지 말고 저장하세요.

17 마지막으로 'GAME OVER' 그래픽을 넣어 보자. 이것은 게임이 끝나면 보여줄 것이다. 이 코드를 프로그램 맨 끝에 넣는다.

```
c.create_text(MID_X, MID_Y, \
    text='GAME OVER', fill='white', font=('Helvetica',30))
c.create_text(MID_X, MID_Y + 30, \
    text='Score: '+ str(score), fill='white')
c.create_text(MID_X, MID_Y + 45, \
    text='Bonus time: '+ str(bonus*TIME_LIMIT), fill='white')
```

화면 가운데에 그래픽을 넣는다.

글꼴을 설정한다. 영문의 큰 글씨는 '헬베티카(Helvetica)'체가 좋다.

점수가 몇 점인지 알려준다.

글자 색을 하얀색으로 설정한다.

보너스 시간을 얼마나 얻었는지 보여준다.

작업 내용을 잊지 말고 저장하세요.

슈퍼 잠수함 게임

게임 시간

참 잘했습니다! 게임이 완성되었어요. 자, 이제 게임을 즐겨 볼까요? 프로그램을 실행해 게임을 해 보세요. 작동이 안 되는 것이 있다면 디버깅을 하여 다시 확인해 보세요. 앞에서 나오는 코드를 꼼꼼히 살펴보면서 모든 것을 제대로 입력했는지 체크하세요.

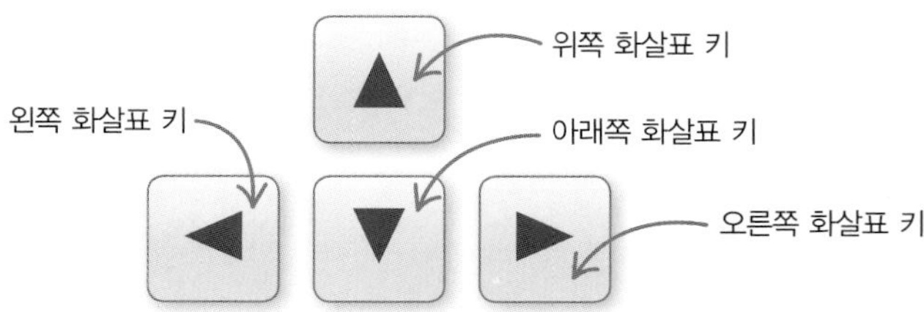

△ 제어 방법
잠수함은 방향키를 사용해 조종한다. 프로그램을 수정해 다른 키로 조종하게 만들 수도 있다.

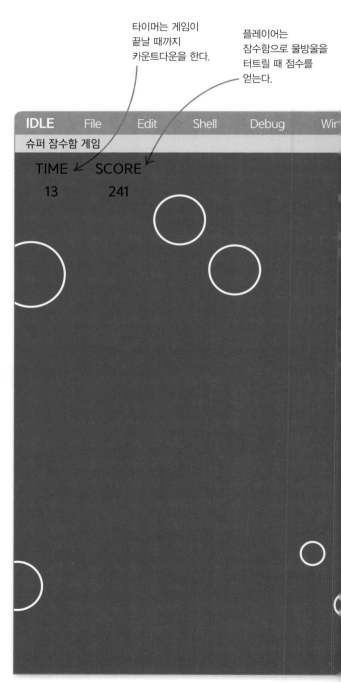

타이머는 게임이 끝날 때까지 카운트다운을 한다.

플레이어는 잠수함으로 물방울을 터트릴 때 점수를 얻는다.

IDLE File Edit Shell Debug Wir

슈퍼 잠수함 게임

TIME SCORE

13 241

프로그래머의 한마디

게임 업그레이드시키기

컴퓨터 게임은 모두 처음에는 간단한 아이디어에서 시작합니다. 게임을 만들어 테스트하고 조정하면서 더 복잡하게, 더 재미있게 만들어 가는 것이죠. 슈퍼 잠수함 게임을 여러분이 만든 게임의 첫 번째 버전이라고 생각하세요. 그리고 새로운 코드를 이용해 게임을 더 재미있게 만들어 보세요. 아래는 게임을 더 재미있게 만들어줄 몇 가지 힌트입니다.

- 제한 시간과 보너스 시간을 얻는 데 필요한 점수를 조절하여 게임을 더 어렵게 만든다.
- 잠수함을 다른 색으로 바꾼다.
- 잠수함을 더 예쁘게 그린다.
- 잠수함 속도를 높여주는 보너스 물방울을 만든다.
- 스페이스 바를 누르면 모든 물방울을 터트릴 수 있는 만능 폭탄을 만든다.
- 최고 점수를 계속 기록할 수 있는 순위표를 만든다.

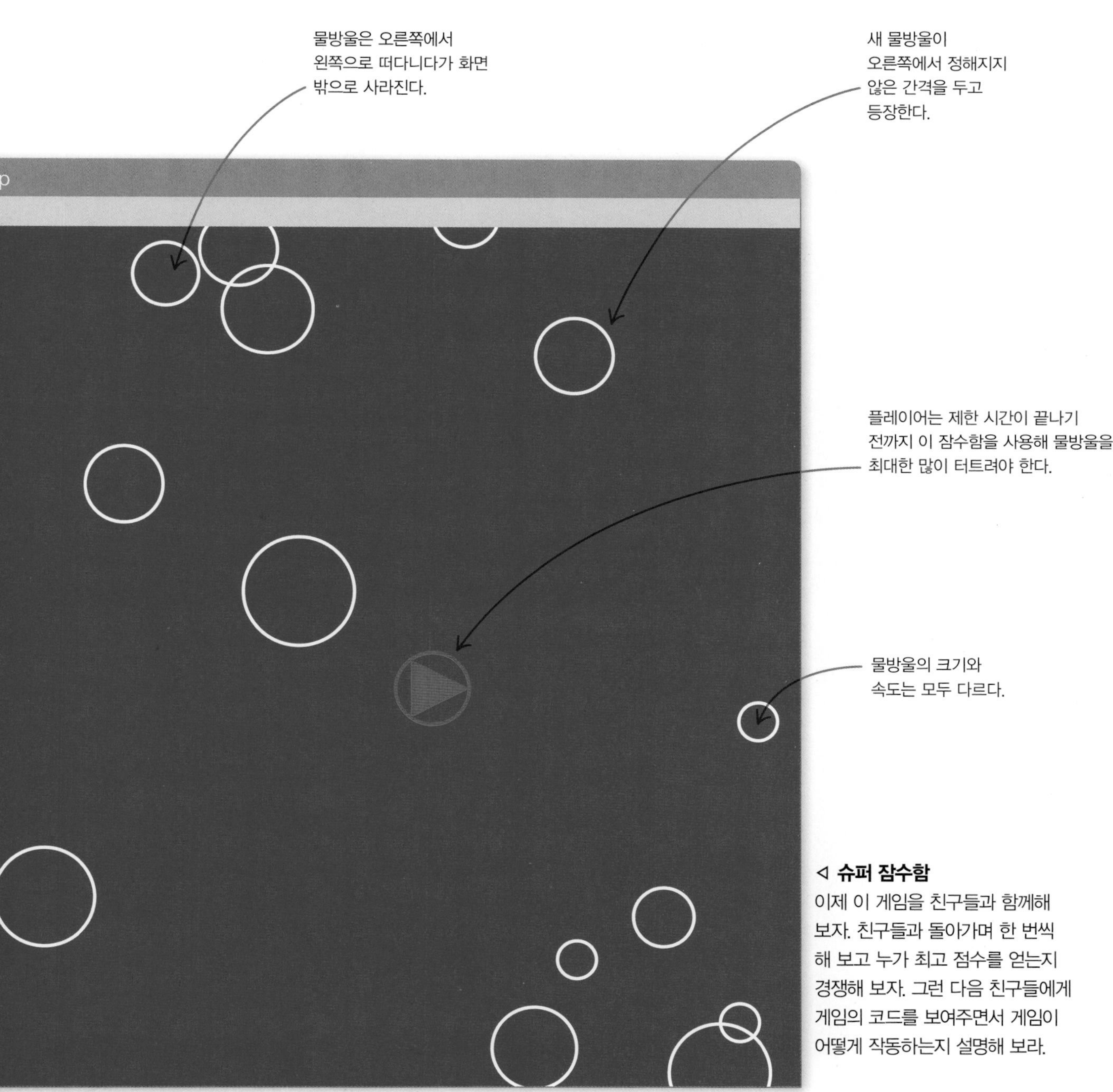
물방울은 오른쪽에서
왼쪽으로 떠다니다가 화면
밖으로 사라진다.
새 물방울이
오른쪽에서 정해지지
않은 간격을 두고
등장한다.
플레이어는 제한 시간이 끝나기
전까지 이 잠수함을 사용해 물방울을
최대한 많이 터트려야 한다.
물방울의 크기와
속도는 모두 다르다.

◁ 슈퍼 잠수함

이제 이 게임을 친구들과 함께해 보자. 친구들과 돌아가며 한 번씩 해 보고 누가 최고 점수를 얻는지 경쟁해 보자. 그런 다음 친구들에게 게임의 코드를 보여주면서 게임이 어떻게 작동하는지 설명해 보라.

앞으로 할 일

이 책에서 파이썬 프로젝트를 따라 하며 열심히 공부했으니 이제 훌륭한 프로그래머가 되는 것도 머지않았네요. 파이썬으로 어떤 것을 더 할 수 있는지, 그리고 프로그래밍 실력을 향상시키려면 어떻게 해야 하는지 몇 가지 힌트를 알려드리겠습니다.

여기도 함께 보세요
152~153 ◁ 라이브러리
컴퓨터 게임 ▷ 204~205

실험

이 책에 나오는 코드를 가지고 이것저것 실험을 해 보세요. 코드를 새로운 방법으로 섞거나 새 기능을 추가해 보는거죠. 코드를 망칠까봐 겁내지 마세요! 지금이 파이썬으로 실험을 해 볼 수 있는 좋은 기회입니다. 파이썬은 강력한 프로그래밍 언어입니다. 여러분은 파이썬으로 더 많은 것을 할 수 있답니다.

나만의 라이브러리 만들기

프로그래머는 코드를 만들고 그렇게 만든 것을 다른 사람과 나누는 것을 좋아합니다. 유용한 함수들을 모아 라이브러리를 만들고 그것을 공유해 보세요. 여러분이 만든 코드를 다른 프로그래머가 사용한다면 무척 기쁠 거예요. 여러분이 Tkinter나 Turtle 버금가는 유용한 코드를 만들지 누가 알겠어요!

잊지 마세요!

코드를 많이 읽어요

다른 사람이 쓴 프로그램이나 코드를 찾아서 어떻게 쓰여 있는지, 어떤 설명이 쓰여 있는지 모두 읽어 보세요. 그리고 프로그램이 어떤 방식으로 실행되는지, 왜 이런 코드가 쓰였는지를 잘 생각해 보세요. 그렇게 하면 여러분의 프로그래밍 실력이 쑥쑥 커질 거예요! 그뿐 아니라 앞으로 여러분이 만들 프로그램에 쓸 수 있는 라이브러리도 많이 알게 될 거예요.

파이썬으로 게임 만들기

파이썬을 사용하면 나만의 게임을 직접 만들 수 있습니다. 웹에서 다운로드 받을 수 있는 파이게임 라이브러리에는 게임을 만들기 쉽게 해주는 함수와 도구들이 많이 있습니다. 처음에는 간단한 게임을 만들고 점점 더 복잡한 것에 도전해 보세요.

여러 가지 파이썬 버전

다른 책이나 온라인에서 찾아본 코드가 다른 버전의 파이썬으로 쓰였을 수도 있습니다. 버전이 다르더라도 서로 비슷하기는 하지만, 때에 따라 코드를 조금씩 바꿔야 할 수도 있습니다.

```
print 'Hello World'
```

파이썬2

```
print('Hello World')
```

파이썬3

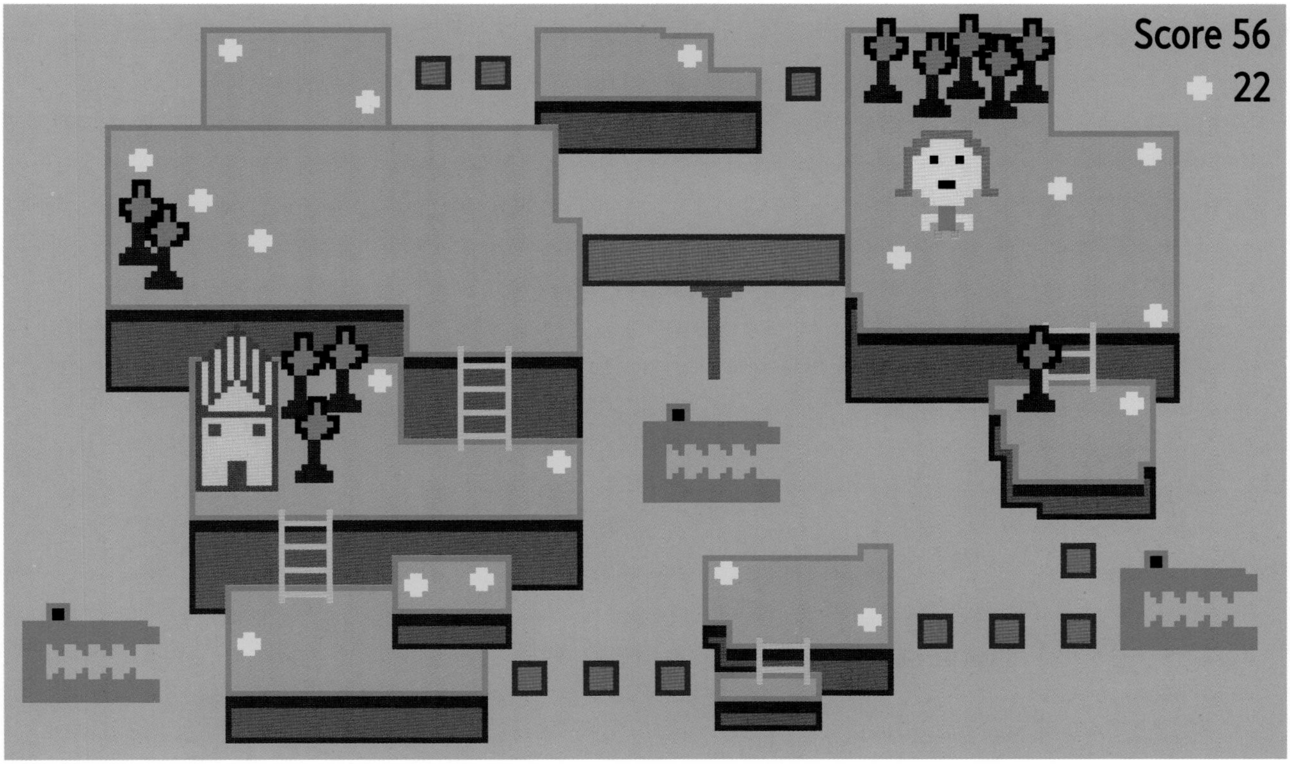

코드 디버깅하기

디버깅은 프로그래밍에서 매우 중요합니다. 뭔가 잘못되었을 때 그냥 포기하지 마세요. 컴퓨터는 여러분이 하라는 대로만 한다는 사실을 잊지 말고, 코드를 검토하면서 왜 제대로 작동하지 않는지 알아내세요. 코드를 다른 프로그래머와 함께 검토하면 버그를 더 빨리 찾게 되는 경우도 있습니다.

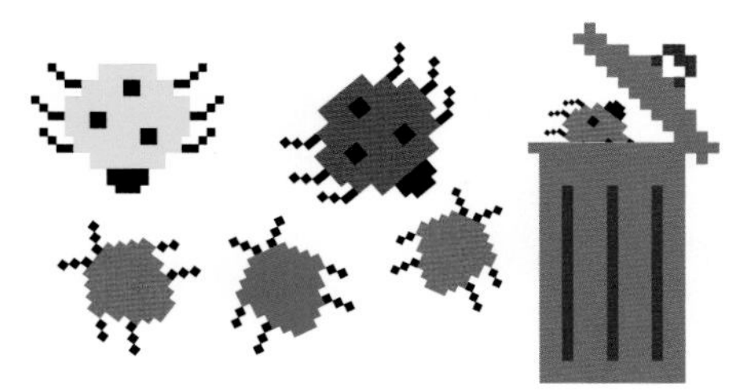

4

컴퓨터 탐색하기

컴퓨터 내부

옛날의 컴퓨터는 단순한 계산기였습니다. 기본적으로 컴퓨터는 그때 이후로 크게 변하지 않았습니다. 데이터를 받아서(입력) 계산을 수행하고 답을 알려주는(출력) 기계입니다.

여기도 함께 보세요

파일에 데이터 저장하기 ▷ 192~193

인터넷 ▷ 194~195

미니 컴퓨터 ▷ 214~215

기본 구성요소

컴퓨터는 크게 입력장치, 기억장치, 처리장치, 출력장치의 네 가지로 이루어져 있습니다. 입력장치는 우리의 눈과 귀가 세상의 정보를 모으는 것처럼 데이터를 모읍니다. 기억장치는 데이터를 저장하고, 처리장치는 인간의 뇌처럼 데이터를 조사하고 바꿔줍니다. 출력장치는 사람이 뭘 할지 결정하고 나면 말하거나 행동하는 것처럼 처리장치가 계산한 결과를 보여줍니다.

▷ 폰 노이만 설계

존 폰 노이만(John Von Neumann)이라는 과학자가 1945년에 처음으로 컴퓨터의 기본 설계도를 내놓았다. 그의 설계도에서 일부만 개선한 채 오늘날에도 그대로 따르고 있다.

기억장치

기억장치는 도서관 책장에 꽂혀 있는 책들처럼 종류별로 나눠 정보를 모아둔다. 기억장치는 프로그램과 프로그램이 사용할 데이터를 저장하기도 한다.

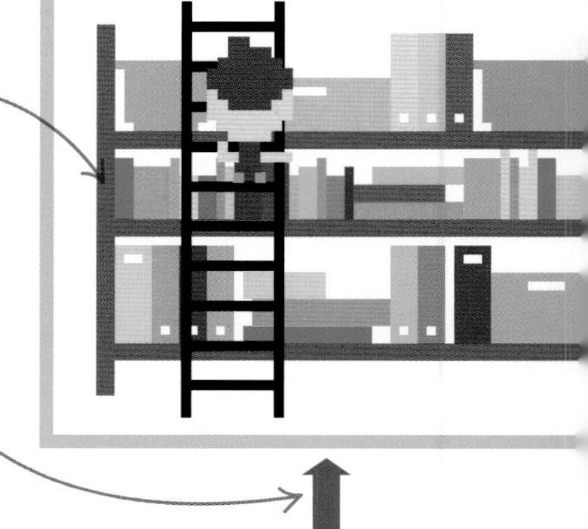

제어장치는 기억장치에서 실행 순서에 따라 프로그램을 찾아 가져온다.

입력장치

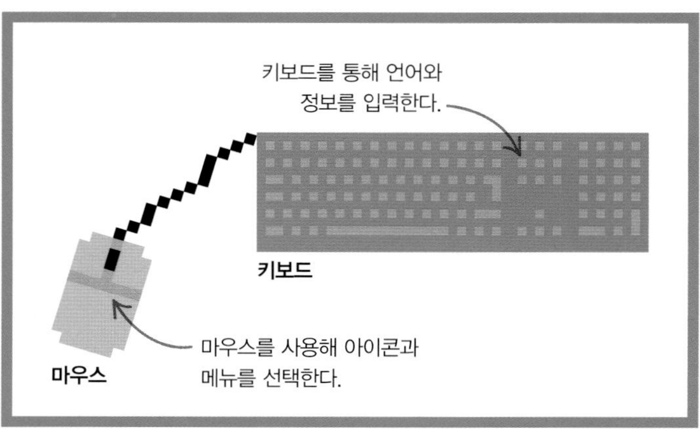

키보드를 통해 언어와 정보를 입력한다.
키보드
마우스
마우스를 사용해 아이콘과 메뉴를 선택한다.

처리장치

제어장치는 프로그램에서 명령을 불러와 수행한다.

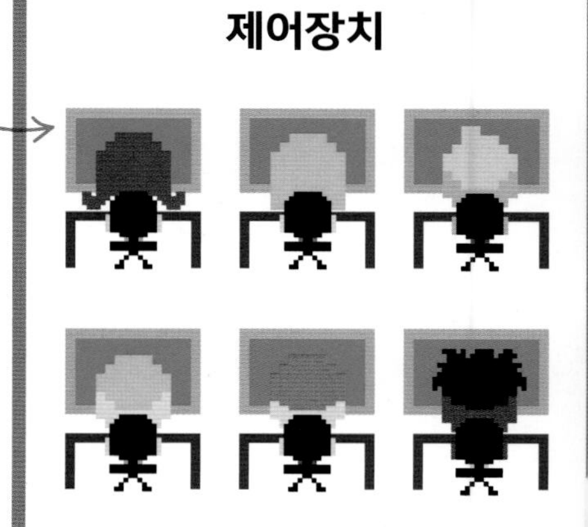

하드웨어

하드웨어는 컴퓨터에서 눈으로 볼 수 있는 부분을 말합니다. 컴퓨터에 들어 있는 여러 가지 부품들은 함께 일을 합니다. 컴퓨터 제조사들은 더 작은 기계 안에 더 많은 기능을 넣을 수 있도록 하드웨어 부품을 더 작게 만들기 위해 애쓰고 있습니다. 또한 열도 적게 나고 전기도 더 적게 사용하는 하드웨어를 개발하고 있습니다.

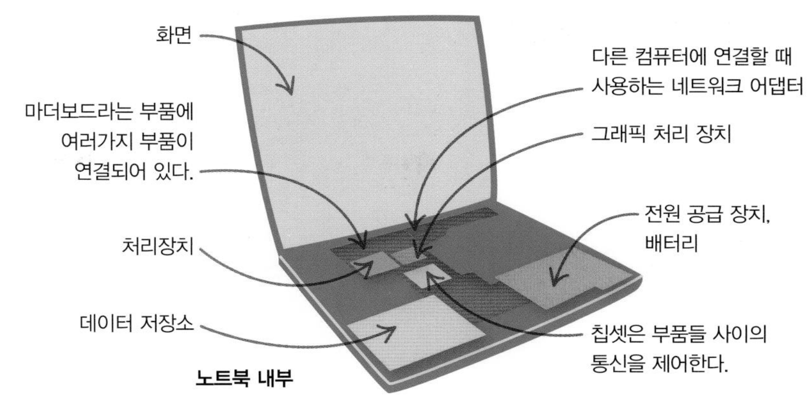
화면
마더보드라는 부품에
여러가지 부품이
연결되어 있다.
처리장치
데이터 저장소
다른 컴퓨터에 연결할 때
사용하는 네트워크 어댑터
그래픽 처리 장치
전원 공급 장치,
배터리
칩셋은 부품들 사이의
통신을 제어한다.

노트북 내부

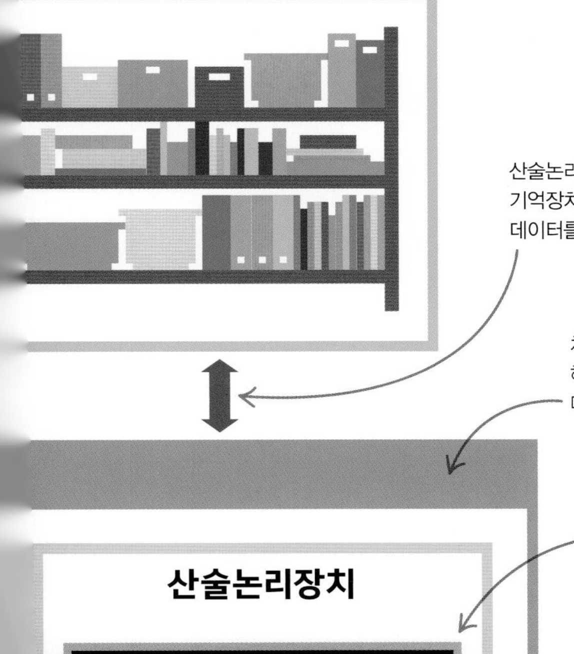

산술논리장치는 기억장치에서 계산할 데이터를 찾아 가져온다.

처리장치는 두 부분으로 구성된다. 하나는 명령을 수행하고 다른 하나는 계산을 수행한다.

용어

기고(GIGO)

'불필요한 정보를 입력하면 불필요한 정보밖에 출력되지 않는다[Garbage in, garbage out, 줄여서 '기고(GIGO)'라고 함]는 말은 최고의 프로그램이라도 입력 값이 잘못되면 엉터리 정보를 출력할 수밖에 없다는 뜻입니다.

산술논리장치는 프로그램에 필요한 모든 계산을 수행한다.

산술논리장치

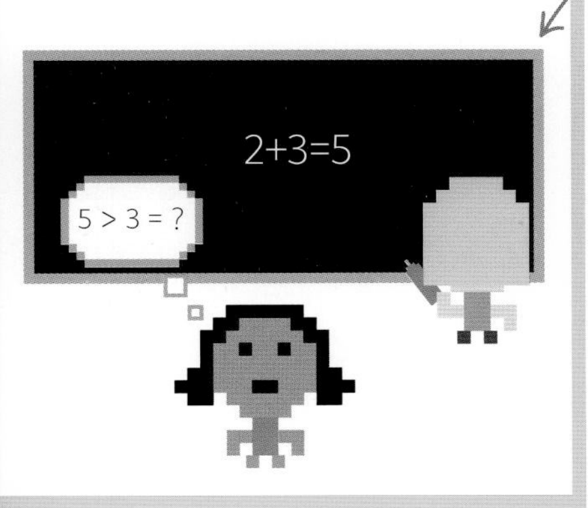
2+3=5
5 > 3 = ?

출력장치

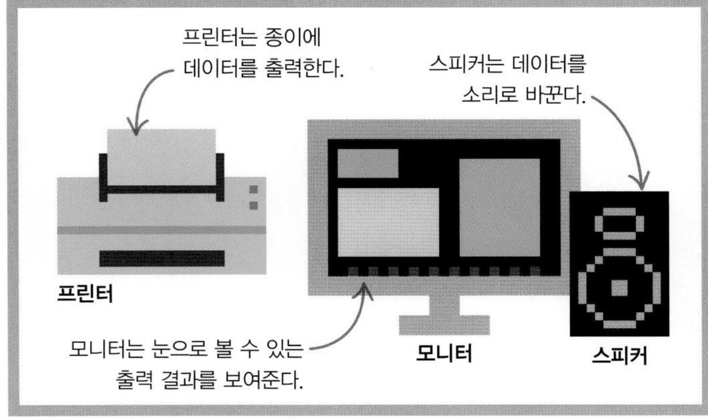
프린터는 종이에
데이터를 출력한다.
스피커는 데이터를
소리로 바꾼다.
프린터
모니터는 눈으로 볼 수 있는
출력 결과를 보여준다.
모니터
스피커

이진수, 십진수, 십육진수

컴퓨터는 전기신호만 이해할 수 있는데, 어떻게 복잡한 계산 문제를 풀 수 있을까요? 바로 전기신호들을 이진수를 사용해 숫자로 바꾸기 때문입니다.

여기도 함께 보세요

기호와 코드 ▷ 184~185

논리 게이트 ▷ 186~187

기수(~진법)란?

'기수'란 한 자릿수로 보여줄 수 있는 값의 수를 말합니다. 자릿수가 늘어날 때마다 기수를 곱해서(십진법이라면 10을 곱한다) 표시할 수 있는 값의 수가 늘어납니다.

▷ 십진수

십진수는 가장 잘 알려진 수 체계이며 10을 기수로 갖는다. 숫자 하나로 10개의 값을 보여줄 수 있고(0부터 9까지), 숫자 두개로는 100개의 값(0부터 99까지)을 보여줄 수 있다. 숫자 세개로는 값 1,000개(0부터 999까지)를 나타낼 수 있다.

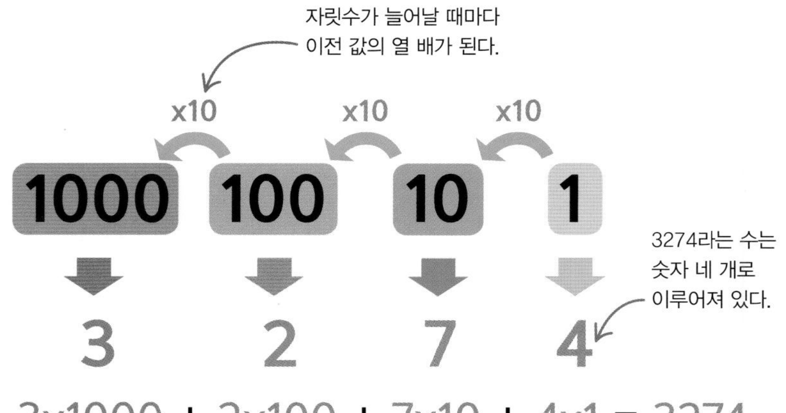

이진수

컴퓨터는 전기신호가 'on'(켜짐)일 때와 'off'(꺼짐)일 때의 2가지 값밖에 이해하지 못합니다. 값이 2개밖에 없기 때문에 컴퓨터가 사용할 수 있는 것은 '이진수'입니다. 이진수는 0 아니면 1로 이루어져 있고 자릿수가 늘어날 때마다 이전 자리의 값보다 2배씩 늘어납니다.

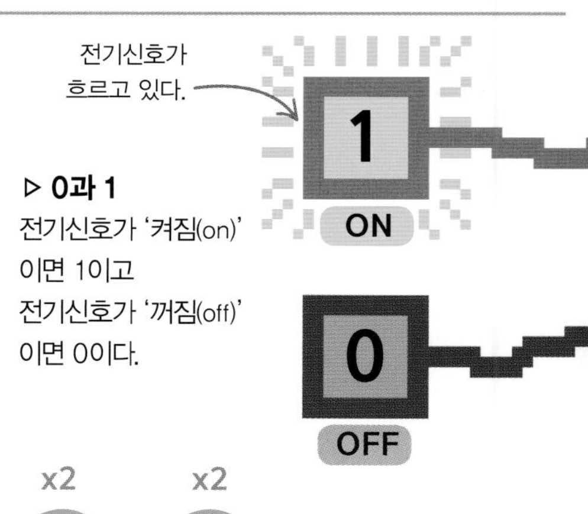

▷ 0과 1

전기신호가 '켜짐(on)'이면 1이고 전기신호가 '꺼짐(off)'이면 0이다.

◁ 이진수

자릿수가 늘어날 때마다 자릿값이 두 배가 된다.

십육진수

컴퓨터 프로그램에서 수를 사용할 때 십육진수를 자주 사용합니다. 십육진법의 수를 이진법의 수로 바꾸기가 쉽기 때문입니다. 수를 나타내는 기호가 열 개(0~9)밖에 없어서 10~16에 해당하는 수는 알파벳 A~F로 나타냅니다.

▽ 니블 이해하기

'니블(nibble)'이라는 것은 4자리의 이진수를 말한다. 니블은 십육진수 하나로 나타낼 수 있다.

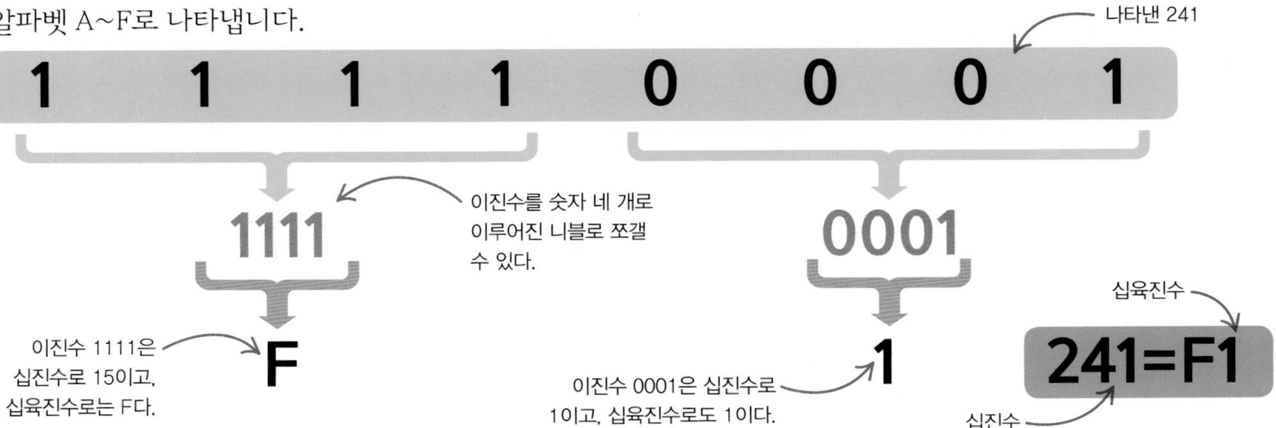

이진부호로 나타낸 241
1 1 1 1 0 0 0 1
1111
0001
이진수를 숫자 네 개로 이루어진 니블로 쪼갤 수 있다.
F
1
이진수 1111은 십진수로 15이고, 십육진수로는 F다.
이진수 0001은 십진수로 1이고, 십육진수로도 1이다.
십육진수
241=F1
십진수

▽ 기수 비교하기

다음 표를 보면 십육진수가 가장 적은 숫자로 가장 큰 수를 나타낼 수 있음을 알 수 있다.

십진수, 이진수, 십육진수 비교

십진수	이진수	십육진수
0	0 0 0 0	0
1	0 0 0 1	1
2	0 0 1 0	2
3	0 0 1 1	3
4	0 1 0 0	4
5	0 1 0 1	5
6	0 1 1 0	6
7	0 1 1 1	7
8	1 0 0 0	8
9	1 0 0 1	9
10	1 0 1 0	A
11	1 0 1 1	B
12	1 1 0 0	C
13	1 1 0 1	D
14	1 1 1 0	E
15	1 1 1 1	F

잊지 마세요!

비트, 니블, 바이트

이진수의 1자릿수를 비트라고 합니다. 비트는 가장 작은 단위의 정보입니다 비트가 모이면 니블이나 바이트가 됩니다. 1킬로비트는 1024비트, 1메가비트는 1024킬로비트입니다.

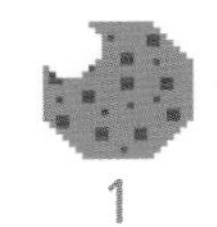
1

비트: 1비트는 이진수 0이나 1 중 하나다.

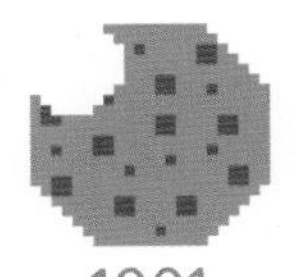
1001

니블: 비트 네 개가 모이면 십육진수 하나를 나타낼 수 있는 니블이 된다.

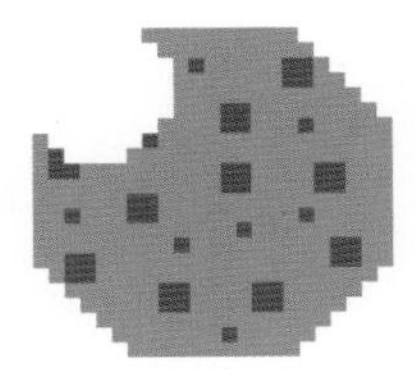
10110010

바이트: 8비트 또는 십육진수 두 개가 1바이트다. 1바이트로는 0부터 255(십육진수라면00~FF)까지의 값을 나타낼 수 있다.

기호와 코드

컴퓨터는 이진부호를 사용해 숫자를 전기신호로 바꿔줍니다. 그렇다면 단어와 문자들은 어떻게 이진수로 바꿔줄까요?

여기도 함께 보세요

180~181 ◁ 컴퓨터 내부

182~183 ◁ 이진수, 십진수, 십육진수

아스키 코드(ASCII)

옛날 컴퓨터는 각자 나름의 방식대로 문자를 저장했습니다. 하지만 컴퓨터끼리 데이터를 주고받아야 할 필요가 생기면서 공통의 규칙을 만들게 됐지요. 그래서 탄생한 것이 미국 정보 교환용 표준 코드, 아스키 코드입니다.

▷ 아스키 코드표
아스키 코드는 알파벳 대문자와 소문자에 각각의 십진수 값을 붙여 놓았다. 구두점과 공백 같은 기호에도 수를 붙였다.

▷ 이진수로 표시한 아스키 코드
문자마다 붙어 있는 수가 있는데, 컴퓨터에 저장하려면 그 수를 이진수로 바꿔야 한다.

R = 82 = 1010010

r = 114 = 1110010

▽ 파이썬의 아스키 코드
파이썬을 포함한 대부분의 프로그래밍 언어에서 아스키 코드를 이진수로, 또는 그 반대로 바꿀 수 있다.

```
>>> name = 'Sam'
>>> for c in name:
      print(c, ord(c), bin(ord(c)))

S 83 0b1010011
a 97 0b1100001
m 109 0b1101101
```

이 명령문은 'Sam'이라는 각 글자에 대해 문자와 아스키 코드 값, 이진수를 보여준다.

이것이 결과다. 각 이진수의 맨 앞에 '0b'를 넣어 표시했다.

아스키 코드

32	SPACE	64	@	96	`
33	!	65	A	97	a
34	‘	66	B	98	b
35	#	67	C	99	c
36	$	68	D	100	d
37	%	69	E	101	e
38	&	70	F	102	f
39	‘	71	G	103	g
40	(	72	H	104	h
41	)	73	I	105	i
42	*	74	J	106	j
43	+	75	K	107	k
44	,	76	L	108	l
45	–	77	M	109	m
46	.	78	N	110	n
47	/	79	O	111	o
48	0	80	P	112	p
49	1	81	Q	113	q
50	2	82	R	114	r
51	3	83	S	115	s
52	4	84	T	116	t
53	5	85	U	117	u
54	6	86	V	118	v
55	7	87	W	119	w
56	8	88	X	120	x
57	9	89	Y	121	y
58	:	90	Z	122	z
59	;	91	[	123	{
60	<	92	\	124	|
61	=	93	]	125	}
62	>	94	^	126	~
63	?	95	_	127	DELETE

유니코드(Unicode)

컴퓨터가 전 세계적으로 데이터를 공유하기 시작하면서 아스키 코드로는 대응할 수 없는 것들이 나타나기 시작했습니다. 수백 가지 언어에 사용된 수천 개의 문자들을 표현해야 했기 때문이지요. 그래서 유니코드라는 새로운 문자코드가 국제 표준으로 선택되었습니다.

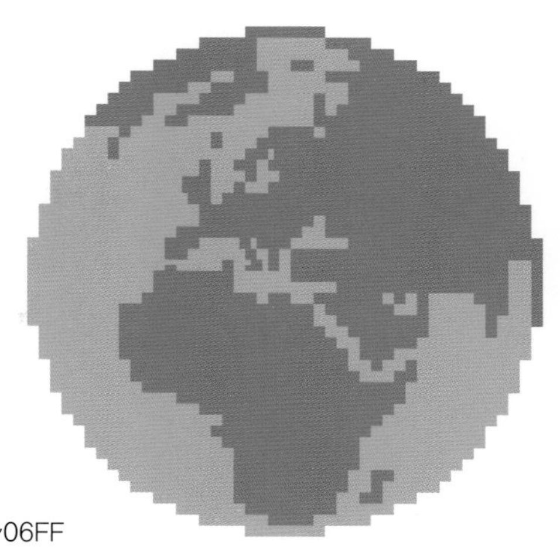

▷ 국제적 코드
유니코드는 세계 모든 나라의 언어를 표현한다. 예를 들어 아랍어는 0600~06FF 범위에서 나타낼 수 있다.

▷ 유니코드 문자
유니코드 문자들은 십육진수 값으로 글자와 숫자를 나란히 배열하여 나타낸다(182~183쪽 참고). 문자마다 고유의 코드를 갖고 있다. 새로운 문자가 계속해서 추가되고 있으며 작은 우산과 같은 특이한 것들도 있다.

2602

2EC6

08A2

0036

0974

004D

2702

A147

잊지 마세요!

십육진수

십육진법의 수를 쓸 때는 보통 사용하는 0부터 9까지의 숫자 외에도 A부터 F까지(10부터 15까지의 수)의 문자를 사용합니다. 십육진법의 수는 이진법의 수로 바꿀 수 있습니다.

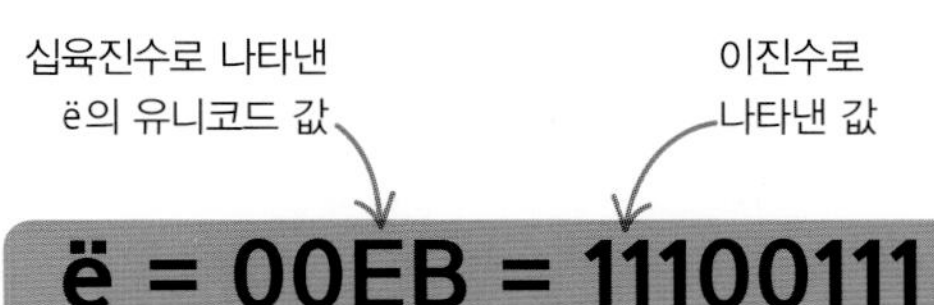

▽ 파이썬의 유니코드
파이썬에서는 유니코드를 사용해 특수 문자를 표시할 수 있다. 유니코드의 번호를 입력하기만 하면 된다.

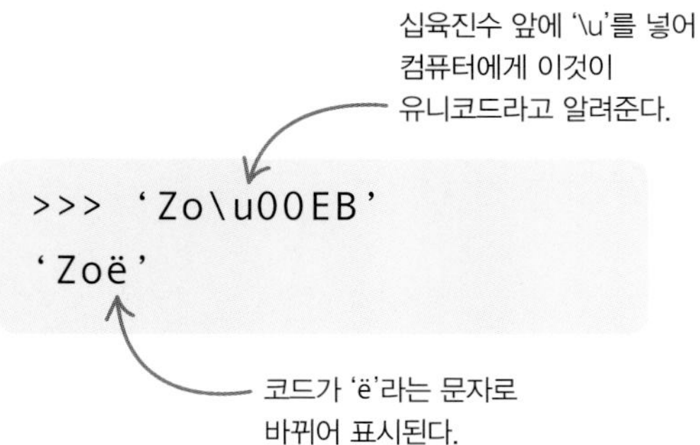

십육진수 앞에 '\u'를 넣어
컴퓨터에게 이것이
유니코드라고 알려준다.
>>> 'Zo\u00EB'
'Zoë'
코드가 'ë'라는 문자로
바뀌어 표시된다.

논리 게이트

컴퓨터는 전기신호를 사용해 숫자와 글자를 이해할 뿐만 아니라 '논리 게이트'라는 장치를 통해 결정을 내리기도 합니다. 논리 게이트의 종류는 크게 네 가지로, 'AND', 'NOT', 'OR', 'EXCLUSIVE OR'가 있습니다.

여기도 함께 보세요

180~181 ◁ 컴퓨터 내부

182~183 ◁ 이진수, 십진수, 십육진수

AND 게이트

한 개 이상의 입력 신호를 받은 게이트는 간단한 규칙을 바탕으로 한 개의 출력 신호를 만들어냅니다. AND 게이트는 입력된 신호가 모두 'on'(1 그리고 1)인 경우에만 출력 신호를 'on'(1)으로 바꿉니다.

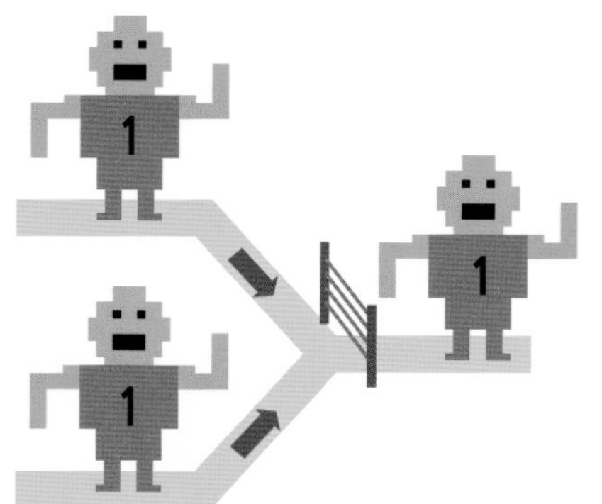

△ 1과 1 입력 = 1 출력
입력 신호 두 개가 모두 'on'이라서 AND 게이트가 'on'이라는 출력 신호를 만들어낸다.

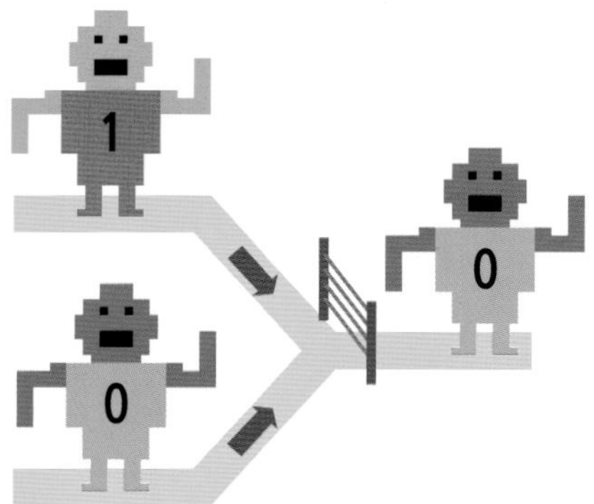

△ 1과 0 입력 = 0 출력
하나는 'on', 다른 하나는 'off'가 입력되면 출력 신호는 'off'가 된다.

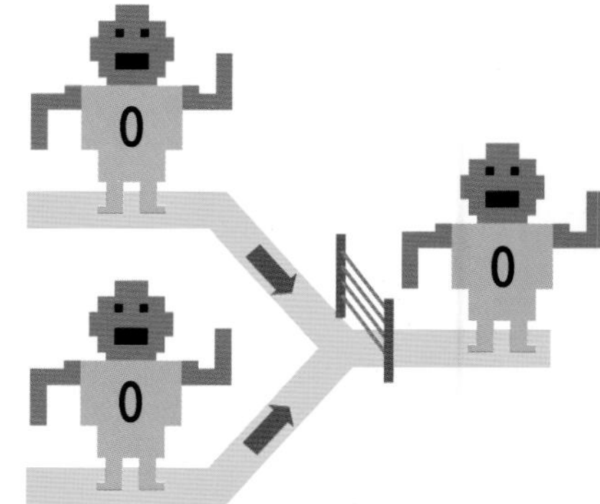

△ 0과 0 입력 = 0 출력
두 신호 모두 'off'이면, AND 게이트가 출력 신호로 'off'를 만들어낸다.

NOT 게이트

이 게이트는 입력된 신호를 무엇이든 반대로 출력합니다. 'on'이 입력되면 'off'가 되고 'off'가 입력되면 출력은 'on'이 됩니다. NOT 게이트를 '인버터(inverter)'라고도 합니다.

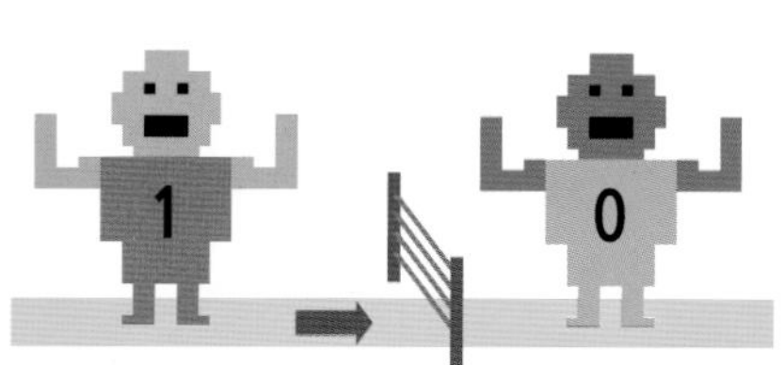

△ 1 입력 = 0 출력
NOT 게이트는 'on'이 입력되면 그 값을 뒤집어 'off'를 출력하고, 반대의 경우에도 같은 기능을 한다.

실제 세계 이야기

조지 불(1815~1864)

조지 불(George Boole)은 논리 게이트를 사용할 수 있게 한 영국의 수학자입니다. 그는 논리 문제를 푸는 체계를 알아냈습니다. 오직 참 아니면 거짓(긍정 또는 부정) 값만 다루는 이 수학 분야를 그의 이름을 따서 '불 논리'라고 합니다.

OR 게이트

OR 게이트는 입력 값 중 하나라도 'on'이거나 둘 다 'on'일 때 'on'을 출력합니다.

△ **1과 1 입력 = 1 출력**
'on'이 두 개 입력되면 출력도 'on'이다.

△ **1과 0 입력 = 1 출력**
'on'과 'off'가 하나씩 입력되어도 'on'을 출력한다.

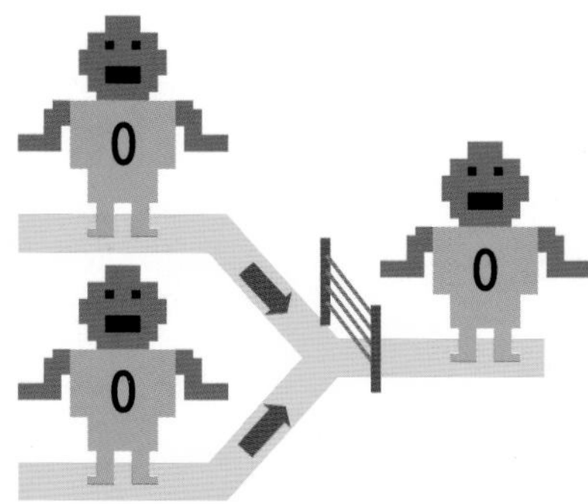

△ **0과 0 입력 = 0 출력**
'off'만 두 개 입력되면 OR 게이트가 'off'를 출력한다.

EXCLUSIVE OR 게이트

이 게이트는 입력 값이 하나는 'on', 다른 하나는 'off'로 서로 다를 때만 'on'을 출력합니다. 'on' 값 두 개나 'off' 값만 두 개가 입력되면 'off'를 출력합니다. 이 게이트를 'XOR' 게이트라고도 합니다.

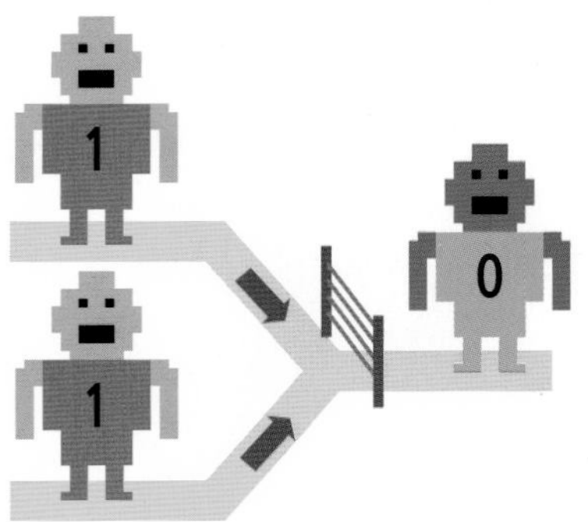

△ **1과 1 입력 = 0 출력**
'on'이 두 개 입력되면 'off'를 출력한다.

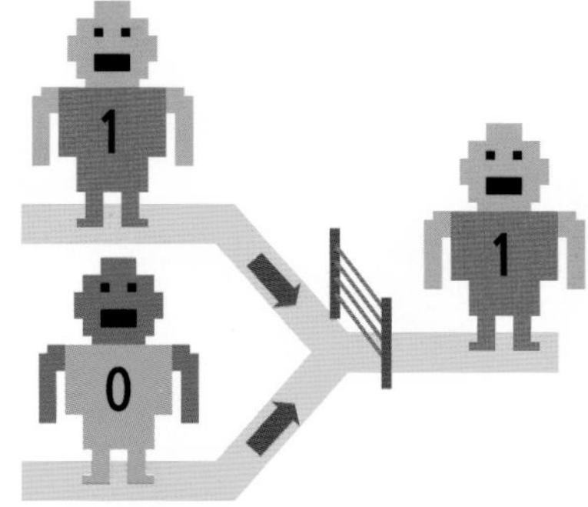

△ **1과 0 입력 = 1 출력**
입력 값이 서로 다를 때에만 'on'을 출력한다.

전 문 가 의 한 마 디

컴퓨터 회로 만들기

이 네 가지 기본 논리 게이트를 사용하여 모든 고급 함수를 실행하는 회로를 만들 수 있습니다. 예를 들어 AND 게이트와 XOR 게이트를 연결하면 이진수 두 개(비트)를 더할 수 있는 회로가 됩니다. OR 게이트 두 개와 NOT 게이트 두 개를 반복문으로 연결하면 1비트 데이터(0이나 1)를 저장하는 회로를 만들 수 있습니다. 최고 성능의 컴퓨터도 수십억 개의 작은 논리회로를 바탕으로 만들어졌습니다.

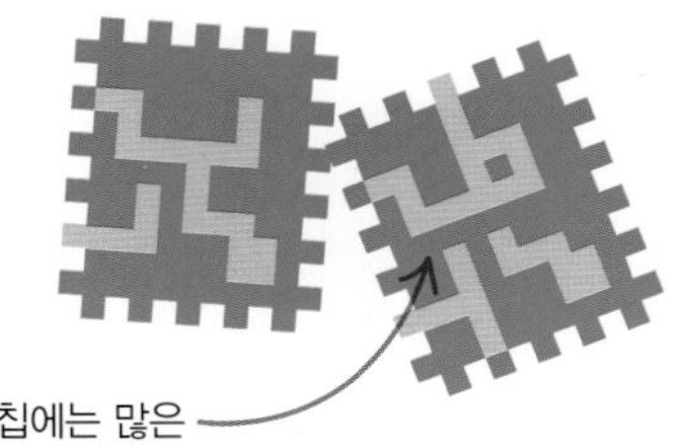

컴퓨터 칩에는 많은 논리회로가 들어 있다.

처리장치와 기억장치

컴퓨터 내부에는 다양한 전자 칩이 들어 있습니다. 가장 중요한 처리장치 칩이 프로그램을 실행하고, 기억장치 칩은 데이터를 저장해 바로 접근할 수 있게 해줍니다.

여기도 함께 보세요

180~181 ◁ 컴퓨터 내부

182~183 ◁ 이진수, 십진수, 십육진수

처리장치

처리장치는 아주 작고 복잡한 회로들이 모여 있는 곳으로, 유리와 비슷한 실리콘이라는 재료에 새깁니다. 트랜지스터라는 작은 스위치들을 연결하여 간단한 논리 게이트들을 만들고, 그렇게 만든 것들을 조합하여 복잡한 회로를 만듭니다. 컴퓨터의 모든 프로그램은 이 회로들이 실행합니다.

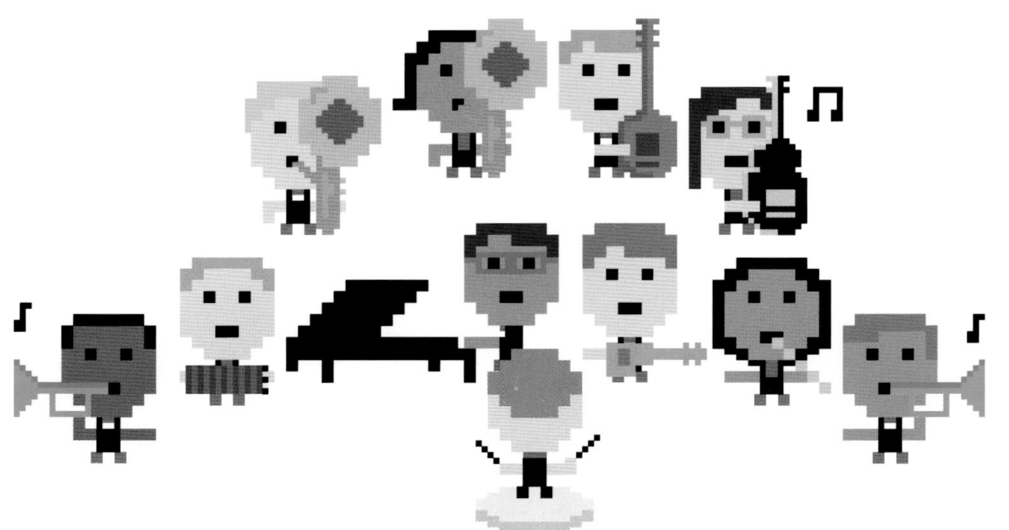

◁ 처리장치의 회로들
회로는 클록이라는 신호에 타이밍을 맞춰서 작동한다. 오케스트라가 지휘자의 지휘에 맞춰 연주하는 것과 비슷하다.

기계어

처리장치는 '기계어'라고 하는 프로그램 명령어만 이해합니다. 데이터를 더하고, 빼고, 저장하는 등의 간단한 명령문을 조합해 복잡한 프로그램을 만드는 것입니다.

▷ 기계어 이해하기
기계어는 그냥 숫자를 늘어놓은 것이라서, 프로그래머는 파이썬 같은 프로그래밍 언어를 사용하여 이 코드를 기계어로 바꾼다.

```
83 e4 f0
83 ec 20
c7 44 24 1c 00 00 00      ← 기억장치에 저장
00
eb 11
c7 04 24 60 84 04 08
e8 1d ff ff ff            ← 다른 코드 호출
83 44 24 1c 01
83 7c 24 1c 09            ← 두 값 비교
7e e8
```

기억장치

처리장치와 같이 기억장치 칩도 실리콘 위에 새깁니다. 논리 게이트 몇 개를 연결하면 '래치 회로'를 만들 수 있습니다. 각 래치에는 1비트(0이나 1의 이진수로 나타낼 수 있는 가장 작은 단위의 데이터)를 저장할 수 있고 래치 여러 개를 조합해 메가바이트와 기가바이트 저장장치를 만듭니다.

용어

램(RAM)

기억장치를 램(RAM, Random Access Memory)이라고도 합니다. 기억장치의 어떤 부분이라도 바로 접근할 수 있다는 뜻입니다. 과거에는 처음부터 끝까지 순서대로 접근했기 때문에 처리 속도가 굉장히 느렸습니다.

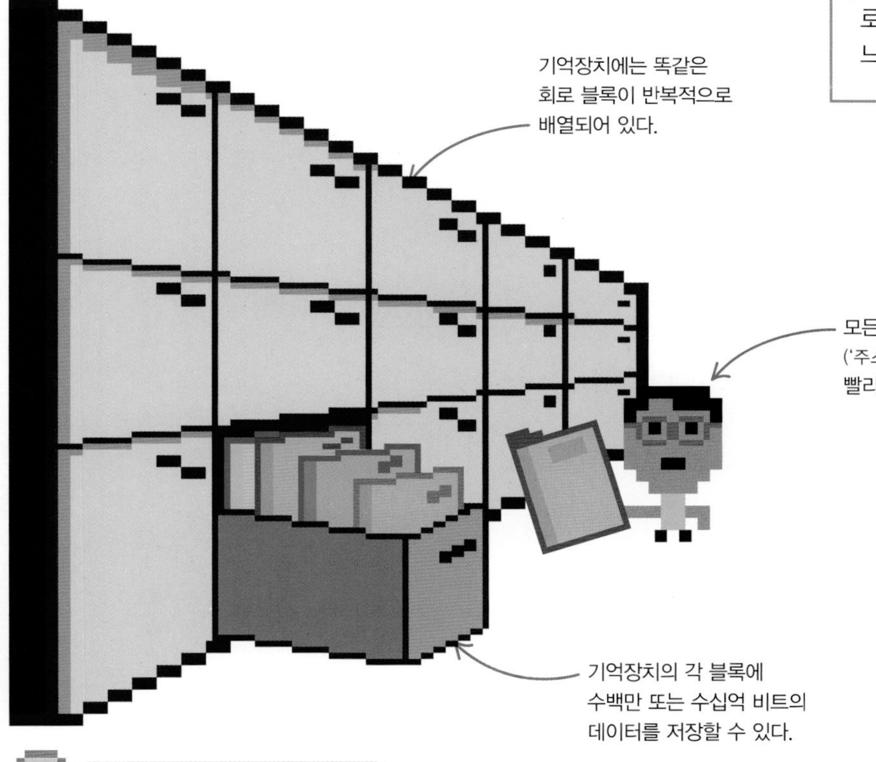

기억장치에는 똑같은 회로 블록이 반복적으로 배열되어 있다.
모든 데이터 항목에 번호('주소'라고 함)가 붙어 있어서 빨리 찾을 수 있다.
기억장치의 각 블록에 수백만 또는 수십억 비트의 데이터를 저장할 수 있다.

◁ **프로그램과 데이터**
프로그램이 기억장치에 저장된 데이터를 계속 읽고 쓰고 업데이트한다.

잊지 마세요!

정보 처리하기

처리장치와 기억장치가 입출력 장치와 합쳐지면 컴퓨터로서 작동할 수 있습니다. 게임 프로그램을 예로 들면, 사용자가 마우스를 클릭해서 위치 정보를 입력하면 처리장치가 계산을 하고 기억장치의 정보를 읽고 쓴 뒤 화면 위에서 캐릭터를 뛰게 하는 형태로 출력을 합니다.

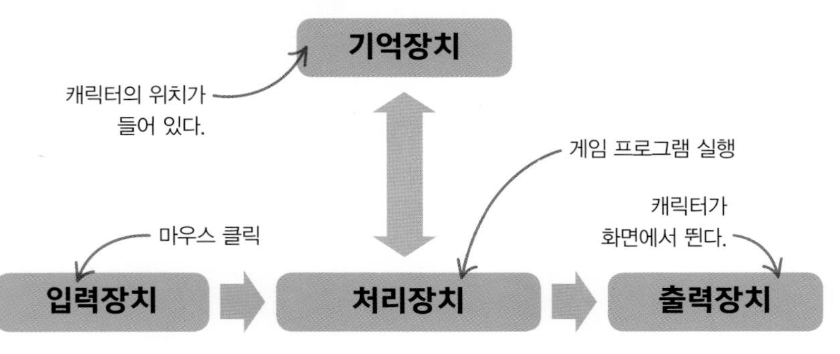

필수 프로그램

컴퓨터가 작동하기 위해 꼭 필요한 프로그램이 몇 가지 있습니다. 그 중 가장 중요한 것이 운영체제, 컴파일러, 인터프리터입니다.

여기도 함께 보세요
180~181 ◁ 컴퓨터의 내부
182~183 ◁ 이진수, 십진수, 십육진수
188~189 ◁ 처리장치와 기억장치

운영체제

운영체제(OS)는 컴퓨터 전체를 관리하는 관리자입니다. 어느 프로그램을 실행하고, 얼마나 실행하며, 실행되는 동안 컴퓨터의 어느 부분을 사용할지 운영체제가 결정합니다. 운영체제는 또한 파일 탐색기 같은 인터페이스를 제공하여 사용자가 컴퓨터와 상호작용하도록 해줍니다. 주로 사용되는 운영체제로는 마이크로소프트의 윈도우즈(Windows)와 맥의 OS X 등이 있습니다.

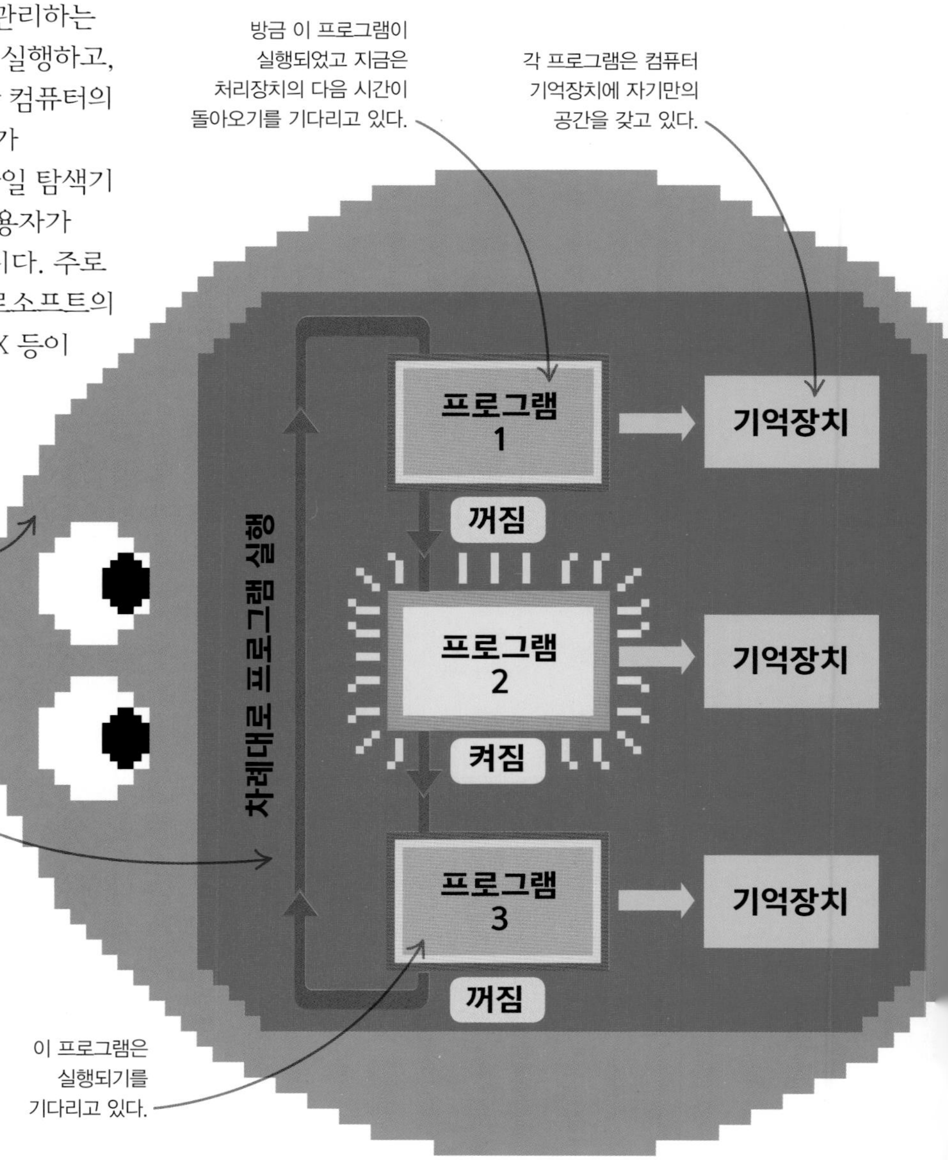

방금 이 프로그램이 실행되었고 지금은 처리장치의 다음 시간이 돌아오기를 기다리고 있다.

각 프로그램은 컴퓨터 기억장치에 자기만의 공간을 갖고 있다.

프로그램 1

기억장치

꺼짐

차례대로 프로그램 실행

운영체제는 문어의 다리처럼 컴퓨터의 모든 부분에 연결되어 있다.

프로그램 2

기억장치

켜짐

운영체제가 처리장치의 시간을 관리한다.

프로그램 3

기억장치

꺼짐

▷ **작동원리**

처리장치가 일하는 시간은 몇 가지로 나뉜다. 프로그램은 주어진 시간 동안 움직인다. 만약 정해진 시간 내에 처리가 끝나지 않으면 실행을 멈추고 다음 순서를 기다리며, 그 사이 다른 프로그램이 실행된다.

이 프로그램은 실행되기를 기다리고 있다.

컴파일러와 인터프리터

프로그램을 작성할 때 사용하는 파이썬 같은 언어를 '고급 언어'라고 합니다. 컴퓨터 처리장치는 이 언어를 이해하지 못하기 때문에 컴파일러와 인터프리터를 사용해 컴퓨터가 이해할 수 있는 언어(기계어)로 바꿔줘야 합니다.

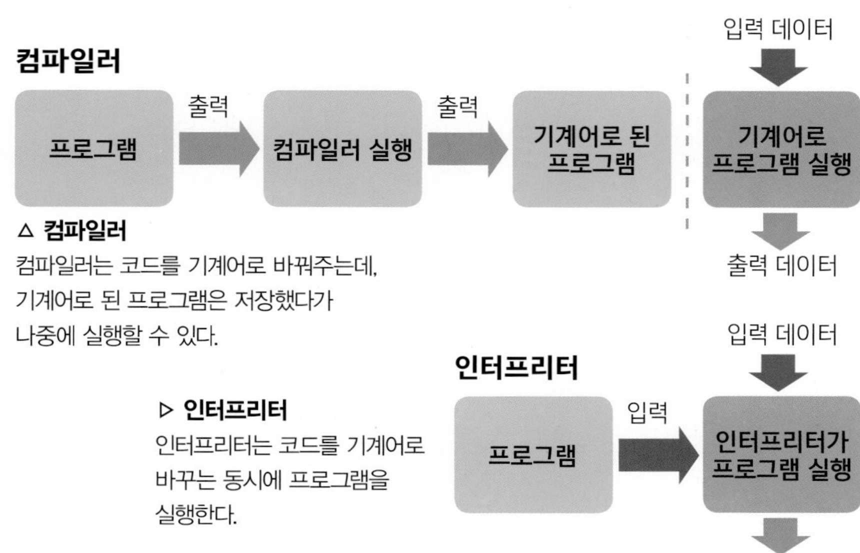

△ 컴파일러
컴파일러는 코드를 기계어로 바꿔주는데, 기계어로 된 프로그램은 저장했다가 나중에 실행할 수 있다.

▷ 인터프리터
인터프리터는 코드를 기계어로 바꾸는 동시에 프로그램을 실행한다.

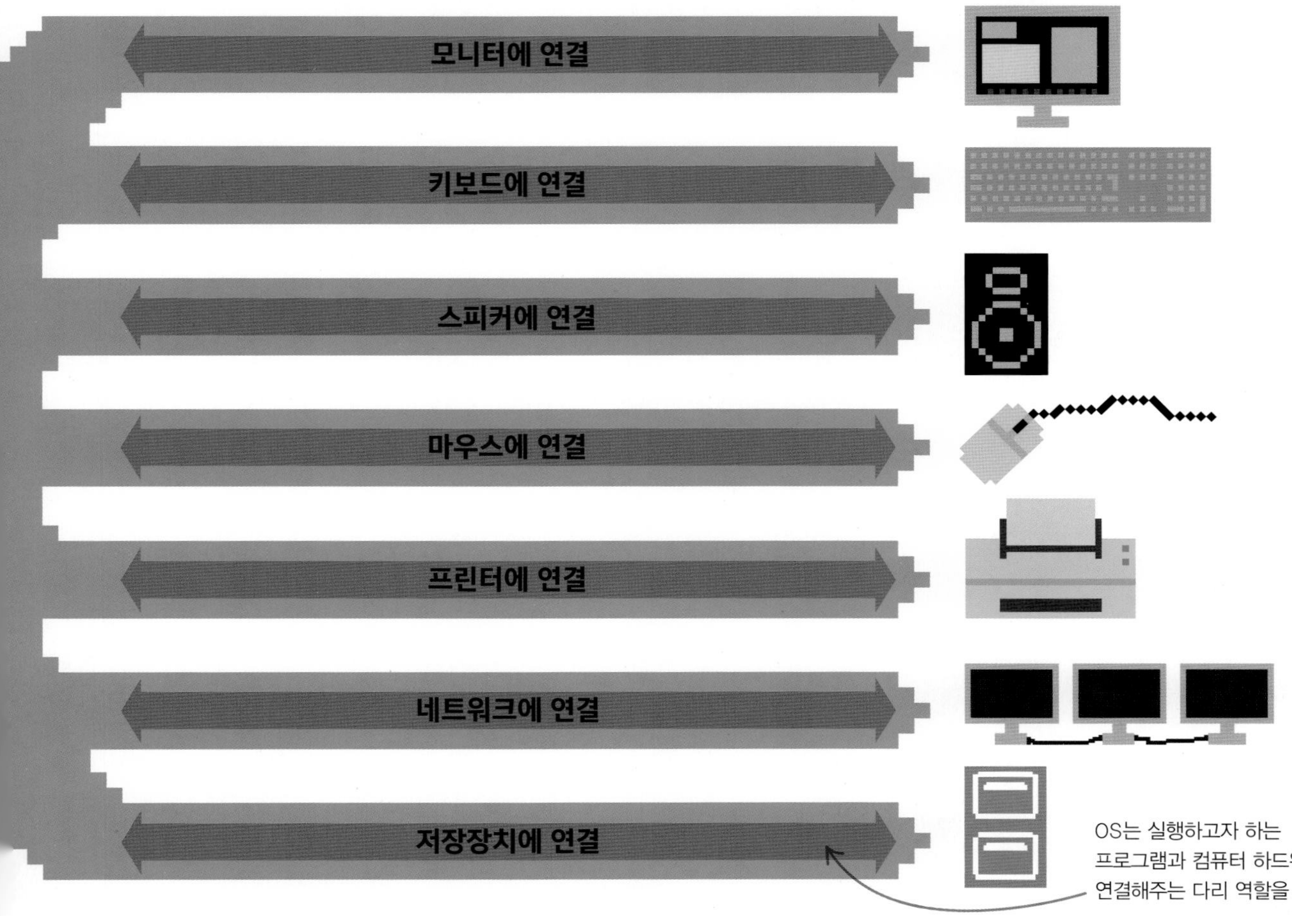

모니터에 연결
키보드에 연결
스피커에 연결
마우스에 연결
프린터에 연결
네트워크에 연결
저장장치에 연결

OS는 실행하고자 하는 프로그램과 컴퓨터 하드웨어를 연결해주는 다리 역할을 한다.

파일에 데이터 저장하기

컴퓨터의 기억장치는 숫자와 문자만 저장하는 것이 아닙니다. 음악이나 사진, 영상과 같이 많은 자료들을 저장할 수 있습니다. 그렇다면 이런 데이터들은 어떻게 저장할까요? 그리고 그것들을 어떻게 다시 찾을까요?

여기도 함께 보세요
182~183 ◁ 이진수, 십진수, 십육진수
188~189 ◁ 처리장치와 기억장치
190~191 ◁ 필수 프로그램

데이터는 어떻게 저장될까?

나중에 사용하기 위해 데이터를 저장하면 파일에 들어갑니다. 다시 찾기 쉽도록 이 파일에 이름을 붙일 수 있습니다. 파일은 하드드라이브나 메모리카드에 저장할 수 있고, 심지어 컴퓨터가 꺼졌을 때도 온라인에 저장해 데이터를 안전하게 보관할 수 있습니다.

컴퓨터의 파일 시스템은 문서를 보관하는 방식과 비슷하다.

프로그래머의 한 마디

파일 크기

파일은 기본적으로 이진수(비트)로 된 데이터의 모음입니다. 파일 크기는 다음과 같은 단위로 나타냅니다.

바이트(B)

1B=8비트(예: 10011001)

킬로바이트(KB)

1KB = 1024B

메가바이트(MB)

1MB = 1024KB = 1,048,576B

기가바이트(GB)

1GB = 1024MB = 1,073,741,824B

테라바이트(TB)

1TB = 1024GB = 1,099,511,627,776B

▽ 파일 정보

파일은 그 안에 담긴 내용이 전부가 아니다. 파일 속성이 파일에 대해 알아야 할 모든 것을 시스템에 알려준다.

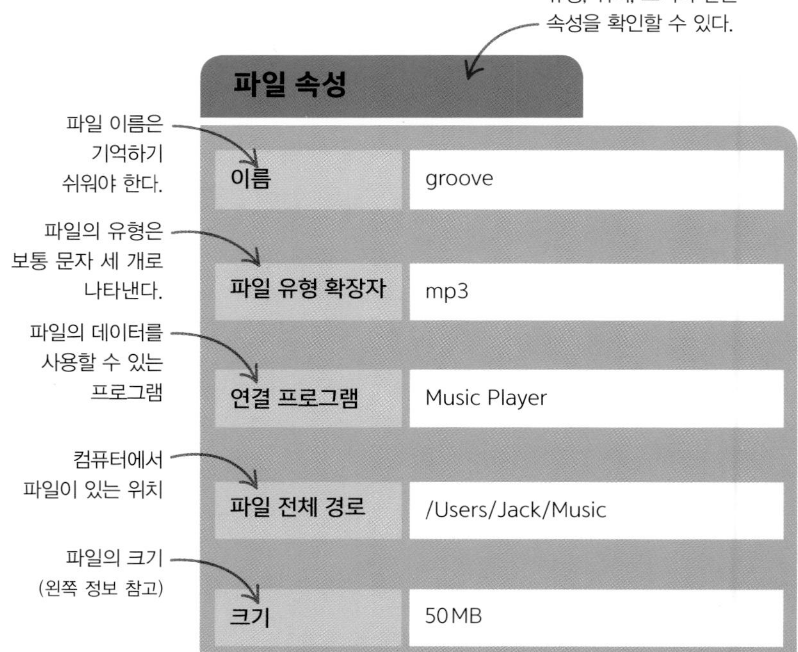
파일 위에서 마우스 오른쪽 버튼을 클릭하면 파일의 유형, 위치, 크기와 같은 속성을 확인할 수 있다.
파일 속성
파일 이름은 기억하기 쉬워야 한다.
이름
groove
파일의 유형은 보통 문자 세 개로 나타낸다.
파일 유형 확장자
mp3
파일의 데이터를 사용할 수 있는 프로그램
연결 프로그램
Music Player
컴퓨터에서 파일이 있는 위치
파일 전체 경로
/Users/Jack/Music
파일의 크기 (왼쪽 정보 참고)
크기
50MB

디렉터리

파일이 잘 정리되어 있으면 컴퓨터 시스템에서 그것들을 찾기가 더 쉬울 것입니다. 그러기 위해 파일들을 '폴더'라고 하는 '디렉터리(directories)'에 모아둘 수 있습니다. 이렇게 하면 디렉터리를 다른 디렉터리 안에 나뭇가지 형태로 넣을 수 있어 유용할 때가 많습니다.

▽ 디렉터리 트리

디렉터리들이 다른 디렉터리 안에 있으면 물구나무 선 나무 모양의 구조를 만들어, 뿌리와 가지(경로)가 있는 나무 모양이 된다.

전문가의 한 마디

파일 관리하기

파일 관리자 프로그램이 파일과 디렉터리를 찾는 데 도움을 줍니다. 운영체제마다 다른 파일 관리자 프로그램을 갖고 있습니다.

윈도우즈: 윈도우즈 익스플로러(Windows Explorer)를 사용해 디렉터리 트리를 둘러볼 수 있다.
맥: 파인더(Finder)를 사용해 디렉터리 트리를 둘러볼 수 있다.
우분투: 노틸러스(Nautilus)를 사용해 디렉터리 트리를 둘러볼 수 있다.

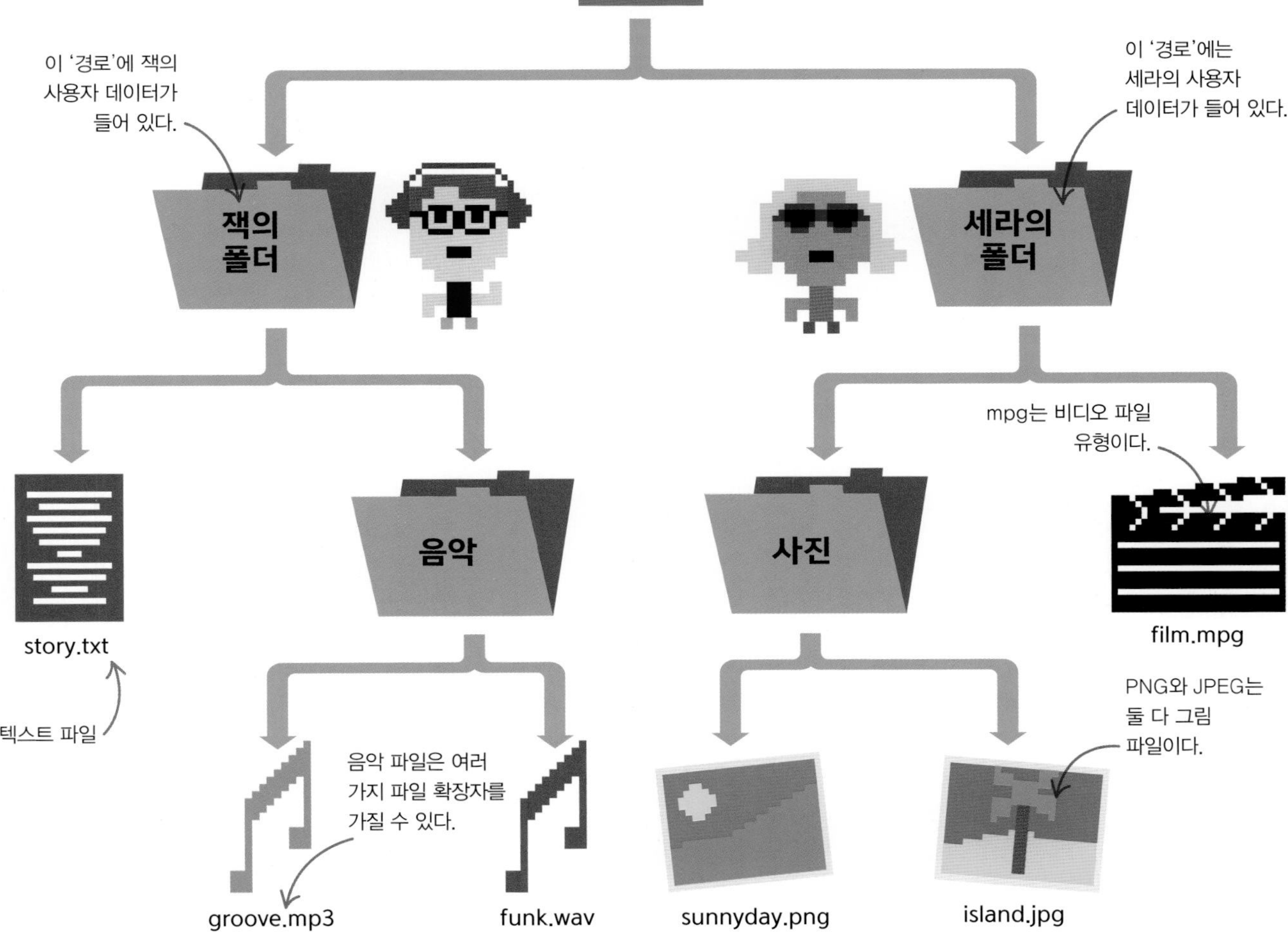
파일을 찾을 때 맨 처음 접하게 되는 디렉터리 트리의 뿌리, '루트'
이 '경로'에 잭의 사용자 데이터가 들어 있다.
이 '경로'에는 세라의 사용자 데이터가 들어 있다.
잭의 폴더
세라의 폴더
mpg는 비디오 파일 유형이다.
story.txt
음악
사진
film.mpg
텍스트 파일
PNG와 JPEG는 둘 다 그림 파일이다.
음악 파일은 여러 가지 파일 확장자를 가질 수 있다.
groove.mp3
funk.wav
sunnyday.png
island.jpg

인터넷

인터넷은 전 세계 모든 컴퓨터를 연결하는 네트워크입니다. 이제 컴퓨터가 너무 많아서 정보를 원하는 장소에 제대로 전달할 수 있는 더 똑똑한 시스템이 필요하게 되었습니다.

여기도 함께 보세요
182~183 ◁ 이진수, 십진수, 십육진수
192~193 ◁ 파일에 데이터 저장하기

IP 주소

인터넷에 연결된 모든 컴퓨터와 전화기는 건물처럼 주소를 갖고 있습니다. 그 주소를 '인터넷 프로토콜(IP) 주소'라고 하며, 각 주소는 숫자로 이루어져 있습니다.

▽ 정보 전송
파일은 패킷이라는 작은 덩어리로 나뉘어 컴퓨터에서 컴퓨터로 이동한다. 라우터라는 특수 컴퓨터가 이 패킷들을 목적지로 보내준다.

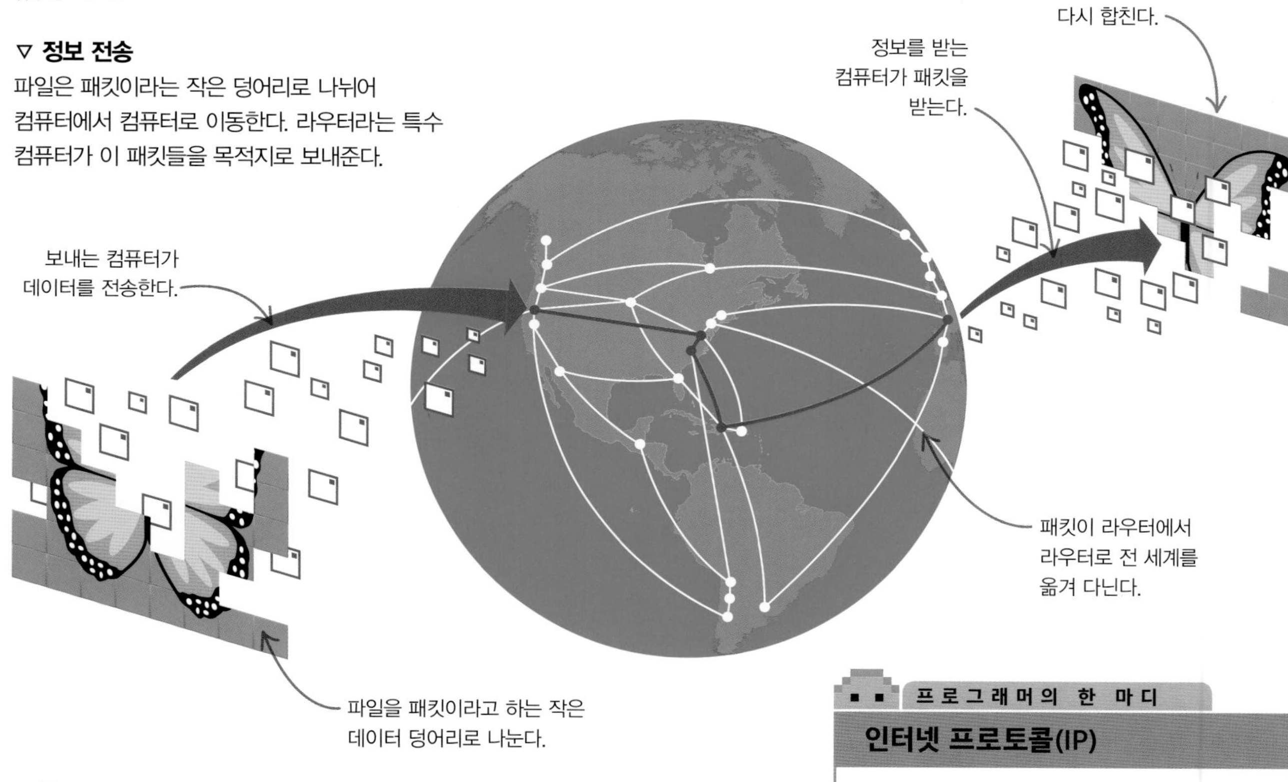

보내는 컴퓨터가 데이터를 전송한다.
정보를 받는 컴퓨터가 패킷을 받는다.
패킷들을 순서대로 다시 합친다.
패킷이 라우터에서 라우터로 전 세계를 옮겨 다닌다.
파일을 패킷이라고 하는 작은 데이터 덩어리로 나눈다.

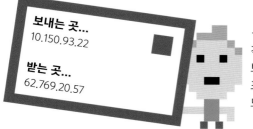

보내는 곳...
10.150.93.22
받는 곳...
62.769.20.57

◁ 주소 정보
각 데이터 패킷에는 목적지와 보내는 컴퓨터의 IP 주소가 표시되어 있다. 'dk.com'과 같은 도메인 이름이 IP 주소로 바뀐다.

프로그래머의 한 마디

인터넷 프로토콜(IP)

프로토콜은 규칙이 정해져 있는 것을 말합니다. '인터넷 프로토콜'은 패킷의 크기와 구조에 대한 약속입니다. 통신을 하고자 하는 모든 인터넷 장치는 이 규칙을 반드시 따라야 합니다.

데이터 보내기

기기와 기기 사이에 패킷을 보내려면 아주 먼 거리를 여행할 수 있도록 패킷을 이진부호(0 또는 1로 된)로 바꿔야 합니다. 인터넷에 연결된 모든 장치는 이 작업을 수행하는 '네트워크 어댑터'를 갖고 있습니다. 장치에 따라 데이터를 전송하는 방법도 다릅니다.

△ 전기신호
전선이 세기가 다른 전기신호를 이용해 0과 1을 보낸다.

△ 빛
광섬유 케이블이라는 특수 유리 섬유는 데이터를 빛의 진동으로 전달한다.

△ 전파
다양한 유형의 전파가 전선을 사용하지 않고 0과 1로 된 정보를 운반한다.

포트

아파트에 사는 어떤 사람에게 편지를 전달할 때 호수를 쓰는 것처럼 패킷을 특정 프로그램에 보내려고 할 때도 컴퓨터는 각각의 프로그램에 대한 호수로 '포트'라는 번호를 사용합니다. 자주 쓰는 프로그램에는 그 프로그램을 위해 특별히 예약된 포트를 갖고 있습니다. 예를 들어 웹브라우저는 항상 80번 포트를 통해 패킷을 받습니다.

프로그래머의 한 마디

소켓

IP 주소와 포트를 합한 것을 '소켓(sock-et)'이라고 합니다. 소켓은 인터넷을 통해 프로그램끼리 데이터를 보낼 수 있게 해주는데, 온라인 게임 같은 것에서 유용하게 쓰입니다.

▽ 포트 번호
포트에 사용하는 숫자는 0부터 65535까지며, 잘 알려진(well-known), 등록된(registered), 동적(private) 포트라는 세 가지 유형으로 나뉜다.

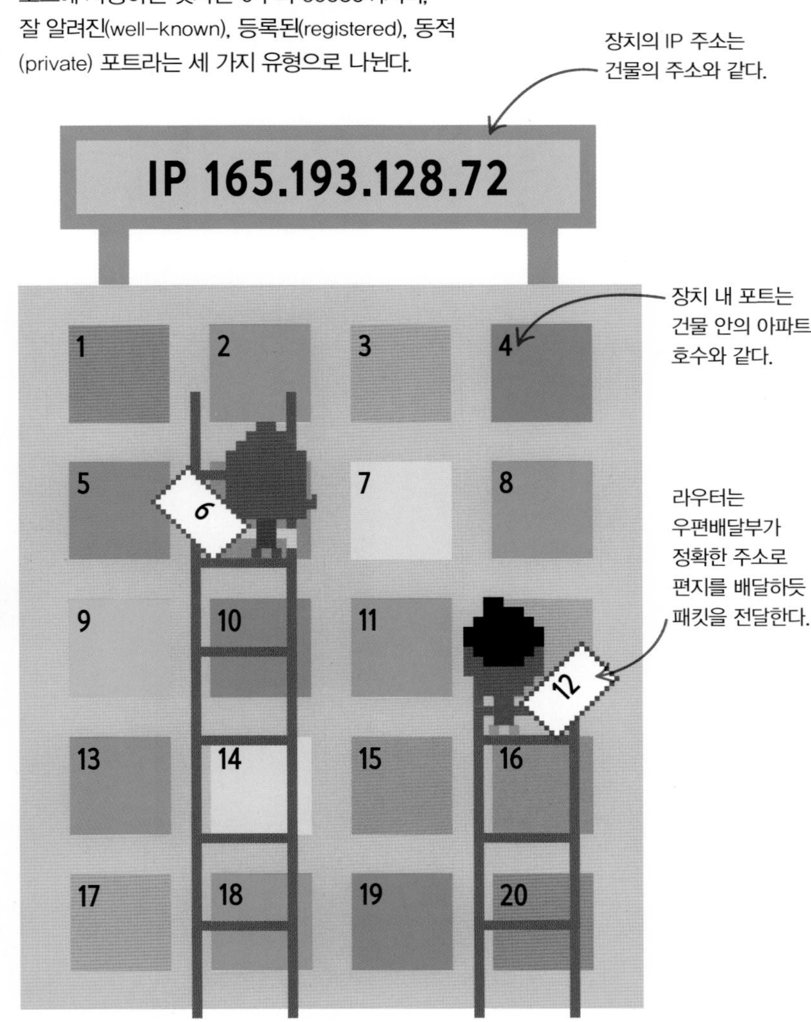

장치의 IP 주소는 건물의 주소와 같다.
IP 165.193.128.72
장치 내 포트는 건물 안의 아파트 호수와 같다.
라우터는 우편배달부가 정확한 주소로 편지를 배달하듯 패킷을 전달한다.
1
2
3
4
5
6
7
8
9
10
11
12
13
14
15
16
17
18
19
20

5

실제 세계에서의 프로그래밍

컴퓨터 언어

지금까지 수천 가지 프로그래밍 언어가 만들어졌습니다. 어느 언어를 사용할지는 만들고 싶은 프로그램의 종류가 무엇인가, 그것을 어느 컴퓨터에서 실행할 것인가 등에 따라 달라집니다.

여기도 함께 보세요

컴퓨터 게임 ▷ **204~205**

앱 만들기 ▷ **206~207**

인기 있는 프로그래밍 언어

어떤 컴퓨터에서 어떤 종류의 프로그램을 만드느냐에 따라 프로그래밍 언어가 결정됩니다. 여러 가지 프로그래밍 언어를 사용해 'Hello World!'라는 말을 표시하는 프로그램을 만들어 보겠습니다.

```
#include <stdio.h>
main()
{
    printf(‘Hello World!’);
}
```

△ C
시대를 막론하고 가장 인기 있는 언어 중 하나인 C 언어는 하드웨어 프로그래밍에 자주 사용된다.

```
#include <iostream>
int main()
{
    std::cout << ‘Hello World!’ << std::endl;
}
```

△ C++
C언어를 바탕으로 한 언어로 기능이 추가되었다. 비디오 게임처럼 빠른 처리가 필요한 프로그램에 사용한다.

```
#import <stdio.h>
int main(void)
{
    printf(‘Hello World!’);
}
```

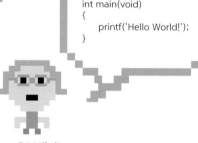

△ 오브젝티브-C
C언어를 바탕으로 한 언어로, 기능이 추가되었다. 애플의 맥과 아이폰, 아이패드 등의 iOS 운영체제에서 사용해 유명해졌다.

```
alert(‘Hello World!’);
```

△ 자바스크립트
간단한 게임이나 이메일 웹사이트처럼 웹브라우저에서 실행되는 프로그램을 만들 때 사용한다.

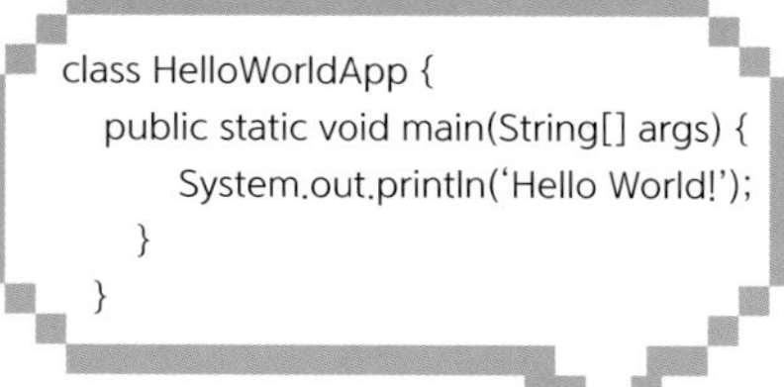

```
class HelloWorldApp {
   public static void main(String[] args) {
       System.out.println(‘Hello World!’);
   }
}
```

△ 자바
대부분의 컴퓨터에서 실행할 수 있는 다용도 언어. 안드로이드 운영체제에서 코딩할 때 자주 사용된다.

```
<?php
echo ‘Hello World!’;
?>
```

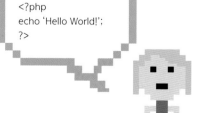

◁ PHP
대화형 웹사이트를 만들 때 주로 사용되는 언어로, 웹사이트를 운영하는 웹서버에서 실행된다.

옛날 프로그래밍 언어

20~30년 전에 유명했던 언어들은 지금 인기는 떨어졌지만 여전히 아주 중요한 시스템에서 사용되고 있습니다. 오늘날을 기준으로 보면 이 언어들은 코딩하기 어려워 보이기도 합니다.

베이직 BASIC 미국 다트머스대학에서 1964년 만든 베이직은 처음 가정용 컴퓨터가 나왔을 때 아주 인기가 있었다.

포트란 Fortran 아이비엠(IBM)에서 1954년에 만든 포트란은 주로 대형 컴퓨터에서 계산을 할 때 사용된다. 지금도 기후 예측이나 많은 계산이 필요한 분야에서 사용되고 있다.

코볼 COBOL 전문가들로 이루어진 위원회에서 1959년에 만든 코볼은 지금도 많은 기업과 은행에서 사용하고 있다.

실제 세계 이야기

밀레니엄 버그

코볼과 같은 예전 언어로 만든 많은 프로그램들은 숫자 두 개를 사용해 연도를 나타냈습니다(1999년을 99로 표현). '밀레니엄 버그(millennium bug)'는 2000년이 되어 연도 표시를 00으로 할 경우 문제가 일어날 것을 예상한 것이었습니다.

밀레니엄 버그를 막기 위해서 전 세계 컴퓨터를 업데이트해야 했다.

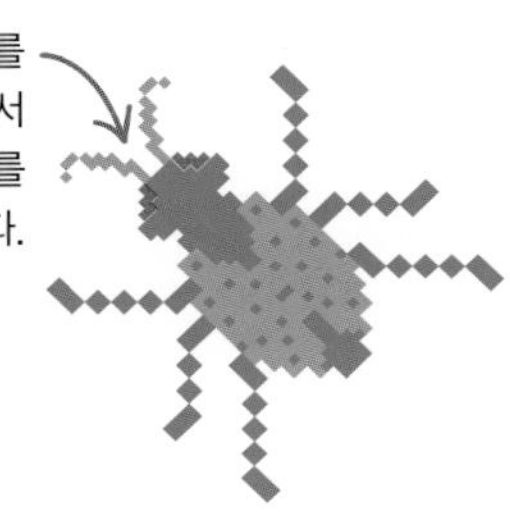

이상한 언어들

수천 개의 프로그래밍 언어들 중에는 이상한 목적을 위해 만들어진 것도 있습니다.

```
('&%:9]!~}|z2Vxwv-,POqponl$Hjig%eB@@>a=<M:9[p6tsl1TS/
QlOj)L(I&%$"Z~AA@UZ=RvttT`R5P3m0LEDh,T*?(b&`$#87[}{W
```

△ 말레볼제

말레볼제(Malbolge)는 매우 복잡하여 프로그램을 만들기 힘든 언어다. 실행 가능한 코드가 나오기까지 2년 넘게 걸렸으며, 그것도 사람이 만든 것이 아니라 다른 프로그램이 만든 것이었다.

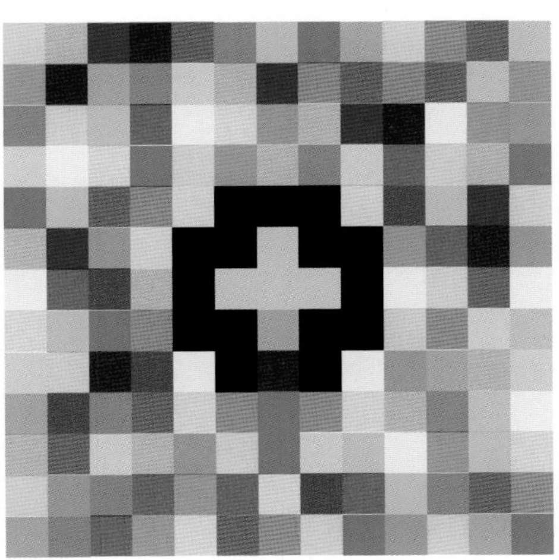

△ 피트

피트(Piet) 코드로 만든 프로그램은 추상화처럼 보인다. 'Hello World!' 프로그램을 만들면 위와 같은 그림을 보여준다.

△ 셰프

셰프(Chef)로 만든 프로그램은 요리 레시피와 비슷하게 보이도록 만들어졌다. 그렇지만 프로그램이 요리에 도움이 될 만한 것은 전혀 만들어내지 못했다.

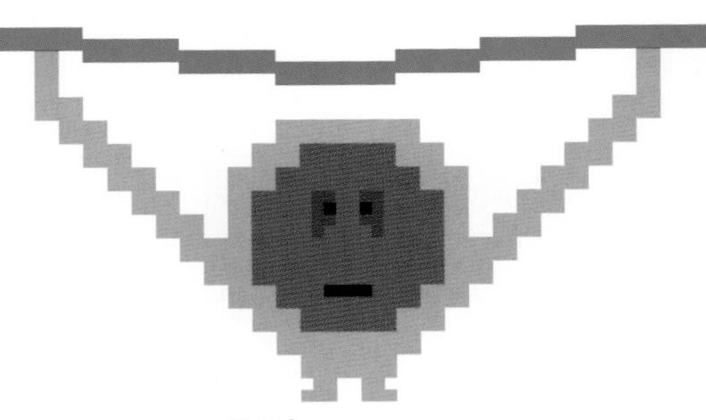

△ 오크!

오랑우탄이 사용할 목적으로 만들어진 오크(Ook!)는 'Ook', 'Ook!', 'Ook?' 라는 세 가지로 이루어져 있다. 이것들을 조합해 'Ook! Ook'나 'Ook? Ook!' 같은 여섯 개의 명령문을 만들 수 있다.

전설의 프로그래머

전 세계 수백만 명의 프로그래머들이 매일 컴퓨터 기술을 더욱 발전시키고 있지만, 가끔씩은 특별한 인물이 나타나 거대한 도약을 하게 해줍니다. 여기서는 가장 유명한 프로그래머 몇 명을 소개합니다.

여기도 함께 보세요
18~19 ◁ 프로그래머 되기
컴퓨터 게임 ▷ 204~205

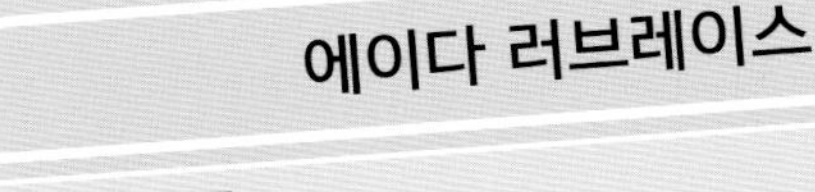

에이다 러브레이스

출생지: 영국

생몰연도: 1815년~1852년

에이다 러브레이스는 세계 최초의 프로그래머로 알려져 있다. 1843년, 그녀는 스승 찰스 배비지의 해석기관(초기 컴퓨터)에 대한 첫 번째 프로그램을 만들었다. 또한 숫자로 문자를 표현하는 방법을 제안하기도 했다.

앨런 튜링

출생지: 영국

생몰연도: 1912년~1954년

수학자인 앨런 튜링은 컴퓨터 과학의 아버지로 알려져 있다. 그는 제2차 세계대전 당시 영국 편에서 독일의 암호를 풀어낸 획기적인 업적으로도 유명하다.

그레이스 호퍼

출생지: 미국

생몰연도: 1906년~1992년

그레이스 호퍼는 프로그래밍 언어 컴파일러(인간이 만든 프로그램을 기계어로 바꾸는 것)를 최초로 만들었다. 그녀는 컴퓨터 과학자였을 뿐만 아니라 미 해군 제독이기도 했다!

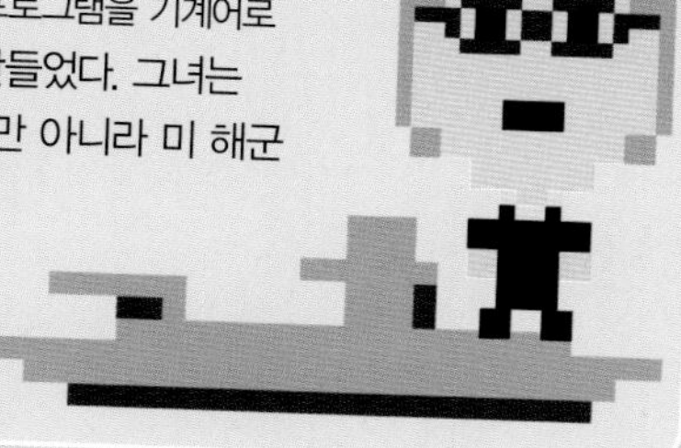

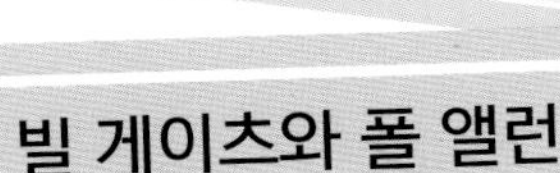

빌 게이츠와 폴 앨런

출생지: 미국

출생: 게이츠 1955년~, 앨런 1953년~

빌 게이츠와 폴 앨런은 1970년대에 함께 마이크로소프트사를 설립했다. 그들은 마이크로소프트 윈도우즈와 오피스 같은 가장 대중적인 프로그램들을 개발했다.

요코이 군페이와 미야모토 시게루

출생지: 일본

생몰연도: 요코이 1941년~1997년, 미야모토 1952년~

요코이와 미야모토는 게임회사인 닌텐도에서 일했다. 요코이는 게임보이(Game Boy)를 발명했고, 미야모토는 슈퍼 마리오(Super Mario)라는 성공적인 게임을 만들었다.

팀 버너스-리

출생지: 영국

출생: 1955년~

유럽원자핵공동연구소(CERN, 스위스에 있는 유명한 과학연구기관)에서 일하는 동안 팀 버너스-리는 월드 와이드 웹을 발명하고 누구나 무료로 이용할 수 있게 만들었다. 그는 2004년 엘리자베스2세 여왕에게 기사작위를 받았다.

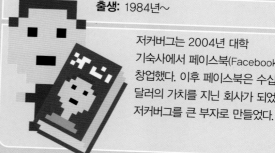

래리 페이지와 세르게이 브린

출생지: 미국

출생: 둘 다 1973년~

1996년 두 사람은 구글 검색 엔진을 만들기 시작했다. 그들이 만든 효과적인 검색 방법은 인터넷에 혁명을 일으켰다.

마크 저커버그

출생지: 미국

출생: 1984년~

저커버그는 2004년 대학 기숙사에서 페이스북(Facebook)을 창업했다. 이후 페이스북은 수십억 달러의 가치를 지닌 회사가 되었고, 저커버그를 큰 부자로 만들었다.

오픈소스운동(Open Source Movement)

국적: 모든 나라

시작: 1970년대 후반~

오픈소스운동은 소프트웨어를 모든 사람들이 무료로 사용할 수 있어야 한다고 믿는 전 세계 프로그래머들의 모임이다. 그뉴(GNU)/리눅스(Linux) 운영체제나 온라인 백과사전인 위키피디아(Wikipedia)처럼 많은 훌륭한 소프트웨어들이 이 운동 덕분에 나오게 되었다.

프로그램의 대활약

컴퓨터와 프로그램은 우리의 일상생활에 깊이 스며들어 있습니다. 매일 굉장히 어려운 문제들을 해결하기 위해 아주 복잡하게 만들어진 컴퓨터 프로그램의 도움을 받고 있답니다.

여기도 함께 보세요
180~181 ◁ 컴퓨터 내부
192~193 ◁ 파일에 데이터 저장하기

파일 압축하기

인터넷으로 주고받는 거의 모든 종류의 파일은 어떤 식으로든 압축됩니다. 파일을 압축하면 필요 없는 데이터는 골라내 버려지고 꼭 필요한 정보만 남습니다.

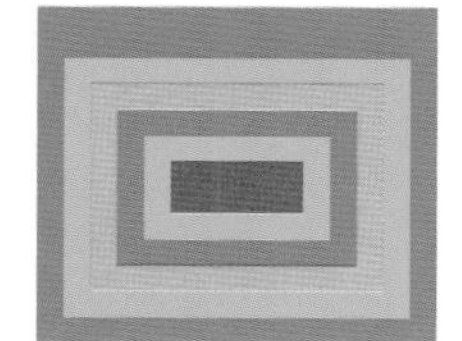

◁ **데이터 압축하기**
파일을 압축하는 것은 깜짝 상자에 인형을 눌러 넣는 것과 비슷하다.

실 제 세 계 이 야 기

음악 파일

음악 압축 프로그램이 없었다면 mp3플레이어나 컴퓨터에 노래를 몇 개밖에 집어넣지 못했을 거예요. 음성 파일을 압축함으로써 스마트폰에도 이제 수천 곡의 노래를 저장할 수 있게 되었습니다.

암호화

웹사이트에 로그인해서 물건을 사거나 인터넷으로 메시지를 보낼 때, 암호화 프로그램들은 여러분의 개인 정보를 누군가 빼가도 그것을 이해하지 못하도록 해줍니다. 글로벌 금융 시스템들은 개인 정보를 숨길 수 있는 이 고급 프로그램 덕분에 존재할 수 있습니다.

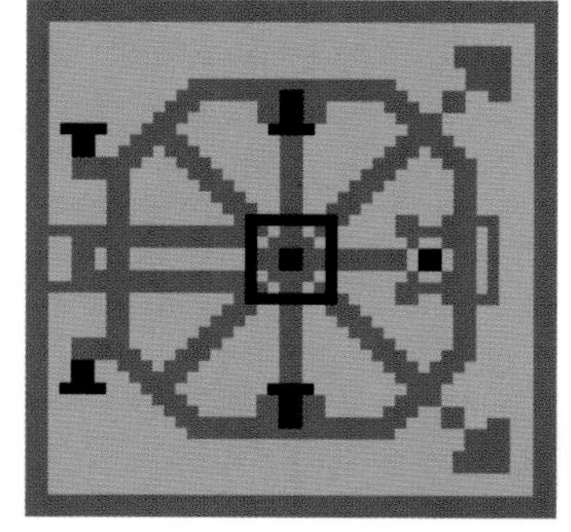

◁ **암호학**
암호학은 암호를 연구하는 학문이다. 복잡한 수학적 코드로 개인 정보를 바꿔서 데이터를 훔치는 도둑으로부터 안전하게 지킨다.

인공지능

지능형 프로그램은 컴퓨터 게임을 재미있게 만드는 것에만 그치지 않습니다. 인공지능(AI)은 더 나은 의료 서비스를 제공하고, 전쟁터나 자연 재해로 폐허가 된 지역처럼 인간이 가기에는 너무 위험한 곳에 보내는 로봇을 조종하는 데 사용되고 있습니다.

△ 의학
많은 환자의 데이터를 분석해 이를 다른 사람의 데이터와 비교하여 병을 미리 찾아내는 데 도움을 준다.

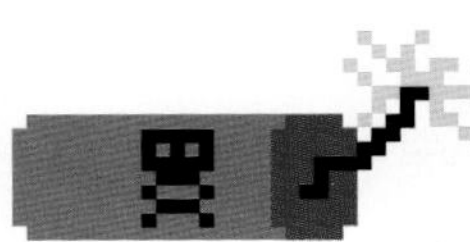

△ 폭탄 처리
지능형 로봇을 사용하여 사람들을 대피시킨 후 폭탄을 안전하게 제거함으로써 많은 군인들의 목숨을 구할 수 있다.

슈퍼컴퓨터

미국항공우주국(NASA)과 같은 첨단 기술 기관에서 사용하는 슈퍼컴퓨터는 수천 대의 컴퓨터 처리장치를 연결하여 데이터를 공유하고 빠르게 통신합니다. 그렇게 하면 1초에 수백만 건의 계산을 실행할 수 있는 컴퓨터가 되지요.

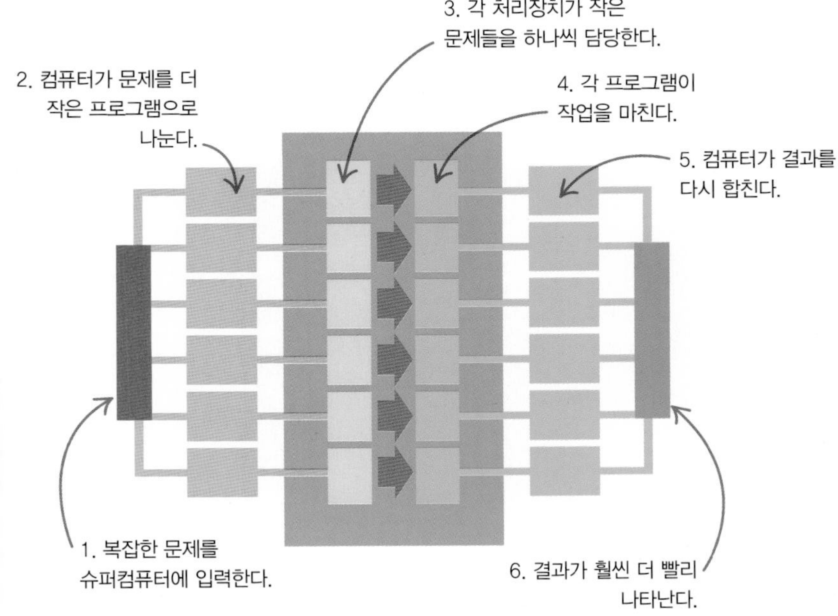

3. 각 처리장치가 작은 문제들을 하나씩 담당한다.
2. 컴퓨터가 문제를 더 작은 프로그램으로 나눈다.
4. 각 프로그램이 작업을 마친다.
5. 컴퓨터가 결과를 다시 합친다.
1. 복잡한 문제를 슈퍼컴퓨터에 입력한다.
6. 결과가 훨씬 더 빨리 나타난다.

△ 작동 원리
문제들을 더 작은 문제들로 나누어 동시에 각각 다른 처리장치에서 작업한다. 그런 다음 결과를 모두 조합해 답을 얻는다.

실제 세계 이야기

일기예보

날씨를 예측하는 것은 매우 어렵습니다. 슈퍼컴퓨터는 날씨를 예측하기 위해 필요한 많은 양의 정보를 다룹니다. 슈퍼컴퓨터의 처리장치가 지역을 작게 나누어 날씨를 계산합니다. 이 계산 결과를 전부 모으면 넓은 지역의 날씨를 예측할 수 있게 됩니다.

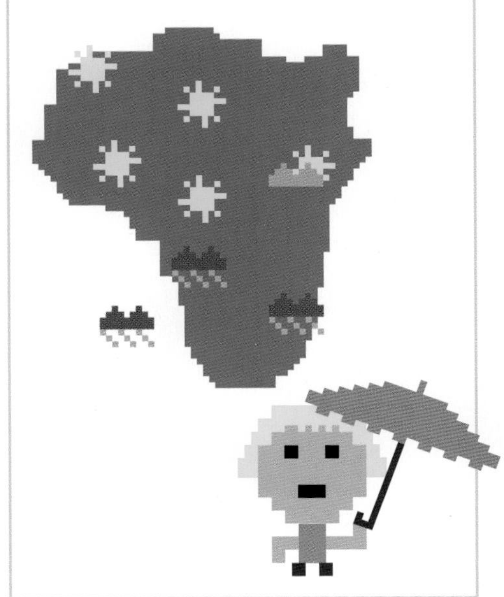

컴퓨터 게임

여기도 함께 보세요
200~201 ◁ 전설의 프로그래머
앱 만들기 ▷ 206~207

컴퓨터 게임을 만들려면 무엇이 필요할까요? 모든 컴퓨터 게임은 같은 재료를 다른 형식으로 섞은 것일 뿐입니다. 멋진 게임들은 대개 프로그래머들이 혼자서 만들기보다는 소프트웨어 개발자들과 팀을 이루어 만듭니다.

컴퓨터 게임은 누가 만들까?

스마트폰에 있는 간단한 게임도 어쩌면 여러 명이 속한 대규모 팀이 만들었을지 모릅니다. 게임이 인기를 얻고 성공하려면 다양한 기술을 가진 여러 사람들이 힘을 합쳐야 하고 각자 맡은 분야에 세세하게 신경을 써야 합니다.

△ 그래픽 디자이너
모든 레벨과 캐릭터는 보기 좋아야 한다. 그래픽 디자이너는 게임에 나오는 건물과 사람 등 모든 것의 겉모습을 그려낸다.

△ 프로그래머
프로그래머는 프로그래밍 언어를 사용하여 게임을 작동하게 하는 코드를 쓴다. 혼자서는 힘들고 다른 팀원과 힘을 합쳐야 가능한 일이다.

◁ 레벨 디자이너
게임 안의 가상 세계를 만드는 레벨 디자이너는 게임을 재미있게 할 수 있도록 다양한 상황과 단계를 만든다.

▷ 테스터
테스터들은 게임에 버그가 있는지 확인하기 위해 같은 레벨의 게임을 반복해서 플레이한다.

△ 시나리오 작가
게임은 좋은 책이나 영화처럼 흥미로운 이야기를 갖고 있다. 시나리오 작가는 게임에 나오는 모든 캐릭터와 스토리를 만들어낸다.

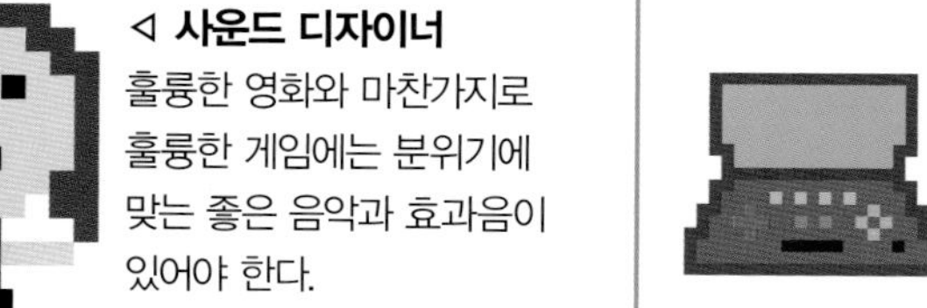

◁ 사운드 디자이너
훌륭한 영화와 마찬가지로 훌륭한 게임에는 분위기에 맞는 좋은 음악과 효과음이 있어야 한다.

용 어

콘솔형 게임기

콘솔이란 게임을 하기 위한 전용 컴퓨터를 말합니다. 플레이스테이션4(PS4)나 엑스박스원(Xbox One) 같은 콘솔들은 고성능의 그래픽과 사운드 처리 장치를 갖고 있어 게임을 더욱 실감나게 만들어 줍니다.

게임 재료

게임 제작에 자주 쓰이는 일반적인 재료를 모아 '게임 엔진(game engine)'을 만들기도 합니다. 게임 엔진에 미리 만들어진 기본 코드가 들어 있기 때문에 새로운 게임을 만들 때 손쉽고 빠르게 개발할 수 있습니다.

▷ 이야기와 게임 구조
모든 게임에는 좋은 이야기와 달성해야 할 목표가 있어야 한다. 잘 만들어진 게임은 플레이어에게 지루할 틈을 주지 않는다.

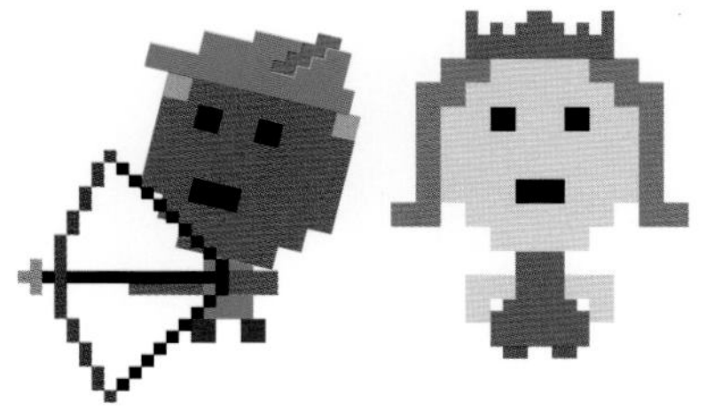

◁ 게임 물리
게임 속 세계에서도 리얼한 느낌을 주기 위해서는 중력이나 충돌했을 때의 변화 같은 실제 세계의 모습을 그대로 재현해야 한다.

△ 그래픽
게임이 리얼할수록 그래픽은 더 복잡해진다. 특히 몸동작이나 연기, 물의 흐름을 제대로 표현하기는 매우 어렵다.

▷ 조작 방법
플레이어가 쉽게 이해할 수 있는 조작 방법은 게임을 만들 때 매우 중요하다. 조작하기 쉽도록 만들어진 게임은 플레이어가 게임기를 사용하고 있는지조차 잊어버리게 만든다.

▷ 사운드
배경음악, 효과음, 캐릭터의 목소리 등은 모두 녹음하여 준비해 놓아야 한다. 음악을 어떻게 사용하느냐에 따라 게임의 분위기가 크게 바뀌기도 한다.

문을 열어라!
죄송합니다. 문을 열 수 없습니다.

△ 인공 지능
가끔 컴퓨터가 조종하는 캐릭터와 게임을 하는 경우도 있다. 인공 지능 프로그래밍을 사용하면 이 캐릭터는 더욱 리얼하게 반응한다.

실 제 세 계 이 야 기

기능성 게임

게임은 오락용으로만 사용되는 것이 아닙니다. 비행기 조종사나 외과의사, 군인처럼 전문적인 일을 하는 사람들은 훈련 목적으로 게임을 이용하기도 합니다. 어떤 회사는 직원들의 기획 능력을 키워주기 위해 전략 게임을 하기도 합니다.

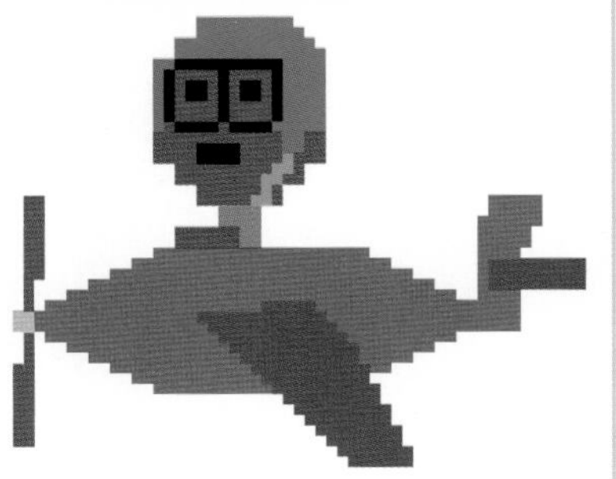

앱 만들기

스마트폰은 프로그래머가 능력을 펼칠 수 있는 공간을 넓혀 주었습니다. 컴퓨터가 사람들의 주머니로 들어가게 되면서 위치 찾기나 동작 감지 등의 새로운 기술이 개발되었고 사용자 경험의 폭을 넓혀 주었습니다.

여기도 함께 보세요

190~191 ◁ 필수 프로그램

198~199 ◁ 컴퓨터 언어

204~205 ◁ 컴퓨터 게임

앱이란?

'앱(application의 줄임말로 응용프로그램이란 뜻)'이란 스마트폰이나 태블릿 PC, 시계처럼 몸에 착용할 수 있는 모바일 장치에서 실행되는 프로그램을 말합니다. 여러 가지 기능의 매우 다양한 앱이 있습니다.

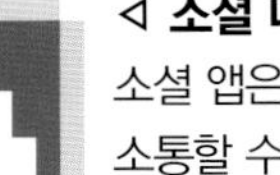

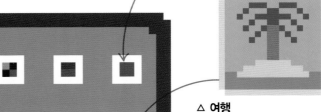

◁ **소셜 네트워크**
소셜 앱은 친구들이 멀리 있어도 소통할 수 있게 해준다. 대화를 하거나 사진, 음악, 영상을 함께 나눌 수 있다.

◁ **게임**
간단한 퍼즐에서 액션 어드벤처까지 모든 종류의 게임을 모바일 장치에서 사용할 수 있다.

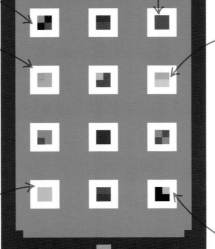

△ **여행**
여행용 앱은 위치 정보와 다른 사람들의 의견을 모아 식당이나 호텔, 볼거리 등에 대한 추천 정보를 알려준다.

△ **날씨**
모바일 앱은 위치 정보를 사용해 정확한 날씨를 알려준다. 전 세계 날씨도 볼 수 있다.

△ **교육**
공부에 도움이 되는 교육용 앱도 있다. 아이들은 숫자 세기나 맞춤법을 배울 수 있고, 어른들은 외국어를 배울 수도 있다.

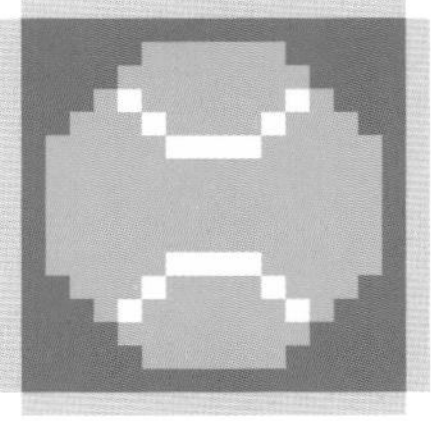

◁ **스포츠**
달리기나 자전거 타기를 할 때 건강상태를 체크할 수 있다. 스포츠 경기 결과도 바로 확인할 수 있다.

앱은 어떻게 만들까

앱을 만들기 전에 확인해 두어야 할 것이 있습니다. 무엇을 하기 위한 앱인가, 어떤 장치에서 작동하는 앱인가, 사용자와 앱은 어떻게 정보를 나눌 것인가 등을 확실히 정해야 합니다. 이 질문에 대한 답을 찾고 나면 순서대로 따라하기만 하면 앱을 만들 수 있습니다.

1 아이디어 생각하기
새로운 앱이 어떤 것이든 반드시 모바일 장치에 맞는 것이어야 한다. 완전히 새로운 아이디어도 좋고 이미 있는 아이디어를 더 나은 버전으로 만드는 것도 좋다.

맥

안드로이드

윈도우즈

2 어느 운영체제를 사용할 것인가?
앱을 어떤 종류의 모바일 기기에서 실행할 것인가? 프로그래머들이 많이 사용하는 방법은, 자신이 주로 사용하는 운영 체제에서 먼저 앱을 개발한 뒤 다른 운영 체제에서도 실행될 수 있도록 수정하는 것이다.

3 앱 만드는 법 배우기
프로그래머는 프로그래밍 언어를 외우는 것뿐 아니라 더 좋은 앱을 만들기 위한 공부도 계속 해야 한다. 인터넷 사이트를 보고 배우거나 친구들과 함께 배우는 것이 도움이 된다.

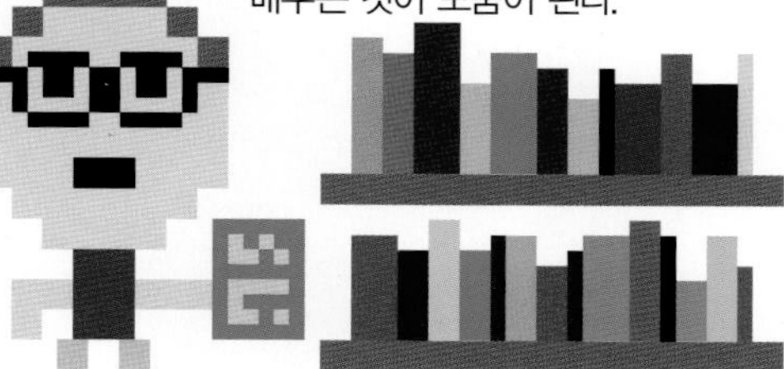

4 프로그램 만들기
좋은 앱을 만드는 데는 시간이 걸린다. 기본 버전은 몇 주일이면 완성되지만, 좀더 완벽한 앱을 만들려면 수개월의 시간이 걸린다.

5 앱 테스트하기
앱에 버그가 있으면 사용자들은 그 앱을 바로 지워버린다. 프로그래밍의 한 과정으로 테스트는 꼭 필요하다. 친구나 가족에게 앱을 사용해 보게 해서 오류가 없는지 확인하고 공개하도록 한다.

인터넷용 프로그래밍

웹사이트는 파이썬과 같은 프로그래밍 언어로 만듭니다. 그 중 가장 많이 쓰이는 언어가 자바스크립트입니다. 사용자와 정보를 나눌 수 있는 웹사이트로 만들어 줍니다.

여기도 함께 보세요
198~199 ◁ 컴퓨터 언어
자바스크립트 사용하기 ▷ 210~211

웹페이지는 어떻게 작동할까?

웹페이지는 몇 가지 언어를 사용해 만듭니다. 예를 들어 이메일 웹사이트는 CSS와 HTML, 자바스크립트로 만듭니다. 자바스크립트는 마우스를 클릭했을 때 바로 반응하는 사이트를 만들어 줍니다.

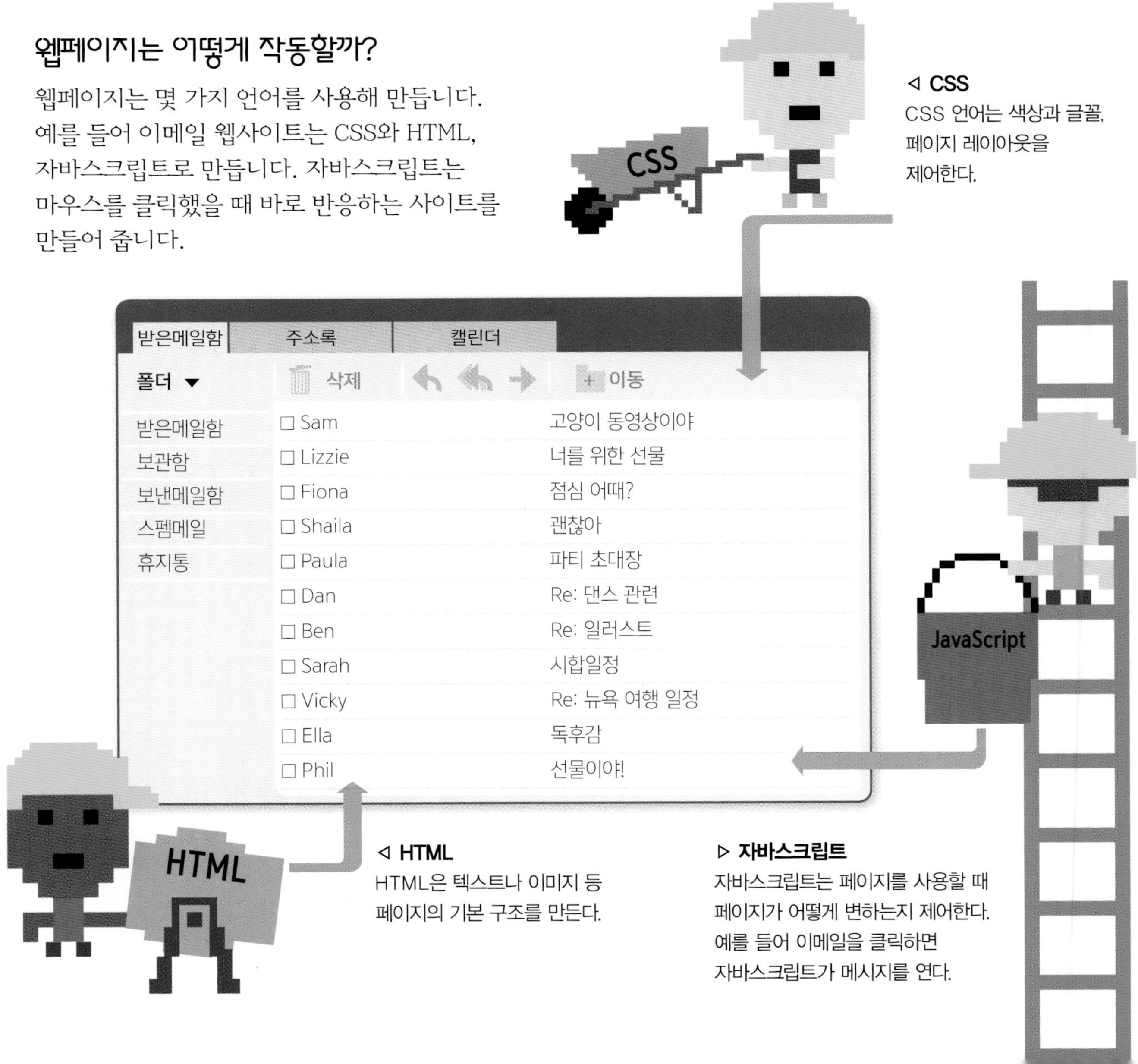

◁ **CSS**
CSS 언어는 색상과 글꼴, 페이지 레이아웃을 제어한다.

받은메일함	주소록	캘린더

폴더 ▼ 삭제 이동

폴더	보낸 사람	제목
받은메일함	☐ Sam	고양이 동영상이야
보관함	☐ Lizzie	너를 위한 선물
보낸메일함	☐ Fiona	점심 어때?
스펨메일	☐ Shaila	괜찮아
휴지통	☐ Paula	파티 초대장
	☐ Dan	Re: 댄스 관련
	☐ Ben	Re: 일러스트
	☐ Sarah	시합일정
	☐ Vicky	Re: 뉴욕 여행 일정
	☐ Ella	독후감
	☐ Phil	선물이야!

CSS · JavaScript · HTML

◁ **HTML**
HTML은 텍스트나 이미지 등 페이지의 기본 구조를 만든다.

▷ **자바스크립트**
자바스크립트는 페이지를 사용할 때 페이지가 어떻게 변하는지 제어한다. 예를 들어 이메일을 클릭하면 자바스크립트가 메시지를 연다.

HTML

웹사이트를 열면 인터넷 브라우저가 HTML 파일을 다운로드하고 코드를 실행해 그것을 웹페이지로 바꿔줍니다. HTML 코드가 어떻게 작동하는지 보려면 옆에 있는 코드를 IDLE 코드 창에 입력하고(92~93쪽 참고), 파일 끝에 '.html'이라고 붙여 파일을 저장해 보세요. 파일을 더블클릭하면 'Hello World!'라고 말하는 대화상자가 열립니다.

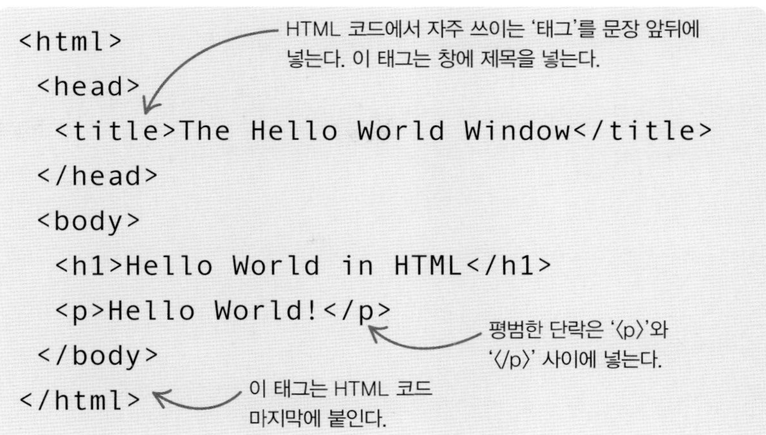

자바스크립트 사용해 보기

최신 웹브라우저는 모두 자바스크립트를 읽을 수 있기 때문에 자바스크립트로 실험하기는 쉽습니다. 자바스크립트 코드는 대개 HTML 코드 사이에 들어가기 때문에 아래 코드는 동시에 두 가지 코딩 언어를 사용하고 있습니다. 자바스크립트 부분은 '〈script〉'라는 태그로 둘러싸여 있습니다.

1 자바스크립트 코드 작성하기

새 IDLE 코드 창을 열고 아래 코드를 입력한다. 코드를 아주 주의 깊게 확인한다. 오류가 하나라도 있으면 빈 페이지가 나타날 것이다.

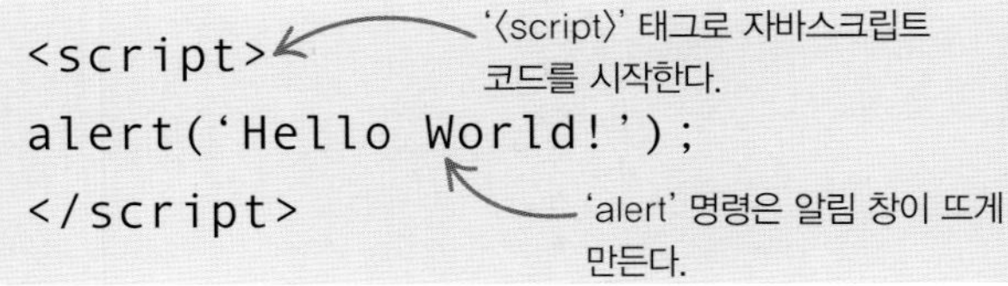

프로그래머의 한 마디

자바스크립트로 만든 게임

자바스크립트는 대화형 기능을 만들기에 아주 좋아서 간단한 퍼즐 게임부터 빠르게 진행되는 자동차 경주 게임까지 다양한 게임을 만드는 데 사용할 수 있습니다. 이 게임들은 모든 최신 웹브라우저에서 작동이 되므로 게임 파일을 따로 설치할 필요가 없습니다. 자바스크립트는 또한 웹메일이나 대화형 달력 등 웹 앱을 만드는 데도 사용할 수 있습니다.

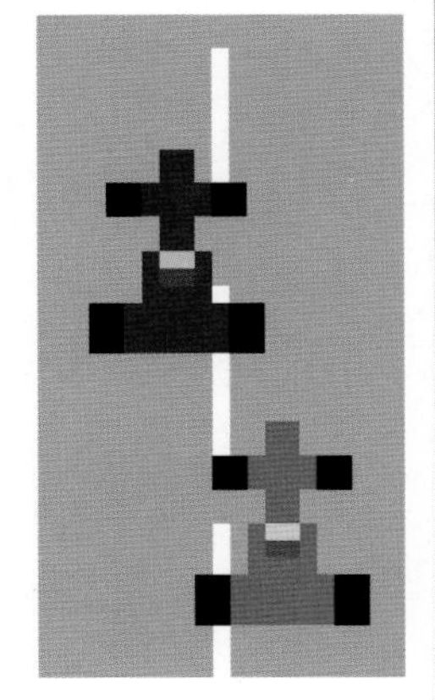

2 파일 저장하기

파일 이름을 'test.html'로 입력해 저장해야 파이썬 파일이 아니라 HTML 파일로 저장된다. 그러고 나서 파일을 더블클릭하여 확인한다.

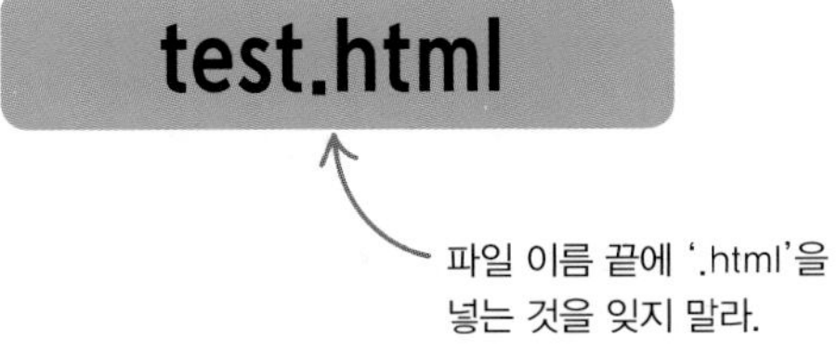

3 대화상자 띄우기

브라우저를 열면 'Hello World!'라고 쓰인 대화상자가 나타날 것이다. '확인(OK)'을 클릭하여 대화상자를 없앤다.

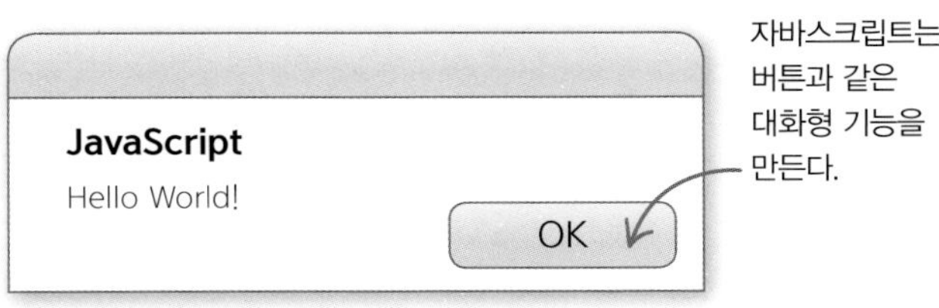

자바스크립트 사용하기

자바스크립트는 HTML 코드 안에서 실행되는 작은 프로그램으로, 웹사이트에 활기를 불어 넣고 사용자가 프로그램과 상호작용할 수 있게 해줍니다. 자바스크립트 코드는 파이썬과 같은 기능을 하지만 파이썬보다 줄임 표현이 많아 배우기가 더 까다롭습니다.

여기도 함께 보세요
162~163 ◁ 이벤트에 반응하기
122~123 ◁ 파이썬의 반복문
208~209 ◁ 인터넷용 프로그래밍

입력값 받기

파이썬과 마찬가지로 자바스크립트도 사용자에게 정보를 입력하라고 요청할 수 있습니다. 자바스크립트는 대화상자를 이용해 물어봅니다. 다음 프로그램은 사용자에게 이름을 입력하라는 창을 띄운 후 인사로 대답합니다.

1 대화상자 사용하기
이 짧은 스크립트는 사용자의 이름을 변수에 저장한다. 코드를 IDLE 코드 창에 입력한 후 파일을 꼭 '.html'이라는 이름으로 저장한다.

```
<script>
var name = prompt('이름을 넣어 주세요');
var greeting = '안녕 ' + name + '!';
document.write(greeting);
</script>
```

이 코드는 대화상자를 만들고 사용자가 입력하는 문자를 저장한다.

따옴표 안의 문자가 대화상자에 나타난다.

자바스크립트 코드는 항상 세미콜론(;)으로 끝난다.

'</script>' 태그는 자바스크립트가 끝나는 곳에 쓴다.

이 코드는 인사를 보여준다.

2 질문 띄우기
HTML 파일을 더블클릭하여 브라우저 창을 연다. 대화상자에 이름을 입력하고 '확인'을 클릭하면 인사말이 나타날 것이다.

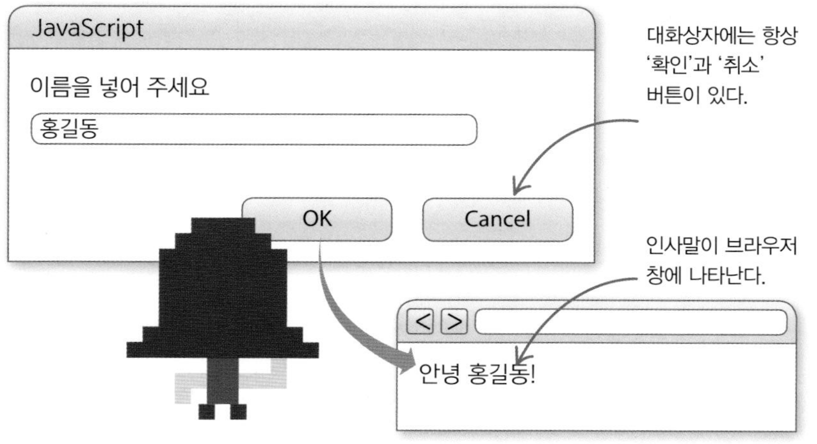

대화상자에는 항상 '확인'과 '취소' 버튼이 있다.

인사말이 브라우저 창에 나타난다.

프로그래머의 한 마디

정확하게 입력하세요!

자바스크립트로 작업할 때는 코드를 정확하게 입력했는지 주의 깊게 확인해야 합니다. 잘못 입력하면 브라우저가 자바스크립트 코드 전체를 무시하고 뭐가 잘못되었는지 알려주는 오류 메시지도 없이 빈 페이지를 보여줄 것입니다. 그럴 땐 코드를 다시 잘 확인해 보세요.

이벤트

이벤트는 마우스 클릭이나 키 눌림과 같이 프로그램이 감지하는 모든 동작을 말합니다. 이벤트에 반응하는 코드 부분을 '이벤트 핸들러'라고 합니다. 이벤트 핸들러는 자바스크립트에서 많이 사용되는데, 여러 가지 함수를 실행시켜 웹페이지를 재미있는 대화형으로 만들어 줍니다.

1 코드 입력하기
이 예제에서는 이벤트(버튼 클릭)가 간단한 함수를 실행하게 만든다. IDLE 코드 창에 다음 코드를 입력하고 파일 이름에 '.html'을 붙여 저장한다.

```
<button onclick='tonguetwist()'>읽어 보세요!</button>
<script>
 function tonguetwist()
 {
  document.write('내가 그린 기린 그림');
 }
</script>
```

- 함수의 이름
- HTML 코드가 함수와 버튼을 연결한다.
- 코드 앞뒤로 있는 중괄호는 파이썬의 들여쓰기와 비슷한 기능을 한다.
- 자바스크립트 코드에 함수를 넣었다.

2 프로그램 실행하기
파일을 더블클릭하여 브라우저 창에서 프로그램을 연다.

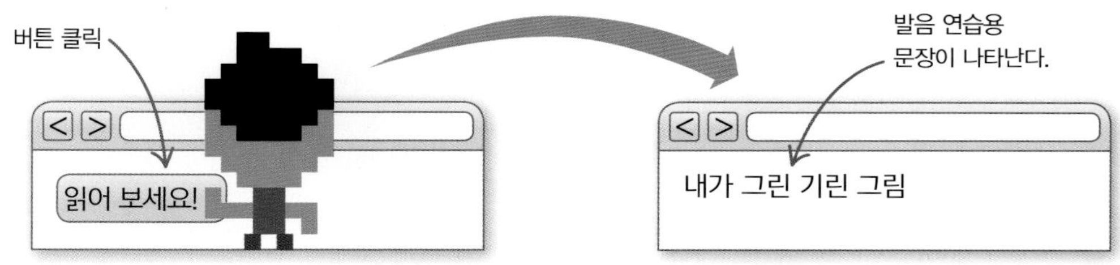
버튼 클릭
읽어 보세요!
발음 연습용 문장이 나타난다.
내가 그린 기린 그림

자바스크립트의 반복문

반복문은 코드에서 반복 실행되는 부분입니다. 반복문을 사용하면 같은 코드를 여러 번 다시 입력하지 않아도 되어서 훨씬 빠르고 쉽습니다.

1 반복문 코드
파이썬과 마찬가지로 자바스크립트도 반복문을 사용할 때 'for'를 사용한다. 반복되는 코드는 중괄호({ }) 안에 넣는다. 이 반복문은 반복할 때마다 1씩 늘어나는 간단한 카운터를 만든다.

```
<script>
for (var x=0; x<6; x++)
{
 document.write('Loop count: '+x+'<br>');
}
</script>
```

- '〈script〉' 태그로 자바스크립트 코드를 시작한다.
- 이 코드 줄은 시작 값이 0이고 반복할 때마다 1씩 증가하는 'x'라는 카운터를 만든다.
- 이 코드 줄은 컴퓨터에게 '반복 횟수(Loop count):'라고 쓰고 그 뒤에 카운터 값을 보여주라고 말한다.

2 반복문 출력 결과
코드를 '.html' 파일로 저장하고 파일을 실행한다. 'x'가 6보다 작으면(코드의 'x<6'), 반복문이 계속 실행된다. 반복 횟수를 늘리려면 '<' 기호 뒤에 더 큰 숫자를 쓰면 된다.

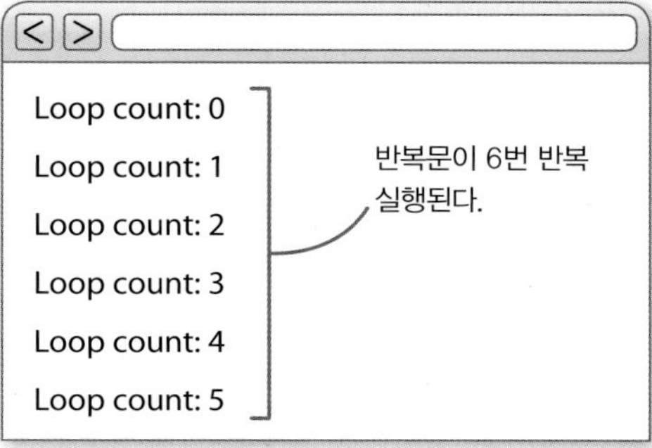
Loop count: 0
Loop count: 1
Loop count: 2
Loop count: 3
Loop count: 4
Loop count: 5
반복문이 6번 반복 실행된다.

나쁜 프로그램

프로그램이 모두 재미있는 게임이거나 유용한 앱인 것은 아닙니다. 데이터를 훔치거나 남의 컴퓨터를 망가뜨리기 위해 만들어진 프로그램도 있습니다. 그런 프로그램들은 보기에는 이상이 없는 것처럼 보이는 경우가 많고, 피해를 당했다는 사실을 모르고 넘어가는 경우도 있습니다.

여기도 함께 보세요
194~195 ◁ 인터넷
202~203 ◁ 프로그램의 대활약

악성 소프트웨어

여러분에게 미리 알려주지 않거나 허락을 받지 않고 실행되는 프로그램을 '멀웨어(malware, 악성 소프트웨어)'라고 합니다. 컴퓨터에 허가 없이 접근하는 것은 범죄인데도 불구하고, 컴퓨터에 몰래 접근하려는 프로그램이 아주 많이 있답니다.

▷ **웜**
웜(worm)은 악성 프로그램의 하나로, 네트워크를 통해 컴퓨터 사이를 옮겨 다닌다. 웜은 네트워크를 막아서 인터넷 속도를 느려지게 한다. 1988년에 처음으로 웜 바이러스 때문에 실제로 인터넷이 멈춘 적이 있다.

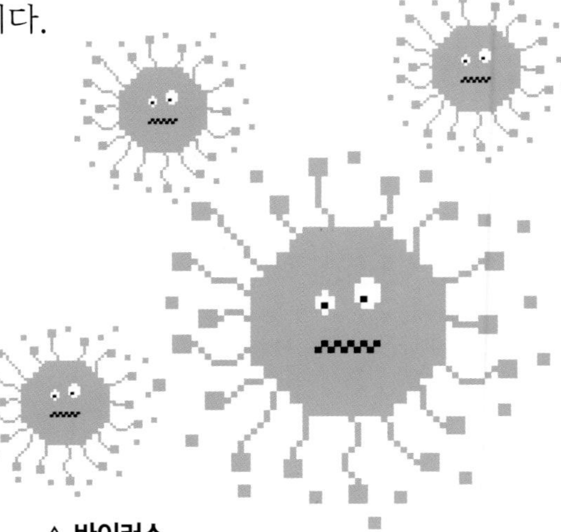

△ **바이러스**
우리 몸의 바이러스와 마찬가지로 이 악성 소프트웨어는 자신을 계속 복제한다. 바이러스는 대개 이메일이나 USB메모리, 컴퓨터 등에서 파일을 주고받을 때 퍼진다.

△ **트로이 목마**
정상적인 프로그램인 것처럼 위장하고 있는 악성 소프트웨어를 '트로이 목마(trojan)'라고 한다. 그 이름은 그리스인들이 트로이에 커다란 목마를 선물로 주었던 고대 전쟁에서 유래한 것이다. 그 말 안에는 병사들이 숨어 있었고, 그 덕분에 그리스가 전쟁에서 이길 수 있었다.

실제 세계 이야기

악명 높은 웜

2000년 5월 5일, 필리핀의 인터넷 사용자들은 'ILOVEYOU'라는 제목의 이메일을 받았습니다. 첨부된 파일이 연애편지처럼 보였지만 사실은 컴퓨터를 망가뜨리는 악성 프로그램이었습니다.

◁ **ILOVEYOU**
이 웜은 전 세계 컴퓨터로 빠르게 퍼졌다. 이로 인한 피해를 복구하는 데 200억 달러가 넘는 비용이 들었다고 한다.

악성 소프트웨어는 어떤 일을 할까?

바이러스나 웜, 트로이 목마는 모두 여러분의 컴퓨터에 들어가고자 애쓰는 악성 소프트웨어입니다. 이것들이 컴퓨터를 감염시키고 나면 그 다음에는 어떤 일을 할까요? 파일을 지우거나 망가뜨릴 수도 있고 비밀번호를 훔칠 수도 있답니다. 나아가서는 여러분의 컴퓨터를 좀비처럼 만들어 나쁜 곳에 이용하기도 합니다.

▷ 좀비 봇넷
봇넷은 악성코드에 감염된 컴퓨터를 말한다. 스팸 메일을 보내거나 목표로 정한 웹사이트에 집중 방문하여 웹사이트가 다운되도록 하는 데 사용할 수 있다.

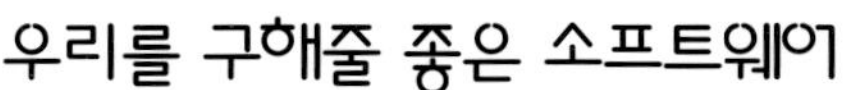

우리를 구해줄 좋은 소프트웨어

다행스럽게도 악성 소프트웨어로부터 컴퓨터를 지켜낼 방법이 있습니다. 안티멀웨어 소프트웨어(anti malware software)를 이용하면 됩니다. 잘 알려진 보안 프로그램으로는 방화벽(firewalls)과 안티바이러스(antivirus)가 있습니다.

△ 안티바이러스 프로그램
안티바이러스 소프트웨어는 악성 소프트웨어를 찾아내는 게 목적이다. 파일을 검사하고 의심스러운 코드를 데이터베이스와 비교해서 나쁜 프로그램을 찾아낸다.

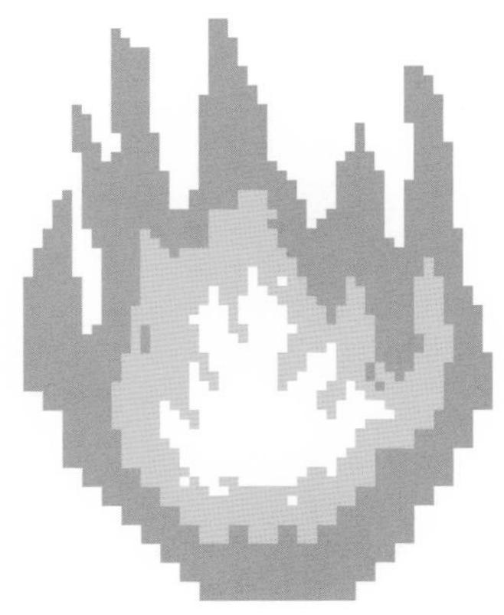

△ 방화벽
방화벽은 악성 소프트웨어나 위험한 네트워크 트래픽이 여러분의 컴퓨터에 접근하는 것을 막는 것이 목표다. 이 프로그램은 인터넷으로 들어오는 모든 데이터를 검사한다.

용어

해커

악성 소프트웨어를 연구하고 만드는 프로그래머를 '해커(hackers)'라고 합니다. 범죄를 저지를 목적으로 악성 코드를 만드는 사람들을 '블랙-햇(black-hat)' 해커라고 하고, 악성 코드에 대한 보안 프로그램을 만드는 사람들을 '화이트-햇(white-hat)' 해커라고 합니다.

화이트-햇 해커　　블랙-햇 해커

미니 컴퓨터

컴퓨터가 크거나 비쌀 필요는 없습니다. 작고 저렴한 컴퓨터도 얼마든지 있습니다. 이제 소개할 컴퓨터들은 크기가 작고 가격이 저렴해서 다양한 방식으로 사용되고 있습니다.

여기도 함께 보세요
180~181 ◁ 컴퓨터 내부
202~203 ◁ 프로그램의 대활약

라즈베리 파이(Raspberry Pi)

파이(Pi)는 신용카드 크기의 컴퓨터로, 컴퓨터의 기본 작동 원리를 가르치려고 만들어졌습니다. 크기는 작지만 요즘 우리가 사용하는 PC와 거의 비슷한 프로그램을 실행할 정도로 놀라운 성능을 가지고 있습니다.

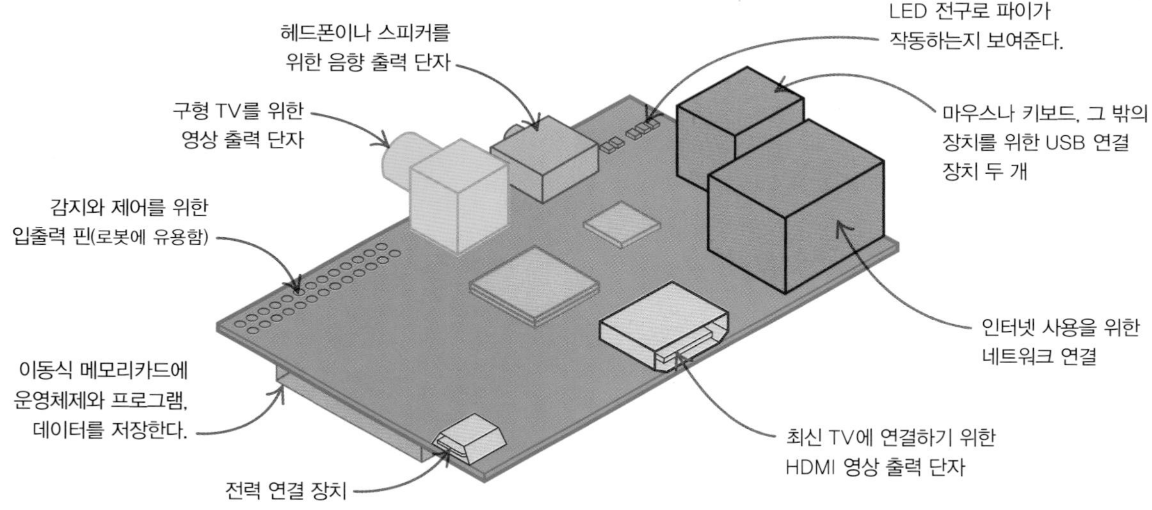

아두이노(Arduino)

아두이노는 라즈베리 파이보다 더 저렴해서 기능이 좀 떨어집니다. 싼 값으로 간단하게 맞춤형 전자제품이나 자동식 기계를 만들 때 사용합니다.

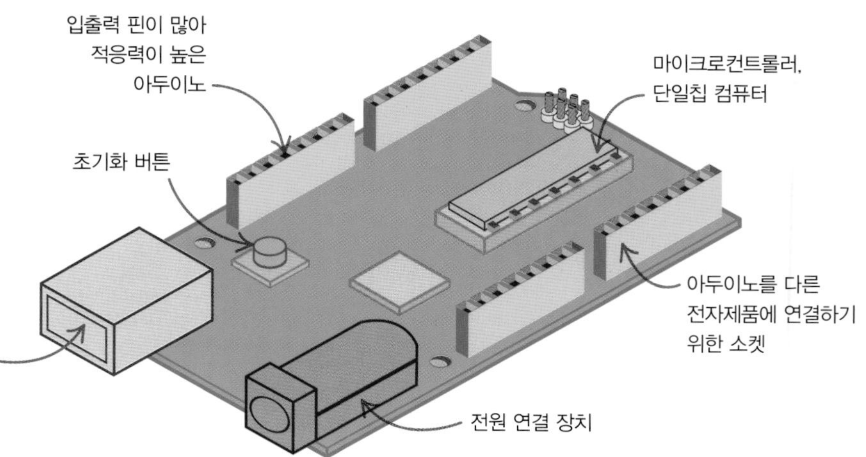

미니 컴퓨터 사용하기

미니 컴퓨터는 다른 여러 장치와 연결할 수 있기 때문에 활용 범위가 무궁무진합니다. 다음은 그 중 몇 가지를 예로 든 것입니다.

△ **컴퓨터**
데스크톱 컴퓨터로서 제대로 기능을 갖추기 위해 키보드와 마우스, 모니터를 연결한다.

△ **음향 출력**
여러 개의 스피커에 연결한 후 네트워크를 통해 음악을 스피커로 보낸다.

△ **휴대폰**
휴대폰을 이용해 컴퓨터를 인터넷에 연결한다.

△ **가젯(Gadgets)**
LED 전구나 다른 간단한 전자제품에 연결해 로봇이나 작은 기계장치인 가젯을 만든다.

△ **텔레비전**
TV에 연결하여 영화와 사진을 본다.

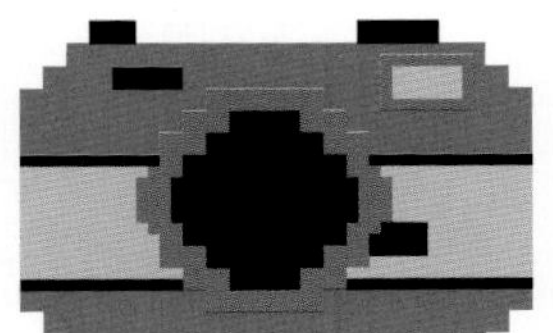

△ **카메라**
일반 카메라를 미니 컴퓨터에 연결하여 웹캠을 만든다.

△ **USB**
USB 하드 드라이브에 연결한 후 네트워크를 통해 파일을 주고받는다.

△ **SD 카드**
SD 카드만 교체해서 미니 컴퓨터의 프로그램을 바꾼다.

실 제 세 계 이 야 기

집에서 만드는 로봇

작은 크기와 저렴한 가격, 가벼운 무게 덕분에 미니 컴퓨터가 다양한 유형의 로봇을 만드는 데 점점 더 많이 사용되고 있습니다. 다음은 미니 컴퓨터를 활용한 로봇들입니다.

기상 관측 기구(氣球): 날씨 상태를 기록한다.
미니 자동차: 박쥐처럼 초음파를 사용해 장애물을 감지할 수 있다.
로봇 팔: 여러 가지 사물을 집어 올리고 옮긴다.

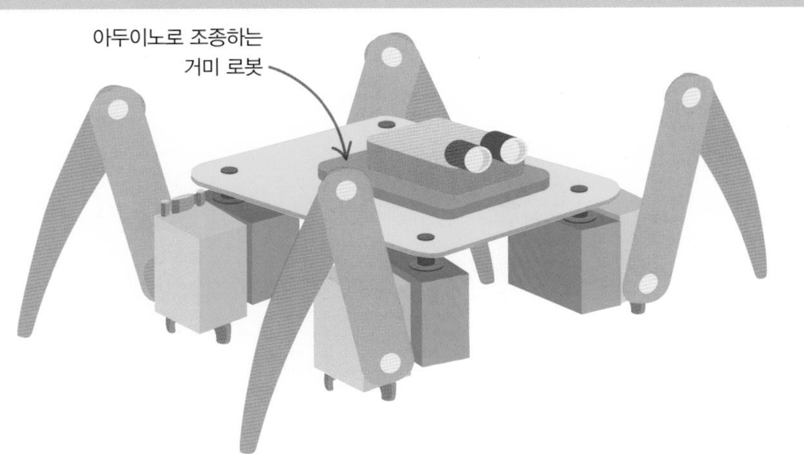

프로그래밍 고수 되기

프로그래밍의 고수가 되는 비법은, 즐기는 것입니다. 즐길 수 있다면 취미든 평생 직업이든 코딩 실력을 무궁무진하게 키울 수 있을 것입니다.

여기도 함께 보세요
176~177 ◁ 앞으로 할 일
214~215 ◁ 미니 컴퓨터

더 나은 프로그래머 되는 길

스키 타기나 피아노 연주하기, 테니스 치기와 마찬가지로 코딩 역시 꾸준히 하면 실력이 느는 기술입니다. 진정한 전문가가 되기까지 오랜 시간이 걸릴 수도 있지만 그 과정에서 재미를 느낀다면 그리 어렵지 않을 것입니다. 최고의 프로그래머가 되기 위해 몇가지 힌트를 드리겠습니다.

△ 많이 코딩하세요!
흔히 연습이 완벽을 만든다고 말하는데, 그 말이 맞습니다. 코딩을 많이 할수록 실력이 늘 것입니다. 계속 연습하세요. 그러면 머지않아 여러분도 전문가가 될 거예요.

◁ 물어보세요!
프로그래밍에 관한 웹사이트와 책을 보고 다른 사람들이 코드를 어떻게 만들었는지 자세히 살펴보세요. 혼자 공부하는 것보다 더 빨리 정보와 기술을 얻을 수 있을 거예요.

△ 아이디어를 훔치세요!
훌륭한 프로그램을 발견했을 때 여러분이라면 그 코드를 어떻게 작성했을지 생각해 보세요. 더 나은 아이디어를 찾아 여러분의 코드에 사용하세요. 최고의 프로그래머들 모두 다른 사람의 아이디어를 가져와서 그것들을 더 좋게 만들려고 노력합니다.

▷ 친구에게 보여주세요!
다른 사람에게 코딩하는 법을 알려주면 서로 많은 것을 배우게 될 것입니다. 코딩의 작동 원리를 누군가에게 설명하는 것은 코드를 완벽하게 이해하는 최고의 방법입니다.

▷ 두뇌를 훈련시키세요!
두뇌는 근육과 같습니다. 단련을 하면 더 강해집니다. 프로그래머다운 공부를 해 보세요. 논리 퍼즐이나 알쏭달쏭한 문제를 풀어 보고, 스도쿠 퍼즐을 풀고 수학 공부도 해보는 겁니다.

▷ 코드를 테스트하세요!
말도 안 되는 값을 입력해 무슨 일이 일어나는지 테스트해보세요. 프로그램이 오류에 얼마나 잘 버티는지 알아보세요. 이미 작성한 프로그램을 개선하거나 다른 사람의 코드를 다시 써보세요. 그 과정에서 다른 사람들이 갖고 있는 비법을 배우게 될 거예요.

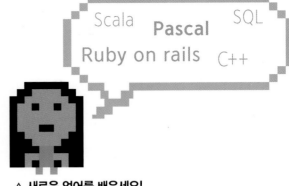

Scala
Pascal
SQL
Ruby on rails
C++

◁ 로봇 군대를 만들어보세요!
반짝이는 LED 전구부터 로봇까지 프로그램이 가능한 모든 종류의 장치를 컴퓨터에 연결해 보는 것도 좋습니다. 재미는 물론이고, 세상을 정복하는 방법을 알게 되면서 많은 것을 배울 것입니다.

△ 새로운 언어를 배우세요!
다양한 언어를 다룰 줄 아는 사람이 되어 보세요. 새로운 프로그래밍 언어를 배울 때마다 이미 알고 있는 언어들(또는 알고 있다고 생각했던 언어들)에 대해 더 많은 것을 알게 될 것입니다. 대부분의 프로그래밍 언어는 다운로드할 수 있는 무료 버전이 제공됩니다.

▷ 컴퓨터를 분해해 보세요!
오래된 컴퓨터를 분해해 그것이 어떻게 작동하는지 확인해 보세요. 부품이 그렇게 많지 않아서 각 부품의 역할을 알아내는 데 오래 걸리지 않을 겁니다. 가장 좋은 방법은 직접 컴퓨터를 만들어 보고, 그 컴퓨터로 여러분이 작성한 코드를 실행해 보는 것입니다.

▷ 대회에 참가하세요!
코딩 기술이 늘면 온라인 코딩 대회에 나가보는 것은 어떨까요? 수준별로 참가할 수 있는 대회가 많습니다. 가장 경쟁이 치열한 대회는 구글 코드잼(Google's Code Jam)과 같은 국제 대회이지만, 그보다 쉬운 대회도 많습니다.

잊지 마세요!

즐기세요!

코딩은 퍼즐을 풀려고 애쓰는 것과 아주 비슷합니다. 어려움도 있고 종종 막히기도 하죠. 때로는 절망하기도 합니다. 하지만 돌파구를 만들어 문제를 해결하고 코드가 작동하는 것을 보면서 흥분에 휩싸일 때도 있습니다. 코딩에 계속 재미를 느끼는 최고의 방법은 자기 수준에 맞는 목표에 도전하는 것입니다. 프로젝트가 너무 쉬우면 지루할 것이고, 너무 어려우면 흥미를 잃을 것입니다. 코드를 만들고 수정하고 실험하는 것과 규칙을 깨는 것을 절대 두려워하지 마세요. 호기심이 이끄는 대로 해보는 거예요! 하지만 무엇보다 중요하고 잊지 말아야 할 것은 즐기는 것입니다.

용어 사전

게이트(gate)
컴퓨터가 결정을 내리는 데 사용. 게이트는 하나 이상의 입력 신호를 사용해 규칙에 따라 출력 신호를 만들어낸다. 예를 들어 'AND' 게이트는 입력 신호가 모두 참일 때만 참의 출력 값을 만들어낸다. 'OR'와 'NOT' 같은 다른 게이트들도 있다.

구문(syntax)
프로그램이 제대로 작동하기 위해 어떻게 구성되어야 하는지 결정하는 규칙.

그래픽(graphics)
사진이나 아이콘, 기호처럼 텍스트 외에 화면에 표시되는 시각적 요소.

기계어(machine code)
컴퓨터가 이해하는 기본 언어. 프로그래밍 언어는 반드시 기계어로 번역되어야 처리장치가 그것을 읽을 수 있다.

난수(random)
예상치 못한 결과를 얻게 하는 컴퓨터 프로그램의 함수. 게임 만들 때 유용하다.

논리 연산식(Boolean expression)
'참'과 '거짓'처럼 두 가지 값만 갖는 질문.

단일 단계(single-step)
컴퓨터가 단계별로 제대로 작동하는지 확인하기 위해 한 번에 한 단계씩 프로그램을 실행하는 방식.

데이터(data)
텍스트와 기호, 수와 같은 정보.

디렉터리(directory)
파일을 정리된 상태로 저장하는 장소.

디버거(debugger)
다른 프로그램의 코드에 있는 오류를 확인하는 프로그램.

디버그(debug)
프로그램에서 오류를 찾거나 바로잡는 것.

라이브러리/저장소(library)
다른 프로젝트에서 다시 사용할 수 있는 함수들의 모음.

멀웨어/악성 소프트웨어(malware)
컴퓨터를 망가뜨리거나 시스템을 무너뜨리는 소프트웨어. 멀웨어는 '악성 소프트웨어(malicious software)'의 약자다.

모듈(module)
전체 프로그램 중 한 부분을 수행하는 코드 부분.

문자열(string)
일련의 문자. 문자열에는 숫자, 글자, 콜론 같은 기호가 들어갈 수 있다.

바이러스(virus)
스스로 복제하여 다른 컴퓨터로 퍼지는 악성 소프트웨어의 하나.

바이트(byte)
8비트가 들어 있는 디지털 정보 단위.

반복문(loop)
반복 실행하도록 만들어진 프로그램의 일부. 같은 코드를 여러 번 입력하지 않아도 되도록 도와주므로 편리하다.

버그(bug)
프로그램을 예상치 못한 방식으로 행동하게 만드는 코드 상의 오류.

변수(variable)
변경할 수 있는 정보를 저장할 수 있는 장소.

분기(branch)
두 가지로 선택할 수 있는 옵션이 나뉘는 프로그램의 지점.

비트(bit)
이진수 0 아니면 1. 디지털 정보를 나타내는 최소 단위.

서버(server)
네트워크를 통해 접근할 수 있는 파일을 저장하는 컴퓨터.

소켓(socket)
IP 주소와 포트의 조합. 인터넷을 통해 프로그램 사이에 직접 데이터를 전송할 수 있게 해준다.

소프트웨어(software)
컴퓨터에서 실행되어 어떻게 작동할지 제어하는 프로그램.

스프라이트(sprite)
프로그램에서 움직일 수 있는 객체.

실수(float)
소수점이 들어 있는 수.

실행(run)
프로그램을 시작하게 만드는 명령어.

십육진수(hexadecimal)
16을 기수로 하는 수 체계로, 10부터 15까지는 알파벳 A부터 F로 나타낸다.

아스키 코드(ASCII)
미국 정보 교환용 표준 코드, 텍스트 문자를 이진부호로 저장하는 데 사용하는 코드.

알고리즘(algorithm)
컴퓨터 프로그램에서처럼 어떤 작업을 수행할 때 따르는 단계별 명령의 집합.

암호화(encryption)
특정인만 읽고 접근할 수 있도록 데이터를 암호처럼 만드는 방식.

압축(compression)
데이터를 작게 만들어 저장 공간을 덜 차지하게 하는 방식.

연산자(operator)
'+'(더하기)나 '–'(빼기)처럼 특정 함수를 나타내는 기호.

운영체제(OS)
컴퓨터의 운영체제(OS)는 다른 프로그램을 실행하기 위한 기반이 되고 프로그램을 하드웨어와 연결해준다.

유니코드(Unicode)
컴퓨터가 수천 가지 기호와 텍스트 문자를 나타내는 데 사용하는 부호.

이벤트(event)
키보드의 키를 누르거나 마우스를 클릭하는 것처럼 컴퓨터 프로그램이 반응할 수 있는 움직임.

이진부호(binary code)
0과 1만 사용해서 수와 데이터를 나타내는 방식.

인덱스 번호(index number)
리스트의 항목에 부여되는 번호. 파이썬에서는 첫 번째 항목의 인덱스 번호가 0이고 두 번째 항목은 1인 식이다.

인터페이스(interface)
사용자가 소프트웨어나 하드웨어와 상호작용하는 수단.

입력(input)
마이크나 키보드, 마우스 등을 통해 컴퓨터에 들어오는 데이터.

작업 명령(statement)
프로그래밍 언어를 나눴을 때 가장 작게 만들 수 있는 완전한 명령.

저장장치(memory)
데이터를 저장하는 컴퓨터 안의 칩.

정수(integer)
소수점이 없고 분수로 쓰지 않은 모든 수(자연수).

처리장치(processor)
컴퓨터 내에서 프로그램을 실행하는 전자칩.

출력(output)
컴퓨터 프로그램이 만들어 사용자에게 보여주는 데이터.

컨테이너(container)
다량의 다른 데이터 항목을 저장하는 데 사용할 수 있는 프로그램의 일부.

컴퓨터 네트워크(computer network)
두 개 이상의 컴퓨터를 연결하는 방식.

튜플(tuple)
항목을 콤마로 구분해 넣고 중괄호를 앞뒤에 쓰는 리스트.

트로이 목마(Trojan)
다른 소프트웨어인 것처럼 위장해 사용자를 속이는 악성 소프트웨어의 하나.

파일(file)
같은 이름으로 저장되어 있는 데이터 모음.

포트(port)
컴퓨터가 특정 프로그램의 '주소'로 사용하는 일련의 숫자.

프로그래밍 언어(programming language)
컴퓨터에게 명령을 내리는 데 사용하는 언어.

프로그램(program)
어떤 작업을 완수하기 위해 컴퓨터가 따르는 명령 집합.

하드웨어(hardware)
전선이나 키보드, 모니터처럼 보고 만질 수 있는 컴퓨터의 물리적 부분.

함수(function)
큰 작업 안에서 일부 작업을 실행하는 코드 조각.

해커(hacker)
컴퓨터 시스템에 침입하는 사람. '화이트–햇' 해커는 컴퓨터 보안업체에서 일하며 문제를 찾아 바로잡으려는 사람을 말한다. '블랙–햇' 해커는 컴퓨터 시스템에 침입해 해를 끼치거나 그로 인해 이익을 얻으려고 한다.

호출(call)
프로그램에서 함수를 사용하기 위해 하는 것.

GPU
그래픽처리장치(GPU)는 이미지를 컴퓨터 화면에 표시할 수 있게 해준다.

GUI
GUI 또는 그래픽 사용자 인터페이스는 프로그램 중 사용자가 상호작용을 할 수 있는 버튼이나 창을 일컫는 말이다.

IP 주소(IP address)
인터넷에 연결할 때 개별 컴퓨터의 주소를 구성하는 일련의 숫자.

찾아보기

참조

* 스크래치는 MIT 미디어랩이 개발했습니다. http://scratch.mit.edu를 참고하세요.

*

옮긴이 **전이주**

10여 년 동안 아이들에게 영어를 가르쳤고, 웹기술 개발 및 컨설팅 회사에서 IT 도서의 번역과 출판을 담당했다. 책과 여행을 좋아하고, 책을 통해 글쓴이의 생각과 경험을 탐험할 수 있는 번역을 최고의 여행으로 꼽는다. 글밥 아카데미 수료 후 현재 바른번역에서 번역가로 활동 중이다. 옮긴 책으로는 『우주의 여행자』, 『오늘도 괜찮으십니까』, 『레드마켓, 인체를 팝니다』, 『미래의 리더들을 위한 과학 입문 1, 2』, 『어스본 두들스 카드 퍼즐』을 비롯해 웹기술 관련 서적이 다수 있다.